# Kriminalistisches Denken

begründet von

Prof. em. Dr. iur. Hans Walder †

fortgeführt von

Dr. iur. Thomas Hansjakob

9., völlig neu bearbeitete Auflage

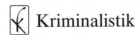

*Prof. Dr. iur. Hans Walder* (1920–2005) war ab 1949 Bezirksanwalt und ab 1954 Staatsanwalt im Kanton Zürich. 1964 habilitierte er zum Thema „Vernehmung des Beschuldigten"; 1967 wurde er Professor für Straf- und Strafprozessrecht an der Universität Bern. 1968 bis 1974 war er als Bundesanwalt oberster Ankläger der Schweiz; anschließend lehrte er weiter an der Universität Bern. Er verstarb im Januar 2005 an seinem Wohnort in Seftigen. Er hatte diese Arbeit von der 1. bis zur 6. Auflage betreut.

*Dr. iur. et lic. oec. Thomas Hansjakob* (geb. 1956) war ab 1988 kantonaler Untersuchungsrichter, leitet seit 2004 als Staatsanwalt das regionale Untersuchungsamt und seit 2007 als Erster Staatsanwalt die Staatsanwaltschaft St. Gallen. Er übernahm Ende 2004 die Betreuung der 7. Auflage, zu der Hans Walder noch wichtige Impulse geben konnte, deren Drucklegung er aber nicht mehr erlebt hat. (www.hansjakob.ch).

Bibliografische Information der Deutschen Nationalbibliothek

Die Deutsche Nationalbibliothek verzeichnet diese Publikation in der Deutschen Nationalbibliografie; detaillierte bibliografische Daten sind im Internet über <http://dnb.d-nb.de> abrufbar.

Bei der Herstellung des Werkes haben wir uns zukunftsbewusst für umweltverträgliche und wiederverwertbare Materialien entschieden. Der Inhalt ist auf elementar chlorfreies Papier gedruckt.

ISBN 978-3-7832-0041-6

E-Mail: kundenbetreuung@hjr-verlag.de
Telefon: +49 89/2183-7928
Telefax: +49 89/2183-7620

© 2012 Kriminalistik Verlag, eine Marke der Verlagsgruppe Hüthig Jehle Rehm GmbH, Heidelberg, München, Landsberg, Frechen, Hamburg
www.kriminalistik-verlag.de
www.hjr-verlag.de

Dieses Werk, einschließlich aller seiner Teile, ist urheberrechtlich geschützt. Jede Verwertung außerhalb der engen Grenzen des Urheberrechtsgesetzes ist ohne Zustimmung des Verlages unzulässig und strafbar. Dies gilt insbesondere für Vervielfältigungen, Übersetzungen, Mikroverfilmungen und die Einspeicherung und Verarbeitung in elektronischen Systemen.

Satz: Gottemeyer, Rot
Druck: Beltz Druckpartner, Hemsbach

# Vorwort

Die erste Auflage dieses Werkes aus dem Jahr 1955 war ein etwas über 140 Seiten dickes Büchlein, in dem Hans Walder die von ihm damals entwickelten Regeln zur Lösung von Kriminalfällen systematisch aufarbeitete und konzis darstellte. In den folgenden Auflagen wurde dieses kriminalistische Grundwissen stufenweise erweitert und durch die jeweils neusten Erkenntnisse ergänzt. Darunter litt die Lesbarkeit immer mehr, bis die 8. Auflage schließlich auf 271 Seiten ein Sammelsurium von grundlegenden Gedanken, Tipps aus der Praxis und mehr oder weniger strukturierten Hinweisen aus allen Disziplinen der Kriminalwissenschaften enthielt. Dass dabei die (in vielen Teilen immer noch gültigen) Grundüberlegungen von Walder, welche die ersten Auflagen geprägt hatten, immer mehr in den Hintergrund traten, befriedigte mich je länger je weniger.

Ich habe mich deshalb entschlossen, die 9. Auflage von Grund auf neu zu strukturieren, um grundsätzliche Überlegungen wieder besser und übersichtlicher darstellen zu können und die Gewichtung den Bedürfnissen des 21. Jahrhunderts anzupassen. Ausgangspunkt der neuen Struktur des Werks ist der von mir neu so genannte kriminalistische Zyklus, der bei Walder in Ansätzen schon vorhanden war und sich am amerikanischen Intelligence Cycle orientiert. Trotzdem soll nicht auf die Fülle von nützlichen Hinweisen verzichtet werden, die in 60 Jahren, welche das vorliegende Werk überdauert hat, dazu gekommen sind.

Wie nicht anders zu erwarten war, zeigte sich bei diesen Arbeiten, dass die Grundstruktur des Werkes von Walder immer noch richtig ist, weil sein Ansatz alle Entwicklungen der Kriminalstrategie und -taktik überdauert hat. Der Leser früherer Auflagen wird aber diesen Ansatz in der heutigen Auflage hoffentlich wieder besser erkennen. Wenn dies gelingt, dann ist diese Ausgabe eine Referenz an einen der nach wie vor besten Denker im Bereich der Kriminalwissenschaften – es lebe Hans Walder!

St. Gallen, im Juni 2012 *Thomas Hansjakob*

# Vorwort zur 6. Auflage

Das vorliegende Buch soll knapp, jedoch umfassend in das kriminalistische Denken und Arbeiten einführen. Es soll also das schrittweise Vorgehen bei der Lösung von Kriminalfällen darstellen. Es werden alle Phasen des Verfahrens dargestellt, vom Verdacht bis zum Beweis von Tat und Täterschaft – oder bis zur Erkenntnis, dass ein Straftatbestand nicht oder nicht sicher erfüllt ist, ein Verdächtiger nicht überführt oder ein Täter nicht gefunden werden kann.

Beim kriminalistischen Denken und Arbeiten geht es einerseits um die Klärung von Taten und um die Beantwortung der Frage, wer so gehandelt habe, kurz um die Erforschung tatsächlicher Dinge und Zusammenhänge. Doch nicht alle Handlungen interessieren. Von Bedeutung sind grundsätzlich nur diejenigen, welche möglicherweise zu einer staatlichen Strafe oder zu einer vom Strafrecht vorgesehenen Maßnahme führen, also einen Straftatbestand erfüllen oder erfüllen könnten. Bleibt die Klärung des in Frage stehenden Sachverhaltes unsicher, so kann und darf eine Verurteilung nicht stattfinden, oder ergibt sich, dass keine Strafbestimmung eingreift, so ist jede weitere Nachforschung müßig.

Es ist nicht immer einfach, Geschehenes genau zu rekonstruieren. Es gehört der Vergangenheit an, und was bleibt, sind Erinnerungen oder Spuren und manchmal auch davon nur Vages. Zeugen, Beschuldigte und Auskunftspersonen können von Wahrnehmungen berichten, die sie gemacht haben. Spuren erlauben allenfalls Rückschlüsse auf die Tat und die Täterschaft. Doch, wie findet man diese Informationen, wie nützt man sie und wie beurteilt man sie kritisch?

Ziel ist es, die „materielle Wahrheit" zu finden, allerdings nicht um jeden Preis, sondern im Rahmen des Gesetzes. Im Rechtsstaat ist Wahrheitserforschung nicht immer das Höchste. Das Gesetz kennt im Interesse besonders schützenswerter „Dinge" des Einzelnen und der Gemeinschaft Grenzen: Es gibt Zeugnisverweigerungsrechte, Beschlagnahmeverbote, Verwertungsverbote und andere einschränkende Regeln, welche den Beweis einer Straftat allenfalls scheitern lassen.

Die Frage, wie man allgemein Probleme löse und wie man dabei, unter Einhaltung bestimmter Regeln, methodisch vorgehen soll, enthält an sich schon viel Spannendes. Kriminalfälle zu lösen, kann geradezu faszinierend sein. Das wissen nicht nur die „wirklichen" Kriminalisten, sondern auch die Kriminalroman-Schriftsteller und ihre Leser. Und obwohl das Lösen der betreffenden Probleme im kriminalistischen Bereich lernbar ist und es viele Könner gibt, wird jeder neue Fall zur spannenden Herausforderung. Das mag mit ein Grund sein, weshalb das Buch „Kriminalistisches Denken" eine so wohlwollende Aufnahme gefunden hat und nun in 6. Auflage erscheinen darf.

Der ganze Text der 5. Auflage ist überarbeitet und vielfach ergänzt worden. Die Schaffung so genannter „Täterprofile" und die „Rasterfahndung" wurden neu und kritisch erörtert. Die Datenbeschaffung über das Internet, ein bisher allgemein vernachlässigtes Gebiet, fand eine kurze Darstellung. Die Ausführungen zum so genannten „DNA-Profil" sind ergänzt worden. Die Darstellung des Indizienbeweises ist erweitert und seine Beweiskraft durchschaubar gemacht worden.

Kriminalistisches Denken ist international. Man kann darüber schreiben, ohne allzu sehr auf eine nationale Gesetzgebung Bezug zu nehmen. Daher „verstehen" sich die Kriminalisten der ganzen Welt.

Seftigen/Bern, im Herbst 2002 *Hans Walder*

# Inhaltsübersicht

*Vorwort* . . . . . . . . . . . . . . . . . . . . . . . . . . . . . . . . . . . . . . . . . . . . V
*Vorwort zur 6. Auflage* . . . . . . . . . . . . . . . . . . . . . . . . . . . . . . . VII

**Erster Teil: Aufgabe und Mittel** . . . . . . . . . . . . . . . . . . . . . . . . 1
1. Einleitung . . . . . . . . . . . . . . . . . . . . . . . . . . . . . . . . . . . . . . . 1
2. Die kriminalistische Aufgabe . . . . . . . . . . . . . . . . . . . . . . . . 8
3. Die Mittel . . . . . . . . . . . . . . . . . . . . . . . . . . . . . . . . . . . . . . . 38

**Zweiter Teil: Die Methode** . . . . . . . . . . . . . . . . . . . . . . . . . . . . 95
1. Der kriminalistische Zyklus . . . . . . . . . . . . . . . . . . . . . . . . . 95
2. Der Verdacht . . . . . . . . . . . . . . . . . . . . . . . . . . . . . . . . . . . . 100
3. Daten analysieren . . . . . . . . . . . . . . . . . . . . . . . . . . . . . . . . 126
4. Hypothesen bilden . . . . . . . . . . . . . . . . . . . . . . . . . . . . . . . 165
5. Das Programm bestimmen . . . . . . . . . . . . . . . . . . . . . . . . . 190
6. Daten beschaffen . . . . . . . . . . . . . . . . . . . . . . . . . . . . . . . . 198
7. Zu wenig Daten . . . . . . . . . . . . . . . . . . . . . . . . . . . . . . . . . 252

**Dritter Teil: Das Ergebnis** . . . . . . . . . . . . . . . . . . . . . . . . . . . . 282
1. Der strafprozessuale Beweis . . . . . . . . . . . . . . . . . . . . . . . . 282
2. Der Zweifel . . . . . . . . . . . . . . . . . . . . . . . . . . . . . . . . . . . . . 298
3. Häufige Fehler beim kriminalistischen Arbeiten . . . . . . . . . 306
4. … und zum Schluss . . . . . . . . . . . . . . . . . . . . . . . . . . . . . . 317

*Literaturauswahl* . . . . . . . . . . . . . . . . . . . . . . . . . . . . . . . . . . . 319

*Stichwortverzeichnis* . . . . . . . . . . . . . . . . . . . . . . . . . . . . . . . . 321

# Inhaltsverzeichnis

*Vorwort* .................................................... V
*Vorwort zur 6. Auflage* ................................. VII
*Inhaltsübersicht* ........................................ IX

## Erster Teil: Aufgabe und Mittel

**1. Einleitung** ........................................... 1
   1.1   Über das kriminalistische Denken ............... 1
   1.2   Der Aufbau dieser Arbeit ...................... 4
   1.3   Gute Kriminalisten ............................ 5

**2. Die kriminalistische Aufgabe** ......................... 8
   2.1   Allgemeine Überlegungen ....................... 8
   2.2   Der Umfang der Beweisführung ................. 10
   2.2.1  Allgemeine Grundsätze ........................ 10
   2.2.2  Das vollendete vorsätzliche Begehungsdelikt ...... 13
   2.2.3  Das versuchte Begehungsdelikt ................. 15
   2.2.4  Das fahrlässige Begehungsdelikt ................ 16
   2.2.5  Das Unterlassungsdelikt ....................... 18
   2.2.6  Die Beteiligung mehrerer Personen ............. 19
   2.2.7  Der Beweis strafzumessungsrelevanter Faktoren ... 20
   2.3   Überlegungen zur zu erwartenden Beweislage ..... 21
   2.3.1  Täter-Opfer-Delikte und Delikte mit beidseitiger Täterschaft .................................... 21
   2.3.2  Geplante und spontane Straftaten ............... 25
   2.3.3  Straftaten zur Erzielung von Gewinnen und zur Vermeidung von Verlusten ..................... 27
   2.4   Überlegungen zur Methode der Beweisführung .... 28
   2.4.1  Heuristik und Algorithmen .................... 28
   2.4.2  Die Tatsituation .............................. 29
   2.4.3  Das Umfeld der Tat ........................... 30
   2.2.4  Der Tätertyp ................................. 33
   2.4.5  Der Nachweis der konkreten Straftat ............ 36

## 3. Die Mittel ... 38
- 3.1 Die Mittel zur Erkennung von Delikten ... 38
- 3.2 Die Mittel zum Beweis von Delikten ... 39
- 3.3 Richtige und zulässige Mittel ... 41
- 3.4 Kategorien von Beweisen und ihre Problematik ... 43
- 3.4.1 Personal- und Sachbeweise ... 43
- 3.4.2 Reproduzierbare und nicht reproduzierbare Beweismittel ... 45
- 3.4.3 Vorhandene und produzierte Beweismittel ... 47
- 3.4.4 Direkte und indirekte Beweismittel ... 48
- 3.5 Systematisches Wahrnehmen ... 49
- 3.5.1 Technische Hilfsmittel ... 49
- 3.5.2 Objektivierung von Wahrnehmungen ... 50
- 3.5.3 Dokumentation von Wahrnehmungen ... 51
- 3.6 Systematisches Beobachten ... 53
- 3.6.1 Wahrnehmen durch Vergleich mit Modellen ... 54
- 3.6.2 Formale und inhaltliche Aspekte trennen ... 56
- 3.6.3 Zerlegen des Objektes in die funktionalen Elemente seiner Struktur ... 57
- 3.6.4 Ungereimtheiten, Widersprüche, Zufälle ... 57
- 3.6.5 Fehlende Zeichen ... 58
- 3.7 Systematisches Registrieren ... 59
- 3.8 Alltägliche Erfahrungen ... 60
- 3.9 Wissenschaftliche Erkenntnisse ... 62
- 3.9.1 Physik ... 63
- 3.9.2 Chemie ... 64
- 3.9.3 Biologie ... 64
- 3.9.4 Erbbiologie, insbesondere DNA ... 65
- 3.9.5 Medizin ... 69
- 3.9.6 Psychologie ... 70
- 3.9.7 Wirtschaftswissenschaften ... 71
- 3.9.8 Geografie ... 71
- 3.10 Experimentelle Erkenntnisse ... 71
- 3.11 Statistischen Methoden ... 74
- 3.11.1 Hochrechnungen ... 75
- 3.11.2 Einfache Wahrscheinlichkeiten ... 77
- 3.11.3 Indizien und die Bayes'sche Formel ... 83
- 3.12 Logische Erkenntnisse ... 88
- 3.13 Der Zufall ... 92

## Zweiter Teil: Die Methode

1. **Der kriminalistische Zyklus** .......................... 95
   1.1 Zyklische Prozesse ........................... 95
   1.2 Der kriminalistische Zyklus .................... 97
   1.3 Die einzelnen Phasen ........................ 98

2. **Der Verdacht** ..................................... 100
   2.1 Der Inhalt des Verdachts ...................... 101
   2.1.1 Der Verdacht auf Straftaten ................... 101
   2.1.2 Der Verdacht auf Straftäter ................... 103
   2.2 Die Intensität des Verdachtes ................. 105
   2.2.1 Verdachtsgrad als Wahrscheinlichkeit der Verurteilung? ............................... 105
   2.2.2 Verdachtsgrad als Maß der zulässigen Grundrechtseingriffe ....................................... 106
   2.3 Ausgangspunkte für einen Verdacht ............. 108
   2.3.1 Polizeiliche Feststellungen .................... 108
   2.3.1.1 Übersicht über den Tatort ...................... 111
   2.3.1.2 Beschreibung der Tatsituation .................. 112
   2.3.1.3 Aufnahme und Dokumentation der Spuren ........ 113
   2.3.1.4 Das Umfeld des Tatortes ...................... 115
   2.3.2 Anzeigen durch Geschädigte ................... 116
   2.3.3 Hinweise durch Private ........................ 117
   2.3.4 Systematische polizeiliche Kontrollen ............. 118
   2.3.5 Formalisierte Verdachtsmeldungen ............... 119
   2.3.6 Verdachtsbegründende Beweiserhebungen ........ 119
   2.3.7 Polizeiliche Vorermittlungen .................... 121

3. **Daten analysieren** ................................. 126
   3.1 Arten von Daten ............................. 126
   3.2 Daten anreichern ............................. 127
   3.2.1 Polizeiliche täter- und deliktbezogene Datenbanken ................................. 128
   3.2.2 Personenbezogene staatliche oder halbstaatliche Datenbanken ................................. 133
   3.2.3 Personenbezogene private Datenbanken .......... 137
   3.2.4 Weitere nützliche Datenquellen .................. 140
   3.2.5 Zur Frage der Verfügbarkeit von Daten für Zwecke der Strafverfolgung............................ 145
   3.3 Das Erfassen und Ordnen der Daten ............. 146

| | | |
|---|---|---|
| 3.4 | Die Analyse der geordneten Daten | 151 |
| 3.4.1 | Widersprüche erkennen | 151 |
| 3.4.2 | Unrichtige Daten erkennen | 152 |
| 3.4.3 | Vorgetäuschte Daten erkennen | 155 |
| 3.5 | Der Ausschluss irrelevanter Daten | 159 |
| 3.6 | Die Suche in überflüssigen Daten | 161 |
| 3.7 | Der Ausschluss unwahrscheinlicher Daten | 163 |

**4. Hypothesen bilden** ............................................. 165
| | | |
|---|---|---|
| 4.1 | Grundsätzliche Überlegungen | 165 |
| 4.2 | Ereignisversionen und Tathypothesen | 166 |
| 4.3 | Hypothesenbildung | 168 |
| 4.3.1 | Der Weg zur Hypothese | 168 |
| 4.3.2 | Der Gegenstand von Hypothesen | 172 |
| 4.3.3 | Erfahrung als Voraussetzung von Einfällen | 173 |
| 4.3.4 | Rückschaufehler | 174 |
| 4.4 | Strukturiertes Analysieren | 175 |
| 4.5 | Von der operativen Fallanalyse zur Hypothesenbildung | 176 |
| 4.6 | Täterprofile | 180 |
| 4.7 | Beispiele für Hypothesen | 182 |
| 4.8 | Die Überprüfung von Hypothesen | 187 |

**5. Das Programm bestimmen** ................................. 190
| | | |
|---|---|---|
| 5.1 | Tatbestände bestimmen | 190 |
| 5.2 | Der Umfang des Programms | 192 |
| 5.3 | Ein Beispiel eines Programms | 194 |

**6. Daten beschaffen** ................................................. 198
| | | |
|---|---|---|
| 6.1 | Das Programm als Ausgangspunkt | 198 |
| 6.2 | Die Reihenfolge der Erhebung von Daten | 200 |
| 6.3 | Grundsätzliches zu Vernehmungen | 203 |
| 6.3.1 | Grenzen der Wahrnehmung | 203 |
| 6.3.2 | Grenzen der Erinnerung | 205 |
| 6.3.3 | False Memory | 206 |
| 6.3.4 | Verbal Overshadowing | 209 |
| 6.3.5 | Spuren von Befragungen vermeiden | 210 |
| 6.3.6 | Die zuverlässige Wiedergabe des Erinnerten | 210 |
| 6.3.6.1 | Das PEACE-Modell | 212 |
| 6.3.6.2 | Das kognitive Interview | 213 |
| 6.3.6.3 | Die strukturierte Vernehmung | 215 |
| 6.3.7 | Wahrheit und Lüge | 216 |

| | | |
|---|---|---|
| 6.3.7.1 | Kriterien der Glaubhaftigkeit | 217 |
| 6.3.7.2 | Die Gründe für ein bestimmtes Aussageverhalten | 220 |
| 6.4 | Besonderheiten der Vernehmung nach prozessualer Stellung | 222 |
| 6.4.1 | Die Vernehmung des Anzeigeerstatters | 222 |
| 6.4.2 | Die Vernehmung von weiteren Auskunftspersonen und von Zeugen | 225 |
| 6.4.3 | Die Vernehmung des Verdächtigen | 226 |
| 6.4.3.1 | Die Vorbereitung der Erstvernehmung | 226 |
| 6.4.3.2 | Bedingungen für ein Geständnis | 230 |
| 6.4.3.3 | Die Rolle von Rechtsanwälten | 236 |
| 6.4.3.4 | Daten vom geständigen Täter | 238 |
| 6.4.3.5 | Daten vom nicht geständigen Verdächtigen | 241 |
| 6.4.3.6 | Daten zum subjektiven Tatbestand | 247 |

**7. Zu wenig Daten** ... 252
- 7.1 Grundsätzliche Überlegungen ... 252
- 7.2 Abwarten und hoffen ... 255
- 7.3 Fahnden in der Öffentlichkeit ... 256
- 7.4 Verdeckte Beweiserhebungen ... 258
- 7.4.1 Die Überwachung des Fernmeldeverkehrs ... 259
- 7.4.2 Der Einsatz technischer Überwachungsgeräte ... 261
- 7.4.3 Der Einsatz von Informanten ... 263
- 7.4.4 Der Einsatz von Vertrauenspersonen ... 264
- 7.4.5 Der Einsatz nicht offen ermittelnder Polizeibeamter ... 265
- 7.4.6 Der Einsatz verdeckter Ermittler ... 268
- 7.4.7 Kontrollierte Lieferungen ... 272
- 7.5 Die Provokation zu unüberlegten Handlungen ... 276
- 7.6 Besondere Fahndungsmaßnahmen ... 278
- 7.6.1 Zielfahndung ... 278
- 7.6.2 Schleppnetzfahndung ... 278
- 7.6.3 Rasterfahndung ... 279

## Dritter Teil: Das Ergebnis

**1. Der strafprozessuale Beweis** ... 282
- 1.1 Das Programm der Beweisführung ... 282
- 1.2 Schritte der Beweisführung ... 283
- 1.2.1 Die beweisformalistische Säuberung des Ausgangsmaterials ... 283

| | | | |
|---|---|---|---|
| | 1.2.2 | Die materielle Säuberung des Ausgangsmaterials | 285 |
| | 1.3 | Der Indizienbeweis | 285 |
| | 1.3.1 | Belastungsindizien | 287 |
| | 1.3.2 | Entlastungsindizien | 288 |
| | 1.3.3 | Von den Indizien zum Beweis | 289 |
| | 1.4 | Alternativanklagen und Alternativbeweise | 295 |

**2. Der Zweifel** ........ 298
    2.1    Gegenstand des Zweifels ........ 298
    2.2    Überwundene Zweifel ........ 301

**3. Häufige Fehler beim kriminalistischen Arbeiten** ........ 306
    3.1    Übersehen einer Straftat ........ 306
    3.2    Unkenntnis über die kriminalistischen Mittel ........ 307
    3.3    Fehlende oder fehlerhafte Daten ........ 308
    3.4    Mangelnde Ordnung und Sichtung von Daten ........ 309
    3.5    Unkenntnis über das anwendbare Recht ........ 310
    3.6    Unzulängliche Vernehmungen ........ 311
    3.7    Fehlende Übersicht über die Beweislage ........ 312
    3.8    Ermittlungsfehler ........ 313
    3.9    Ratlosigkeit über das weitere Vorgehen ........ 314

**4. ... und zum Schluss** ........ 317

*Literaturauswahl* ........ 319

*Stichwortverzeichnis* ........ 321

# Erster Teil:
# Aufgabe und Mittel

## 1. Einleitung

### 1.1 Über das kriminalistische Denken

Ziel des vorliegenden Büchleins ist es, Hinweise zu Überlegungen und Denkleistungen zu geben, welche nötig sind, um eine mutmaßliche Straftat aufzuklären oder nachzuweisen, dass keine Straftat begangen wurde. Die beschriebene Tätigkeit kann man als kriminalistisches Denken bezeichnen. Diese Art des Denkens verbessert die Arbeitsweise von Mitarbeiterinnen und Mitarbeiter der Polizei und der Staatsanwaltschaften. Das kriminalistische Denken gehört, wenn man es im System der Kriminalwissenschaften einordnet, zur Kriminaltaktik, also zur Lehre vom richtigen und zweckmäßigen Vorgehen bei der Aufklärung von Straftaten.

Die Frage liegt nahe, ob die Methoden des kriminalistischen Denkens jenen ähnlich sind, welche Forscher im Bereich der Natur- oder der Geisteswissenschaften anwenden, um Probleme zu analysieren und zu lösen. Die Frage ist einerseits zu bejahen: Systematisches Überlegen, das Denken in Hypothesen und die Methode des Verifizierens oder Falsifizierens können Kriminalisten durchaus von Mathematikern oder Sozialwissenschaftlern lernen und übernehmen, und sie sollten es auch tun. Die Frage muss anderseits aber in Teilbereichen auch verneint werden: Vor allem haben es Kriminalisten nicht mit Laborsituationen zu tun, sondern mit dem wirklichen Leben. Sie müssen deshalb oft rasch unter hohem Zeitdruck und bei bescheidener Faktenlage Entscheidungen treffen, welche sich dann nicht wieder rückgängig machen lassen. Kriminalisten können die Ergebnisse ihrer Ermittlungen auch nicht beliebig reproduzieren: Fehler, die etwa bei der Ersteinvernahme des in flagranti erwischten Gewalttäters gemacht werden, lassen sich später überhaupt nicht oder nur mit erheblichen Schwierigkeiten wieder beheben. Es rechtfertigt sich daher, über das kriminalistische Denken und seine Besonderheiten nachzudenken.

Kriminalistisches Denken kann man lernen und üben. Forschungen haben gezeigt, dass die Anwendung gewisser Methoden bei der Lösung von Straffällen zu deutlich besseren Ergebnissen führt. So wurde mehrfach nachgewiesen, dass Befrager, welche die Technik des kognitiven Interviews anwenden, zu deutlich besseren Resultaten bei Einvernahmen kommen als Leute, die nicht nach dieser Methode vorgehen (allerdings brauchen sie dazu etwas mehr Zeit). Nicht nur die Auswertung von Personal-, sondern auch von Sachbeweisen verspricht eher Erfolg, wenn Kriminalisten die neusten Techniken der Beweiserhebung kennen und sie in der richtigen Art und Reihenfolge Schritt für Schritt anwenden. Gerade die modernen, im Resultat zuverlässigen Beweiserhebungen (DNA-Analysen und andere Techniken der Spurenauswertung; Überwachungen des Fernmeldeverkehrs; Auswertungen technischer Aufzeichnungsgeräte) führen in vielen Fällen zu klaren Beweisergebnissen, deren Beweiswert kaum mehr angezweifelt werden kann.

Ob man eine Lösung auf diesem Wege findet, ist allerdings nicht sicher. Schwierigkeiten entstehen dann, wenn man davon ausgehen muss, alle verfügbaren Beweise erhoben zu haben, ohne dass sich ein bestimmter Sachverhalt vollständig beweisen lässt. Immerhin: Die saubere und möglichst vollständige Anwendung der verschiedenen Techniken der Beweiserhebung ist auch in schwierigen Fällen eine notwendige Basis. Bisweilen sind allerdings speziellere und weiterführende Überlegungen notwendig. Wie dann vorzugehen ist, spüren erfolgreiche Kriminalisten intuitiv. Weil aber Intuition nicht lern- oder trainierbar ist, muss man sie bisweilen herbeizwingen. Wie man das zustande bringt, kann sich zum Beispiel aus der Überlegung ergeben, wieso man einen schwierigen Fall auf überraschende Weise doch noch gelöst hat. Lag es daran, dass man scheinbar harmlose Kleinigkeiten übersehen hat, oder hat man ungewöhnliche, nicht ins Bild passende Einzelheiten verdrängt, ohne ihnen besondere Beachtung zu schenken? Ging man von einer besonders raffinierten Täterschaft aus, weil der Deliktsbetrag besonders hoch war, und übersah dabei naheliegende Versionen, weil nicht der Täter besonders professionell, sondern das Opfer besonders unbedarft war?

Wer sich allerdings nur auf die Intuition verlässt, wird nur mit Glück ein erfolgreicher Kriminalist. Methodisches Vorgehen ist nicht immer hinreichend, aber stets notwendig für die Aufklärung von Straftaten. Das bedeutet nicht, dass man einen Sachverhalt in all seiner Breite und Tiefe aufklären müsste; Ausgangspunkt jeder Beweisführung muss die Vorstellung davon sein, welche Straftat in Frage kommt und über welche einzelnen Tatbestandsmerkmale dabei Beweis zu führen ist. Alle erfahrenen Kriminalisten wissen, dass sie bisweilen diese Grundregel vernachlässigen: Eine mutmaßliche Straftat weckt ihre Neugierde, und sie klären dann mit großem Aufwand ab, was sich in Wirklichkeit abgespielt hat. Schließlich finden sie heraus, dass das Ergebnis der Untersuchungen vollkommen nutzlos ist, weil ein bestimmtes Tatbestandsmerkmal offensichtlich nicht erfüllt ist oder sich nicht beweisen lässt. Das ist dann besonders ärgerlich, wenn es absehbar gewesen wäre, hätte man sich nur früh genug Überlegungen dazu gemacht.

> Der schönste Geldwäscherei-Verdachtsfall, bei dem jede einzelne Transaktion sich sauber rekonstruieren lässt, wird nicht erfolgreich abgeschlossen, wenn die Ermittler erst am Schluss merken, dass die mutmaßliche Vortat zwar strafbar wäre, die dazu erforderlichen Beweise sich aber im Ausland nicht beschaffen lassen.

Entscheidend ist gerade nach schweren Straftaten, dass nicht einfach die üblichen Ermittlungshandlungen abgearbeitet werden, oft sogar auf breitester Basis, ohne diese Maßnahmen der konkreten Aufgabe genügend anzupassen. Man sollte nicht einfach möglichst viel Material sammeln, ohne immer wieder darüber nachzudenken, wie man es vervollständigen und welche Schlüsse man daraus ziehen sollte. Zwar führt auch solch unstrukturiertes Suchen manchmal zum Erfolg; die Lösung ist dann aber eher der einfachen Struktur des Falles zu verdanken als dem kriminalistischen Denken.

Damit soll nichts gegen die in der Praxis gängigen Checklisten für die Bearbeitung bestimmter Arten von Straftaten gesagt werden, im Gegenteil: Sie enthalten meistens ein gutes Stück (fremdes) kriminalistisches Denken. Sobald man aber bei der Lektüre eines Schemas zu fragen beginnt, warum dieser oder jener Punkt zu klären sei, fängt man an, ins kriminalistische Wissen einzusteigen und Vorhandenes zu vertiefen.

Eine besondere, rechtsstaatlich heikle und ausgesprochen schwierige Disziplin ist das Werten von Wahrnehmungen und Feststellungen über Vorgänge, von denen man vermutet, dass hinter ihnen eine Straftat steckt, ohne dass dies schon klar ist: Es geht um den Verdacht. Die kriminalistische Aufgabe ist erst erledigt, wenn die Tat nachgewiesen und der Täter überführt und verurteilt worden ist – oder wenn sich der Verdacht als unbegründet herausgestellt hat oder der Fall schlicht unlösbar bleibt. Man kann eine Verdachtslage leicht übersehen oder unterschätzen und deshalb mit der Arbeit gar nicht beginnen. Man riskiert anderseits, einen Verdacht zu vermuten, hinter dem sich effektiv gar keine Straftat verbirgt. Der Entscheid, einer vagen Vermutung nachzugehen oder eben nicht, ist einer der schwierigsten, obschon er alltäglich ist. Ob Vorermittlungen oder die Eröffnung einer Strafuntersuchung angezeigt sind, ist nicht nur in tatsächlicher, sondern auch rechtsstaatlicher Hinsicht eine schwierige Frage. Wer kriminalistisches Denken beherrscht, wird allerdings auch in diesem Bereich weniger Fehler machen als andere.

Ausgeklammert wird in diesem Büchlein die Frage, welchen Wert kriminalistisches Denken im Bereich der Kriminalprognose und Verbrechensbekämpfung haben könnte. Die Forderung von *Ralph Berthel*, kriminalistisches Denken (in dieser Hinsicht) neu zu denken, wird also an dieser Stelle nicht aufgenommen.

### 1.2 Der Aufbau dieser Arbeit

Das vorliegende Buch behandelt alle Aspekte des kriminalistischen Denkens:

In einem ersten Teil wird die Frage vertieft, worin denn überhaupt die kriminalistische Aufgabe bestehe (Ziff. 2). Dann werden die Mittel beschrieben, welche dem Kriminalisten zur Verfügung stehen (Ziff. 3).

Im zweiten Teil wird die Methode des kriminalistischen Denkens untersucht. Die Systematik lehnt sich an den Intelligence Cycle an, der in den USA zur Aufklärung von Delikten entwickelt wurde. Der hier vorgeschlagene kriminalistische Zyklus (Ziff. 1) beginnt mit dem Ausgangspunkt kriminalistischen Handelns, dem Verdacht (Ziff. 2). Die Ausgangsdaten, auf denen dieser Verdacht beruht, sind zunächst zu analysieren (Ziff. 3). Daraus ergeben sich bestimmte Hypothesen (Ziff. 4), welche dazu führen, dass ein Programm zur Beweisführung entwickelt werden kann (Ziff. 5). Dann werden gezielt die fehlenden Daten beschafft (Ziff. 6). Allenfalls sind besondere Maßnahmen nötig, wenn zu wenig Daten zur Lösung der Aufgabe vorhanden sind (Ziff. 7). In einfachen Fällen ist damit die kriminalistische Aufgabe erledigt, in komplizierteren Fällen muss man den Verdacht modifizieren und eine zweite Runde nach dem gleichen System starten.

# 1. Einleitung

Das Ergebnis einer vollständigen Datenerhebung (Dritter Teil) mündet im strafprozessualen Beweis der Straftat (Ziff. 1). Dieser Beweis ist auf noch vorhandene Zweifel zu untersuchen (Ziff. 2). Dabei hilft es, wenn man die häufigsten Fehler beim kriminalistischen Arbeiten kennt (Ziff. 3).

Das vorliegende Werk verzichtet auf Literaturangaben in Fußnoten, weil sich viele Bereiche der praktischen Kriminalistik rasch entwickeln und die neusten Ergebnisse mit einfachen Internetrecherchen rasch gefunden werden. Die Erschließung des Textes soll aber durch das Stichwortverzeichnis am Ende des Buches erleichtert werden.

> Die theoretischen Ausführungen werden durch praktische Beispiele ergänzt, die jeweils grafisch vom Text abgesetzt sind.

## 1.3 Gute Kriminalisten

Was in diesem Buch gesagt wird, ist für den erfahrenen Kriminalisten nicht neu. Jeder, der mit Strafuntersuchungen zu tun hat, ist schon auf die zu besprechenden Probleme gestoßen, und er hat sie gleich, ähnlich oder besser gelöst oder einfach ignoriert. Der Versuch, einige grundsätzliche Erkenntnisse zu klären und systematisch zu ordnen, dürfte dem Spezialisten trotzdem neue Erkenntnisse bringen. Dem weniger Erfahrenen wird gezeigt, dass das kriminalistische Denken keine erstaunliche Kunst oder ein beneidenswertes Talent ist, sondern bloß eine lernbare Methode.

Was zeichnet einen erfolgreichen Kriminalisten aus?

Grundvoraussetzung ist die gründliche Kenntnis des Straf- und Strafprozessrechts. Nur wer weiß, welche Straftaten der Gesetzgeber mit Strafe bedroht, nur wer die heiklen Rechtsfragen im Zusammenhang mit den wichtigsten Tatbeständen kennt, wird überhaupt zuverlässig wissen, was in einem konkreten Fall zu beweisen ist. Nur wer die prozessualen Rahmenbedingungen kennt, kann die Beweise so erheben, dass sie vom Richter auch verwertet werden können.

Klares kriminalistisches Denken benötigt wie jedes systematische Arbeiten einen scharfen Intellekt. Eine gute Beobachtungsgabe ist Voraussetzung dafür, die wichtigen Informationen zu erkennen; ein gutes Gedächtnis ist hilfreich, um die gesammelten Informationen verknüpfen zu können. Scharfsinniges und konsequentes Denken ermöglicht es dem Kriminalisten, die richtigen Schlüsse zu ziehen.

Nicht zu unterschätzen ist die Bedeutung der Fantasie. Kriminelle sind in der Regel nicht Menschen, die ihre Taten aufgrund logischer Überlegungen und klarer Planung begehen. Nur wer die Begabung hat, sich das nicht nahe Liegende vorstellen zu können, wird sich eher in die Denkweise der verschiedensten Delinquenten einfühlen und deren Überlegungen nachvollziehen können. Insbesondere wenn es um die Entwicklung von Hypothesen geht, ist mangelnde Fantasie kaum (oder höchstens durch sehr viel Erfahrung) zu kompensieren.

Immer wichtiger wird in der kriminalistischen Arbeit allerdings die ganz bodenständige Ausdauer und Hartnäckigkeit. Wer komplizierte Wirtschaftsstraffälle lösen oder Deliktsserien von organisierten Banden aufklären will, der braucht Ausdauer, Entschlossenheit und Geduld. Es gilt ja, eine Vielzahl von Daten so gründlich wie möglich auszuwerten, mit Geduld zahlreiche Einvernahmen von Beschuldigten durchzuführen und die Ergebnisse laufend so miteinander zu verknüpfen, dass erkennbar ist, wo die Beweisführung noch Lücken hat. Das ist weder besonders spannend noch sehr befriedigend, sondern vor allem mit viel Anstrengung verbunden: Kriminalistische Arbeit besteht häufig aus 10 % Kriminalistik und 90 % Arbeit.

Die Fähigkeit zur Selbstkritik ist, weil es oft um Spekulationen geht, unumgänglich. Wer die erarbeiteten Beweisergebnisse nicht laufend selbst kritisch hinterfragt, wer nicht in der Lage ist, die Schwächen der Beweisführung zu erkennen, der hat schon verloren: Weil der Beschuldigte weiß, was gewesen ist, wird er die meisten materiellen Fehler der Beweisführung sofort erkennen. Sein Verteidiger wird, je perfekter die Beweisführung in der Sache ist, desto mehr darauf achten, ob in der Untersuchung prozessuale Fehler gemacht wurden. Die Rüge solcher Fehler ist die einzige Möglichkeit, trotz materiell klarem Beweisergebnis doch noch etwas für seinen Klienten herauszuholen. Die vielen Juristen angeborene Sturheit, verbunden mit der nötigen Dosis Ehrgeiz, führt nur dann zum Erfolg, wenn sie nicht in der Unfähigkeit mündet, eigene Zwischenergebnisse kritisch zu hinterfragen und notfalls wieder zu verwerfen.

Zum guten Kriminalisten gehört auch der Wille, seine Fähigkeiten und sein Wissen nur im Interesse des Rechts einzusetzen. Ziel seiner Arbeit ist es nicht, jeden Verdächtigen mit allen Mitteln einer

# 1. Einleitung

Verurteilung zuzuführen, sondern die Schuldigen von den Unschuldigen zu unterscheiden. Auf diesem Weg darf der Pfad des rechtlich Zulässigen nie verlassen werden: Wer als Strafverfolger die Einhaltung der Gesetze einfordert und Verstöße dagegen ahndet oder einer Ahndung zuführt, der darf sich selbst nicht über die Rahmenbedingungen hinweg setzen, die ihm der Gesetzgeber für sein eigenes Handeln vorgegeben hat. Das mag bisweilen ärgerlich sein, weil der Hochseilakt des Gesetzgebers, den Ausgleich zwischen staatlichem Strafverfolgungsinteresse und persönlicher Freiheit des Bürgers zu finden, nicht immer gelingt. Wer aber meint, er könne im Interesse der Wahrheitsfindung abwägen, ob die Einhaltung gewisser strafprozessualer Vorschriften im konkreten Fall angebracht sei oder nicht, der treibt nicht Strafverfolgung, sondern Inquisition, und sollte sich deshalb einen andern Beruf suchen. „Justice should not only be done, but should manifestly and undoubtedly be seen to be done" (*Lord Hewart Gordon*). Auch der hartnäckige Gewohnheitsdelinquent wird möglicherweise einen Funken Einsicht zeigen, wenn er in einem korrekten Verfahren überführt wurde; zumindest wird er aber einen gewissen Respekt vor den Personen haben, die zu seiner Verurteilung beigetragen haben. Beruht der Schuldspruch dagegen auf unerlaubten Tricks in der Untersuchung, etwa der falschen (und nicht nachvollziehbaren, weil nicht protokollierten) Behauptung des Ermittlers, der Mittäter habe gestanden, dann wird auch der überführte Schuldige am Schluss kaum das Gefühl haben, eigentlich geschehe ihm Recht.

> Von dieser Regel gibt es kaum je Ausnahmen. Immerhin: Ein mutmaßlicher Kokainkurier war einerseits von seinen Lieferanten, anderseits aber auch vom Abnehmer belastet worden, eine Kokainlieferung von Zürich nach Bregenz ausgeführt zu haben. Die Fahrt ließ sich anhand eines Einreisestempels im Reisepass, aber auch aufgrund der Hotelkontrolle in Bregenz nachvollziehen, und die Aussagen der Belastungspersonen waren damit objektiviert. Der Kurier hatte einen mutmaßlichen Komplizen, dessen Rolle beim fraglichen Transport allerdings nie geklärt werden konnte, weil beide Beteiligten dazu keine Aussagen machten. Nachdem das Urteil (drei Jahre Freiheitsstrafe) verkündet worden war, sagte mir der Verurteilte bei der Verabschiedung im Vorraum des Gerichtssaals: „Verdient habe ich es ja schon, aber nicht dafür …". Später stellte sich heraus, dass das Kokain dem Kurier vom Komplizen „untergejubelt" worden war und dass er erst nach der Zollkontrolle erfahren hatte, was sich im Kofferraum seines Autos befunden hatte

Schließlich wäre es wünschbar, wenn der Kriminalist menschlich wäre und es in jeder Lage auch bliebe. Wenn er schon im Namen der strafenden Gerechtigkeit handelt, dann sollte er auch versuchen, Vorbild zu sein. Menschlicher Umgang gewinnt vor allem dann große praktische Bedeutung, wenn es gilt, in einer Vernehmung brauchbare Informationen zu erhalten. Einem distanzierten und kühlen Taktiker wird sich der Täter selten öffnen. Nur wenn der Beschuldigte sich ein gewisses menschliches Verständnis erhoffen darf, wird er auch bereit sein, sich zu öffnen.

Kurz, der Kriminalist sollte ein Übermensch sein, der bereit ist, alle seine Fähigkeiten für ein bescheidenes Gehalt notfalls rund um die Uhr im Interesse des Rechts zur Verfügung zu stellen.

**Einige Merksätze:**
- Kriminalistisches Denken ist die Fähigkeit, mit möglichst wenig Aufwand und zielgerichtet in Verdachtsfällen abzuklären und zu beweisen, ob eine Straftat begangen wurde und wer sie begangen hat. Das Wissen darum, was kriminalistisches Denken umfasst, erleichtert die systematische und erfolgreiche Aufklärung von komplizierten Straftaten.
- Gute Kriminalisten haben solide Kenntnisse im Straf- und Strafprozessrecht, die sie befähigen, zu erkennen, was im konkreten Fall zu beweisen ist, und diese Beweise so zu erheben, dass sie vom Richter verwertet werden können. Sie besitzen Fantasie und die Fähigkeit zur Selbstkritik, um Hypothesen bilden und allenfalls auch verwerfen zu können. Sie arbeiten hartnäckig und zielgerichtet. Ihr Wissen setzen sie nur im Interesse des Rechts ein.

## 2. Die kriminalistische Aufgabe

### 2.1 Allgemeine Überlegungen

Kriminalistisches Arbeiten ist Wahrheitserforschung. *Blaise Pascal* hat vor mehr als 300 Jahren geschrieben: „Man kann bei der Erforschung der Wahrheit drei hauptsächliche Aufgaben haben: erstens, die Wahrheit zu entdecken, wenn man sie sucht, dann sie zu beweisen, wenn man sie besitzt, und schließlich, sie vom Falschen zu sondern, wenn man sie prüft." Auch die Aufgabe des Kriminalisten hat zunächst die gleiche Struktur: Sie besteht darin,

## 2. Die kriminalistische Aufgabe

- Straftaten zu erkennen oder den Verdacht auf das Vorliegen einer Straftat zu begründen, also für alle Verbrechenselemente Hinweise zu suchen und Hypothesen über Tatverlauf und Täterschaft zu entwickeln,
- die betreffenden Beweise in einwandfreier Weise zu erheben, und
- die Beweise kritisch zu prüfen oder eben zu zeigen, dass die für eine Überführung des Beschuldigten notwendigen Voraussetzungen im gegebenen Fall nicht oder nicht vollständig erfüllt sind.

Wo liegt die Besonderheit der Wahrheitserforschung im Strafprozess? Um die Frage beantworten zu können, muss man sich vor Augen führen, was das Ziel jedes Strafverfahrens ist. Es geht um die Beschaffung der Grundlagen für den Entscheid darüber, ob der Beschuldigte wegen einer bestimmten Straftat anzuklagen und dann zu verurteilen oder ob das Verfahren einzustellen ist.

Dieser Entscheid ist nur möglich, wenn die Beweisführung alle Merkmale der fraglichen Straftat umfasst, also sämtliche objektiven und subjektiven Tatbestandselemente sowie die zeitliche und örtliche Einordnung der Tat. Damit es zu einer Verurteilung kommt, müssen wirklich alle diese Elemente bewiesen sein; bleibt nur ein einziges Tatbestandselement unbewiesen, dann muss das Verfahren eingestellt werden.

Es ist trotzdem nicht die gesamte sich aus einem Lebenssachverhalt ergebende materielle Wahrheit zu beweisen: Nicht alle Umstände einer menschlichen Handlung spielen bei der strafrechtlichen Beurteilung eine Rolle, sondern eben nur diejenigen, die in rechtlicher Hinsicht in Bezug auf einen bestimmten Straftatbestand relevant sind. Die Beweisführung muss allerdings in heiklen Fällen vorerst oft sehr breit angelegt werden, um den Tatablauf rekonstruieren und den Täter überführen zu können. Dieses umfassende Datenmaterial kann aber zum Schluss dann wieder reduziert werden auf die Umstände, die für die Verurteilung rechtlich relevant sind.

---

Wie alt das Opfer einer sexuellen Handlung mit Kindern ist, lässt sich in der Regel auf den Tag genau bestimmen. Für den Schuldspruch muss aber nur zweifelsfrei feststehen, dass das Kind über oder unter dem Schutzalter ist (was z. B. eine Rolle spielen kann, wenn es sich um ein Flüchtlingskind handelt, dessen Geburtsdatum nicht zweifelsfrei feststeht). Erst bei der Strafzumessung spielt dann das ungefähre Alter (unter dem Titel des Unrechtsgehaltes der Tat) wieder eine Rolle.

> Auf die Augenfarbe des Täters kommt es bei der rechtlichen Einordnung der Tat überhaupt nicht an; sie kann allerdings als Hilfstatsache bei der Beweiswürdigung, etwa der Aussage eines Zeugen, von zentraler Bedeutung sein.

Die Möglichkeiten der Beweisführung werden durch zahlreiche formelle Regeln eingeschränkt. Der Beschuldigte muss zu seiner Überführung überhaupt nichts beitragen, und das muss ihm auch zu jedem Zeitpunkt des Verfahrens klar sein. Die Angaben des Beschuldigten, die er ohne Kenntnis des Rechts zur Verweigerung der Aussage zu Protokoll gab, können noch so zutreffend sein, sie sind trotzdem nicht verwertbar. Die Ergebnisse einer nicht richterlich bewilligten Telefonüberwachung können zwar eine Straftat eindeutig beweisen, müssen aber trotzdem aus den Akten entfernt werden.

Zusammenfassend geht es also darum, in einem Strafverfahren alle Beweise zu erheben, die zum Nachweis aller Tatbestandselemente einer Straftat erforderlich sind. Diese Beweise müssen in der dafür vorgesehenen gesetzlichen Form erhoben werden. Dadurch unterscheidet sich die kriminalistische Methode der Wahrheitsfindung von der naturwissenschaftlichen.

## 2.2 Der Umfang der Beweisführung

### 2.2.1 Allgemeine Grundsätze

Welcher Ausschnitt der Wirklichkeit ist nun also zu analysieren und zu beweisen, wenn es darum geht, ein mögliches Verbrechen aufzuklären und den Täter einem gerechten Urteil zuzuführen? Oder mit den Worten von *Jürg-Beat Ackermann* gesagt: Welches materiellrechtliche Programm hat der Strafverfolger abzuarbeiten, um dieses Ziel zu erreichen? Ausgehend von der heute herrschenden Dogmatik der Verbrechenslehre, welche zwischen Tatbestandsmäßigkeit, Rechtswidrigkeit und Schuld unterscheidet, können acht Einzelfragen unterschieden werden, nämlich:

1. Liegt ein Sachverhalt vor, der den objektiven Tatbestand einer Strafbestimmung erfüllt?
2. Wer hat sich so verhalten, wer ist also der Täter (und wie kann er der Strafverfolgung zugeführt werden)?
3. Wann und wo hat der Täter gehandelt?
4. Hat der Verdächtige auch den entsprechenden subjektiven Tatbestand erfüllt? Hat der Täter vorsätzlich oder fahrlässig gehan-

delt und sind die zusätzlich erforderlichen subjektiven Merkmale (z. B. Bereicherungsabsicht, Gewinnsucht) gegeben?
5. Ist das Verhalten des Verdächtigen rechtswidrig oder kommen Rechtfertigungsgründe in Frage (z. B. Notwehr)?
6. Handelte der Verdächtige schuldhaft oder liegen Schuldausschließungsgründe (z. B. Schuldunfähigkeit) vor?
7. Sind strafzumessungsrelevante Umstände strafschärfend bzw. straferhöhend oder strafmildernd bzw. strafmindernd zu berücksichtigen?
8. Sind die weiteren Voraussetzungen der Strafbarkeit erfüllt (objektive Strafbarkeitsbedingungen, keine Verjährung)? Sind auch die Prozessvoraussetzungen (z. B. Verhandlungsfähigkeit des Beschuldigten) gegeben?

Ziel der kriminalistischen Aufgabe ist es, diese acht Fragen zu beantworten, indem über jeden rechtlich relevanten Umstand innerhalb jeder dieser Fragen Beweis geführt wird. Die Schwierigkeiten liegen in der Regel bei der Beantwortung der Kategorien 1 bis 4 (Wer hat wann und wo die objektiven und subjektiven Tatbestandsmerkmale einer Straftat erfüllt?). Frage 5 und 8 (Rechtswidrigkeit und weitere Voraussetzungen der Strafbarkeit) dürfen nicht vergessen werden, man sollte sie allerdings schon zu Beginn des Verfahrens kurz prüfen und kann sie meist leicht beantworten. Die Beschaffung der Informationen, die zur Kategorie 6 und 7 gehören (Schuld und Strafzumessung), ist in der Regel Routine, ihre Bewertung und Gewichtung kann allerdings höchst strittig sein. Die Frage, wie die konkrete Tatschuld zu gewichten ist und zu welcher Strafe sie führt, ist im Grunde genommen ungelöst. Es gibt zwar Strafzumessungsrichtlinien und natürlich eine reiche Gerichtspraxis dazu, letztlich lässt sich aber die Frage, welche Strafe für eine konkrete Straftat angemessen sei, nicht wissenschaftlich exakt beantworten. Das heißt aber nicht, dass man die Beweisführung zu den strafzumessungsrelevanten Umständen vernachlässigen kann; je breiter und seriöser die tatsächliche Basis für den Entscheid des Richters ist, desto berechenbarer kann dieser Entscheid trotz aller Unsicherheiten werden.

Das Problem, die „richtige" Strafe zu finden, hat sich in den letzten Jahren verschärft, weil sich der Katalog von Sanktionen und Maßnahmen, mit denen auf eine Straftat reagiert werden kann, erheblich erweitert hat. Das geschah im Interesse der Einzelfallgerechtigkeit und aus spezialpräventiven Gründen, macht aber die Strafzumessung nicht einfacher. In der Schweiz

Erster Teil: Aufgabe und Mittel

> gibt es (im Jahr 2012 – das kürzlich revidierte Sanktionenrecht soll allerdings schon wieder angepasst und vereinfacht werden) folgende Grundstrafen
> – die (unbedingte) Busse;
> – die (unbedingte oder bedingte) Geldstrafe;
> – die (unbedingte oder bedingte) gemeinnützige Arbeit;
> – die (unbedingte, teilbedingte oder bedingte) Freiheitsstrafe
>
> Diese Strafen können allerdings auch miteinander kombiniert werden, sodass es zusätzlich folgende Variationen gibt:
> – bedingte mit unbedingter Freiheitsstrafe;
> – bedingte Freiheitsstrafe mit unbedingter Geldstrafe;
> – bedingte Freiheitsstrafe mit unbedingter Busse;
> – teilbedingte Geldstrafe;
> – bedingte Geldstrafe mit Busse;
> – teilbedingte gemeinnützige Arbeit
> – bedingte gemeinnützige Arbeit mit unbedingter Geldstrafe;
> – bedingte gemeinnützige Arbeit mit Busse.
>
> Neben diesen Strafen ist auch die Anordnung von ambulanten oder stationären Maßnahmen möglich. Es gibt also eine große Anzahl von Kombinationsmöglichkeiten, die zwar im konkreten Fall nicht vollständig zur Verfügung stehen; es ist aber im konkreten Fall durchaus realistisch, dass das Gericht aus zehn Varianten die „richtige" oder zumindest die passendste wählen muss.

Im besten Fall lassen sich alle relevanten Umstände der Kategorien 1 bis 6 beweisen und der Verurteilung stehen keine Umstände der Kategorie 8 entgegen (dann kann der Beschuldigte verurteilt werden) oder es lässt sich zeigen, dass einer oder mehrere Umstände dieser Kategorien nicht erfüllt sind (dann ist der Beschuldigte freizusprechen). Im ungünstigeren Fall lässt sich nicht entscheiden, ob gewisse Umstände erfüllt sind; dann ist der Beschuldigte ebenfalls freizusprechen, es bestehen aber weiterhin Zweifel an der Täterschaft. Dem Dogmatiker oder dem Verteidiger kann das egal sein: Wichtig ist, dass kein Schuldspruch gegen einen nicht zweifelsfrei Schuldigen ausgefällt wird. Der Beschuldigte hat aber oft ein naheliegendes Interesse, dass die Untersuchung weiter geführt wird, bis seine Unschuld zweifelsfrei feststeht. Das ist aber eigentlich nicht die Aufgabe der Strafverfolgungsbehörden.

Die aufgelisteten Fragen sind nach wie vor viel zu abstrakt, um im Einzelfall handeln und entscheiden zu können. Sie müssen daher weiter konkretisiert werden, wobei es sinnvoll ist, verschiedene Deliktskategorien zu unterscheiden: vollendetes vorsätzliches Begehungsdelikt, versuchtes Begehungsdelikt, fahrlässiges Begehungsdelikt, echtes und unechtes Unterlassungsdelikt. Diese Unterscheidungen machen im vorliegenden Zusammenhang vor allem dann Sinn, wenn sich bei bestimmten Kategorien sagen lässt, dass sie typische, besondere Beweisschwierigkeiten verursachen, an die von Anfang an gedacht werden sollte.

### 2.2.2 Das vollendete vorsätzliche Begehungsdelikt

Beim voll verwirklichten vorsätzlichen Begehungsdelikt, etwa bei einem Diebstahl durch Wegnehmen einer fremden Sache, ist die Ausführungshandlung, ein vom Willen getragenes Verhalten eines Menschen, mit allen im gesetzlichen Tatbestand genannten objektiven Merkmalen zu beweisen. Beim Diebstahl muss es um eine bewegliche Sache gehen. Sie muss dem Täter fremd sein, und er muss sie weggenommen haben. Zum Beweis des objektiven Tatbestandes gehört natürlich auch der Nachweis der Täterschaft.

Zum objektiven Tatbestand können auch gewisse innere Merkmale gehören, etwa die bereits erwähnte Fremdheit einer Sache oder die Unwahrheit einer Aussage.

Die Fremdheit einer Sache für den Täter kann man durch die Erklärung des bisherigen Inhabers untermauern. Auch andere prozessuale Beweismittel werden nützlich sein, etwa ein Kaufvertrag, der den Eigentumserwerb beurkundet. Bisweilen kommt der Strafverfolger nicht darum herum, sich zum Beweis solcher Verhältnisse gründlich in andere Rechtsgebiete einzuarbeiten, im Beispiel in die Frage, wann Eigentum von einer Person auf die andere übergeht. Schlecht beraten ist unter Umständen, wer sich auf den äußeren Anschein oder auch bloß auf die Auffassung des Täters verlässt: Der Umstand, dass er eine Sache, die er sich zugeeignet hat, für fremd hält, begründet nur den subjektiven, nicht aber den - gedanklich vorher zu beweisenden - objektiven Tatbestand.

> Geldwäsche nach § 261 des deutschen StGB setzt voraus, dass die gewaschenen Gelder aus einer bestimmten Straftat stammen. Auch wenn aus dem Verhalten des Täters geschlossen werden muss, er habe angenommen, das Geld stamme aus einer Straftat, heißt das noch nicht, dass die Vortat strafbar ist. Es ist zu beweisen, dass die Gelder tatsächlich aus einer relevanten Straftat stammen – oft die Hauptschwierigkeit beim Beweis internationaler Geldwäscherei. Es müssen nämlich rechtshilfeweise im Ausland Beweise erhoben werden, die auch nach unserem Rechtsverständnis diese Vortat ohne Zweifel beweisen. Zwar ist noch nichts verloren, wenn dieser Beweis nicht gelingt (es könnte sich auch um einen untauglichen Versuch der Geldwäsche handeln); der objektive Tatbestand ist dann aber jedenfalls nicht erfüllt.

Bei komplizierteren Tatbeständen bestehen zwischen den einzelnen Tatbestandsmerkmalen Beziehungen. Es müssen entweder alle Merkmale erfüllt sein oder wenigstens eines von mehreren; sie müssen allenfalls in bestimmter Reihenfolge verwirklicht worden sein; es hat zwischen ihnen ein Kausalzusammenhang zu bestehen, etwa beim Betrug. Im Bereich des Kernstrafrechts sind solche Beziehungen in der Literatur gut aufgearbeitet, sodass Unsicherheiten mit einem Blick in die einschlägigen Kommentare bereinigt werden können. Im Nebenstrafrecht kann das anders sein; man tut gut daran, sich zu vergewissern, wie die Tatbestände auszulegen sind, bevor man Beweise erhebt, die sich im Nachhinein als unerheblich erweisen.

Der häufigste praktische Fehler beim Beweis des objektiven Tatbestandes besteht denn auch darin, dass sich der Kriminalist nicht von Anfang an Rechenschaft darüber gibt, welche Umstände er in Bezug auf welchen Tatbestand zu beweisen hat. Er hat also das Programm zur Prüfung der objektiven Tatbestandsmerkmale nicht von Anfang an festlegt und dann konsequent abgearbeitet.

> Die Abgrenzung zwischen Diebstahl und Untreue hängt davon ab, welche Beziehung der Täter zum Vermögenswert hat, den er sich zueignet. Es ist also zum Beispiel zu beweisen, ob eine Kaffeekasse, die aus einem Büro verschwand, dem mutmaßlichen Täter (mit) anvertraut war oder ob er fremden Gewahrsam brechen musste. Diese Abgrenzung ist nur möglich, wenn relativ subtile Ermittlungen über die Aufgabenbereiche des Beschuldigten gemacht werden.

Der subjektive Tatbestand umfasst den Vorsatz und allenfalls weitere psychische Voraussetzungen, zum Beispiel die in gewissen Fällen erforderliche Bereicherungsabsicht. Es muss beim Vorsatzdelikt nachgewiesen werden, dass der Täter alle objektiven Tatbestandsmerkmale mit Wissen und Willen verwirklicht hat.

Anderseits enthalten einige wenige Tatbestände objektive Merkmale, die vom Tätervorsatz nicht erfasst werden müssen; es genügt, dass sie objektiv gegeben sind. Man spricht von objektiven Strafbarkeitsbedingungen, z. B. der Tod oder die schwere Verletzung eines Menschen bei einer Schlägerei nach § 231 StGB.

Die Verwirklichung der objektiven und subjektiven Tatbestandsmerkmale begründet die Tatbestandsmäßigkeit des Handelns. Sie indiziert auch die Rechtswidrigkeit, wenn nicht ein Rechtfertigungsgrund eingreift, der Täter also zum Beispiel in einer Notstandssituation gehandelt oder das Opfer auf zu beachtende Weise in die Tat eingewilligt hat. Dogmatisch erfolgt die Prüfung der Rechtswidrigkeit erst, wenn objektiver und subjektiver Tatbestand bewiesen sind. Der kluge Ermittler wird allerdings schon bei der Ermittlung des Grundsachverhaltes überlegen, ob Umstände vorliegen könnten, welche rechtfertigend wirken würden. Er wird diese Umstände frühzeitig ausschließen müssen, um zu verhindern, dass der überführte Täter schlussendlich als letzte Verteidigungslinie Rechtfertigungsgründe geltend macht.

> Wer vorerst behauptet, eine Messerstecherei nur als Zuschauer verfolgt zu haben, wird sich später, wenn an seinem Messer die DNA des Opfers nachgewiesen wird, nicht mehr auf Notwehr berufen können, wenn er schon vorher gefragt worden war, ob denn das Opfer jemanden angegriffen oder sich passiv verhalten habe.

Die Schuld ist belegt, wenn das zu beurteilende tatbestandsmäßige und rechtswidrige Verhalten einem schuldfähigen Täter bewiesen werden kann und keine Schuldaufhebungsgründe (z. B. kein entschuldbarer Irrtum über die Rechtswidrigkeit der Tat) gegeben sind. Gewisse Entschuldigungsgründe können auch nur eine Herabsetzung der Schuld statt einer vollen Schuldaufhebung herbeiführen.

Man kann grundsätzlich voraussetzen, dass der Beschuldigte schuldfähig ist. Nur wenn Zweifel daran vorhanden sind, muss man entsprechende (ärztliche) Untersuchungen in Auftrag geben.

### 2.2.3 Das versuchte Begehungsdelikt

Beim versuchten Begehungsdelikt braucht der Täter nicht alle objektiven Tatbestandsmerkmale erfüllt zu haben. Es dürfen Handlungen als Versuch geahndet werden, die vor der Verwirklichung eines Tatbestandsmerkmales liegen. Es genügt, wenn sich der deliktische Wille und eine sofortige Tatbereitschaft in gefährlich enger Beziehung zur Tatsituation manifestiert haben, wenn der Täter also zur Tat ansetzte, beispielsweise am Schloss eines fremden Fahrzeugs hantierte.

Die Schwierigkeiten der Beweisführung liegen im Wesentlichen bei zwei Fragen: Es muss einerseits möglichst gründlich und umfassend nachgewiesen werden, welche konkreten Schritte der Täter in objektiver Hinsicht unternahm, um die Tat begehen zu können. Es ist zum Beispiel nachzuweisen, dass der Täter die Gesichtsmaske erst kurz vor der Polizeikontrolle beschaffte und nicht schon seit dem letzten Karneval im Kofferraum hatte, als die Polizei ihn kontrollierte. Anderseits muss subjektiv der Nachweis erbracht werden, dass er dies wirklich im Hinblick auf das geplante Delikt tat (wobei dieser Beweis umso leichter zu erbringen ist, je zahlreicher die bewiesenen Vorbereitungsschritte sind, die vernünftigerweise nur im Hinblick auf die Tat unternommen wurden).

> Ein Mörder hatte seine Exfrau vor ihrer Wohnung zur Rede gestellt und dann vorerst zu erschießen versucht; als die Pistole klemmte, traktierte er sie mit einem mitgeführten Messer. Für den Beweis der subjektiven Tatbestandselemente des Mordes war der Nachweis des Umstandes von hervorragender Bedeutung, dass der Täter erst in den Tagen vor der Tat einerseits auf dem Schwarzmarkt die Pistole beschafft, anderseits aber auch das Messer (ein normales Küchenmesser) gekauft hatte.

### 2.2.4 Das fahrlässige Begehungsdelikt

Das fahrlässige Begehungsdelikt macht folgende Beweisschritte erforderlich: Die Handlung des Täters muss eine ungewollte, aber vorwerfbare Verletzung (allenfalls Gefährdung) des Rechtsgutes zur Folge haben. Der Täter muss also die Gefahr geschaffen oder gesteigert haben, die zur Verletzung führt.

Das Verhalten muss sodann pflichtwidrig unvorsichtig sein. Das heißt insbesondere: Der Erfolg muss für den konkreten Täter vorhersehbar gewesen sein. Er muss aber für ihn auch vermeidbar gewesen sein. Das macht den Nachweis erforderlich, dass der Erfolg bei der für den Täter eigentlich gebotenen Sorgfalt nicht eingetreten wäre. Beim Übernahmeverschulden hätte der Täter erkennen können, dass er die fragliche Tätigkeit aufgrund seiner fehlenden besonderen Fähigkeiten gar nicht hätte ausüben dürfen.

Gewisse Risiken gehören zum Leben. Sozial angemessenes Verhalten begründet im Allgemeinen keine Fahrlässigkeit; wer ein erlaubtes Risiko eingeht, macht sich nicht strafbar. Nachzuweisen ist also auch, dass der Beschuldigte im konkreten Fall ein unerlaubtes Risiko auf sich genommen hat.

Die Rechtswidrigkeit ergibt sich aus dem Fehlen von Rechtfertigungsgründen. In Frage kommt vor allem die Einwilligung des Verletzten. Die Ausübung einer risikobehafteten Sportart wie Boxen oder Eishockey bringt es mit sich, dass die Teilnehmer übliche, vom Widersacher ohne Vorsatz oder im Rahmen der Spielregeln verübte Körperverletzungen in Kauf zu nehmen bereit waren.

## 2. Die kriminalistische Aufgabe

Die Schuldfrage stellt sich dogmatisch etwas anders als beim Vorsatzdelikt, wenn man (wie hier vertreten) die individuelle Handlungsmöglichkeit schon unter dem Gesichtspunkt der Tatbestandsmässigkeit prüft. Aus kriminalistischer Sicht ändert sich aber dadurch am Beweisthema nichts: Voraussehbarkeit und Vermeidbarkeit müssen jedenfalls mit Blick auf die konkreten Fähigkeiten des Beschuldigten geprüft werden; dabei kommt es auch auf seinen physischen und psychischen Zustand und die diesbezüglichen Fähigkeiten an. Die Verletzung der Sorgfaltspflicht muss ihm in der betreffenden Situation auch zum Vorwurf gemacht werden können.

In der arbeitsteiligen Welt immer schwieriger zu beantworten ist die Frage, wer für eine in einem größeren Betrieb festgestellte Fahrlässigkeit verantwortlich ist. Der Einzelne wird sich damit herauszureden versuchen, dass nicht er den Erfolg verursacht hat oder hätte vermeiden sollen, sondern jemand anderes. Was für den Einzelnen gilt, überträgt sich allerdings auch auf die Organisation. Die Feststellung, dass Mitarbeiter für eine gefährliche Aufgabe schlecht ausgewählt, schlecht instruiert oder kontrolliert wurden, hilft erst weiter, wenn sich festmachen lässt, welche Person in welcher Hinsicht für diesen Organisationsmangel verantwortlich ist. Ein Ausweg aus dieser Problematik wäre die Strafbarkeit der juristischen Person. In Deutschland gilt sie nur für Ordnungswidrigkeiten und wird sonst sehr kontrovers diskutiert, in der Schweiz wurde sie in Art. 102 StGB bereits eingeführt. Die Bestimmung greift allerdings in der Regel nur, wenn die Tat wegen mangelhafter Organisation des Unternehmens keiner bestimmten natürlichen Person zugerechnet werden kann. Die sich in diesem Zusammenhang stellenden Rechtsfragen sind allerdings so kompliziert, dass es bisher nur zu wenigen Verurteilungen gekommen ist.

Besonders schwierig ist die Beweisführung im Grenzbereich von bewusster Fahrlässigkeit oder Eventualvorsatz. Die Problematik ist in den letzten Jahren vor allem nach Rowdy-Unfällen im Straßenverkehr diskutiert worden: Setzt sich derjenige, der sich mit einem andern Fahrzeuglenker ein Straßenrennen liefert und dann ins Schleudern gerät, worauf er den Tod eines Fußgängers verursacht, nur bewusst über die Straßenverkehrsregeln hinweg? Oder nimmt er innerlich in Kauf und akzeptiert er damit, dass er jemanden töten könnte? Die bekannte Frank'sche Formel (Was hätte der Täter getan, wenn er gewusst hätte, dass der Erfolg eintrete?) taugt als juristischer Überlegungsansatz, hilft aber bei der Beweisführung nicht weiter, weil kaum jemand im Nachhinein behaupten würde, er hätte gleich gehandelt, auch wenn er gewusst hätte, dass er den verpönten Erfolg verursachen werde. Dass dies allenfalls trotzdem so war, ist aufgrund äußerer Umstände, welche Rückschlüsse auf den Willen des Täters zulassen, zu prüfen.

Nach einer Formel des schweizerischen Bundesgerichtes ist zu beweisen, dass „sich dem Täter der Erfolg seines Verhaltens als so wahrscheinlich aufdrängte, dass sein Verhalten vernünftigerweise nur als Inkaufnahme dieses Erfolges ausgelegt werden kann". Auch diese Formulierung stellt aber klar, dass es nicht um den objektiven Nachweis geht, wie wahrscheinlich der eingetretene Erfolg war, sondern um die Frage, von welcher Wahrscheinlichkeit der Täter ausging, und dies wird bei der Beweisführung oft übersehen.

### 2.2.5 Das Unterlassungsdelikt

Der Täter eines echten Unterlassungsdelikts nimmt eine gebotene Handlung nicht vor, die mit praktischer Sicherheit den Eintritt der Verletzung (oder Gefährdung) verhindert hätte. Man denke an die unterlassene Hilfe gegenüber einer Person in Lebensgefahr. Selbstverständlich liegt eine strafbare Unterlassung nur dann vor, wenn die beschuldigte Person tatsächlich fähig und in der Lage gewesen wäre, die erkennbare oder erkannte schlimme Folge auf zumutbare Weise zu vermeiden. In diesem Punkt liegt die Hauptschwierigkeit der Beweisführung. Rechtswidrigkeit und Schuld sind wie beim Begehungsdelikt zu beweisen.

Beim unechten vorsätzlichen Unterlassungsdelikt umfasst der Beweis folgende Elemente: Die Tatsituation und der eingetretene Erfolg müssen festgehalten werden, was in der Regel kein Problem ist. Schwieriger ist der Nachweis zu erbringen, dass gerade der Täter die Rechtspflicht gehabt hätte, den Erfolg abzuwenden; diese Garantenstellung kann sich aus Gesetz, Vertrag oder anderen rechtlich verpflichtenden Umständen ergeben. Dem Garanten muss dann erstens vorgeworfen werden können, dass er hätte voraussehen können, was passieren werde. Zweitens lautet der Vorwurf, er habe trotzdem nichts Wirksames unternommen, um den Erfolg zu verhindern, obwohl er dazu mit an Sicherheit grenzender Wahrscheinlichkeit in der Lage gewesen wäre. Es geht also um eine ganze Kette von Beweisen darüber, dass sich die Sache hätte anders abspielen können, wenn der Beschuldigte seine Pflichten beachtet hätte. Der Beweis solcher hypothetischer Abläufe kann manchmal sehr schwierig sein; man sollte sich jedenfalls nicht primär auf den gesunden Menschenverstand verlassen, sondern den hypothetischen Ablauf wirklich sauber durchdenken. Die übrigen Verbrechenselemente enthalten keine besonderen Probleme.

Das unechte fahrlässige Unterlassungsdelikt führt im Prinzip zu den gleichen Beweisschritten wie beim unechten vorsätzlichen Unterlassungsdelikt. Es sind im Bearbeitungsschema allerdings die Vorsatzelemente durch solche der Fahrlässigkeit zu ersetzen; auch hier gilt: Die Hauptschwierigkeit liegt in der genauen Beschreibung der relevanten Sorgfaltspflichtverletzung.

### 2.2.6 Die Beteiligung mehrerer Personen

Bei Mittäterschaft wird jeder der Täter auch für die (Teil-)Handlungen der andern verantwortlich. Das setzt voraus, dass die andern im Rahmen des gemeinsamen Planes gehandelt haben. In der Praxis vergisst man oft, dies für alle Verbrechenselemente sorgfältig zu beweisen, insbesondere auch für qualifizierende Umstände. Auch in diesem Zusammenhang liegt die Hauptschwierigkeit der Beweisführung darin, dass es auf das Wissen und Wollen der Mittäter ankommt. Sie werden allerdings im Nachhinein kaum zu dem stehen, was von Anfang an vereinbart war. Die Frage, ob dem Fahrer des Fluchtwagens anzurechnen ist, dass der Haupttäter in der Bank geschossen hat, wird kaum durch Befragung des Fahrers selbst geklärt werden können. Es ist also besonders sorgfältig Beweis dazu zu führen, wer zu welchem Zeitpunkt was wusste; erst aus diesem Wissen kann dann normalerweise auf das Wollen geschlossen werden.

In den praktisch sehr seltenen Fällen von mittelbarer Täterschaft muss zuerst sorgfältig abgeklärt werden, was der Handelnde getan und was er tatsächlich gewusst hat. Dem mittelbaren Täter muss sodann nachgewiesen werden, dass er nicht nur diese Handlungen gesteuert, sondern auch die subjektiven Tatbestandsmerkmale erfüllt hat.

Bei Anstiftung und Gehilfenschaft muss zuerst das Verhalten des Haupttäters bewiesen werden. Anstiftung und Gehilfenschaft sind akzessorisch, also vom Hauptdelikt abhängig. Vergessen wird in diesem Zusammenhang oft, dass dem Anstifter und dem Gehilfen alle subjektiven Tatbestandselemente sauber nachzuweisen sind.

## 2.2.7 Der Beweis strafzumessungsrelevanter Faktoren

Gewisse Umstände sind nach Gesetz straferhöhend, strafschärfend, strafmindernd oder strafmildernd zu berücksichtigen. Es handelt sich um Tatsachen, die in der Person des Täters, in seinem Entwicklungsstand, der früheren und jetzigen Umwelt und in der Tatsituation liegen. Das in der Praxis von den Gerichten immer stärker betonte Anklageprinzip verlangt, dass die Staatsanwaltschaft in der Anklage den objektiven Sachverhalt genau umschreibt. Es muss insbesondere klar werden, dass alle objektiven und subjektiven Tatbestandselemente der in Frage kommenden Straftat erfüllt sind. Nur wenn der Beschuldigte genau weiß, was ihm vorgeworfen wird, kann er sich angemessen verteidigen. Die strafzumessungsrelevanten Faktoren sind, solange sie sich nicht aus besonderen Merkmalen einer konkreten Straftat ergeben, nicht vom Anklageprinzip erfasst.

Man riskiert deshalb, diese Faktoren bei der Beweisführung zu vernachlässigen, obwohl sie unter Umständen für den Beschuldigten viel bedeutsamer sind als die Tatbestandsmerkmale. Ob das Gericht eine Maßnahme oder eine Strafe ausfällt oder ob es den bedingten Strafvollzug gewährt oder nicht, ist natürlich im Endergebnis viel wichtiger als die Frage, wie hoch die Deliktssumme genau war. Insbesondere bei der Ermittlung der persönlichen Verhältnisse verlässt man sich zu oft auf ungeprüfte Angaben des Beschuldigten und macht damit seine gründlichen Anstrengungen in Bezug auf den Nachweis des Tatbestandes auf Umwegen wieder zunichte.

> Es macht wenig Sinn, großen Aufwand zum Beweis eines Straßenverkehrsdeliktes aufzuwenden, um Täterschaft und Schuld genau dokumentieren zu können, was dann zu einer gerechten Festlegung der *Anzahl* der Tagessätze führt, wenn man sich anderseits auf die ungeprüften Angaben des Beschuldigten über seine finanzielle Situation verlässt und damit in Kauf nimmt, dass bei der Bemessung der *Höhe* des Tagessatzes von falschen Voraussetzungen ausgegangen wird.

Bei der Würdigung von Gutachten sollte man besonders darauf achten, ob das Gutachten nur von bewiesenen Umständen ausgeht oder zumindest Vorbehalte macht, wenn die Schlussfolgerungen auf den nicht weiter überprüften Angaben des Begutachteten beruhen. Qualitativ gute Gutachten entstehen nur, wenn der Auftrag erst erteilt wird, wenn die Untersuchung abgeschlossen ist und dem Gutachter die wichtigsten Akten über das Untersuchungsergebnis, aber auch über die Informationen zur Person des Begutachteten übergeben werden können. Dieses Vorgehen gerät allerdings oft in Konflikt mit dem Beschleunigungsgebot.

## 2.3 Überlegungen zur zu erwartenden Beweislage

Ausgangspunkt jeder Beweisführung ist also die Kenntnis darüber, welche objektiven und subjektiven Tatbestandselemente dem Beschuldigten zu beweisen sind, damit ihm eine bestimmte Straftat nachgewiesen werden kann. Um effizient zu arbeiten, sollte man sich möglichst zu Beginn der Strafuntersuchung eine weitere Frage stellen: Welche dieser Elemente sind besonders schwierig zu beweisen? Nachdem ja ein Schuldspruch nur erfolgen kann, wenn über sämtliche Tatbestandselemente sauber Beweis geführt worden ist, kann es in komplizierteren Fällen sinnvoll sein, sich vorerst auf diese schwierigen Beweise zu konzentrieren. Zur Beantwortung der Frage nach den Beweisschwierigkeiten ist es hilfreich, wenn der Kriminalist sich vorerst überlegt, mit welcher Art von Delikt er es zu tun hat. Die folgende Unterteilung der Delikte hat zum Ziel, Kategorien zu bilden, welche typischerweise vergleichbare Beweisprobleme stellen.

### 2.3.1 Täter-Opfer-Delikte und Delikte mit beidseitiger Täterschaft

In der Praxis hat man es in vielen Fällen mit den klassischen Delikten zu tun, bei denen dem Täter ein Opfer gegenübersteht. Der Grund für die Strafbarkeit liegt bei diesen Delikten darin, dass die Interessen des Opfers in einer bestimmten Konstellation auch strafrechtlich geschützt werden sollen.

In Bezug auf die Beweisführung zeichnen sich Täter-Opfer-Delikte dadurch aus, dass das Opfer an der Aufklärung der Straftat in der Regel ein Interesse hat. Die Frage ist dann nur noch, inwieweit das Opfer zur Aufklärung der Straftat tatsächlich beitragen kann. Dabei spielt eine wesentliche Rolle, ob das Opfer bei der Tatbegehung direkt anwesend war (wie dies beispielsweise bei der Vergewaltigung der Fall ist) und damit aus unmittelbarer eigener Wahrnehmung weiß, wie sich die Tat abgespielt hat, oder ob das nicht der Fall ist (was in der Regel für Urkundenfälschungen gilt). Bei dieser Konstellation ist wiederum zu unterscheiden, ob das Opfer den Täter kennt oder nicht; selbst wenn es ihn nicht kennt, wird es in der Regel in der Lage sein, den Täter zumindest zu beschreiben.

Dass das Opfer an der Aufklärung der Straftat ein Interesse hat, heißt allerdings noch lange nicht, dass es deshalb eine objektive Schilderung über die Straftat geben wird. Gerade Opfer, die direkt mit dem Täter konfrontiert werden, werden oft bewusst oder unbewusst unter- oder übertreiben, weil sie von der Tat stark betroffen sind.

Unbewusste Verfälschungen können für den Täter belastend oder entlastend sein. Es ist beispielsweise bekannt, dass Opfer von Vergewaltigungen die Dauer der Vergewaltigung oft wesentlich überschätzen, weil es in ihrer Wahrnehmung ewig dauert, bis der Täter endlich wieder von ihnen ablässt. Es gibt aber auch Verfälschungen in die andere Richtung: Unter dem Stockholmsyndrom etwa versteht man den Umstand, dass Opfer von Entführungen sich mit zunehmender Dauer der Entführung mit ihren Tätern identifizieren, sich ihre Ziele zu eigen machen. Solche Opfer werden im Nachhinein die Umstände der Entführung wesentlich weniger dramatisch darstellen, als sie es in Wirklichkeit waren.

Bewusste Übertreibungen kommen etwa dann vor, wenn das Opfer davon ausgeht, der Täter werde ohnehin keine gerechte Strafe bekommen. Es dramatisiert deshalb die Tat.

> Damit ist zum Beispiel zu rechnen, wenn von einer Personengruppe vorerst sehr bedrohliche verbale Gewalt ausgeht, der dann nur geringfügige physische Gewalt folgt. Die Opfer fühlen sich in dieser Situation stark bedroht, ohne dass augenfällige Beweise dieser Bedrohung vorliegen, und werden dies möglicherweise zu kompensieren versuchen, indem sie die physische Gewalt dramatisieren.

Auch bewusste Untertreibungen kommen (allerdings selten) vor, wenn das Opfer die Straftat selbst nicht als so dramatisch empfindet, wie die Gesellschaft sie wertet. Das Opfer wird dann versuchen, den Täter eher zu entlasten und den Ablauf der Tat zu banalisieren.

> Bei einer sexuellen Beziehung eines Erwachsenen zu einem Kind nahe am Schutzalter kann es sein, dass das „Opfer" sich gar nicht gegen die Zumutungen wehrt; das Gesetz schützt allerdings solche Opfer auch (und zu Recht) gegen ihren Willen.

In besonderem Maß mit Verfälschungen zu rechnen ist, wenn sich Opfer und Täter kennen. Auch dieser Umstand kann sich in beide Richtungen auswirken, wobei oft nicht zum Voraus absehbar ist, was eher erwartet werden muss.

## 2. Die kriminalistische Aufgabe

> Auch in diesem Zusammenhang sind sexuelle Übergriffe besonders heikel: Kinder etwa können einerseits die Tendenz haben, solche Übergriffe zu verharmlosen, weil sie (oft aufgrund einer Androhung des Täters) befürchten, die Familie werde auseinanderfallen, wenn die Sache herauskomme. Auf der anderen Seite besteht auch die Gefahr, dass solche Übergriffe nachträglich dramatisiert werden, damit der Täter der nach Auffassung des Opfers gerechten Strafe zugeführt wird und das Opfer möglichst lange Ruhe vor ihm hat.

Es ist immer auch zu überlegen, ob Anhaltspunkte dafür bestehen, dass das Opfer sich vom ihm bekannten Täter fürchtet und insbesondere annimmt, der Täter könnte sich an ihm rächen, wenn die Wahrheit bekannt werde. Solche Konstellationen sind regelmäßig bei kindlichen Opfern von sexuellen Übergriffen, aber beispielsweise auch in kriminellen Milieus zu erwarten.

> Bekannt ist zum Beispiel, dass der Nachweis der Zuhälterei (oder Förderung der Prostitution) kaum je zu erbringen ist, indem auf die Aussagen der ausgebeuteten Prostituierten abgestellt wird. Zu groß ist in diesem Milieu die Angst vor Rache, und dieser Angst können Strafverfolgungsbehörden in der Regel wenig entgegensetzen, weil auch sie letztlich die Opfer kaum auf Dauer schützen können.

Rezepte dafür, wie solche Verfälschungen der Beweisführung erkannt werden, bietet die Lehre von der Beurteilung der Glaubhaftigkeit. Sie hat in den letzten Jahren vor allem die Alltagsweisheit widerlegt, dass es in erster Linie auf die Glaubwürdigkeit (also der Frage, ob eine Person im Allgemeinen die Wahrheit sage oder nicht) ankomme, denn niemand lügt immer, und niemand sagt immer die Wahrheit. Abgestellt wird heute im Wesentlichen auf die Glaubhaftigkeit der einzelnen Aussage, denn nach der Undeutsch-Hypothese (benannt nach dem deutschen Aussagepsychologen *Udo Undeutsch*) unterscheiden sich wahre und gelogene Aussagen strukturell. Aufgrund bestimmter Kriterien (die später genauer erläutert werden) kann relativ zuverlässig aus der Aussage selbst (und nicht aufgrund der Beurteilung der Person) gesagt werden, ob sie zutreffend sei oder nicht.

Zusammenfassend kann also festgehalten werden, dass bei Täter-Opfer-Delikten in der Regel das Opfer wesentlichen Aufschluss über die Straftat geben kann und will. Es ist aber zu bedenken, dass zahlreiche Umstände zu einer Verfälschung der Aussagen des Opfers führen können.

Die Delikte mit beidseitiger Täterschaft zeichnen sich dadurch aus, dass sich nicht Täter und Opfer gegenüberstehen, sondern dass an der Tat mehrere Personen beteiligt sind, die sich alle strafbar machen. Das gilt etwa im Drogenhandel, aber auch im Verhältnis zwischen Dieb und Hehler oder zwischen Vermögensdelinquent und Geldwäscher. Die Schwierigkeit bei der Beweisführung in dieser Deliktskategorie liegt darin, dass keiner der direkt an der Tat Beteiligten ein Interesse an deren Aufklärung hat. Der Beweis kann deshalb oft nur über Zeugen (falls überhaupt solche vorhanden sind) oder über Sachbeweise geführt werden.

Kriminalistisch interessant ist allerdings gerade bei dieser Deliktskategorie die Frage, ob es in der konkreten Konstellation einen Täter gibt, der, wenn ihm die Tat nachgewiesen wird, eher bereit sein wird, auch seine Mittäter preiszugeben. Das ist praktisch häufig der Fall, wenn die Tatschwere nicht bei allen Tatbeteiligten die gleiche ist. Dieser Umstand sollte bei der Planung der Beweisführung von Anfang an in Betracht gezogen werden, indem man sich vorerst vor allem darauf konzentriert, denjenigen zu überführen, der weniger schwer delinquiert hat.

> Im Drogengeschäft etwa kann häufig beobachtet werden, dass der Produzent, wenn er überführt wird, bereit ist, die Händler zu nennen; auch der erwischte Drogenkurier wird oft ein Interesse daran haben, seinen Auftraggeber preiszugeben. Geldwäscher werden sich vorerst hüten, ihre Auftraggeber zu verraten, weil sie davon ausgehen, dass die Vortat möglicherweise nicht bewiesen werden kann. Ist die Vortat allerdings einmal konkretisiert, dann sind Geldwäscher häufig bereit, darüber umfassend Aufschluss zu geben, weil sie davon ausgehen, dass sie die Verantwortung damit mindestens teilweise auf den Vortäter abschieben können. Ähnliche Mechanismen sind im Bereich der Korruptionsdelikte zu beobachten. Dort sind es in der Regel die aktiv Bestechenden, welche schließlich umfassend aussagen und damit zur Überführung der Bestochenen beitragen, weil sie davon ausgehen, dass sie sich jedenfalls im Gegensatz zum Bestochenen nicht direkt durch die Straftat bereichert haben.

Bei Delikten mit beidseitiger Täterschaft ist immer davon auszugehen, dass die Verdächtigen kollusionsbereit sein werden. Das erschwert auf der einen Seite die Beweisführung, auf der andern Seite fällt es bei schweren Delikten leichter, die Kollusionsgefahr und damit das Vorliegen eines Haftgrundes zu begründen

## 2.3.2 Geplante und spontane Straftaten

Schon zu Beginn der Arbeit an der Aufklärung einer Straftat sollte man sich fragen, ob man es mit einer geplanten oder mit einer spontan begangenen Straftat zu tun hat.

Spontane Straftaten zeichnen sich dadurch aus, dass der Täter im Vorfeld der Straftat Spuren hinterlassen hat; im Weiteren hat er nicht zum Voraus planen können, in welcher Weise er die Spuren der Tat im Nachhinein beseitigen kann. Wer seinen Kontrahenten im Streit spontan tötet, hat vorher nicht darauf geachtet, dass ihn auf dem Weg zum Tatort niemand sieht. Er hat möglicherweise Spuren gelegt, die er nach der Begehung der Tat nicht mehr in kurzer Zeit beseitigen kann. Wenn immer also am Tatort festgestellt wird, dass nach der Tat eiligst Spuren beseitigt wurden, die man auch hätte vermeiden können, dann ist zu erwarten, dass der Täter auch vor der Tatbegehung bereits Spuren gesetzt hat.

Wer dagegen eine Straftat zum Vornherein plant, wird Spuren der Tat nur beseitigen müssen, wenn sie nicht von vornherein zu verhindern waren. Er wird auch die Möglichkeit nutzen, falsche Spuren zu legen und sich etwa ein Alibi zu beschaffen.

Zur Prüfung der Frage, ob es sich um eine geplante oder um eine spontane Straftat handelt, ist oft die Überlegung nützlich, ob der Täter nur das getan hat, was für den Erfolg der Straftat wirklich nötig war, oder ob er „überschießend" handelte (was auf eine spontane Straftat im Affekt hindeutet). Allerdings muss man berücksichtigen, dass es Tätertypen gibt, die (vor allem wenn sie in Gruppen auftreten) regelmäßig mehr tun, als zum Erreichen des vordergründigen Ziels nötig wäre.

> So kommt es bei jugendlichen Räubern nicht selten vor, dass sie auf die Opfer noch dann sinnlose Gewalt ausüben, wenn sie die Beute längst gesichert haben.

Leider gibt es zunehmend Mischformen zwischen geplanten und spontanen Delikten: Hooligans etwa, aber auch andere jugendliche Gewalttäter, ziehen oft mit dem Gedanken los, sich bei Gelegenheit in eine Schlägerei verwickeln zu lassen, ohne dass sie die Auseinandersetzung selbst provozieren. Typisch für eine solche Art der Deliktsbegehung ist, dass sie eher bei Gruppen von Tätern vorkommt, aber nicht ausschließlich. Gerade Sexualdelinquenten streifen oft umher, um eine Gelegenheit für eine Straftat zu suchen, die sie dann aber nur ausführen, wenn sich die günstige Gelegenheit auch tatsächlich ergibt. Immerhin ist bei solchen Konstellationen damit zu rechnen, dass die Täter zwar versuchen, sich durch geeignete Mittel, etwa durch Maskierung, zu tarnen. Spuren auf dem Weg zum Tatort lassen sich aber doch nicht vermeiden, weil dieser Tatort eben spontan gewählt wird.

Besonders aussagekräftig sind Veränderungen, die der Täter nach der Tat am Tatort vornimmt. Man unterscheidet folgende Phänomene:

- **Undoing:** Der Täter versucht, eine Tat damit ungeschehen zu machen oder zumindest emotional etwas zur Wiedergutmachung zu tun. Man sieht das bisweilen bei Tötungsdelikten: Dem Opfer werden die Hände gefaltet, es wird mit Blumen geschmückt oder zumindest zugedeckt. Das deutet darauf hin, dass das Opfer für den Täter von besonderer Bedeutung war und dass man deshalb von einer längeren Beziehung von Opfer und Täter ausgehen kann. Es kann auch darauf hindeuten, dass die Tat ungeplant eskaliert ist.
- **Staging:** Der Täter inszeniert nachträglich den Tatort, um von einer dem Opfer nahestehenden Person abzulenken. Diese Form der Tatortveränderung ist allerdings in der Regel schwer zu erkennen. Sie deutet auf eine geplante Tat hin.
- **Posing:** Der Täter legt sein Opfer in einer entwürdigenden Art und Weise ab, was auf eine besondere Form der psychischen Störung des Täters hinweist.
- **Depersonalisierung:** Der Täter verdrängt die Opferidentität, indem er beispielsweise das Gesicht des Opfers abdeckt. Das kann verschiedene Ursachen haben: Möglicherweise will sich der Täter eine Projektionsfläche für seine Fantasie schaffen, vielleicht kennt er aber das Opfer im Gegenteil sehr gut und versucht, dies durch Depersonalisierung zu überspielen.

Die Unterscheidung zwischen spontanen und geplanten Straftaten lässt auch Rückschlüsse auf den Tätertyp zu: So geht etwa *Thomas Knecht* davon aus, dass planende Mörder eher gebildet, intelligent und sozial integriert sind und einen bestimmten Opfertyp bevorzugen. Sie planen die Art, wie sie die Opfer in ihre Gewalt bringen, und beseitigen die Leiche sorgfältig, sodass der Leichenfundort nicht dem Tatort entspricht. Dagegen weisen disorganisierte Mörder einen eher niedrigen IQ auf und sind sozial schlecht integriert. Ihre

Opferauswahl ist willkürlich, sie setzen das Opfer spontaner Gewalt aus, sodass der Tat- und Fundort ungeordnet und verwüstet ist. Es gibt allerdings auch Mischformen dieser beiden Tätertypen.

### 2.3.3 Straftaten zur Erzielung von Gewinnen und zur Vermeidung von Verlusten

Neue Untersuchungen von *Amos Tversky* und *Daniel Kahneman* (die im deutschen Sprachraum durch *Mark Daniel Schweizer* bekannt gemacht wurden) zeigen, dass das Risikoverhalten von Menschen sich in Situationen, wo es um die Realisierung von Gewinnen geht, vom Verhalten in Situationen unterscheidet, bei denen Verluste vermieden werden sollen. *Tversky/Kahneman* zeigen das an folgendem Experiment:

> Wenn Sie die Wahl zwischen den Optionen (1) sicherer Gewinn von € 240,–, (2) eine Chance von 25 % auf einen Gewinn von € 1000,– und eine Chance von 75 %, nichts zu gewinnen, welche würden Sie wählen? 84 % der Versuchspersonen wählten den sicheren Gewinn, obwohl bei der Wahl der unsicheren Variante der durchschnittliche Gewinn höher gewesen wäre.
> Wenn Sie aber die Wahl haben zwischen den Optionen (1) sicherer Verlust von € 750–-, (2) eine Chance von 75 %, € 1000,– zu verlieren und eine Chance von 25 %, nichts zu verlieren, welche würden Sie nun wählen? Interessanterweise entscheiden sich 87 % der Versuchspersonen hier für die riskantere Variante.

Menschen sind also offenbar risikogeneigter, wenn es um die Vermeidung von Verlusten geht, als wenn es um die Realisierung von Gewinnen geht. Das Ergebnis des Experimentes leuchtet ein, weil es für die meisten Menschen nachvollziehbar ist. Für die kriminalistische Praxis würde dies aber bedeuten: Wer ein Delikt begeht, um einen Gewinn zu realisieren, der wird weniger hohe Risiken eingehen als derjenige, der ein Delikt begeht, um einen Verlust zu vermeiden. Es wäre also zu erwarten, dass im ersten Fall weniger Spuren hinterlassen werden, im zweiten Fall dagegen mehr. Meine Erfahrung im Bereich von Vermögensdelikten bestätigt diese Vermutung. Wer beispielsweise zur Steigerung seiner Gewinne im Rahmen seiner Berufstätigkeit als Vermögensverwalter Geldwäscherei betreibt, wird dies vorsichtiger tun als derjenige, der sich auf Geldwäscherei einlässt, weil seine legalen Geschäfte schlecht laufen und er auf diese Weise seine Gesellschaft retten will.

Erster Teil: Aufgabe und Mittel

## 2.4 Überlegungen zur Methode der Beweisführung

### 2.4.1 Heuristik und Algorithmen

Die Frage, wie man methodisch richtig vorgehen sollte, um die Lösung einer Aufgabe zu finden, ist uralt. Überlegungen dazu findet man bereits bei *Euklid*, dem Verfasser der berühmten „Elemente" (Geometrie), bei *Apollonius aus Perga*, bei *Aristäus dem Älteren* und *Papus Alexandrinus*. In neuerer Zeit waren es vor allem Descartes, Leibniz und Bolzano, die sich mit der Methode des Findens von Lösungen auseinandergesetzt haben. Besonders Letzterer hat sich in seinem Werk „Wissenschaftslehre" der „Erfindungskunst" (der Kunst, neue Wahrheiten aufzufinden) gewidmet. In jüngster Zeit haben *George Polya* und *Johannes Müller* nach Wegen gesucht, mit guten Problemlösungsstrategien rascher zu Ergebnissen zu kommen.

Es wird dabei zwischen zwei Lösungstypen unterschieden, zwischen Heuristiken und Algorithmen. Heuristische Methoden versuchen, die Komplexität eines Problems zu reduzieren, um mit weniger Aufwand zur Lösung zu kommen. Algorithmische Lösungswege suchen Handlungsanweisungen, um in endlich vielen Schritten zur eindeutigen Lösung eines Problems zu kommen. Heuristisches Vorgehen führt nur möglicherweise zu einer Lösung, ein Algorithmus dagegen sicher. Allerdings können komplexe Alltagsprobleme kaum algorithmisch gelöst werden, weil sie sich gar nicht vollständig beschreiben lassen. Kriminalistik ist deshalb vorerst heuristisch, und es sind vor allem die kriminaltaktischen Werke, welche die entsprechenden Regeln angehen.

Um Straftaten umfassend zu erkennen und aufzudecken, sind vorerst alle Tatsachen bedeutsam, die mit einer möglichen Straftat zusammenhängen und einen Hinweis oder gar den Schlüssel zur Aufklärung des Falles liefern können. Die Reduktion auf bestimmte Tatbestandselemente gelingt erst dann, wenn der Sachverhalt klare Konturen bekommt und erkennbar wird, um welchen Tatbestand es sich handeln kann. In der Praxis hat man es zwar meistens mit Sachverhalten zu tun, bei denen von vornherein relativ klar ist, worum es geht. Der Verkehrspolizist, der eine Radarmessung macht, wird sich nicht überlegen müssen, welche Tatbestände in Frage kommen, wenn sein Gerät bei einem Fahrzeug eine überhöhte Geschwindigkeit anzeigt. Die wenigen interessanten Fälle, welche richtiges kriminalistisches Denken erfordern, zeichnen sich gerade dadurch aus, dass man von vornherein nicht klar sieht, worum es eigentlich geht (oder dass man übersieht, dass die richtige Lösung des Falles nicht die naheliegende ist).

Der Kriminalist, der noch nach der Lösung sucht, muss sich das verbrechensverdächtige Ereignis in der ganzen Breite, in allen Erscheinungen und denkbaren Zusammenhängen vorstellen. Das Verbrechen ist in diesem Moment noch nicht die auf die juristische Fragestellung reduzierte Angelegenheit; es ist vielmehr eine Erscheinung im Leben des Einzelnen und im Leben der Gesellschaft.

Die Straftat ist keine isolierte Erscheinung, sondern steht immer in Beziehung zu einer Person, zum Täter zur Zeit der Tat und zu einer Tatsituation, wie sie der Täter gesehen hat. Wenn man sich zu früh dafür entscheidet, diese Erscheinung im Hinblick auf einen bestimmten in Frage kommenden Tatbestand zu überprüfen, riskiert man, sie nicht vollständig zu erfassen. Erforderlich ist aber, einen komplexen Ablauf im Sinne der Heuristik so zu reduzieren, dass sich bestimmte Tatbestände herausschälen lassen.

> Gerichtsmediziner behaupten bisweilen, es gebe zahlreiche Tötungsdelikte, die nicht erkannt werden, weil man den Todesfall zwar als außergewöhnlich einschätzt, dann aber zu wenig gründlich nach der Todesursache sucht. Die Todesursache (also die medizinische Diagnose) muss allerdings feststehen, bevor man Aussagen über die Todesart (natürlich, deliktisch, unfallmäßig oder suizidal) machen kann. Dass eine 95-jährige Frau, die tot in ihrem Bett aufgefunden wird, eines natürlichen Todes gestorben ist, kann man selbst dann, wenn man weiß, dass sie unter Krebs litt, erst mit Sicherheit sagen, wenn man die Tote gründlich untersucht hat.

Das materiellrechtliche Programm, das es bei der Aufgabe, einem Verdächtigen eine bestimmte Straftat nachzuweisen, abzuarbeiten gilt, ist dann allerdings begrenzt; es gibt nicht beliebig viele, sondern nur eine gewisse Anzahl von objektiven und subjektiven Tatbestandselementen. Die Prüfung, ob alle Tatbestandsmerkmale einer bestimmten Straftat erfüllt sind, folgt dann eher einer algorithmischen Methode.

### 2.4.2 Die Tatsituation

Zur Tatsituation gehören das örtliche und zeitliche Umfeld, das Opfer (wenn es ein Opfer gibt), die Tatmittel und andere Gegebenheiten. Dabei ist immer die Sicht des Täters bedeutsam, die der wirklichen Tatsituation nicht entsprechen muss. So kann sich etwa der Auftragsmörder irren und die falsche Person töten.

Die Lösung eines unklaren Falles beginnt mit der vollständigen und möglichst präzisen Analyse der Tatsituation. Wie man dabei vorgehen kann, wird im 2. Kapitel des Zweiten Teils beschrieben. Im vorliegenden Zusammenhang wichtig ist, dass man sich bei der Dokumentation einer schweren und unklaren Straftat nicht zu früh auf bestimmte Hypothesen über den möglichen Tatablauf und damit auf die Frage konzentriert, welche Tatbestandsmerkmale einer bestimmten Straftat zu beweisen sind. Man riskiert sonst, wichtige Dinge zu übersehen, die eine andere Tathypothese bestätigen könnten.

### 2.4.3 Das Umfeld der Tat

Erst in der letzten Phase der kriminalistischen Arbeit an einem schwierigen Fall kann die Straftat als ein strafbares Verhalten beschrieben werden, das zu einer bestimmten Zeit und an einem bestimmten Ort an den Tag gelegt worden ist und alle objektiven und subjektiven Tatbestandsmerkmale einer bestimmten Straftat erfüllt.

Zunächst geht es in einem unklaren Fall, vor allem in einem Fall mit unklarer Täterschaft, um einen ganz konkreten Lebenssachverhalt mit vielen Einzelheiten, Besonderheiten oder Spuren. Nicht nur bei der Frage, um welche Straftat es sich handelt, sondern vor allem bei der Frage, wer als Täter in Frage kommt, ist das Umfeld der Tat von entscheidender Bedeutung. Zu denken ist zum Beispiel an die Art und Weise der Ausführung, die Anwendung besonderer Werkzeuge. Alle diese Einzelheiten können auf bestimmte Täter weisen oder bestimmte Personen als Täter ausschließen, und vor allem diese Einzelheiten sind für die Strafzumessung oft von entscheidender Bedeutung.

> Für die Beurteilung der Frage, ob eine Vergewaltigung begangen wurde, genügt der Nachweis, dass der Täter gegen den Willen des Opfers unter Anwendung von Gewalt den Beischlaf vollzogen hat. Für die Frage, wer als Täter in Frage kommt, ist eine Vielzahl von Besonderheiten des Tatablaufs, gerade auch vor und nach dem Vollzug des Beischlafs, von entscheidender Bedeutung. Auch für die Strafzumessung gibt die Konzentration auf die objektiven Tatbestandsmerkmale nichts her.

Das kriminalistisch relevante Verhalten erschöpft sich deshalb nicht nur in der deliktischen Handlung als solcher, es hat regelmäßig
- eine Vorgeschichte,
- eine gewisse Breite, Nebenerscheinungen und -ereignisse sowie
- Nachwirkungen und Folgen.

## 2. Die kriminalistische Aufgabe

Die Vorgeschichte beginnt mit dem ersten Gedanken des späteren Täters an das Delikt. Zwar muss auch der Kriminalist nicht Gedanken lesen, der Täter zeichnet aber solche Überlegungen mitunter auf oder teilt sie andern mit oder verhält sich so, dass im Nachhinein erkennbar ist, dass dieses Verhalten als Vorbereitung der Tat gewertet werden muss. Viele Straftaten verlangen sodann nicht nur gedankliche, sondern auch logistische Vorbereitungen: Bevor Tatwerkzeuge eingesetzt werden können, müssen sie beschafft werden. Plant der Täter die Tat im Voraus, dann wird er in der Regel den Tatort zuerst auskundschaften oder, wenn verschiedene Tatorte möglich sind, den aus seiner Sicht günstigsten aussuchen. Allenfalls muss das Opfer beobachtet werden. Zufalls- oder Gelegenheitstaten haben zwar ein Minimum an Vorgeschichte; ob es sich um solche handelt, zeigt sich aber erst bei der Untersuchung, wie sich der Täter vorher verhalten hat. Man kann daher nicht immer mit einer Vorgeschichte rechnen; wo sie aber besteht, kann sie wertvolle Hinweise auf Tat und Täter, insbesondere auf seine Motive, geben.

Zur Breite einer Straftat gehört etwa die Tatsache, dass möglicherweise nicht nur an einer Stelle gehandelt worden ist und Spuren zu finden sind. Das tote Opfer wurde vielleicht vom aufschlussreichen Tatort weggebracht. Es kann auch an einem zweiten Ort ein Ablenkungsmanöver inszeniert worden sein, um leichter an die Beute heranzukommen oder die Polizei dort zu beschäftigen. Nicht selten hängen bestimmte Verbrechen mit anderen zusammen; eine Brandstiftung wird etwa begangen, um Spuren einer Gewalttat oder (bei Brandstiftungen in Unternehmungen) um Akten zu vernichten, die ein Vermögensdelikt nachweisen würden. Kriminalistisch interessant ist in diesem Zusammenhang, dass der Täter sich beim Verwischen von Spuren oft aufs Kerngeschehen beschränkt, sei es aus Zeitgründen oder weil er nicht daran denkt, auch Spuren von Nebenumständen zu beseitigen. Wird mit einer gewissen Breite nach zu erwartenden Spuren gesucht, wird man deshalb häufig eher fündig, als wenn man sich aufs Kerngeschehen beschränkt.

Zu den Nachwirkungen und Folgen gehören nicht nur das Verstecken oder Absetzen der Beute und das Verwischen von Spuren, sondern bisweilen auch Veränderungen im Verhalten des Täters, etwa Schuldgefühle oder Angst vor Entdeckung, die Veränderung des Aussehens oder seine Flucht. Interessant für den Kriminalisten ist der Umstand, dass der Täter mit zunehmender Dauer unvorsichtiger werden wird. Tauchen Schmuck von erheblichem Wert oder bekannte Kunstwerke in den Wochen nach dem Diebstahl nicht auf, könnte es sich lohnen, nach Monaten nochmals zu überprüfen, ob die Ware irgendwo angeboten wird.

Eine umfassende Betrachtungsweise des Verdachtsfalles führt fast immer zu indizierenden Tatsachen oder Zusammenhängen. Der Kriminalist sollte daher eigenes und fremdes Erfahrungswissen berücksichtigen und seine Suche von Anfang an auf die ganze Breite und Dauer der Straftat ausdehnen, wenn er einen unklaren Sachverhalt untersucht.

Die geschilderte Arbeitsweise erleichtert auch die richtige Einstellung gegenüber Ansprüchen der Parapsychologie. Einige Astrologen, Hellseher oder Pendler glauben, für normale Menschen noch nicht durchschautes Geschehen, etwa ein noch nicht geklärtes Verbrechen, anhand anderer Ereignisse (Bewegung der Planeten, mediale Einfälle, Pendelausschläge) aufdecken zu können. In den weitaus meisten Fällen erweisen sich die Behauptungen solcher Leute aber als falsch und die Treffer, wenn man sie statistisch erfasst, als zufällig. Man sollte die Hinweise solcher Hellseher trotzdem nicht einfach ignorieren, denn Menschen, die sich erfolgreich als Astrologen, Hellseher oder Pendler betätigen, verfügen manchmal über ein überdurchschnittlich gutes (aber durchaus natürliches) Ahnungsvermögen, außergewöhnliche Einfühlungsgabe, eine gute Intuition und ähnliche Eigenschaften. Diese Qualitäten befähigen sie, Tatsachen und Zusammenhänge zu vermuten, auf die andere nicht so leicht und rasch kommen würden. In dieser Hinsicht (und nur in dieser) können solche Leute auch dem Kriminalisten mit Hinweisen helfen. Es wäre deshalb falsch, nicht näher begründete, aber doch nicht völlig abwegige Behauptungen solcher Leute nicht kritisch zu prüfen, denn dadurch identifiziert man sich noch lange nicht mit ihrer Wissenschaft, sondern prüft nur eine Tathypothese auf deren Folgerichtigkeit. Im Übrigen kann man es sich bei Schwerstkriminalität in der heutigen medialen Gesellschaft gar nicht leisten, solche Hinweise überhaupt nicht zu überprüfen. Wären sie nämlich zufällig richtig, würde man sich im Nachhinein dem nur schwer zu begegnenden Vorwurf aussetzen, einem zutreffenden Hinweis nicht nachgegangen zu sein.

Nach dem Verschwinden der 5-jährigen Ylenia im Sommer 2007 in Appenzell gingen etwa 20 Hinweise von Pendlern und Hellsehern ein, wo das Mädchen versteckt sein könnte, meist begleitet mit dem Hinweis dieser Leute auf ihre früheren Erfolge in anderer Sache. Die Leiche des Mädchens wurde schließlich aufgefunden, und es ergab sich, dass der Täter das Kind noch am Tag der Entführung in einem Wald umgebracht und am Tatort vergraben hatte. Keiner der Pendler und Hellseher hatte einen Tipp abgegeben, der mit der Realität auch nur annähernd zu tun hatte, was allerdings in der Öffentlichkeit nicht wahrgenommen wurde – ein Grund dafür, dass sich solche Leute immer mit ihren angeblichen, zufälligen Erfolgen brüsten können, denn ihre Misserfolge bleiben normalerweise im Verborgenen.

Der Fall zeigt übrigens auch, dass man die Nachwirkungen einer Tat von vornherein in seine Taktik einbeziehen sollte. Der Täter hatte das Mädchen begraben und dann in der Nähe Selbstmord begangen. Es war naheliegend, dass man in den ersten Tagen nach dem Delikt besonders gründlich in der näheren Umgebung der Täterleiche suchte, zumal sich die Erkenntnis verdichtete, dass dieser Tote tatsächlich mit dem Verschwinden von Ylenia zu tun hatte. Den späteren Fundort der Kindesleiche suchte man bereits in den Tagen nach dem Delikt sorgfältig ab, ohne fündig zu werden. Dass ein Passant die Leiche Wochen später dann doch noch fand, war auf den Umstand zurückzuführen, dass wilde Tiere mittlerweile nach der Leiche gegraben und sie deshalb teilweise offen gelegt hatten. Deshalb war sie in den Tagen nach der Tat zunächst übersehen, dann aber von einem Passanten aufgefunden worden.

### 2.2.4 Der Tätertyp

Es ist Aufgabe der Kriminologie und der Psychologie, Zusammenhänge zwischen Tatsituationen und Tätertypen aufzuhellen. Sind Deliktsart und Tatsituation bekannt, so lässt sich oft auf den Tätertyp schließen. So werden zum Beispiel Anlagebetrüge typischerweise von Leuten begangen, die eine hoch entwickelte Fähigkeit haben, andere zu überzeugen, sich aber auch durch einen gewissen Narzissmus auszeichnen. Sie waren im normalen Wirtschaftsleben meist nicht erfolgreich und haben sich deshalb auf kriminelle Geschäfte eingelassen. Oft sind sie nicht besonders intelligent, haben aber die im Nachhinein betrachtet manchmal fast unglaubliche Fähigkeit, wesentlich intelligentere Leute von ihrer Person und ihren Ideen zu überzeugen.

Der Deutsche Volker Eckel hatte sich als Sohn von Saddam Hussein ausgegeben, einen Vermögensausweis einer Bank über 700 Milliarden Dollar (!!!) gefälscht und in die Schweiz damit innert kürzester Zeit in einem kleineren Kanton eine Aufenthaltsbewilligung erhalten und ein Pauschalbesteuerungsabkommen ausgehandelt. Er bot dann dem Zürcher Fußballklub Grasshoppers an, 300 Millionen Franken zu investieren, und wurde allein aufgrund dieser Ankündigung vom Vorstand, bestehend aus sonst gewieften Wirtschaftsleuten, eine Woche lang luxuriös bewirtet. Es gelang ihm dann,

> Investoren aus der Baubranche zu veranlassen, ihm im Hinblick auf angeblich geplante Großprojekte hohe Geldsummen anzuvertrauen.
> Vor Gericht warf sein Verteidiger den Opfern vor, sie seien allzu leichtgläubig gewesen. Sie hätten insbesondere darüber hinweggesehen, dass Volker Eckel eine auffällige Rechtschreibschwäche und schlechte Tischmanieren habe. Offenbar war es ihm aber ohne Weiteres gelungen, diese Defizite durch sonst brillantes Auftreten zu kompensieren.

Unter vielen Verdächtigen lassen sich also mit den Mitteln der Psychologie und der Kriminologie (mit Zurückhaltung und entsprechender Unsicherheit!) diejenigen eher ausschließen, die nicht fähig wären, einen Anlagebetrug zu begehen. Andererseits sind diejenigen Verdächtigen besonders gründlich zu überprüfen, welche die genannten psychischen Voraussetzungen besitzen.

Was für den Anlagebetrüger gilt, trifft ähnlich für viele andere Typen von Delinquenten zu: Auch sie besitzen spezifische psychische Merkmale. Darauf basiert die Konstruktion von Täterprofilen, auf deren Bedeutung ich später zurückkomme.

Delikte sind sodann soziale Erscheinungen und damit als Massenphänomene statistisch erfassbar. Ihre wissenschaftliche Bearbeitung ist eine der Aufgaben der Kriminologie. Die Ergebnisse sind kriminalistisch verwertbar. Man weiß aufgrund von Statistiken z. B., dass bei (vorsätzlicher) Brandstiftung in etwa 40 % der Fälle der Täter der Eigentümer des zerstörten Objektes oder ein Angehöriger des Eigentümers ist, in 22 % der Fälle ein Angestellter, in 16 % der Fälle der Mieter oder Pächter. Das führt dazu, den Täter in erster Linie unter den Eigentümern, Angehörigen und Mietern zu suchen. Im Weiteren weiß man, dass Brandstifter häufig auch andere Straftaten begehen, und zwar vor allem Eigentums- und Gewaltdelikte; man wird also nach Vorbestraften suchen können. Schließlich ist aus amerikanischen Untersuchungen bekannt, dass 70 % der Brandstifter das Feuer im Umkreis von wenigen Kilometern zu ihrem Wohnort legen; das wird also eine vorerst kleinräumige Suche nach dem Täter nahelegen. Hat man dagegen von einer vermutlich fahrlässig verursachten Feuersbrunst auszugehen, so könnte man mangels anderer Anhaltspunkte vor allem an Kinder denken, die mit Feuer gespielt haben.

*Raphael Humbel* hat errechnet, dass die Täter bei vorsätzlichen Tötungsdelikten zu 40 % aus Familie und Verwandtschaft, zu 19 % aus dem Kollegen- und Bekanntenkreis oder aus der Nachbarschaft des

Opfers stammten; in 36 % der Fälle konnte keine bekannte Beziehung zwischen Opfer und Täter hergestellt werden. Wenn man zusätzlich berücksichtigt, dass 89 % der Täter männlich und (in der Schweiz) 60 % der Täter Ausländer sind, gibt dies wertvolle Hinweise darauf, wo die Suche nach dem Täter am meisten Erfolg verspricht. Markant sind auch die Unterschiede zwischen Einzel- und Serientätern. *Thomas Knecht* gibt an, rund 80 % der Tötungsdelikte gehe ein Interessenkonflikt zwischen Opfer und Täter voraus, es habe also eine Beziehung bestanden; bei Serienmördern dagegen bestehe in 82 % der Fälle keine Vorbeziehung mit dem Opfer, bei sexuell motivierten Tötungshandlungen sogar bei 89 %. Findet man also kein konfliktbasiertes Motiv, dann sollte man eher nach einem Serientäter suchen. Interessant ist an seinen Ausführungen auch, dass Blutsverwandte nur selten umgebracht werden, und zwar gerade auch durch Serienmörder.

Bei Vergewaltigungen sind die Zahlen noch deutlicher: 47 % der Täter stammen aus Familie oder Verwandtschaft und 29 % aus dem Bekanntenkreis oder der Nachbarschaft, in 4 % der Fälle bestand eine berufliche Beziehung.

Ansatzpunkt solcher statistischer Betrachtungen ist allerdings oft das Motiv. Die Statistik der Brandstiftungen liefert die genannten Zahlen, weil sie die Motivlage widerspiegelt. Ist aufgrund der Tatumstände von vornherein klar, dass ein anderes Motiv im Vordergrund steht, helfen solche Statistiken nur bedingt weiter, um im konkreten Fall die Wahrscheinlichkeit bestimmter Hypothesen zu begründen.

Psychologie und Kriminologie zeigen also Tatsachen und Zusammenhänge, die fahndungs- und beweistechnisch verwertet werden können. Die Forschungen beziehen sich aber oft auf isolierte Probleme oder auf gerade öffentlich diskutierte umstrittene Phänomene; es wäre wahrscheinlich günstig, systematisch und übersichtlich für alle Tatkategorien darzustellen, welche Täterkategorien besonders häufig sind, um zu besseren Ergebnissen zu kommen. Allerdings müsste berücksichtigt werden, dass solche Typisierungen von Tätern auch kulturabhängig sind: Eine amerikanische Statistik über das Profil der Verfasser von Erpresserbriefen wird sich nicht ohne Weiteres auf europäische Verhältnisse übertragen lassen.

## 2.4.5 Der Nachweis der konkreten Straftat

Erst wenn man eine klare Vorstellung davon hat, um welche Straftaten es bei der Beurteilung eines gewissen Lebensvorgangs geht und wer als Täter in Frage kommt, kann man von der heuristischen zur algorithmischen Arbeit übergehen.

Es geht dann um die Argumentation nach dem Schema des juristischen Syllogismus. Syllogistik ist eine Methode des logischen Schließens und Beweisens; es geht darum, aus einem wahren Obersatz und einem Untersatz eine Konklusion zu bilden, die wahr ist. Beim juristischen Syllogismus ist der gesetzliche Straftatbestand der Obersatz; er hat immer die gleiche Struktur: Die Erfüllung sämtlicher Tatbestandsmerkmale führt zu einer Rechtsfolge, nämlich zu einer (in einem bestimmten Rahmen festgelegten) Strafe. Der Untersatz umfasst den Beweis, dass in einem konkreten Sachverhalt ein bestimmter Täter alle Tatbestandsmerkmale erfüllt hat. Die Konklusion lautet dann, dass dieser Täter zur vorgesehenen Strafe zu verurteilen ist. Oder im Beispiel einer Körperverletzung nach § 223 StGB:

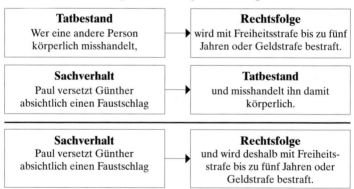

Diese Aufgabe ist nicht mehr heuristisch, weil auf der zweiten Ebene des Schemas, also bei der Zuordnung des Sachverhaltes zu den Tatbestandsmerkmalen, nur noch eine genau feststehende Zahl von objektiven und subjektiven Tatbestandsmerkmalen zu beweisen ist. Das heißt allerdings nicht, dass die Aufgabe von Anfang an begrenzt ist: Über die Frage, wann bzw. unter welchen Umständen ein Tatbestandsmerkmal rechtsgenüglich bewiesen ist, lässt sich natürlich immer streiten.

## 2. Die kriminalistische Aufgabe

**Einige Merksätze:**

- Die kriminalistische Aufgabe besteht darin, Straftaten zu erkennen, die erforderlichen objektiven und subjektiven Tatbestandsmerkmale, Täter, Tatzeit und Tatort sowie die strafzumessungsrelevanten Umstände in prozessual zulässiger Form zu beweisen und das Ergebnis kritisch zu überprüfen.

- Um bei einer gegebenen Sachlage die in Frage kommenden Tatbestände zu erkennen, sollte man vom Sachverhalt zum Tatbestand und zurück pendeln.

- Delikte können in dogmatische Kategorien eingeteilt werden (vollendete vorsätzliche Begehungsdelikte, versuchte Begehungsdelikte, fahrlässige Begehungsdelikte, Unterlassungsdelikte); jede dieser Kategorien besitzt eigene Tatbestandsmerkmale, die typische Beweisprobleme stellen.

- In untechnischem Sinn hilft die Unterscheidung zwischen Täter-Opfer-Delikten und Delikten mit beidseitiger Täterschaft, zwischen geplanten und spontanen Straftaten und zwischen Straftaten zur Erzielung von Gewinnen und zur Vermeidung von Verlusten weiter, weil jede dieser Kategorien durch typische Beweisprobleme gekennzeichnet ist.

- Geht es darum, Straftaten zu erkennen und zu überprüfen, welche Straftatbestände in Frage kommen, dann sollte man heuristisch vorgehen und dabei die Tatsituation, das Umfeld der Tat mit seiner Vorgeschichte, seiner Breite und den Tatfolgen vorerst möglichst umfassend analysieren, um nicht Gefahr zu laufen, bestimmte Straftaten zu übersehen.

- Diese umfassende Analyse erleichtert bei unbekannter Täterschaft die Beschreibung des Tätertyps, der als Täter in Frage kommt. Kriminologische Erkenntnisse erleichtern es, die Suche dort zu beginnen, wo sie am erfolgversprechendsten ist.

- Ist ein anfänglich unklarer Sachverhalt so weit abgeklärt, dass sich einem bestimmten Täter eine bestimmte Straftat zuordnen lässt, dann kann man zur syllogistischen Arbeit übergehen. Man beweist dem Täter, dass er mit seinem Verhalten alle objektiven und subjektiven Tatbestandsmerkmale eines bestimmten Straftatbestandes erfüllt hat

Erster Teil: Aufgabe und Mittel

## 3. Die Mittel

### 3.1 Die Mittel zur Erkennung von Delikten

*Hans Walder* hat sich schon in der ersten Auflage dieses Werks überlegt, ob sich die Mittel, die eine Straftat erkennen oder vermuten bzw. Indizien oder Beweismittel finden lassen, abschließend aufzählen lassen. Er kam zu folgender Liste:
1. Der Verdacht.
2. Eigene Wahrnehmungen, Feststellungen anderer und Registrierungen hinsichtlich von Verbrechen oder über Dinge, die mit einer Straftat im Zusammenhang stehen oder stehen können, kurz die zweckdienlichen Daten.
3. Lebenserfahrung, Wahrheiten des täglichen Lebens.
4. Sätze der Tatsachenwissenschaften, etwa der Physik, der Chemie, der Biologie, der Medizin, der Psychologie.
5. Experimentelle und statistische Wahrheiten.
6. Sätze der Logik und der mathematischen Wissenszweige.
7. Die Fantasie, die Intuition.

Er erkannte aber schon damals, dass eine vollständige Liste der konkreten Anlässe, die zur Klärung eines Kriminalfalles führen können, praktisch nicht darstellbar ist. Viele Umstände können auf die richtige Fährte und zum Beweis von Tat und Täterschaft führen: Eine überraschende Information, die von außen an den Ermittler herangetragen wird; das wiederholte sorgfältige Studium der bisherigen Akten, das zu einem Einfall führt; ein Augenschein, der irgendeine Möglichkeit oder Unmöglichkeit zeigt; eine mikroskopisch-kleine Spur, die bisher übersehen wurde; eine Zufallskontrolle des Verdächtigen; eine nur vage Vermutung; ein unterstelltes Tatmotiv; ein Umstand im Lebenslauf des Verdächtigen oder des Opfers; ein früherer ähnlicher Fall oder eine Duplizität der Fälle; Widersprüche in den Aussagen eines Befragten; ein Fahndungsersuchen einer anderen Dienststelle; der Vergleich des Modus Operandi mit geklärten Straftaten; das merkwürdige Benehmen des Anzeigeerstatters und so weiter.

> Ein mutmaßlicher Drogenhändler erklärte in den Einvernahmen von Anfang an, seine Unschuld werde sich schon noch erweisen, man habe bei ihm ja auch keine Drogen gefunden. Tatsächlich hatte eine gründliche Durchsuchung seiner Wohnung und seines Kellers kein Ergebnis gebracht. Seine Freundin behauptete denn auch anfänglich, sie habe die Drogengeschäfte

selbst und ohne Wissen ihres Freundes abgewickelt. Die Ermittlungen konzentrierten sich deshalb auf die Freundin, und es stellte sich rasch heraus, dass sie zu den SMS-Bestellungen, die über ein auf sie abonniertes Mobiltelefon eingegangen waren, keine vernünftigen Angaben machen konnte. Schließlich war sie bereit, das Drogenversteck zu zeigen. Im Keller befand sich eine große Campinggasflasche, deren Ventil sich abschrauben ließ. Dort waren an einer Schnur zahlreiche Päcklein mit jeweils 5 g Heroin angebunden und in die Flasche versenkt worden; daran fanden sich die Fingerabdrücke des Mannes, aber keine Spuren der Frau. Der Drogenhändler wurde zunehmend nervöser und fragte schließlich, ob denn die Freundin kein Geständnis abgelegt habe. Es stellte sich heraus, dass er ihr eine erhebliche Belohnung für den Fall, dass sie die Schuld auf sich nehme, versprochen hatte.

### 3.2 Die Mittel zum Beweis von Delikten

Welche Beweismittel im Strafprozess zulässig sind, ergibt sich zunächst aus dem Strafprozessrecht. Die deutsche Strafprozessordnung zählt auf:

1. Die Aussage von Zeugen (§ 44 ff.),
2. die Angaben von Sachverständigen (§ 72 ff.),
3. die körperliche Untersuchung (§ 81a),
4. die erkennungsdienstliche Erfassung (§ 81b),
5. DNA-Proben (§ 81e ff.),
6. Augenscheine (§ 86),
7. die Leichenschau (§ 87),
8. beschlagnahmte Beweisgegenstände (§ 94),
9. die Rasterfahndung (§ 98a f.),
10. die Überwachung des Fernmeldeverkehrs (§ 100a f.),
11. die technische Überwachung (§ 100c ff.),
12. den Einsatz verdeckter Ermittler (§ 110a ff.),
13. die Vernehmung des Beschuldigten (§ 133 ff.),

Die Schweizerische Strafprozessordnung gruppiert die Beweismittel etwas anders und enthält zusätzlich:

14. den Beizug von Akten bei Behörden (Art. 194),
15. Beizug von amtlichen Berichten, Arztzeugnissen, Vorstrafenberichten und weiteren sachdienlichen Berichten von Amtsstellen und Privaten (Art. 195),
16. die Schrift- und Sprachproben von Beschuldigten und Dritten (Art. 262),
17. die Observationen (Art. 282 f.),

18. die Überwachung von Bankbeziehungen (Art. 284 ff.),
19. neustens die verdeckten Fahndungen (Art. 298a ff.).

Der Vergleich zeigt, dass die Aufzählung in der deutschen Strafprozessordnung nicht abschließend ist. Auch die in der Schweiz zusätzlich geregelten Arten der Beweiserhebung sind in Deutschland unter Beachtung gewisser Rahmenbedingungen zulässig.

Allerdings unterscheiden sich diese Rahmenbedingungen: Beispielsweise gelten in Deutschland und in der Schweiz Deliktskataloge für die Überwachung des Fernmeldeverkehrs, die allerdings nicht deckungsgleich sind. Daraus entstehen im internationalen Rechtshilfeverkehr zum Teil Probleme, wenn zum Beispiel in Deutschland die Ergebnisse einer Telefonüberwachung aus der Schweiz verwertet werden sollen, die in Deutschland gar nicht bewilligungsfähig wäre. Das gleiche Problem entsteht, wenn eine DNA-Spur international mit Datenbanken verglichen wird und sich in der Schweiz ein Hit auf einen Verdächtigen ergibt, dessen DNA in Deutschland gar nicht hätte ausgewertet werden dürfen.

Allgemein darf heute davon ausgegangen werden, dass die Regeln für die klassischen Methoden der Beweiserhebung in allen mitteleuropäischen Ländern mehr oder weniger ähnlich sind. Nur bei den neueren Formen von Beweiserhebungen, insbesondere bei Überwachungsmaßnahmen oder anderen verdeckten Maßnahmen, ist das Recht am Ort der Beweiserhebung besonders zu beachten und früh genug zu klären, ob und unter welchen Umständen im Ausland erhobene Beweise im Inland verwendet werden können.

Nicht zu vergessen ist, dass die strafprozessuale Beweisführung auf weitere wissenschaftliche Grundsätze zurückgreifen muss, insbesondere auf:
20. Erfahrungswissen des Alltags,
21. Sätze der Tatsachenwissenschaften,
22. experimentelle und statistische Wahrheiten,
23. Sätze der Logik und der mathematischen Wissenszweige.

Solche wissenschaftlichen Grundsätze fließen oft in Sachverständigenberichte ein; es ist aber selbstverständlich, dass die Strafverfolger und die Gerichte sie auch selbst anwenden können.

## 3.3 Richtige und zulässige Mittel

Zur Lösung der kriminalistischen Aufgabe dienen bestimmte Mittel. Bevor man solche Mittel in der Praxis einsetzt, sollte man sich immer zwei Fragen stellen:
- Führt das Mittel zur richtigen Lösung?
- Ist das Mittel prozessual zulässig?

Die erste Frage führt zu primär wissenschaftlichen Fragestellungen. Man sollte zur Aufklärung von Delikten nur Methoden einsetzen, die wissenschaftlich als zuverlässig erkannt wurden. Das tönt selbstverständlich, es gibt aber doch bisweilen Diskussionen zur Frage, ob bestimmte Methoden wirklich die richtigen Ergebnisse liefern. Der Vergleich von DNA-Spuren oder von Fingerabdrücken folgt statistischen Methoden, die heute weitgehend erhärtet sind. Dagegen ist die Altersbestimmung von Personen heute statistisch noch nicht so weit abgesichert, dass sehr genaue Aussagen möglich sind. Insbesondere ist noch nicht ausreichend geklärt, ob die in Europa und in die USA angewandten Methoden auch bei Menschen aus Afrika oder Asien ähnlich zuverlässige Ergebnisse liefern.

Die zweite Frage ist nach dem geltenden Strafprozessrecht zu beantworten.

- Es besteht allenfalls ein Beweisthemaverbot, etwa gegenüber einem Staats- oder Amtsgeheimnis (für das keine Offenbarungsgenehmigung vorliegt).
- Es ist ein Beweismittelverbot zu beachten, vor allem in Form des Zeugnisverweigerungsrechts bestimmter Personen. Es können also gewisse Daten nicht durch Befragung bestimmter Personen erhoben werden, sondern nur auf andere Weise.
- In einigen Fällen ist die Methode der Beweiserhebung verboten, es liegt also ein Beweismethodenverbot vor; so darf der Beschuldigte nicht durch Folter oder psychischen Druck zu Aussagen gezwungen werden.
- Schließlich gibt es Vorschriften, wonach nur eine bestimmte Person die betreffenden Daten beschaffen darf, also ein relatives Beweisverbot zu beachten ist; eine Blutprobe beispielsweise ist dem vermutlich angetrunkenen Beschuldigten vom Arzt zu entnehmen.

Es schadet dem Ansehen des Rechtsstaates ungemein, wenn prozessual unzulässige Methoden eingesetzt werden, und es bringt den Kriminalisten jedenfalls um den Erfolg seiner Arbeit.

> *Ortwin Ennigkeit* hat in seinem Buch „Um Leben und Tod" geschildert, wie er dem Entführer Gäfgen erklärt habe, „es sei angedacht und werde vorbereitet, ihn unter Zufügung von Schmerzen (Anwendung unmittelbaren Zwanges) oder durch Beibringen eines Wahrheitsserums dazu zu bringen, Einzelheiten zu nennen, um das Leben des Kindes zu retten, sofern er weiter schweige oder falsche Angaben mache". „Ich hielt die angedachten Maßnahmen zur Rettung des Kinderlebens für verhältnismäßig." Er ging nämlich zu diesem Zeitpunkt davon aus, dass der Junge nur noch wenige Stunden überleben könne, wenn er nicht gefunden werde. Allerdings stellte sich dann heraus, dass Gäfgen das Opfer schon getötet hatte, bevor er das Lösegeld abgeholt hatte.
>
> Es ist nachvollziehbar, dass ein Kriminalbeamter in dieser Ausnahmesituation davon ausgeht, die körperliche Unversehrtheit des Opfers sei höher zu gewichten als die Unversehrtheit des Entführers. Dahinter stecken allerdings meines Erachtens doch einige Denkfehler. Zunächst galt die Beteiligung von Gäfgen noch nicht als erwiesen, weil er nicht verurteilt war. Er hatte zwar einen Tatbeitrag zur Entführung zugegeben und war bei der Abholung des Lösegeldes beobachtet worden, seine Alleintäterschaft und damit sein Tatbeitrag war aber alles andere als offensichtlich. Er konnte also nicht nur formell, sondern auch materiell die Vermutung der Schuldlosigkeit für sich beanspruchen. Vor allem aber ist der Beschuldigte nicht verpflichtet, etwas zu seiner Verurteilung beizutragen. Er hat das absolute Recht zu schweigen. Er darf insbesondere nicht unmenschlicher Behandlung ausgesetzt werden, damit er doch aussagt. Das sind grundrechtliche Positionen, die einer Rechtsgüterabwägung mit Ansprüchen anderer schlichtweg nicht zugänglich sind.
>
> Schließlich fehlt mir im Buch von *Ennigkeit* die Auseinandersetzung mit der Frage, ob seine persönliche Rechtsgüterabwägung gleich ausgefallen wäre, wenn er davon ausgegangen wäre, das von Gäfgen *unter Zwang* abgegebene Geständnis müsse dazu führen, dass er für die Tat nicht verurteilt werden könne.
>
> Gäfgen wurde übrigens rechtskräftig verurteilt, weil er sein Geständnis später im Wissen darum, dass die ursprünglichen Aussagen nicht verwertet werden könnten, wiederholt hatte. Deshalb ging die Große Kammer des Europäischen Gerichtshofes für Menschenrechte davon aus, dass das Recht von Gäfgen auf ein faires Verfahren insgesamt nicht verletzt worden sei.

Es genügt allerdings nicht, sich bei der Beweiserhebung an die gesetzlichen Rahmenbedingungen zu halten. Für die Betroffenen und die Öffentlichkeit muss dies auch deutlich erkennbar sein: „Justice should not only be done, but should manifestly and undoubtedly be seen to be done." (*Lord Hewart Gordon*).

## 3.4 Kategorien von Beweisen und ihre Problematik

Aus kriminalistischer Sicht können die Beweismittel in verschiedene Kategorien eingeteilt werden, die in Bezug auf den Beweiswert, aber auch hinsichtlich besonderer Risiken, typische Gemeinsamkeiten oder Unterschiede aufweisen. Es lohnt sich, einleitend dazu einige Angaben zu machen.

### 3.4.1 Personal- und Sachbeweise

Üblicherweise wird in der strafprozessualen Literatur zwischen Personal- und Sachbeweisen unterschieden. Personalbeweise sind Beweise, welche die Mitwirkung einer Person erfordern, bei Sachbeweisen ist dies nicht der Fall. Sachbeweise gelten in der Regel als zuverlässiger als Personalbeweise, weil sich ihre Ergebnisse objektiv logisch oder wissenschaftlich nachvollziehen lassen. Allenfalls lässt sich die Auswertung der Beweise (in der Regel aber nicht die Sicherung) wiederholen, indem zum Beispiel eine Blutprobe ein zweites Mal analysiert wird.

In dieser Verallgemeinerung ist allerdings die Behauptung, Sachbeweise seien zuverlässiger, nicht richtig:

- Bei der Erhebung von Sachbeweisen können Fehler passieren, indem etwa eine Spur kontaminiert oder der Ort ihrer Erhebung nicht sauber dokumentiert wird. Zwischen Erhebung und Auswertung eines Sachbeweises können Beweisgegenstände vertauscht werden, wobei nur ein sauber dokumentierter Prozess etwa den Einwand der Verteidigung entkräften kann, zwei Pistolen seien im Lauf der Auswertung vertauscht worden. Auch die Auswertung von Sachbeweisen ist fehleranfällig, wenn es um technische Prozesse geht, die je nach Art der Auswertung sehr kompliziert und präzise ablaufen müssen. Nicht jeder Sachbeweis ist also zuverlässig.
- Wird die Erhebung eines Personalbeweises, etwa einer Zeugenaussage, sauber dokumentiert, dann lassen sich heute sehr zuverlässige Angaben über ihren Wahrheitsgehalt machen. Nicht jede Würdigung von Aussagen muss also mit großen Unsicherheiten behaftet sein.

Wichtiger scheint mir im vorliegenden Zusammenhang, dass Sachbeweise in der Regel keine Mitwirkung von Betroffenen bei der Erhebung und Auswertung erfordern; deshalb ist ihr Ergebnis tendenziell weniger anfällig auf Verfälschungen. Dazu kommt, dass die

Erhebung von Sachbeweisen rechtsstaatlich weniger heikel ist, weil in der Regel keine Grundrechtseingriffe damit verbunden sind; das macht sie weniger anfällig auf prozessuale Fehler.

Oft wird behauptet, der subjektive Tatbestand könne in der Regel nur durch Personalbeweise, insbesondere durch die Aussage des Beschuldigten, bewiesen werden. Auch das trifft häufig zu, ist aber in dieser Verallgemeinerung nicht richtig.

- Was sich der Beschuldigte (etwa vor einem Raserunfall im Straßenverkehr) gedacht hat, weiß er zwar selbst in der Regel relativ genau, was er dazu aussagt, kann allerdings kaum zuverlässig beurteilt werden. Wenn aber die Sachbeweise so präzise gesichert und ausgewertet wurden, dass die Geschwindigkeit und die Fahrlinie des Autos und dessen Beziehungen zu den übrigen Verkehrsteilnehmern vor dem Unfall genau rekonstruierbar sind, wenn man dazu allenfalls sogar (wie das praktisch nicht selten vorkommt) Facebook-Einträge findet, in denen der Beschuldigte seine Raserfahrt angekündigt oder über andere berichtet hat, dann wird man daraus präziser schließen können, was der Beschuldigte sich gedacht haben muss, als wenn man ihn einfach danach fragt.

- Bestreitet der verdächtigte Schläger, dass er seinen Gegner verletzen wollte oder eine Verletzung in Kauf nahm, dann fehlt es vorerst an einem Beweis der Verwirklichung des betreffenden Merkmals. Zeuge des inneren Vorganges, seines allfälligen Wollens ist allein der Beschuldigte, und dieser bestreitet. Um trotzdem den Beweis erbringen zu können, der Beschuldigte habe verletzen wollen, bleibt nur der Weg, den Vorsatz aus darauf hinweisenden äußeren Umständen zu erschließen. Es ist möglich, dass der Täter trotz seiner Bestreitung vorher zu anderen gesagt hat, er werde das Opfer zusammenschlagen, bis es sich nicht mehr wehre. Vor allem aber wird die exakte Rekonstruktion des Sachverhaltes, insbesondere zur Heftigkeit der Schläge, zum Körperteil, auf den der Täter geschlagen hat und zur verwendeten Waffe, Rückschlüsse dazu ermöglichen, ob der Beschuldigte eine Verletzung in Kauf genommen haben muss. Schlägt beispielsweise jemand einen andern mit einem Baseball-Schläger so lange auf den Kopf, bis dieser regungslos liegen bleibt, so käme wohl niemand darum herum, die vorsätzliche Körperverletzung (wenn nicht sogar die versuchte vorsätzliche Tötung) als bewiesen anzusehen, selbst wenn der Beschuldigte diesen Vorsatz bestreitet.

Eine solche Beweisführung aufgrund von hinweisenden Tatsachen nennt man Indizienbeweis.

### 3.4.2 Reproduzierbare und nicht reproduzierbare Beweismittel

Gewisse Beweiserhebungen können jederzeit wiederholt werden, ohne dass sich ihr Ergebnis ändert. Beispielsweise können dem Beschuldigten jederzeit eine DNA oder die Fingerabdrücke abgenommen werden, ohne dass sich unterschiedliche Resultate ergeben. Bei solchen Beweiserhebungen ist es unkritisch, wenn praktische oder prozessuale Fehler bei der Beweiserhebung gemacht werden.

Gewisse Beweiserhebungen können zwar jederzeit wiederholt werden, es ist aber unsicher, ob sich wieder das gleiche Resultat ergibt. Das gilt in der Praxis in der Regel vor allem für Befragungen. Für den Praktiker heißt das vor allem, dass er günstige Situationen für Beweiserhebungen ausnützen sollte. Zum Beispiel sollten zeitnahe Vernehmungen möglichst ausführlich und vollständig sein, denn später wird sich der Vernommene nicht mehr an alle Details erinnern. Anderseits sollten solche Beweiserhebungen sauber dokumentiert werden, damit später klar ist, warum die Ergebnisse so ergiebig waren. Wenn also der Beschuldigte kurz nach der Tat angehalten und ausführlich befragt wird, dürfte es sich bei schweren Straftaten in der Regel lohnen, die Befragung auch per Video und nicht nur protokollarisch festzuhalten. Man kann so den später naheliegenden Einwand beurteilbar machen, dass der Beschuldigte unter Schock gestanden sei und deshalb nicht nur mehr, sondern auch unzuverlässigere Aussagen gemacht habe, als wenn er in psychisch stabilem Zustand gewesen wäre.

Gewisse Beweiserhebungen können später nicht mehr wiederholt werden. Das gilt insbesondere für die Dokumentation von Tatorten und die Sicherung der dort angetroffenen Spuren; was dort verpasst wird, kann später nicht mehr nachgeholt werden, wenn sich die Situation verändert hat. Das ist zum Beispiel bei Verkehrsunfällen so, weil die Unfallstelle rasch geräumt werden muss, damit der Verkehr nicht zu lange behindert wird. Aber auch bei Gewaltdelikten an nicht öffentlichen Orten, etwa beim Tötungsdelikt in der eigenen Wohnung des Opfers, lässt sich nicht beliebig lange, jedenfalls nicht bis zur Verhandlung, verhindern, dass der Tatort freigegeben werden muss. Wichtig ist in solchen Situationen, dass die Beweiserhebung möglichst ungesteuert erfolgt; es sind also nicht nur diejenigen Beweise zu sichern, die für den naheliegenden Tatablauf von Bedeutung sind, sondern auch Beweise, die einen weniger wahrscheinlichen Tatablauf beweisen könnten. Wenn überhaupt nicht klar ist, was an einem Tatort passiert sein könnte, muss die Situation notfalls möglichst genau und ungesteuert dokumentiert werden.

> In der Schweiz machte der Mordfall Zwahlen über Jahre Schlagzeilen. Christine Zwahlen war in der Tiefkühltruhe im Keller ihres Einfamilienhauses tot aufgefunden worden. Der Ehemann wurde unter Mordverdacht verhaftet, später angeklagt und in dritter Instanz freigesprochen. Eine Rolle spielte schließlich unter anderem die Frage, ob am Tag der Auffindung des Leichnams die Swatch des Opfers auf dem Nachttisch im Schlafzimmer lag oder nicht. Weil diese Frage zum Zeitpunkt der Tatbestandsaufnahme bedeutungslos schien, wurde dieser Befund nicht sauber dokumentiert.

In vielen Fällen ist die Beweiserhebung nicht mehr reproduzierbar, immerhin aber die Auswertung des Beweises. Das gilt für die meisten Spuren, zum Beispiel den Fingerabdruck am Tatort oder die Blutprobe des angetrunkenen Fahrers. Die Sicherung dieser Spuren kann nicht wiederholt werden, wohl aber unter Umständen ihre Auswertung. Blutproben werden in der Regel auch nach der Auswertung asserviert, sodass ihre Analyse nachträglich wiederholt werden kann. Damit kann heute zum Beispiel die Behauptung des Fahrers, er habe sich nach der Fahrt, aber vor der Entnahme der Blutprobe noch einen Nachtrunk genehmigt, anhand des vorhandenen Blutes zumindest noch plausibilisiert werden. Während die DNA-Spuren früher nach ihrer Erhebung bei der Analyse häufig vollständig aufgebraucht wurden, ist dies heutzutage nur noch ausnahmsweise der Fall, weil sehr viel weniger Material benötigt wird als früher. Wichtig ist bei solchen Konstellationen, dass die Beweiserhebung sauber dokumentiert wird, denn Kritik am Beweiswert ist nur noch möglich, indem nachträglich behauptet wird, das fragliche Beweisstück stamme gar nicht vom behaupteten Tatort.

> Auf der Leiche eines in der Schweiz im Jahr 1990 ermordeten und in einem Wald aufgefundenen Kindes fand sich ein Haar, das man schon damals für ein Schamhaar des Täters hielt. Mit der damaligen Technik war es nicht möglich, aus diesem Haar DNA zu gewinnen. Später wurde das Haar zur DNA-Analyse in die USA geschickt, wo es bei der Analyse vollständig vernichtet wurde. Es wurde zwar ein vergleichbares DNA-Profil erstellt; ob es sich allerdings dabei wirklich um das DNA-Profil des Haares aus der Schweiz handelte, war allerdings im Nachhinein nicht mehr ganz klar.

### 3.4.3 Vorhandene und produzierte Beweismittel

Gewisse Beweismittel sind unabhängig von der Untersuchung vorhanden, andere Beweismittel entstehen erst mit oder wegen der Straftat oder werden erst im Rahmen des Strafverfahrens erhoben. Das beeinflusst ihren Beweiswert: Unverdächtig sind jedenfalls Beweismittel, die schon vor der Tat entstanden, und zwar unabhängig davon, ob es sich um Sach- oder Personalbeweise handelt. Etwas heikler sind in der Regel diejenigen Beweise, die während der Tat entstehen (weil sie durch das Tatgeschehen beeinflusst werden). Am problematischsten sind diejenigen Beweismittel, die erst im Nachhinein erhoben werden oder sogar erst nach der Tat produziert werden; das gilt für Personalbeweise, die von der Straftat beeinflusst sind, in Ausnahmefällen aber auch für Sachbeweise, die fingiert worden sein können. Das lässt sich am Beispiel eines Mörders zeigen, der seine Ehefrau in St. Gallen mit dem Auto überfuhr und danach mit einem Wagenheber erschlug, als sie schwer verletzt am Boden lag. Sie hatte ihm vorher eröffnet, dass sie ihn wegen eines andern verlassen wolle.

- Eine wichtige Rolle spielten polizeiliche Akten, die über frühere Interventionen beim Ehepaar wegen häuslicher Gewalt vorhanden waren. Diese Akten waren nicht im Hinblick auf das Tötungsdelikt, sondern schon vorher erstellt worden; dass die Berichte objektiv waren, war deshalb kaum zu bezweifeln.

- Der Beschuldigte hatte auf der Fahrt zum Tatort an einer Tankstelle sein Fahrzeug aufgetankt und nach seinen Angaben dann zufällig gesehen, wie ein Bus vorbeifuhr, in dem er seine Ehefrau sah. Er folgte deshalb dem Bus. Die Videoaufnahmen aus der Tankstelle konnten ediert werden und zeigten, dass der spätere Täter sich völlig unauffällig verhielt und insbesondere nicht nach dem Bus Ausschau hielt, den seine Ehefrau üblicherweise um diese Zeit für die Fahrt zur Arbeit benützte. Das deutete darauf hin, dass er seine Tat nicht geplant hatte. Man musste allerdings auch in Erwägung ziehen, dass er sich trotz Planung der Tat bewusst möglichst unauffällig verhalten hatte, weil er wusste, dass die Tankstelle videoüberwacht war, und deshalb damit rechnen musste, dass die Bilder nach der Tat gesichert würden.

- Kurz nach der Tat wurde der neue Freund der Ehefrau einvernommen; er berichtete von häufigen und schweren Drohungen des Täters gegenüber seiner Ehefrau. Weil er aber zum Zeitpunkt der Befragung schon wusste, dass seine Freundin von ihrem Ehemann umgebracht worden war, musste damit gerechnet werden, dass dies auch sein Aussageverhalten beeinflussen würde, und zwar offensichtlich zu Ungunsten des Täters.

### 3.4.4 Direkte und indirekte Beweismittel

Nach der Beziehung zum Gegenstand des Beweises unterscheidet man Mittel des direkten und des indirekten Beweises. Ein direktes Beweismittel ist die Zeugenaussage, wonach der Beschuldigte seinem Opfer mit der Faust ins Gesicht geschlagen hat und dies nicht in Abwehr eines Angriffes des Opfers geschah. Als indirekter Beweis gilt in erster Linie der Indizienbeweis, eine Beweisführung, die erst aufgrund von Folgerungen oder Berechnungen das Vorliegen einer bestimmten, beweistechnisch bedeutsamen Tatsache ergibt.

Charakteristisch für einen direkten Beweis ist also, dass er das zu Beweisende (die Tatbestandsmerkmale) mit prozessualen Beweismitteln unmittelbar belegt. Die glaubhaften Aussagen eines Zeugen bekunden bei einem Diebstahl ohne Weiteres die beobachtete Wegnahme einer Sache, ohne zusätzlichen Gedankenprozess, ohne logische Ableitung aus vorausgehenden Tatsachen und Erfahrungen. Der Beweis mittels Indizien (anzeigender Tatsachen) belegt die erhebliche Tatsache demgegenüber nicht unmittelbar. Die Verwirklichung des entscheidenden Tatbestandsmerkmales muss erst aus den hinweisenden Tatsachen und allgemeinen Erkenntnissen gefolgert werden.

> Der Diebstahl kann etwa durch folgende Indizien belegt werden:
> Einerseits aus bereits erstellten Tatsachen, die nicht unmittelbar zur Verwirklichung des Tatbestandes gehören, etwa aus einer Äußerung des Beschuldigten, durch Diebstahl zu Geld kommen zu wollen;
> anderseits aus der Tatsache, dass der Betreffende sich am Tatort aufgehalten hat, wo nachher Geld fehlte, das sich später in gleicher Stückelung beim Verdächtigen befand.
> Daraus darf man aufgrund allgemeiner Erfahrungen die Wegnahme der Sachen durch den Verdächtigen schließen.

Es gibt zwei Arten von Indizienbeweisen. Die einen beweisen zwingend einen bestimmten Umstand, die andern nur mit mehr oder weniger hoher Wahrscheinlichkeit. Anhand von Kollisionsspuren (Verformungen, Glassplitter, Farbabrieb- und -übertragung) kann die Unfallbeteiligung eines Autos oft mit Sicherheit bewiesen werden. Und dieser Beweis hält in der Regel sogar einer widersprechenden

Zeugenaussage stand. Auf Beweise, die nur mit sehr hoher Wahrscheinlichkeit eine Tatsache belegen, wurde schon eingegangen. Wurde bei einem Diebstahl Geld in einer bestimmten Stückelung gestohlen und beim Verdächtigen Geld in der gleichen Stückelung gefunden, dann hängt die Beweiskraft von eben dieser Stückelung ab. Wurden zum Beispiel neben Euro auch Schweizer Franken gestohlen, oder bestand die Beute aus Münzgeld aus einem Automaten, wird man, wenn beim Verdächtigen die gleiche Stückelung gefunden wird, mit hoher Wahrscheinlichkeit davon ausgehen können, das Geld stamme aus dem Diebstahl.

### 3.5 Systematisches Wahrnehmen

#### 3.5.1 Technische Hilfsmittel

Die Leistungsfähigkeit unserer Sinne ist in verschiedener Hinsicht begrenzt. Das Auge sieht auf größere Distanzen immer schlechter, die Fähigkeit des Sehens auf kurze Distanz nimmt mit dem Alter ab. Die Lichtverhältnisse spielen bei der Wahrnehmung eine wesentliche Rolle; je weniger Licht vorhanden ist, desto weniger kann man Farben unterscheiden. Das Gehör nimmt nur Geräusche oder Töne ab einer bestimmten Lautstärke wahr und kann nur relativ schlecht richtungsbestimmt filtern. Es hört Töne nur zwischen etwa 20 und 16 000 Hertz.

Die Begrenztheit der menschlichen Sinne ist gerade im Hinblick auf die Kriminaltechnik besonders bedeutsam. Die meisten heute relevanten Spuren liegen jenseits der normalen Wahrnehmungsfähigkeit des Menschen. Will man daher möglichst vollständig wahrnehmen, muss man allenfalls die Empfindlichkeit und das Differenzierungsvermögen der Sinne mit Instrumenten verbessern oder den Bereich der Sinne durch besondere Mittel ausdehnen.

Bei der Beobachtung von Vorgängen sind Fernrohre, Kameras mit Teleobjektiven und Nachtsichtgeräte wesentlich leistungsfähiger als das Auge. Der für das bloße Auge harmlos erscheinende Reisepass zeigt erst unter einer starken Vergrößerung oder mit Spezialbeleuchtung charakteristische Fälschungsspuren; überhaupt lassen sich verfälschte Urkunden heute mit technischen Hilfsmitteln relativ leicht identifizieren. Die Tatsache, dass zwei Projektile aus derselben Waffe abgefeuert wurden, ist nur unter dem Vergleichsmikroskop erkennbar. Bei der Aufzeichnung von Geräuschen helfen Richtmikrofone, die gezielt auf Geräuschquellen (etwa Gespräche) in großer Distanz ausgerichtet werden können. Es gibt auch Geräte, die ohne Weiteres Geräusche aufnehmen können, die für das menschliche Ohr zu hoch oder zu tief wären, soweit das für kriminalistische Zwecke überhaupt relevant ist. Schlechte Tonaufnahmen, zum Beispiel Aufnahmen von Telefongesprächen mit Hintergrundgeräuschen oder mittels Mikrofonen, wie sie etwa bei verdeckten Ermittlungen eingesetzt werden, können mit technischen Mitteln zumindest deutlich verbessert werden, sodass menschliche Stimmen doch einigermaßen verständlich sind.

Wichtig für den Kriminalisten ist, dass er den Stand der gegenwärtigen wissenschaftlichen Möglichkeiten zur Dokumentation von Spuren kennt. Er muss also beispielsweise wissen, welche Substanzen im Blut oder Urin des Menschen nach welcher Zeit noch nachgewiesen werden können.

> Viele vermeintliche Opfer von Sexualdelikten geben an, sich an die Tatzeit nicht mehr erinnern zu können, was sie vermuten lässt, mit KO-Tropfen betäubt worden zu sein. Gemeint ist der Einsatz von GHB (Gamma-Hydroxy-Buttersäure). Das Problem lag für den Kriminalisten bisher darin, dass sich GHB im Blut schon nach wenigen Stunden nicht mehr nachweisen lässt, sodass auch eine sofortige Untersuchung des Opfers nichts mehr bringt. Mittlerweile ist allerdings bekannt, dass sich die Substanz (allerdings nicht sofort, sondern erst nach etwa 14 Tagen) im Haar nachweisen lässt.

### 3.5.2 Objektivierung von Wahrnehmungen

Viele scheinbar reine Beobachtungen enthalten subjektive Folgerungen oder Schätzungen, müssen also kritisch überprüft werden. Ein Zeuge sagt zum Beispiel aus, er habe in der Dämmerung einen Menschen hinter einem Baum gesehen. In Wahrheit handelte es sich um den Schatten eines Tieres oder eines Astes, und der Zeuge hat daraus fälschlich auf einen Menschen geschlossen.

Man sollte deshalb immer versuchen, das Wahrgenommene zu objektivieren. Entdeckt man in Tatortnähe ein verlassenes Auto, so wird man seine Kühlwassertemperatur prüfen, um Rückschlüsse darauf ziehen zu können, wann der Motor abgestellt wurde. Eine Bremsspur ist nicht einfach sehr lang, sondern genau 15,25 Meter. Ein Kleid ist nicht einfach rot, sondern die Farbe hat einen bestimmten Wert auf der offiziellen RAL-Farbskala. Erklärt ein Zeuge, ein

Abstand habe fünf Meter betragen, kann man sich die Distanz vor Ort unter möglichst gleichen Bedingungen tatsächlich zeigen lassen, um dann eine Messung vorzunehmen. Geschwindigkeitsschätzungen im Straßenverkehr sind in der Regel sehr fragwürdig, weil sie nicht nur von der tatsächlich gefahrenen Geschwindigkeit, sondern auch vom Lärm, den das Fahrzeug verursacht (und damit vom Gang, der eingelegt ist), von der Wagenfarbe und sogar von der Art der Fragestellung beeinflusst werden. Nur wenig zuverlässiger ist es, dem Zeugen unter gleichen Bedingungen mit einem gleichen Fahrzeug verschiedene Geschwindigkeiten zu demonstrieren, damit er die Richtige bezeichnen kann.

> Untersuchungen haben gezeigt, dass es signifikante Unterschiede bei der Schätzung von Geschwindigkeiten zwischen roten Sportwagen und weißen Mittelklassewagen gibt. Wer fragt: „Mit welcher Geschwindigkeit sind die beiden Fahrzeuge ineinander geknallt?", erhält signifikant höhere Werte, als wenn er fragt: „Mit welcher Geschwindigkeit haben sich die beiden Fahrzeuge berührt?"

Meistens ist man bei Ermittlungen auf Wahrnehmungen anderer angewiesen und kann diese nicht durch eigene ersetzen. Die Bedingungen, unter denen ein Zeuge Feststellungen gemacht haben will, sind indessen nicht immer die besten. Es ist auch denkbar, dass die Beobachtungen zwar gut waren, dass sie jedoch im Zeitpunkt der Vernehmung ungenau reproduziert oder schlecht ausgedrückt werden. An vielen Stellen des Wahrnehmungsprozesses und der sprachlichen Wiedergabe können sich Fehler einschleichen, die man kennen und mit denen man rechnen muss.

### 3.5.3 Dokumentation von Wahrnehmungen

Anstatt selbst Wahrnehmungen zu machen und darüber zu berichten, kann man Tatsachen allenfalls mit Mitteln der Spurensicherung abbilden, etwa durch Fotografie, durch Zeichnung (Skizze), Einstäuben von Fingerabdrücken und Abzug mit Klebestreifen oder durch Ausgießen einer Druckspur. Besonders wichtig ist heute noch die Fotografie, zunehmend auch der Einsatz von Videokameras. Sie konservieren optisch alles, was man wahrnehmen kann, und oft noch viel mehr. Fotografien können aber ausnahmsweise auch täuschen, etwa bei Verwendung falscher Objektive mit Brennweiten, die unwirkliche Distanzen vortäuschen.

Man kann eine Tatsache, insbesondere eine Spur, mitunter auch in natura sichern und zum Augenscheinsobjekt machen, indem die am Tatort zurückgebliebene Werkzeugspur aus ihrer Umgebung herausgelöst wird. Ebenso sichert man ganze Gegenstände, die zum Beweis dienen. Man denke an eine Pistolenkugel, welche irgendwo stecken geblieben ist, und an die entsprechende Hülse. Sie erlauben es, die darauf gestützten Feststellungen jederzeit neu zu machen. Dabei ist frühzeitig an die Identifikation des Beweisstückes im späteren Verfahren und an die Kette der Obhut zu denken. Man muss dem Gericht beweisen können, dass das betreffende Objekt am Tatort gesichert worden ist und dass ein Austausch oder eine Veränderung ausgeschlossen sind.

Statische Situationen lassen sich im Nachhinein auch mit technischen Mitteln dokumentieren. Man fotografiert oder filmt also den Tatort, benützt dazu unter Umständen besondere Lampen oder behandelt Spuren mit bestimmten Substanzen, damit sie auf Fotos klar in Erscheinung treten. Auch auf diese Weise lässt sich aber selbst eine statische Situation nie lückenlos dokumentieren; immerhin muss man sich aber nicht von Anfang an auf die Dokumentation derjenigen Erscheinungen beschränken, die man als ungewöhnlich und damit als Spuren der Straftat zu erkennen glaubt.

> Es ist zwar heute leicht möglich, einen Tatort mit Hilfe einer automatischen Kamera, die an einer bestimmten Stelle montiert wird und sich dann einmal um die eigene Achse dreht, so zu dokumentieren, dass im Nachhinein im Computer eine dreidimensionale Rekonstruktion hergestellt werden kann. Damit sind exakte Messungen von Distanzen möglich. Die Dokumentation umfasst aber einerseits nur das, was optisch in Erscheinung tritt; anderseits werden immer gewisse Gegenstände andere verdecken, sodass es letztlich von der Erfahrung des Fotografen abhängt, dass alle relevanten Gegenstände tatsächlich erfasst werden. Das Problem lässt sich zwar entschärfen, indem man die automatische Kamera an mehreren Standorten laufen lässt; auch auf diese Weise lassen sich aber nie alle „Schatten" beseitigen.

Früher war es üblich, an gesicherten Beweismitteln ein persönliches Zeichen anzubringen; auf Beweisstücken wurden Kleber mit Nummern angebracht, Schriftstücke wurden direkt nummeriert. Heute ist man vorsichtiger und vermeidet es, das Spurenbild zu verletzen. Jedenfalls muss aber das Objekt bis zur Vorlage in der Gerichtsverhandlung sicher aufbewahrt werden.

## 3.6 Systematisches Beobachten

Jede Straftat äußert sich im Verhalten eines Menschen in einer bestimmten, von ihm so gesehenen Situation. Sein Tun oder Unterlassen steht auch meistens mit anderen Tatsachen in Beziehung. Alle diese Tatsachen und Zusammenhänge sind prinzipiell wahrnehmbar.

Das Wahrnehmen ist vorerst ein bloßes Aufnehmen von Reizen, ein durch die Sinne vermitteltes Empfinden, ein mehr oder weniger passives Sehen. Da man Reize kaum vollständig erfassen und festhalten kann, wird regelmäßig jeder Beobachter einen Teil von ihnen aufgrund bisheriger Erfahrungen herausfiltern und als belanglos ausgeschieden. Man wendet also seine Aufmerksamkeit nur einem Teil des insgesamt Wahrnehmbaren zu. Für den Sehsinn bedeutet das: Man beginnt zu beobachten.

Im nächsten Schritt wird man sich bewusst, welche Bestandteile der beobachtete Gegenstand enthält. Dabei spielt die persönliche Erfahrung eine wesentliche Rolle, auch wenn verschiedene Beobachter zum gleichen Ergebnis kommen: Der eine erkennt einen VW Golf schon an der Form des Kotflügels, der andere erst, wenn er die Typenbezeichnung auf dem Kofferraumdeckel lesen kann. Erfahrungen erlauben Einordnungen der Dinge unter Begriffe oder ein verstehendes Erfassen auf andere Weise.

Das Erkennen von Dingen allein ist jedoch nicht hinreichend; man muss auch die Beziehungen erfassen, in denen die einen zu einem bestimmten Zeitpunkt zu anderen Dingen stehen. Beobachtung und Interpretation sollten bei diesem Vorgang gedanklich sauber getrennt werden. Die Feststellung, dass der Tote an einem Kopfschuss gestorben ist und eine Pistole in der Hand hat, sagt noch nichts darüber aus, ob es sich um einen Selbstmord handelt. Dazu ist die viel genauere Beschreibung der Lage des Toten, der genauen Lage der Pistole in dessen Hand und der übrigen Spuren, insbesondere der Blutspuren, erforderlich.

Eine solche Dokumentation wäre vollkommen, wenn sie alle Dinge des von ihr anvisierten Teiles einer Situation erfasst und wenn sie alle Eigenschaften und Beziehungen beschrieben hätte. Praktisch ist das allerdings kaum zu schaffen. Man ist gezwungen, auf Unterteilungen und Vereinfachungen zurückzugreifen.

Selbstverständlich sollen auch die Teile mit ihren Umgebungen in Zusammenhang gebracht werden. Konkret gesprochen: Es gibt nicht nur das Zimmer, in dem der Ermordete gefunden wurde und das bis in die Einzelheiten dokumentiert werden soll. Der betreffende Raum steht mit anderen Räumen der Wohnung in Beziehung. Die Wohnung befindet sich in einem Haus und dieses in einer bestimmten Straße eines Stadtteils. Eine wirklich vollkommene Beschreibung irgendeines „Weltausschnittes", zum Beispiel eines Tatortes, ist gar nicht möglich – und auch nicht unbedingt nötig, denn je größer die Distanz zum Tatort, desto weniger Kleinigkeiten spielen schließlich eine Rolle. Im Raum des Ermordeten wird noch die Lage und Größe jedes Blutspritzers von Bedeutung sein; im Treppenhaus wird für die Rekonstruktion des Tatablaufs genügen, wenn festgehalten wird, wo sich allenfalls noch Blutspuren fanden.

Welche Besonderheiten zeichnen das kriminalistische Wahrnehmen oder Beobachten aus? Die Schweizer Kriminologin und Psychologin *Henriette Haas* hat dazu 2003 ein interessantes Schema vorgestellt und später weiter entwickelt, das sich zur systematischen und möglichst vollständigen Analyse aller Arten von Beweismitteln bestens eignet. Sie nennt folgende Regeln des systematischen Beobachtens:

### 3.6.1 Wahrnehmen durch Vergleich mit Modellen

Der erste Schritt einer geplanten Beobachtung besteht im Wahrnehmen. Um die Besonderheit eines Gegenstandes erfassen zu können, ist es erforderlich, ihn mit Modellen, Standards oder ähnlichen Fällen zu vergleichen. Nur auf diese Weise entsteht eine Aktivität, die auf sich selbst zurückwirkt und sich dadurch verbessert, und nur auf diese Weise kann die Zahl der zu erfassenden Daten sinnvoll reduziert werden.

In der Kriminalistik gilt es also, den beobachteten Gegenstand mit Modellen zu vergleichen, deren Authentizität außer Zweifel steht. Die zu analysierende Urkunde zum Beispiel wird also mit echten Urkunden ähnlicher Art verglichen. Dabei stellt sich oft heraus, dass sich nicht auf Anhieb zu erklärende strukturelle und inhaltliche Differenzen zu Originalen ergeben.

> Im von *Henriette Haas* gewählten Beispiel der Anthrax-Briefe (vgl. www. fbi.gov/pressrel/pressrel01/102301.htm) deutete der Text der Briefe auf eine Urheberschaft der Al Kaida hin; der Vergleich mit authentischen Briefen von Al Kaida ergab allerdings, dass die knappen Formulierungen in den Anthrax-Briefen überhaupt nicht den weitschweifigen Erklärungen in Bekennerschreiben von Al Kaida entsprachen

## 3. Die Mittel

Dieser Vergleich ist allerdings nur sinnvoll, wenn man auf eine genügend große Zahl von Modellen zurückgreifen kann. Weil das Wissen über Kriminalfälle nicht gerade Allgemeingut ist, erklärt dieser systematische Denkansatz, wieso in der Kriminalistik Erfahrung durch nichts zu ersetzen ist, und wieso es deshalb so wichtig wäre, dass die Arbeit an schwierigen Kriminalfällen immer in Arbeitsgruppen organisiert werden sollte: weil die Gruppe eben auf mehr Erfahrungen zurückgreifen kann als der Einzelne.

Dieses Denken in Modellen macht verständlich, wieso die Beschreibung eines kriminalistisch bedeutsamen Gegenstandes unvollständig sein darf. Es genügt, wenn sie im Hinblick auf die konkrete Aufgabe vollständig ist. Der Kriminalist hat die Frage zu beantworten, was von Bedeutung ist, wenn es darum geht, einen bestimmten Tatbestand zu beweisen. Vorsichtshalber wird er auch das ermitteln, was von Bedeutung werden könnte, wenn sich später herausstellt, dass eine andere als die ursprüngliche Tathypothese im Vordergrund steht. Das gilt vor allem, wenn Gefahr besteht, dass sich der Beweisgegenstand mit der Zeit verändert. Was zu diesen wesentlichen Umständen gehört, zeigt der Vergleich mit Modellen, also mit ähnlichen Kriminalfällen. Die Versuchung, unvollständig zu bleiben, ist natürlich in Fällen, die scheinbar klar liegen, besonders groß. Um nicht grobe Fehler zu begehen, empfiehlt es sich, die Ermittlungen eines bestimmten Falles über ein Bearbeitungsschema vorzunehmen. Eine Zusammenstellung darüber, welche Feststellungen im Allgemeinen, etwa bei einer vermutlich vorsätzlichen Tötung mit einer Leiche mit Schussverletzung in einem Zimmer, bei einem Brandfall getroffen werden sollen, kann vorbereitet oder in der Literatur zur Spurenkunde nachgelesen werden. Die Gefahr, dass irgendeine wichtige Beobachtung in der Hitze des Gefechtes vergessen wird, dürfte dann klein sein. Selbstverständlich zeigt allerdings jeder Fall viele Besonderheiten, die man nicht voraussehen und in ein Schema aufnehmen kann, die man aber ebenso festhalten muss; das spricht indessen nicht gegen die Anwendung allgemeiner Bearbeitungsschemata.

> Die Zahl der zu erhebenden Daten ist allerdings schon bei einem einfachen Sachverhalt, wie bei einem schweren Verkehrsunfall, der in der Regel in wenigen Sekunden passiert und kaum eine Vorgeschichte hat, sehr groß. Man wird etwa zu folgenden Punkten Feststellungen treffen oder Erhebungen einleiten müssen:

- Ort und Zeit des Unfalles;
- Bezeichnung der in Frage kommenden Straftaten (z.B. fahrlässige Körperverletzung);
- Personalien aller am Unfall beteiligten Personen (Fahrzeuglenker, Wageninsassen, Opfer, Zeugen) und Dokumentation, wo sie sich zum Zeitpunkt des Unfalls befunden haben;
- Art der Verletzungen von Personen;
- genauer Standort aller Fahrzeuge und Personen zum Zeitpunkt des Unfalls und Angaben darüber, woher sie kamen und wohin sie wollten;
- genaue Art der Sachschäden an Fahrzeugen und an Sachen und deren Lage;
- Zeit der Unfallmeldung und Personalien des Anzeigeerstatters;
- Beschreibung des Unfallortes, der Signalisationen und Markierungen; geltende Geschwindigkeitsbegrenzung;
- Lage und Beschreibung aller relevanten Spuren am Boden und an den Fahrzeugen;
- Skizze, i.d.R. auch Fotos des Unfallortes;
- Beschaffenheit und Zustand der Fahrbahn;
- Wetter- und Sichtverhältnisse, Temperatur;
- Verfassung und Verhalten des Wagenlenkers und weiterer Beteiligter;
- Vermerk, ob und gegenüber welchen Personen eine Atemluft- oder Blutprobe angeordnet wurde; Angaben über deren Alkohol-, Drogen- und Medikamentenkonsum;
- Kontrolle der Führer- und Fahrzeugausweise;
- Dokumentation aller relevanten Fahrzeugzustände (eingelegter Gang; Stellung des Lenkrads; Bremsen, Beleuchtung und Bereifung; Kilometerstand; Sicherheitsgurten; Stellung der Hebel für Licht, Blinker, Scheibenwischer, Tempomat, Radio, Navigationssystem; Ladung der Fahrzeuge, Leer- und Gesamtgewicht);
- bestehende Versicherungen;
- Dokumentation der Aussagen der Beteiligten und Zeugen in getrennten Befragungen.

### 3.6.2 Formale und inhaltliche Aspekte trennen

In einem zweiten Schritt empfiehlt es sich, den Beobachtungsgegenstand in seine kleinsten Einheiten, die Zeichen, zu unterteilen und dann formale und inhaltliche Aspekte des beobachteten Zeichens konsequent zu trennen und separat zu analysieren. Gilt es also beispielsweise, einen Erpresserbrief zu analysieren, dann sollen zuerst die äußerlichen Merkmale des Briefes, die Art des Papiers, der Frankatur, aber auch der Gliederung des Briefes beschrieben werden. Es kann dann untersucht werden, was sich daraus über die Herkunft des Briefes sagen lässt. Erst danach wird der Brief auch inhaltlich analysiert. Oft ergeben sich bereits bei dieser systematischen Analyse weit mehr Erkenntnisse, als auf den ersten Blick zu erwarten war.

> In den letzten Jahren wurden mehrere so genannte „Federal Reserve Boxes" zum Kauf angeboten, die angeblich Wertschriften der Federal Reserve aus dem Jahr 1937 mit Milliardenwerten enthielten. Die Anbieter behaupteten, diese Wertpapiere habe die Federal Reserve herausgegeben, um Reparationszahlungen nach dem Ersten Weltkrieg zu finanzieren; in der Bilanz der Federal Reserve seien diese Wertpapiere immer noch als Passiven aufgeführt. Die Federal Reserve habe deshalb in den letzten Jahren begonnen, diese Wertpapiere zu 1 % des Nominalwertes wieder zurückzukaufen, um ihre Bilanz zu verbessern. Die angebotenen Wertpapiere waren auf Pergamentpapier gedruckt und mit Maschinenöl getränkt. Sie befanden sich in einem Aluminiumkoffer, der mit Gips überzogen war. In diesen Gips waren das Wappen der Federal Reserve und eine angeblich fortlaufende Nummer geprägt. Das Ganze war dunkelbraun lackiert, ausgesprochen schwer und sah nach einem massiven Metallkoffer aus. Schon die Untersuchung der verwendeten Materialien ergab, dass die Boxen frühestens etwa 1990 hergestellt worden sein konnten, sodass schon feststand, dass die enthaltenen Urkunden unmöglich aus dem Jahr 1937 stammen konnten, bevor man sich überhaupt mit deren Inhalt befasste (vgl. dazu www.federalreserve.gov/boarddocs/srletters/2003/sr0314.htm).

### 3.6.3 Zerlegen des Objektes in die funktionalen Elemente seiner Struktur

In einem dritten Schritt folgt die strukturelle Analyse: Der Gegenstand wird nach funktionalen Bestandteilen strukturiert, diese Teile werden separat analysiert. Im Erpresserbrief werden also beispielsweise der Brief und der Briefumschlag separat untersucht, und zwar jeweils nach den üblichen Bestandteilen. Ein Brief enthält Datum, (vorhandene oder fehlende) Anrede, Haupttext, Grußformel und Unterschrift. Der Umschlag kann strukturell nach inhaltlichen Kriterien aufgeteilt werden in Absender- und Empfängeradresse, nach formalen Kriterien in Umschlag, Inhaltsbestandteilen und Frankatur.

> An den Anthrax-Briefen war zum Beispiel auffällig, dass der Verfasser beim Schreiben *Kapitälchen* benützte, also eine Schreibweise, die entweder auf Kenntnisse im Druckerhandwerk oder auf fortgeschrittene Computer-Erfahrung hinweisen.

### 3.6.4 Ungereimtheiten, Widersprüche, Zufälle

In einem vierten Schritt wird besonderes Schwergewicht auf Ungereimtheiten, Widersprüche, Irrtümer und Zufälle gelegt; diese werden genau analysiert. Dieser Schritt ist besonders wichtig, um Fehlerquellen zu eliminieren. Kriminalisten machen nämlich in der

Regel genau dann die entscheidenden Fehler, wenn sie im Interesse eines „klaren" Resultates Umstände ignorieren, die sich mit ihrer Hypothese nicht vereinbaren lassen. Das bedeutet nicht, dass Ungereimtheiten immer dazu führen müssen, eine bestimmte Hypothese aufzugeben; möglicherweise sind sie auch nur ein Indiz dafür, dass der Täter die Ermittler bewusst in die Irre führen will und deshalb künstliche Zeichen setzt. Gerade die Ungereimtheiten sind deshalb möglicherweise der Schlüssel zu einer erfolgreichen Arbeit des Kriminalisten; *Henriette Haas* nennt die vierte Regel deshalb die Holmes'sche Regel (anspielend auf Sherlock Holmes).

> Der Verfasser der Anthrax-Briefe riet den Empfängern, Penicillin bereitzuhalten; allerdings schrieb er das Wort falsch. Von jemandem, der mit Anthrax umgehen kann, ist zu erwarten, dass er sehr gründliche chemische und pharmazeutische Kenntnisse hat und deshalb keine solchen Orthografie-Fehler machen würde; möglicherweise wollte aber der Verfasser bewusst nur eine falsche Spur legen.

### 3.6.5 Fehlende Zeichen

Fünftens wird schließlich besonderes Augenmerk auf fehlende Zeichen gesetzt, also auf Umstände, die im Vergleich mit Modellen, also mit ähnlichen Beobachtungsgegenständen, im vorliegenden Fall fehlen. Das kann allenfalls zur Erkenntnis führen, dass man das falsche Modell zum Vergleich hinzugezogen hat. *Norby* erklärt dazu: „Absence of proof is not proof of absence, but the absence of a sign can itself be a sign."

Man sollte sich also nicht nur auf das konzentrieren, was man wahrnimmt, sondern insbesondere auch auf das, was man sucht, aber nicht findet. Ein solches Vorgehen ist nötig und sollte explizit dokumentiert werden, weil Beschreibungen nie vollständig sind. Wichtig ist also gerade für eine Analyse im Nachhinein, dass am Tatort sauber dokumentiert wird, was fehlt, obwohl es zu erwarten wäre. Sonst kann man bei späterem Aktenstudium nicht mehr nachvollziehen, ob etwas Bestimmtes nun tatsächlich fehlte oder ob man nur nicht danach gesucht hat. Das setzt allerdings voraus, dass man genügend Modelle kennt, denn nur so weiß man, was eigentlich zu erwarten wäre.

> Wenn die gerichtsmedizinische Untersuchung der im Bett gefundenen Leiche ergibt, dass sie an der Überdosis eines Schlafmittels gestorben ist, müsste man im Nachhinein wissen, ob auf dem Nachttisch eine leere Packung

> dieses Medikamentes lag, und wenn dies nicht der Fall ist, diesen Befund auch erwähnen. Der Verstorbene könnte diese leere Packung auch in den Medikamentenschrank im Badezimmer zurückgelegt oder in den Abfalleimer in der Küche geworfen haben. Ersteres lässt sich vielleicht auch noch nach zwei Wochen überprüfen, das zweite vielleicht nicht mehr, weil der Abfall bereits entsorgt wurde.

Es genügt allerdings nicht, wenn nur rapportiert wird, an der Waffe seien keine Fingerabdruckspuren gefunden worden. Man sollte präzisieren, weshalb keine gefunden wurden und gesichert werden konnten, denn es sind verschiedene Möglichkeiten denkbar:

- Die Waffe weist keine glatten Flächen auf.
- Sie ist verrostet.
- Sie weist zwar glatte Flächen auf, zeigte aber (zufällig) keine Abdrücke.
- Sie ist deutlich blank gerieben worden, um Spuren zu beseitigen.

> Fehlende Zeichen sind oft leicht zu erkennen: Fehlen der Wasserleiche die Anzeichen des Ertrinkungstodes in der Lunge, ist sofort klar, dass sie bereits tot war, als sie ins Wasser geriet; das Modell „Ertrinkungstod" hilft dann bei der weiteren Untersuchung nicht weiter. Das bedeutet allerdings noch nicht, dass ein Verbrechen vorliegen muss – es wäre auch an einen tödlichen Unfall an Land zu denken, nach dem der leblose Körper ins Wasser rutschte.

Das Beispiel zeigt, dass es sich beim systematischen Beobachten um einen Regelkreis handelt; anhand bestimmter Modelle wird der Gegenstand systematisch analysiert, und Ungereimtheiten oder fehlende Zeichen können dann dazu führen, dass man andere Modelle zum Vergleich heranziehen muss. In sehr unklaren Kriminalfällen wird man sich deshalb mit Vorteil bei der formalen und inhaltlichen Beobachtung und Analyse der beobachteten Gegenstände von Modellen möglichst lösen, um die Eigenschaften des Gegenstandes vollständig erfassen zu können. Man erspart es sich damit möglicherweise, eine größere Zahl von unpassenden Modellen überprüfen zu müssen.

### 3.7 Systematisches Registrieren

Die beste Datenerhebung nützt nichts, wenn die Daten nicht so gesichert werden, dass man sie auch wieder findet. Nichts ist ärgerlicher, als wenn man sich erinnert, irgendwo in den umfangreichen Akten etwas gelesen zu haben, das für den konkreten Fall von hoher

Bedeutung wäre, ohne noch zu wissen, wo das gewesen ist. Zwar gibt es heute viele elektronische Suchhilfen, die aber nur dann auch wirklich weiter helfen, wenn man genau weiß, wonach man sucht. Wenn man sich aber zum Beispiel nur noch erinnert, dass in den umfangreichen Bankunterlagen irgendwo eine Vergütung an eine bestimmte Person ausgewiesen wurde, muss man von Hand suchen, es sei denn, man habe die Daten alle so elektronisch eingelesen, dass die Suchfunktionen dann auch wirklich helfen. Das ist zwar heute mit hohem technischem Aufwand möglich, indem aus Papierdokumenten PDFs hergestellt werden, das wird allerdings immer noch viel zu wenig gemacht.

Auch unter diesem Gesichtspunkt sind Fotografie und Video ideal: Sie fixieren das Beobachtete auf lange Zeit und begehen keine Erinnerungsfehler, die richtigen Sequenzen und Bilder können aber nicht mit einfachen Mitteln durchsucht werden.

Nicht gleichgültig ist, wie man seine Feststellungen und die Wahrnehmungen anderer darstellt, um sie verwertbar zu halten. Die natürliche Weise einer Darstellung, Optisches optisch, Akustisches akustisch festzuhalten, ist nicht immer die beste. Gewisse Feststellungen lassen sich ohnehin nicht auf ähnliche Weise sichern, etwa die Temperatur des Kühlwassers eines Autos, der Reibungskoeffizient eines Straßenbelages.

### 3.8 Alltägliche Erfahrungen

Wenn von den kriminalistischen Mitteln gesprochen wird, sind zuletzt noch Methoden zu erwähnen, die als heuristische bzw. syllogistische Mittel der Kriminalistik erwähnt worden sind: die Lebenserfahrungen, die wissenschaftlichen Erkenntnisse, experimentelle und statistische Wahrheiten sowie die Sätze der Logik. Auch sie helfen beim kriminalistischen Suchen und Beweisen.

Viele kriminalistische Überlegungen beim Suchen nach einer Lösung und bei der Beweisführung müssen neben den Daten, die den konkreten Fall betreffen, von Wahrheiten und Wahrscheinlichkeiten Gebrauch machen, die man zur Lebenserfahrung zählt. Die Feststellung, dass eine angegriffene Person trotz vollem Bewusstsein nicht geschrien, den Täter nicht geschlagen und nicht gekratzt hat, erlaubt an sich noch keine Folgerung. Erst wenn der Satz der Lebenserfahrung dazu kommt, dass sich jemand, der angegriffen wird und sich in höchster Not befindet, normalerweise wehrt, den (unbewaffneten) Angreifer schlägt, beißt, kratzt, schreit und andere zu Hilfe ruft, lässt sich ableiten, dass das passive Verhalten nicht normal ist und der Erfahrung widerspricht. Die geschilderte Situation muss also eine Besonderheit aufweisen, nach der es zu suchen gilt.

Die in diesem Zusammenhang interessierenden Erfahrungssätze bestehen größtenteils aus Kenntnissen über Verhaltensweisen und Reaktionen, die Menschen in bestimmten Situationen (mit einer gewissen Wahrscheinlichkeit) an den Tag legen. Es geht also auch im vorliegenden Zusammenhang (wie beim systematischen Beobachten) um den Vergleich mit Modellen. Verhaltensmuster dieser Art ergeben sich aus einfühlbaren Motiven, aus Gewohnheiten, aus Anstandsregeln oder aus kulturellen Gründen, aus (bekannten) spezifischen Reaktionsweisen der in Frage stehenden Personen. Die Abweichung von Modellen hilft nicht nur, den Sachverhalt in seiner Besonderheit richtig zu erfassen, sondern unterstützt gelegentlich auch die Bewertung von Beweismittel, zum Beispiel die Glaubhaftigkeit einer Zeugenaussage.

Solche Verhaltensregeln sind allerdings oft sehr stark kulturell geprägt, sodass man bei der Interpretation unbedingt den kulturellen Kontext beachten muss. Es ist etwa offensichtlich, dass eine türkische Jugendliche sich ihrem Vater gegenüber in der Regel anders verhält als eine junge Deutsche. Wie sich eine junge Somalierin in der gleichen Situation verhält, müsste wahrscheinlich genauer geprüft werden.

Die Zahl der so dienlichen Erfahrungswahrheiten und -wahrscheinlichkeiten ist sehr groß, und es kann sich nur darum handeln, einige wenige aufzuführen. Beispiele solcher Verhaltensregeln sind etwa:

- Die äußere Erscheinung einer Person entspricht in der Regel ihrer Herkunft und ihren wirtschaftlichen Verhältnissen. Passt etwas nicht zusammen, dann lohnt sich eine nähere Prüfung. So werden etwa Kuriere, welche Kokain aus Südamerika nach Europa schmuggeln, häufig darum verdächtig, weil ihre Kleidung nicht zur übrigen Erscheinung, etwa zum Zustand ihrer Zähne, passt. Dass jemand, der sich einen Flug nach Europa leisten kann, nicht in schäbigen Kleidern reist, ist klar und lässt sich auch einfach organisieren; eine Zahnsanierung vor dem Flug wäre dann aber doch zu aufwendig.

- Wer zu Unrecht beschuldigt wird, verteidigt sich in der Regel und versucht, Beweise dafür zu nennen, dass der Verdacht nicht berechtigt ist. Es kann zwar gute Gründe geben, zunächst zu schweigen und nach einem Anwalt zu rufen. Wer aber um seine Nichtschuld weiß und glaubt, sie auch beweisen zu können, wird sofort aussagen und nicht den Beizug eines Anwaltes verlangen.
- Wer private Belege und Verträge sauber und geordnet aufbewahrt, aber über eine umstrittene Transaktion keine Beweisurkunden besitzt, muss damit rechnen, dass am Abschluss dieses Geschäftes gezwefelt wird. Wer über seine Geschäfte sauber Buch führt, eine bestimmte Zahlung aber nicht verbucht, der muss sich die Frage gefallen lassen, ob sie einen dubiosen Hintergrund habe.
- Wenn in einem Großkonzern Know-how auf allen entscheidenden Gebieten vorhanden ist, aber trotzdem an Firmen, die sich nicht ohne Weiteres identifizieren lassen, hohe Beraterhonorare bezahlt werden, ohne dass die Beratungsleistungen auf Anhieb sauber dokumentiert werden können, dann weckt dies den Verdacht, es könnten Bestechungsgelder geflossen sein.
- In Selbstbedienungs-Läden gilt die Verhaltensregel, Gegenstände, die man kaufen will, nicht vor der Bezahlung einzustecken, sondern in einem Tragkorb oder Wagen offen bis zur Kasse mitzuführen. Wer das nicht tut, macht sich verdächtig, die Ware stehlen zu wollen.

### 3.9 Wissenschaftliche Erkenntnisse

Wahrnehmungen und Feststellungen allein genügen nicht immer, um einen Vorgang als kriminalistisch bedeutsam, als Fahndungsindiz oder als Teil eines Beweises von Tat und Täterschaft zu erkennen. Oft muss man neben den alltäglichen Erfahrungen auch Wahrheiten bestimmter Wissenschaften heranziehen, um eine Tatsache kriminalistisch zu bewerten. Die meisten Wissenschaften liefern solche kriminalistisch bedeutsamen Wahrheiten oder Wahrscheinlichkeiten. Es ist natürlich nicht möglich, sie alle aufzuzählen. Der Kriminalist sollte sich bei den Spezialisten auf dem Laufenden halten, wie der Stand der Wissenschaft zu relevanten Fragen ist und mit welchem Aufwand sich Aussagen machen lassen, die ihm weiter helfen.

### 3.9.1 Physik

Die Physik stellt für kriminalistisch relevante Sachverhalte eine große Zahl von Formeln zur Verfügung. So lässt sich zum Beispiel die Ausgangsgeschwindigkeit eines Autos genau berechnen, wenn die Länge des Bremsweges und die mittlere Bremsverzögerung (die sich aufgrund der Bodenbeschaffenheit und des Gewichtes des Fahrzeuges recht genau abschätzen lässt) bekannt sind. Elektronisch lässt sich diese Berechnung unter www.annotext.de/tools durchführen. Das ist vielleicht notwendig, um zu beweisen, dass der Lenker zu schnell gefahren ist und die Geschwindigkeit nicht den Verhältnissen angepasst hat.

Bei Raserunfällen ist die Analytik mittlerweile so weit, dass die Geschwindigkeiten der beteiligten Fahrzeuge oft anhand bestimmter Daten sehr genau berechnet werden können. So untersuchen Unfallanalytiker besonders gerne „Flugunfälle", also Unfälle, bei denen ein Auto durch die Luft fliegt, etwa weil es über eine Autobahnböschung gerät oder auch bloß durch eine Bordsteinkante abgehoben wird. Weil Start- und Endpunkt der Flugbahn meistens genau bestimmbar sind, muss nur noch der Abflugwinkel ermittelt werden können, damit die Geschwindigkeit sehr genau errechnet werden kann.

Dass aus dem Weg, den ein Fahrzeug in einer bestimmten Zeit zurücklegt, seine Geschwindigkeit berechnet werden kann, gehört zum physikalischen Basiswissen. Erst in den letzten Jahren hat man sich dieser einfachen Formel erinnert, um bei gefilmten Nachfahrmessungen im Straßenverkehr die Geschwindigkeit des Zielfahrzeuges sehr genau bestimmen zu können. Weil Videokameras pro Sekunde eine konstante Anzahl Bilder aufnehmen (meistens 25), lässt sich anhand von Fixpunkten am Straßenrand die Geschwindigkeit des Fahrzeuges sehr genau berechnen. Kommt das Sonnenlicht beispielsweise von der Seite, lässt sich der Standort des verfolgten Fahrzeuges auf einem Bild (Frame) anhand des Schattenwurfs auf den Fahrbahnrand auf wenige Zentimeter genau bestimmen. Tut man das für zwei Video-Frames, die 50 Bilder oder 2 Sekunden auseinanderliegen, und fährt das Auto mit 145 km/h (oder etwa 40 Metern pro Sekunde), dann ist die errechnete Geschwindigkeit schon genauer, als wenn man mit einem herkömmlichen Radar-Gerät messen würde (und eine Toleranz von ungefähr 5 % einrechnen müsste).

## 3.9.2 Chemie

Die Chemie erlaubt die Feststellung, ob eine Substanz ein Betäubungsmittel ist oder ein solches enthält, ob Nahrungsmittel verdorben sind, aus was sich angeblich harmlose Abfälle zusammensetzen, etwa ob Abwässer Gifte enthalten, und aus welchen Betrieben sie stammen dürften. In manchen Fällen gibt es einfache Tests, deren Ergebnisse natürlich noch von einem Experten bestätigt werden müssen.

Neue chemische Analysemethoden können auch für die Zwecke der Strafverfolgung wertvoll sein. So ermöglicht etwa die Stabil-Isotopenanalyse, die ursprünglich vor allem den Archäologen dazu diente, Lebensräume früher lebender Menschen zu bestimmen, heute auch die Herkunftsbestimmung unbekannter Toter oder sogar von Handelswaren; Letzteres leistet bei der Bekämpfung von Abgabe- und Subventionsbetrügen wertvolle Dienste. Die Isotopenanalyse nutzt den Umstand, dass das Verhältnis stabiler Isotopen einiger chemischer Elemente sich in verschiedenen Regionen der Welt markant unterscheidet. Das Problem besteht heute nur noch darin, dass Referenz-Datenbanken erst im Aufbau sind.

> Bisweilen werden langjährige kriminologische Erfahrungstatsachen durch die technische Entwicklung überholt: *Michael Birkholz* hat nachgewiesen, dass auch Fahrzeuge mit Katalysator noch genügend giftige Abgase entwickeln, um Menschen töten zu können. Die Tatsache, dass die früher relativ häufigen Suizidfälle durch Verschließen des Garagentors und Laufenlassen des Automotors heute wesentlich seltener sind, hängt damit zusammen, dass die etwas andere Zusammensetzung der Abgase moderner Autos zu einem sehr qualvollen Tod führt.

## 3.9.3 Biologie

Die Biologie kann etwa über die Verbreitung gewisser Mikroorganismen Auskunft geben.

> Aus dem Vierwaldstädtersee wurde die Leiche eines Menschen gezogen, einer Person, die ärztlichen Feststellungen nach ertränkt worden sein musste. Der Verdacht der Täterschaft richtete sich gegen einen bestimmten Mann, der jedoch die Anschuldigung bestritt. Am Mantel des Beschuldigten wurde eine relativ kleine Schmutzspur entdeckt und gesichert. *Prof. O. Jaag*, ein Biologe, konnte nun in diesem Schmutz zahlreiche, verschiedenartige Algen feststellen und daraus mit seinem Spezialwissen folgende Schlüsse ziehen: Der Schmutz stamme vom Ufer eines Flusses oder Sees, das stark besonnt und periodisch benetzt werde, wahrscheinlich von der Ufermauer

> eines Sees. Von allen Seen rund um Luzern komme wegen Fehlens einer bestimmten Algenart mit großer Wahrscheinlichkeit nur der Vierwaldstättersee in Frage. Der Verdächtige, der bis dahin mit keiner Ufermauer am Vierwaldstädtersee in Berührung gekommen sein wollte, legte daraufhin ein Geständnis ab. Er hatte die Tat nahe bei einer stark besonnten Ufermauer am genannten See begangen.

Die forensische Entomologie, die sich vor allem mit der Verbreitung gewisser Insekten auf Toten beschäftigt, wird seit über 100 Jahren angewandt; mittlerweile ist sie so weit fortgeschritten, dass die Liegezeit von Leichen zuverlässig bestimmt werden kann.

### 3.9.4 Erbbiologie, insbesondere DNA

Die Erbbiologie lehrt unter anderem, dass jeder Mensch unveränderlich die Erbfaktoren seines Vaters oder seiner Mutter besitzt. Dadurch ist die Klärung einer Vaterschaft in den letzten zwanzig Jahren zu einem zuverlässig gelösten Problem geworden, während vorher dazu noch auf Umwegen Beweis geführt werden musste (der dann allenfalls sehr unzuverlässig war).

Eine für die Kriminalistik epochale Entdeckung der vergangenen Jahre ist die DNA-Analyse. Die Feststellung des genetischen Codes (des genetischen Profils oder genetischen Fingerabdruckes) eines Menschen erlaubt es, die individuelle Herkunft menschlicher Aussonderungen und Körperzellen zu bestimmen. Die Desoxyribonukleinsäure (DNS, gebräuchlich ist die englische Abkürzung DNA mit A für acid, Säure) enthält verschlüsselt alle Erbanlagen eines Menschen. 90 % der DNA tragen allerdings keine solchen Informationen. Dieser Teil wird deshalb als „nicht codierend" bezeichnet. Auch die nicht codierende DNA ist nur bei eineiigen Zwillingen gleich. Sie ist datenschutzrechtlich so unbedenklich wie Fingerabdrücke, weil sie aus einem bloßen Zahlencode besteht, der über den Menschen genau so wenig aussagt wie die Papillarlinien der Fingerabdrücke. In Deutschland bestimmt § 81e StPO, dass aus der DNA nur das Geschlecht des Betroffenen bestimmt werden darf; das gilt (offenbar) nicht für Tatortspuren. Auch in der Schweiz ist aufgrund des Wortlautes des Gesetzes nicht ganz klar, inwieweit die vorhandenen Spuren auch auf die codierenden Elemente der DNA ausgewertet werden dürfen.

Erster Teil: Aufgabe und Mittel

> In einem St. Galler Mordfall war bekannt, dass das Opfer Kontakte ins Thailänder Homosexuellen-Milieu gepflegt hatte; kurz vor der Tat war er für einige Wochen in Thailand gewesen. Die vorhandene Tatortspur hätte danach analysiert werden können, ob es sich beim Spurenverursacher um einen Asiaten handelte. Bei solchen Konstellationen ist nicht recht einzusehen, wieso nicht auch die codierenden Elemente einer Spur ausgewertet werden sollen, wenn dadurch der Tatverdacht auf gewisse Personengruppen eingeschränkt werden kann.

Die eigentliche Revolution in der DNA-Analytik begann mit der Einführung der Polymerase Chain Reaction, der sogenannten PCR-Technik, die es erlaubt, kleinste Abschnitte des DNA-Fadens künstlich anzureichern und farblich zu markieren. Die Technik ist mittlerweile so weit entwickelt, dass schon aus der unvorstellbar kleinen Menge von 0,000 000 001 g Spurenmaterial die DNA bestimmt werden kann.

Während sich Fingerabdrücke mit wenig Routine oft vermeiden lassen, ist es beinahe unmöglich, biologische Spuren zu verhindern. Insbesondere bei mechanischen Einwirkungen auf Sachen oder Personen, also beim Beschädigen von Gegenständen oder bei tätlichen Auseinandersetzungen mit Opfern können heute sehr häufig DNA-Spuren gesichert werden, und sei es bloß in Form von Speichel oder Schweiß.

Zur DNA-Bestimmung ist zellkernhaltiges Material erforderlich, also Blut, Speichel, Schweiß, Sperma, Vaginalsekret, Haare mit Haarwurzeln, Haut, Körpergewebe, Knochen, Urin. Sogar nicht zellkernhaltiges Material (z. B. Haare ohne Wurzel, Fingernägel) kann heute auf die sog. mitochondriale DNA untersucht werden; das ist die bevorzugte Methode bei fäulnisveränderten Leichen oder Skeletten, aber auch bei der Analyse von ausgefallenen Haaren des Täters, die am Tatort zurückbleiben (bei ausgerissenen Haaren kann meistens aus der Wurzel zellkernhaltiges Material gewonnen werden). Die DNA-Spuren-Analytik wird ständig verbessert; es ist zum Beispiel mittlerweile Erfolg versprechend, an den Würgemalen des Opfers (oder an den Textilien, welche die Würgemale abdeckten) nach Täter-DNA zu suchen.

Heute konzentriert sich die DNA-Spurensuche jeweils auf Spuren, die relativ eindeutig dem Täter zuzuordnen sind; es wird also zum Beispiel bei Einbrüchen nach DNA am Einstiegsort oder an zurückgelassenen Werkzeugen oder Zigarettenstummeln gesucht. Hat der als Mörder Verdächtige vor oder nach der Tat beim Opfer an einem Trinkglas kleine Speichelspuren hinterlassen, so kann man sein Trinken aus dem Glas (und dann wohl auch seine Anwesenheit am Tatort) mit einer DNA-Analyse beweisen (wenn nicht das Glas nachträglich, etwa zur Irreführung, an den Tatort gebracht worden ist). Hat der Täter sein Opfer mit Klebeband geknebelt oder gefesselt, so findet man innen am Klebeband oft (auch) Hautzellen des Verdächtigen, was allenfalls seine Täterschaft zu beweisen erlaubt. Weitere Objekte, an denen man DNA-Spuren sichern kann, sind etwa Zahnbürsten, Kleidungsstücke, die Innenseite von Handschuhen oder Masken, Tatwerkzeuge, Schalthebel und Lenkrad bei Motorfahrzeugen. Meistens sind daran verwertbare Schweißspuren, Speichelrückstände oder Hautschuppen zu finden.

Oft können Spurenüberkreuzungen nachgewiesen werden; es wird also nicht nur täterische DNA am Tatort oder beim Opfer, sondern auch Opfer-DNA beim Täter gesichert. Kriminalistisch wertvoll sind auch bloße Spur-Spur-Hits, also die Feststellung, dass die DNA, die bei zwei verschiedenen Verbrechen gesichert wurden, auf den gleichen Täter weisen; indirekt führen auch solche Erkenntnisse ab und zu zur Aufklärung von Straftaten.

Die neue Methode kann auch der Entlastung eines Verdächtigen dienen, und es sind Fälle unschuldig Verurteilter bekannt, die nach Jahren aufgrund einer DNA-Analyse, die zum Zeitpunkt der Verurteilung noch nicht bekannt war, freigesprochen wurden. Gerade in Fällen von Vergewaltigungen können Verdächtige nicht nur eindeutig überführt, sondern oft auch eindeutig entlastet werden.

Die Anordnung einer DNA-Untersuchung gegenüber einem Beschuldigten (oder einer anderen Person) ist gesetzlich geregelt (in Deutschland in § 81a und § 81e ff. der deutschen StPO, in der Schweiz in einem eigenen DNA-Gesetz). Vergleichsmuster liefert die DNA-Datenbank.

Die DNA-Analyse ist auch an einem Tier möglich, etwa zur Beantwortung der Frage, aus welchem Haushalt oder aus welcher Herde es stammt. Hundebisse können zuverlässig einem bestimmten Tier zugeordnet werden. Ferner ist die DNA von Pflanzen bestimmbar, um so zu klären, woher ein Holzsplitter oder ein Baumblatt stammt.

> In Deutschland konnte 2004 ein Mord an einer Frau aufgeklärt werden, die 1998 etwa 100 km von ihrem Wohnort in einem Wald aufgefunden worden war. Der Ehemann geriet unter Tatverdacht, konnte aber die DNA-Spuren an der Leiche durch berechtigte Kontakte erklären; er behauptete, niemals

> in der Nähe des Tatortes gewesen zu sein. Überführt wurde er schließlich anhand eines Eichenblattes, das im Kofferraum seines Autos gefunden worden war; erst 2004 waren die erforderlichen Methoden validiert, um dieses Eichenblatt einer Eiche am Tatort zuzuordnen.

Ähnlich wie bei Fingerabdrücken gilt es bei DNA-Spuren, eine gewisse Zahl von Bestandteilen zu identifizieren und mit der DNA von Verdächtigen zu vergleichen. Allerdings muss mit Wahrscheinlichkeiten gerechnet werden, weil bestimmte Merkmale in bestimmten Populationen häufiger sind als in anderen. Mittlerweile ist die Methode allerdings so ausgereift, dass sich sogar aus Misch-Spuren oft eindeutige Ergebnisse ableiten lassen.

Es sind schon zahlreiche Verbrechen auf diesem Wege geklärt worden. In der Schweiz wurden im Jahr 2004 1500 Tatort-Fingerabdruckspuren, aber bereits 2700 Tatort-DNA-Spuren einem Täter zugeordnet, obwohl erst etwa 65 000 DNA-Profile von Personen im System verzeichnet waren. Im Jahr 2011 gab es dann schon 4300 Hits, davon allein 38 bei Tötungsdelikten. Schon heute werden rund doppelt so viele Straftaten mit DNA aufgeklärt als mit Fingerabdrücken. Das Spektakuläre an diesen Erfolgen liegt im Umstand, dass es sich in vielen Fällen um Verbrechen handelt, die anders als mit DNA-Spuren überhaupt nie hätten geklärt werden können.

> 1983 hatte ein Mann aus Köln einer jungen Frau in einer Diskothek ihren Schlüssel gestohlen und war noch in der gleichen Nacht in ihre Wohnung eingedrungen. Er versuchte, sie zu vergewaltigen und zu töten. Weil er mehr als 25 Jahre später kleinere Eigentumsdelikte beging, konnte ihm im Juli 2011 die Tat nachgewiesen werden.
>
> 2000 wurde der elfjährige Tobias D. an einem Weiher in Weil im Schönbuch erstochen. Es wurden in der Folge insgesamt 12 000 Männern aus der Region Speichelproben entnommen, ohne dass der Täter ermittelt werden konnte. Erst im August 2011 stießen die Ermittler bei Recherchen im Kinderporno-Milieu auf einen mittlerweile 47-Jährigen aus einem benachbarten Landkreis und konnten ihn als Mörder überführen.

Wie das Beispiel zeigt, nahm man bisweilen einer ganzen Reihe von Personen (etwa den männlichen Einwohnern eines Dorfes) Speichelproben ab, um den Täter zu entdecken, obwohl ein individuellkonkreter Tatverdacht nicht bestand. In der Schweiz enthält Art. 256 StPO eine saubere Grundlage für solche Reihenuntersuchungen; in Deutschland ist sie nach § 81h StPO unter gewissen Voraussetzungen zulässig. In beiden Ländern ist eine richterliche Genehmigung erforderlich.

## 3.9.5 Medizin

Die medizinische Wissenschaft kann unter anderem sagen, mit welchem Gift jemand ermordet wurde, welche Dosis tödlich wirkt und wo der Stoff verwendet wird oder erhältlich ist. Aufgrund medizinischer Kenntnisse weiß der Kriminalist, auf welche Weise jemand eine andere Person mit HIV anstecken kann und auf welche Weise wahrscheinlich nicht. Anhand einer Verletzung kann der medizinische Experte oft sagen, mit welchem Instrument der Täter auf das Opfer eingeschlagen hat, und so zu einer gezielten Suche nach dem Tatwerkzeug Anlass geben. Die Rechtsmedizin ist in der Lage, aufgrund einer Blutentnahme und -untersuchung festzustellen, ob jemand (im Sinne des Gesetzes) angetrunken ein Motorfahrzeug geführt oder Betäubungsmittel konsumiert hat.

Auch in der forensischen Medizin hat der Einsatz von elektronischen Verfahren große Fortschritte gebracht. Unter dem Begriff Virtopsy (Virtual Autopsy, www.virtopsy.com) wurden beispielsweise dreidimensionale Dokumentations- und Analysemethoden entwickelt. So können Körperoberflächen und selbst ganze Körperteile, zum Beispiel Beine mit Knochenbrüchen, nach Verletzungen genau dokumentiert werden. Damit kann auch später, wenn die Verletzungen längst abgeheilt sind (oder Verstorbene beerdigt oder kremiert wurden), noch überprüft werden, ob mutmaßliche Tatwerkzeuge oder Unfallabläufe zum Verletzungsbild passen. Durch Einsatz von Magnetresonanz (MRI) oder Computertomografie (CT) kann auf eine Autopsie allenfalls verzichtet werden, die Befunde können aber am Computer noch nach Monaten und Jahren dreidimensional reproduziert werden. Es lassen sich ohne Eingriff in den Körper einerseits körperliche Verletzungen, insbesondere Knochenbrüche, sehr schön darstellen. Anderseits werden auch Fremdkörper, insbesondere Projektile, einfach entdeckt und können präzise im Körper lokalisiert und auf ihre Veränderung beim Auftreffen auf Knochen untersucht werden.

Neustens wird zur Frage geforscht, ob MRI und CT auch tauglich sind, um sogenannte Schlucker, also Kuriere, welche kleine Beutel mit Drogen schlucken und so durch Zölle schmuggeln, zu überführen. In St. Gallen ist man mit der Dual-Energy-Computertomografie bereits in der Lage, Drogenbeutel zu erkennen, grob zu messen und sogar zu unterscheiden, ob es sich um Heroin oder um Kokain handelt. Das alles ist in einer kurzen, nicht einmal besonders teuren

Untersuchung möglich, welche den Verdächtigen nur einer geringen Strahlenbelastung aussetzt. Die früher bisweilen angewandte brachiale Methode, nämlich das Verabreichen von Brechmitteln, das nicht nur medizinisch, sondern auch grundrechtlich äußerst problematisch ist, kann also durch eine einfache, schonende und grundrechtlich praktisch unbedenkliche Untersuchung ersetzt werden.

### 3.9.6 Psychologie

Die Psychologie und vor allem die Kriminologie, die beide das menschliche Verhalten und seine Ursachen aufzuhellen versuchen, haben viele kriminalistisch bedeutsamen Wahrheiten und Wahrscheinlichkeiten entdeckt. Das Zustandekommen einer Straftat setzt, wie schon mehrfach betont, immer einen bestimmt gearteten und entsprechend gestimmten Menschen in einer von ihm gesehenen Situation voraus. Zum Beispiel kann nur ein sexuell besonders gearteter Mensch einen typischen Lustmord begehen. Wer die entsprechende Persönlichkeitsstruktur in einer Diagnose nicht zeigt, scheidet als möglicher Täter im Allgemeinen aus.

> Kriminalstatistisch weiß man: Wenn eine Ehefrau vorsätzlich getötet wurde und ein Raub oder Sittlichkeitsdelikt ausscheidet, dann kommt in erster Linie der Ehemann, in zweiter Linie der jetzige oder frühere Geliebte der Getöteten als Täter in Frage. Die Nachforschungen werden sich also, wenn keine anderen Hinweise bestehen, in erster Linie auf die genannten Personen ausrichten.
>
> Man weiß ferner aus statistischen Erhebungen: Anonyme Briefe mit sexuellem Inhalt stammen in mehr als 90 % der Fälle von Frauen. Diese kriminologische Wahrscheinlichkeit führt dazu, in entsprechenden Fahndungsfällen besonders Frauen im Umkreis des Briefempfängers unter die Lupe zu nehmen.

Ob eine Aussage mit bestimmten Besonderheiten und unter bestimmten Umständen irrig oder gar erlogen sei, lässt sich meistens aufgrund aussagepsychologischer Erkenntnisse beurteilen. Die Forschung der letzten Jahre hat viel zur Objektivierung von Befunden (und zum Erkennen von Irrtümern) beigetragen; früher hatten sich erfahrene Kriminalisten eher auf ihr Gefühl verlassen. Insbesondere die Glaubhaftigkeit von Kinderaussagen lässt sich heute relativ genau beurteilen.

Relativ neu in der Kriminalistik ist die Schriftpsychologie, die aus der Analyse der Handschrift psychologische Erkenntnisse ableitet. Sie ist nicht zu verwechseln mit der Grafologie, welche vorgibt, aus dem Schriftbild die Persönlichkeit des Schreibers erfassen zu können, und deren Methode wissenschaftlichen Kriterien kaum genügt. Die Schriftpsychologie fußt dagegen auf fundierten Untersuchungen und erkennt beispielsweise den Einfluss von chronischem Alkoholismus, Parkinson und ähnlichen Krankheiten.

### 3.9.7 Wirtschaftswissenschaften

Schließlich wird man sich gegebenenfalls in die Praktiken und Lehren der modernen Betriebswirtschaft, des Geschäftsverkehrs und der Buchführung zu vertiefen haben, um verwendbare Wahrheiten aufzustöbern. In den letzten Jahren hat sich die Erkenntnis durchgesetzt, dass die Bekämpfung der Wirtschaftskriminalität so schwierig ist, weil das nötige Know-how bei Strafverfolgern meist fehlt. Um komplizierte Anlagebetrüge, betrügerische Gewinnverschiebungen in Unternehmen oder Fälle von Geldwäscherei zu durchschauen und aufzuklären, benötigt man einerseits Fachleute, welche Bilanzen und Erfolgsrechnungen analysieren können und sich im Finanzverkehr auskennen. Anderseits sind aber auch Juristen erforderlich, die diesen Leuten erklären können, was es im Strafverfahren zu beweisen gilt.

### 3.9.8 Geografie

Mit geografischem Wissen kann man gegebenenfalls die Angaben eines Verdächtigen über seine Herkunft oder über einen angeblich eingeschlagenen Weg kontrollieren und damit feststellen, ob er echte Ortskenntnisse besitzt oder nur flunkert. Um sich Kenntnisse über fremde Orte anzueignen, ist das Internet wie schon erwähnt ausgesprochen nützlich; es enthält nicht nur detaillierte Ortskarten, sondern mittlerweile auch Luftbilder und Routenplaner.

## 3.10 Experimentelle Erkenntnisse

Die kriminalistische Praxis gibt nicht selten Probleme auf, die mit Hilfe von Lebenserfahrung oder von Wahrheiten der Tatsachenwissenschaften nicht oder nicht zuverlässig gelöst werden können. Die sich stellende Frage führt etwa auf Neuland eines Wissensgebietes, wo noch keine gesicherten Daten vorhanden sind. Denkbar ist auch, dass eine zweckdienliche wissenschaftliche Ableitung nicht möglich

## Erster Teil: Aufgabe und Mittel

ist, zu kompliziert oder zu ungenau wäre. Vielleicht möchte man auch wissenschaftliche Ableitungen oder Berechnungen unabhängig von bestehenden wissenschaftlichen Erkenntnissen zusätzlich konkret nachprüfen.

Der Weg, solche Probleme einer Lösung zuzuführen, besteht darin, Experimente durchzuführen, die auf den Fall zugeschnitten sind, also unter möglichst gleichen Bedingungen ablaufen und eine kriminalistische Hypothese bestätigen oder widerlegen.

> Ein Landwirt hatte mit einer Großbäckerei vereinbart, dass er dort Speiseabfälle abholen könne, um sie seinen Schweinen zu verfüttern. Eines Morgens holte er ein Fass mit Abfällen aus der Produktion von Cremeschnitten, die noch warm waren. Er parkierte seinen Lieferwagen mit offener Pritsche bei Schneefall vor seinem Bauernhof. Kurze Zeit später geriet das Fahrzeug in Brand. Versuche im Labor ergaben (eher überraschend), dass sich dort bei gleicher Konstellation der Zuckerguss im Fass selbst entzündete, obwohl das Fass von außen gekühlt wurde.
>
> In einem anderen Brandfall wurde der Brandherd in einem Papierkorb lokalisiert. Die Vermutung lag nahe, ein Hausbewohner habe etwas Brennbares, ein noch glimmendes Streichholz oder eine nicht gelöschte Zigarette in den Korb geworfen, was die in Frage kommenden Personen bestritten. Eine wies immerhin darauf hin, sie habe eine Taschenlampen-Batterie (die praktisch leer gewesen sei) in den Papierkorb geworfen. Eine Zweite wollte in den Korb nur Papierschnitzel weggeworfen haben, eine Dritte, die Putzfrau, nur feine Stahlspäne. Ein Experiment konnte Aufschluss geben. Wurden die Elektroden einer Taschenlampen-Batterie, auch wenn sie nur noch ganz wenig Strom abgab, mit feiner Stahlwolle in Berührung gebracht, dann erhitzten sich einige Späne derart, dass sie Papierschnitzel, die sie berührten, in wenigen Sekunden entzünden konnten

Brandursachen lassen sich, wie gezeigt, oft nur experimentell ermitteln. Die in diesem Zusammenhang zu besprechenden Versuche beschränken sich aber nicht nur auf die Aufdeckung und den Beweis solcher Ursachen. Man stellt im Allgemeinen keine physikalischen Überlegungen und Berechnungen an, wenn es um die Frage geht, ob ein beim Verdächtigen gefundener Schlüssel zu einem bestimmten Schloss passe. Man probiert den Schlüssel, indem man ihn ins Schloss steckt und dreht, man lässt also das tatsächliche Experiment entscheiden. (Man könnte aber gegebenenfalls, bevor man den Schlüssel probiert, zuerst vorsichtig das Schloss demontieren und öffnen, um allfällige frische Sonderspuren eines verwendeten Nachschlüssels zu sichern.)

Auch die Frage, ob jemand trotz Dunkelheit, jedoch wegen des Mündungsblitzes einer bestimmten Waffe, eine Person aus gewisser

Distanz habe erkennen können, lässt sich am einfachsten experimentell entscheiden. Gleiches gilt für Fälle, in denen jemand in der Nacht am Steuer seines Autos und bei beidseitiger Abblendung den Lenker eines entgegenkommenden Autos erkannt haben will. Ein experimentelles Vorgehen liegt auch in der wichtigen Wahl-Gegenüberstellung zur Identifikation einer Person.

Welches Schmauch-Spurenbild eine sichergestellte Faustfeuerwaffe an die feuernde Hand abgibt, muss ein Experiment zeigen. Ähnliches gilt für den Geschossvergleich: Praktisch kann nur ein Probeschuss, ein Experiment mit der betreffenden Waffe, Aufschluss geben. Die Drall-Spuren an der Probekugel werden mit denjenigen des Tatgeschosses verglichen.

Im Abschnitt über Physik wurde gezeigt, wie die Geschwindigkeit eines Fahrzeuges aus dem Bremsweg errechnet werden kann. Zum gleichen Resultat käme man auch experimentell. Es wäre einfach nötig, mit dem gleichen Fahrzeug an Ort und Stelle und unter gleichen Bedingungen solange Bremsversuche durchzuführen, bis eine gleich lange Stoppspur erzielt worden wäre.

Wissenschaft und Experiment können sich nicht nur gegenseitig ersetzen; sie bestätigen sich mitunter auch gegenseitig – oder nicht. Im zweiten Fall entsteht ein Problem.

Die richtige Durchführung von Experimenten ist nicht so einfach, wie man auf den ersten Blick meinen könnte. Um die Möglichkeit einer Tatsache (eines Ereignisses unter bestimmten Bedingungen) darzutun, genügt im Allgemeinen ein Experiment, das „einschlägt", also diese Möglichkeit verwirklicht. Schwieriger ist es, experimentell nachzuweisen, dass ein bestimmtes Ereignis unmöglich ist, denn streng genommen beweisen auch 1000 Experimente ohne Erfolg noch keineswegs, dass nicht der nächste Versuch die Verwirklichung gezeigt hätte. Alle Unmöglichkeits-Experimente vermitteln daher nur kleinere oder größere Wahrscheinlichkeiten (oder Unwahrscheinlichkeiten). Immer ist darauf zu achten, den Originalfall möglichst genau nachzubilden, denn man will ja mit dem Experiment oder einer Reihe von Experimenten etwas hinsichtlich des Originalfalles ableiten. Entspricht die Versuchsanordnung nicht genau dem Untersuchungsfall, dann hinkt der Vergleich. Einen dem Originalfall getreu nachgebildeten Versuch nennt man in der Kriminalistik Rekonstruktion.

## 3.11 Statistischen Methoden

Es wurde bereits darauf hingewiesen, dass Statistiken dazu dienen können, die Frage zu beantworten, wo die Suche nach einem Täter am ehesten Erfolg verspricht: Tötungsdelikte sind beispielsweise in 63 % der Fälle Beziehungsdelikte. Hier geht es nun darum, den Beweiswert einzelner Indizien oder von Indizienbündeln mit statistischen Mitteln zu beschreiben.

Dass definitive Sicherheit bei der Würdigung eines Geschehens nie zu erreichen ist, gilt auch in Strafverfahren. Bloße Wahrscheinlichkeit genügt für eine Verurteilung nie, aber es ist auch keine absolute Sicherheit erforderlich. Die gängige Formel lautet, dass ein jeden vernünftigen Zweifel ausschließendes Urteil eines besonnenen und lebenserfahrenen Beobachters für die richterliche Überzeugung erforderlich, aber auch hinreichend ist.

Trotz dieser Ausgangslage hat sich das Denken in Wahrscheinlichkeiten und das Rechnen mit Kombinationen von Wahrscheinlichkeiten nur in einzelnen kriminalistischen Disziplinen durchgesetzt. Aus der Zahl der Individualisierungsmerkmale eines Fingerabdrucks lässt sich ableiten, wie hoch die Wahrscheinlichkeit ist, dass er einem bestimmten Verdächtigen zuzuordnen ist. Zwei Fingerabdrücke, die in 12 Merkmalen übereinstimmen, stammen mit einer Wahrscheinlichkeit von etwa 0,000 000 06 (oder 1 zu 16-17 Millionen) nicht von der gleichen Person (oder, anders ausgedrückt, mit einer Wahrscheinlichkeit von 99,999 994 % von der gleichen Person). Deshalb geht man in Deutschland und in der Schweiz davon aus, dass bei 12 übereinstimmenden Merkmalen der Identitätsnachweis erbracht ist (in Dänemark genügen 10 Merkmale, in Italien werden 17 verlangt). Wenn 8 bis 11 Merkmale übereinstimmen, handelt es sich um einen Grenzfall, bei weniger als 8 übereinstimmenden Merkmalen ist das Beweismittel wertlos.

> Dass es trotz solcher Werte Fahndungspannen gibt, zeigt das Beispiel des Anwaltes *Brandon Mayfield* aus Portland, der nach den Bombenanschlägen von Madrid im März 2004 in den USA verhaftet wurde. Es waren angeblich seine Fingerabdrücke auf einer Plastiktüte entdeckt worden, die Material für die Bomben von Madrid enthielt. *Mayfield* hatte einen Terrorverdächtigen in einem Sorgerechtsstreit vertreten. Es stellte sich dann allerdings heraus, dass die Fingerabdrücke in Wirklichkeit von einem Algerier stammten; offenbar waren die Muster nicht richtig ausgewertet worden. *Mayfield* konnte als unschuldig entlassen werden.

## 3. Die Mittel

Erst in jüngster Zeit versucht man, bei Fingerabdrücken nicht nur bloße kombinatorische Wahrscheinlichkeiten zu errechnen, sondern statistisch zu erheben, welche Merkmale wie oft vorkommen. Die Universität Lausanne führt unter Prof. *Christophe Champod* eine entsprechende Studie, die zum Ziel hat, die Auswertungen von Dakty-Fragmenten (also Spuren, die nur eine bisher ungenügende Anzahl von Übereinstimmungen enthalten) auf eine wissenschaftliche Basis zu stellen.

Ähnlich werden auch Ergebnisse von DNA-Analysen interpretiert; in diesem Bereich ist die statistische Verteilung bestimmter Merkmale gut erforscht. Man verlangt zum Identitätsnachweis eine Wahrscheinlichkeit von 99,999 998 % (oder 1 zu 50 Millionen).

Solche Überlegungen lassen sich aber auch bei zahlreichen andern Konstellationen anstellen. Worum geht es? Die für den Schuldbeweis relevanten Tatsachen können unmittelbar rechtserheblich sein; das gilt für den Tod des Opfers bei Tötungsdelikten. Auf rechtserhebliche Tatsachen kann aber auch aufgrund von Indizien geschlossen werden, von denen jedes für sich die rechtserhebliche Tatsache nicht beweist, aber auf sie hindeutet. Zwei Methoden führen zu verwertbaren Ergebnissen: die Hochrechnung und die Wahrscheinlichkeitsrechnung.

### 3.11.1 Hochrechnungen

Bei Hochrechnungen geht es darum, aus stichprobenweise erhobenen Daten einer Teilmenge auf das Ganze zu schließen. Diese Methode führt zum richtigen Ergebnis, wenn die Stichprobe repräsentativ für das Ganze ist.

Um beispielsweise zu bestimmen, mit welcher Wahrscheinlichkeit verdächtige, für einen Indizienbeweis wichtige Merkmale, beispielsweise Schuhe mit einer bestimmten Profilsohle (ohne individuelle Merkmale) in der Bevölkerung verbreitet sind, muss man besondere statistische Erhebungen durchführen. Feststellungen solcher Art beruhen auf vollständigen oder unvollständigen Auszählungen. Gerade Letztere, die unvollständigen, spielen eine wichtige Rolle. So zählt man etwa einen Teil des in Frage kommenden Materials aus und extrapoliert (schließt) auf das Ganze. Damit das Verfahren keine unerträglichen Fehler zeitigt, muss sich die Auszählung auf einen repräsentativen Teil erstrecken, der betreffende Teil sollte also auslesefrei und groß genug sein. Um etwa festzustellen, wie häufig eine bestimmte Profilsohle am Schuhwerk der männlichen Bevölkerung einer Stadt zu finden sei, darf man bei der Auszählung nicht vorwiegend kaufmännische Angestellte in Betracht ziehen, denn es ist möglich, dass diese weniger häufig Schuhe mit solchen Sohlen kaufen und tragen als etwa Bauarbeiter. Nur wenn man alle Bevölkerungsteile und Beschäftigungsgruppen entsprechend berücksichtigt und prüft, wird man sagen können, ein auslesefreies Material verarbeitet zu haben. Und selbstredend darf man sich bei der Auszählung nicht nur auf etwa fünfzig Personen beschränken. Man läuft sonst Gefahr, dass die Zahlen infolge einer unglücklichen Streuung irreführen. Nur größere Zahlen verschaffen einigermaßen Sicherheit.

Um die Verteilung einer Profilsohle in einem vorgegebenen Gebiet festzustellen, bestände auch die Möglichkeit, anstelle einer unvollständigen Auszählung folgende Zahlen zu eruieren. Wie viele Männer kommen als Träger von Schuhen mit den entsprechenden Profilsohlen in Frage? Wie viele Schuhpaare mit derartigen Sohlen sind innerhalb der Lebensdauer solcher Schuhe in dem vorgegebenen Gebiet verkauft worden? Die Bruchzahl, gebildet aus der Anzahl von Männern im fraglichen Gebiet und den verkauften Schuhpaaren, gäbe einen Hinweis darauf, mit welcher Wahrscheinlichkeit ein Mann des Gebietes entsprechende Schuhe besitzt und trägt. Die geschilderte Berechnungsmethode enthält allerdings verschiedene Fehlermöglichkeiten. Es könnte, wie bereits erwähnt, so sein, dass bestimmte Berufsgruppen vermehrt Schuhe mit den betreffenden Profilsohlen tragen. Gehörte auch der Verdächtige zur genannten Gruppe, so wäre das nicht mehr so verdächtig. Einige Männer könnten auch mehrere Paare derselben Ausstattung besitzen. Das würde sich dann allerdings zugunsten des Verdächtigen auswirken.

Hochrechnungen sind heute in der Kriminalpraxis eher akzeptiert als Wahrscheinlichkeitsrechnungen, obwohl beide Methoden, wenn die Datenbasis stimmt, eigentlich zu gleich zuverlässigen Resultaten führen würden.

Beispielsweise beruhen die Berechnungen über den Reinheitsgrad von verkauften Drogen (und damit zur Frage, ob ein qualifizierter Fall des Drogenhandels vorliegt) immer auf Hochrechnungen. Es wird nie der gesamte sichergestellte Stoff analysiert, sondern es wird regelmäßig von Stichproben auf das Ganze geschlossen. Liegen keine Stichproben vor, wird zum Teil sogar auf statistische Durchschnittswerte abgestellt, welche in der Schweiz systematisch erhoben und publiziert werden (www.sgrm.ch). Auch Gewinnberechnungen beruhen meistens auf diesem Verfahren. Man stellt die Frage, zu welchem Preis der Händler die Drogen üblicherweise verkauft habe, und multipliziert ihn mit der nachgewiesenen Verkaufsmenge. Ob dieser Gewinn wirklich realisiert werden konnte (und sämtliche verkauften Drogen auch zum üblichen Preis bezahlt wurden), wird kaum je in Frage gestellt.

Statistische Erkenntnisse liegen auch den Täterprofilen zugrunde. Auf der Suche nach wahrscheinlichen Merkmalen des noch unbekannten Täters fragt man sich etwa: Welche Art Täter treten bei solchen Straftaten am häufigsten auf?

### 3.11.2 Einfache Wahrscheinlichkeiten

Unter Wahrscheinlichkeit versteht man das Maß für die Häufigkeit bestimmter Ereignisse. Um die Wahrscheinlichkeit in Zahlen anzugeben, gibt es verschiedene Möglichkeiten. Wissenschaftler pflegen Zahlen zwischen 1 und 0 zu verwenden, wobei 1 die Gewissheit, 0 die Unmöglichkeit anzeigt. In der Praxis, auch der kriminalistischen, werden eher Prozent- oder Promillezahlen verwendet; der Wahrscheinlichkeit 1 entsprechen 100 %, der Wahrscheinlichkeit 0 entsprechen 0 %.

Diese Darstellung geht auf *Pierre-Simon Laplace* (1749–1827) zurück, der die Wahrscheinlichkeit für ein bestimmtes Ergebnis in einem Experiment in Fällen, wo jedes Elementarereignis dieselbe Wahrscheinlichkeit besitzt, als die Zahl der günstigen Ergebnisse geteilt durch die Zahl der möglichen Ergebnisse definierte. Beispielsweise beträgt die Wahrscheinlichkeit, bei einem Wurf von zwei (regelmäßigen) Würfeln ein Paar (zwei gleiche Augenzahlen) zu werfen, $^6/_{36}$ oder 0,1666, weil 36 Ergebnisse möglich und gleich wahrscheinlich sind (1-1, 1-2, 1-3 ..., 2-1, 2-2, 2-3, ...), aber nur 6 günstig (1-1, 2-2, 3-3, 4-4, 5-5 und 6-6).

Die einfache Berechnung, die Zahl der günstigen Ereignisse zu ermitteln und durch die Zahl der möglichen zu teilen, um die Wahrscheinlichkeit zu erhalten, ist allerdings nur richtig, wenn alle Einzelereignisse gleich wahrscheinlich sind, wie dies bei einem nicht manipulierten Würfel der Fall ist. In der Kriminalistik hat man es selten mit einer begrenzten Zahl gleich wahrscheinlicher Einzelereignisse zu tun. Nützlich ist die Methode allenfalls, um bestimmte Ergebnisse zu verifizieren, indem man sie von Zufallsresultaten abgrenzt:

Wir fragen uns zum Beispiel, wie aussagekräftig es ist, wenn zwei Zeugen auf einem Fotobogen mit sechs Verdächtigen auf die gleiche

Person tippen. Spontan würde man meinen, dass der Täter auf diese Weise praktisch überführt ist. Man könnte sich allerdings fragen, ob das Ergebnis auch zufällig zustande kommen könnte, wenn die beiden Zeugen in Wirklichkeit nichts gesehen haben und damit rein zufällig auf irgendeine Person auf der Liste tippen.

Die Wahrscheinlichkeit, dass der erste Zeuge auf eine bestimmte Person tippt, wenn er sie rein zufällig auswählt, ist $1/6$. Die Wahrscheinlichkeit, dass der zweite Zeuge auf die gleiche Person tippt, ist $1/6 \times 1/6$ oder $1/36$ oder etwa 2,8 %. Die Wahrscheinlichkeit, dass die beiden Zeugen überhaupt auf die gleiche Person tippen (also beide auf die 1 oder auf die 2 oder auf die 3 und so weiter), ist sogar $1/6$ oder 16,7 %. Was heißt das für die Aussagekraft von Fotowahlkonfrontationen?

> Üblich ist, dass die Polizei einen Fotobogen vorlegt, auf dem der Hauptverdächtige und fünf zufällig ausgewählte weitere Personen abgebildet sind. Die Wahrscheinlichkeit, dass zwei Zeugen, die gar nichts gesehen haben, zufällig auf den Hauptverdächtigen tippen, ist immerhin bei 2,8 %. Anders gesagt: in einem von 36 Fällen würde dieses Resultat zustande kommen, ohne dass die beiden etwas gesehen haben. Das ist an sich ein dramatisch schlechtes Resultat, wenn man sich vor Augen führt, wie oft solche Fotowahlkonfrontationen in der Praxis durchgeführt werden. Allerdings ist es auf der andern Seite wohl relativ unwahrscheinlich, dass zwei Zeugen unabhängig voneinander in einer Fotowahlkonfrontation auf den gleichen (falschen) Täter weisen, ohne offen zu legen, dass sie gar nicht sicher sind, den Täter wirklich zuverlässig erkannt zu haben.
>
> Wenn die Polizei keinen Hauptverdächtigen hat und einen Fotobogen von sechs Verdächtigen vorlegt, die schon ähnliche Delikte begangen haben (wie man das etwa nach Sexualdelikten zu tun pflegt), dann wäre die Wahrscheinlichkeit, dass zwei Zeugen, die in Wirklichkeit gar nichts gesehen haben, sich auf die gleiche Person einigen, sogar 16,7 %. Bei dieser Konstellation ist also selbst die übereinstimmende Aussage von zwei Zeugen noch nicht besonders belastend.
>
> Entscheidend ist in diesem Zusammenhang auch, wie die Frage gestellt wird: Statistische Untersuchungen haben gezeigt, dass die Frage: „Wer aus dieser Liste ist der Täter?" eher zu falschen Ergebnissen führt als die Frage: „Befindet sich der Täter auf dieser Liste?". Wer annimmt, der Täter müsse sich auf der Liste befinden, wird eher auf die Person mit der größten Ähnlichkeit weisen als derjenige, der annimmt, allenfalls sei gar keiner auf der Liste der Täter.

Die Wahrscheinlichkeit solcher Zufallsergebnisse lässt sich vermindern, wenn man die Zahl der Varianten erhöht: Fotobogen mit 12 Personen sind bei dieser Konstellation nicht nur doppelt so gut, sondern sogar wesentlich besser. Die Wahrscheinlichkeit eines Zufallstreffers auf eine dieser Personen bei zwei Zeugen, die raten, ist zwar mit $1/12$ halb so groß wie auf Bogen mit 6 Personen. Die Wahrscheinlichkeit, dass beide Zeugen auf den Hauptverdächtigen tippen, ist dagegen mit $1/12 \times 1/12$ oder $1/144$ bzw. 0,7 % bereits viermal kleiner als bei bloß sechs Bildern. Der BGH hat denn auch gefordert, dass einem Zeugen im Rahmen einer Wahllichtbildvorlage mindestens acht Personen gezeigt werden sollen, und zwar besser nicht gleichzeitig, sondern nacheinander. Dabei soll die Vorlage nicht abgebrochen werden, wenn die befragte Person angibt, jemanden erkannt zu haben (BGH 1 StR 524/11). Allerdings hat es der BGH (zum Glück) vermieden, genau zu definieren, welche theoretische Wahrscheinlichkeit in jedem Fall erforderlich ist, damit ein Beweismittel genügt; das ist vom Gericht im Einzelfall zu entscheiden.

> Nicht berücksichtigt ist bei diesen Berechnungen ein Umstand, den man nicht außer Acht lassen sollte: Wenn ein Zeuge, der nichts gesehen hat, aus einem Fotobogen mit sechs Personen eine bestimmte Person auswählt, dann wird er dies nicht rein zufällig tun. Er wird wahrscheinlich diejenige Person nennen, der er (von der äußeren Erscheinung her) die Tat am ehesten zutraut. Eine oder mehrere Personen auf der Liste werden also von Versuchspersonen eher ausgewählt werden als andere. Das erhöht die Wahrscheinlichkeit von Zufallstreffern erheblich.

In der kriminalistischen Realität hat man es allerdings meistens nicht mit Einzelereignissen zu tun, die alle gleich wahrscheinlich sind. Es ist aber oft möglich, die Wahrscheinlichkeit eines bestimmten Ereignisses zumindest statistisch grob abzuschätzen. Wer auf diese Weise mit Wahrscheinlichkeiten rechnen will, wird zwar feststellen, dass oft eine genügende Datenbasis fehlt. Man wird mit Hilfe von Hochrechnungen entsprechende Wahrscheinlichkeiten in der Regel aus Stichproben errechnen können. Wenn es um körperliche Merkmale geht, dann helfen medizinische Statistiken weiter; für einzelne Merkmale liegen den Berufsverbänden, die sich damit beschäftigen, die nötigen Zahlen vor. Optiker etwa wissen relativ genau, wie hoch der Anteil der Brillenträger in einer gewissen Bevölkerungsgruppe ist. Weiß man genauer, und welche Art Brille es sich handelt (z. B. weil der Täter sie am Tatort verloren hat), dann kommt man zu allenfalls sehr differenzierenden Zahlen.

Unabhängige Einzelwahrscheinlichkeiten lassen sich kombinieren, indem die Einzelwahrscheinlichkeiten miteinander multipliziert werden. Wenn die Wahrscheinlichkeit, mit einem Wurf eine Sechs zu werfen, $1/6$ ist, dann ist die Wahrscheinlichkeit, mit zwei Würfen zwei Sechsen zu werfen, 1/6 mal 1/6 oder 1/36. Wichtig ist allerdings, dass die einzelnen Wahrscheinlichkeiten, die man miteinander multipliziert, wirklich voneinander unabhängig sind. Wenn in einer gewissen Population der Anteil an Türken 1/10 (10 %) beträgt und die Zahl der Träger eines Oberlippenbartes 1/4 (25 %), dann heißt das nicht, dass der Anteil der Türken mit Oberlippenbart 1/10 × 1/4 oder 1/40 (2,5 %) beträgt, weil das Merkmal „Türke" vom Merkmal „Träger eines Oberlippenbartes" nicht unabhängig ist – Türken tragen häufiger Oberlippenbärte als Westeuropäer. Dagegen dürften in der gleichen Population die Merkmale „blaue Augen" und „korpulent" unabhängig voneinander sein, weil Leute mit blauen Augen (wohl) nicht häufiger korpulent sind als Leute mit grünen Augen.

Hohe Wahrscheinlichkeiten durch Kombination von Einzelindizien resultieren einerseits dann, wenn die Zahl der Indizien hoch ist, anderseits aber auch dann, wenn die Wahrscheinlichkeit gewisser Einzelindizien besonders tief ist, diese Indizien also stark individualisierend wirken.

> Der auf 180 cm groß und 30 bis 40 Jahre alt geschätzte Täter, der einen VW Golf fährt, dürfte sich ohne weitere Erkenntnisse kaum identifizieren lassen. Handelt es sich dagegen um einen 160 cm großen, unter 30 Jahre alten Bentley-Fahrer, dann wird dies erheblich einfacher sein.

Besonders Serientäter, die sich auf Zufälle berufen, lassen sich mit Hilfe der Wahrscheinlichkeitsrechnung leicht überführen, wie die folgenden von *Henriette Haas* geschilderten Beispiele zeigen:

> **Der Pechvogel:**
> Ein Rentner hatte in 30 Monaten 22 Auffahrunfälle provoziert, um die Entschädigung der Haftpflichtversicherung der Unfallgegner zu kassieren. Er kaufte jeweils alte Autos und befuhr denn Kreuzungen aus derjenigen Richtung, aus der er keinen Vortritt hatte. Er bremste genau in dem Moment brüsk, in dem der hinter ihm fahrende Fahrzeugführer davon ausging, der Vordermann werde in die Kreuzung einfahren, und selbst den Kopf drehte, um nach nahenden vortrittsberechtigten Autos Ausschau zu halten.
> Schätzt man zurückhaltend, dass die Wahrscheinlichkeit, in 30 Monaten unverschuldet in einen Auffahrunfall verwickelt zu werden, ½ oder 50 % beträgt (in Wirklichkeit ist sie wohl tiefer), dann ist die Wahrscheinlichkeit, in der gleichen Zeit 22 solcher Unfälle zu haben, 1 : 0,5²² oder 1 : 0,000 000 24. Damit ist mit 99,99999 % Wahrscheinlichkeit davon auszugehen, dass die Unfallserie eben nicht zufällig, sondern absichtlich passierte.
>
> **Der grapschende Arzt:**
> Fünf Patientinnen eines Orthopäden hatten Anzeige erstattet, weil er sie am Abend vor einer Knieoperation ausführlich an den Brüsten „untersucht"

> hatte, und zwar ohne Anwesenheit einer weiblichen Person. Er berief sich darauf, dass dies zur Infektionsabklärung nötig gewesen sei, und dass es sich in allen Fällen um einen Zufall gehandelt habe, dass keine weitere Frau bei der Untersuchung anwesend gewesen sei.
> Fragt man, mit welcher Wahrscheinlichkeit vor einer Knieoperation eine Brustuntersuchung indiziert sei, und rechnet man hoch, wie hoch die Wahrscheinlichkeit im betroffenen Zeitraum war, dass diese Untersuchung bei fünf Frauen indiziert war, und schätzt man zusätzlich ab, wie oft bei einer Brustuntersuchung keine weitere Frau anwesend ist, und rechnet man diese Wahrscheinlichkeit wieder auf fünf Patientinnen hoch, dann lässt sich ohne Weiteres sagen, dass es sich im vorliegenden Fall nicht um einen Zufall gehandelt haben kann.

Tätersignalemente sind oft auf den ersten Blick relativ unspezifisch; rechnet man allerdings einmal durch, wie viele Menschen auf ein solches Signalement wirklich passen, dann stellt sich oft heraus, dass Signalemente eigentlich zu zuverlässigen Identifikationen führen müssten.

> Ein Täter, der in einem Einkaufszentrum nach Ladenschluss ein Restaurant in Brand gesteckt hatte und rasch flüchten musste, weil es für ihn unerwartet zu einer heftigen Explosion gekommen war, wurde von einer Überwachungskamera gefilmt. Sichtbar war ein Mann mittleren Alters mit Brille und Oberlippenbart, der eine schwarze Lederjacke, eine Baseball-Kappe und Turnschuhe einer bestimmten Marke trug und einen Geißfuß in der Hand hielt. Geht man davon aus, dass alle diese Merkmale voneinander unabhängig sind (oder berücksichtigt man wie hier gewisse Abhängigkeiten), und trifft man vorsichtige Annahmen über die Häufigkeit der einzelnen Merkmale, kommt man etwa zu folgender Rechnung:
>
> | Element: | Anteil der Personen | |
> |---|---|---|
> | Mann | 50 % | |
> | Mittleres Alter | 50 % | |
> | Brillenträger | 70 % | (bei mittlerem Alter) |
> | Oberlippenbart | 50 % | (bei Männern) |
> | Besitzer einer Lederjacke | 70 % | |
> | – davon schwarz | 70 % | |
> | Besitzer einer Baseballkappe | 60 % | (bei mittlerem Alter) |
> | Turnschuhe dieser Marke | 5% | |
> | Besitzer eines Geißfußes | 3% | |
>
> Diese Berechnungsweise ist zwar grob vereinfachend (es könnte z.B. durchaus sein, dass die Merkmale „Besitz einer Lederjacke" und „Besitz einer Baseball-Kappe" nicht unabhängig voneinander sind). Das Endergebnis kann aber trotzdem zumindest eine gewisse Plausibilität für sich beanspruchen.
>
> Der Anteil der Leute an der Gesamtbevölkerung, auf die jedes dieser Merkmale zutrifft, errechnet sich also aus der Multiplikation dieser Wahrscheinlichkeiten und beträgt 0,0038 Prozent. Von 100 000 Leuten besitzen also nur 4 gleichzeitig alle diese Eigenschaften.

Besonders interessant sind neben den eigentlichen Signalementsangaben weitere Eigenschaften der beschriebenen Person, die stark individualisierend wirken. Sehr oft kann ein Zeuge etwa sagen, welches Fahrzeug der Täter benützt hat. Sind die Automarke, der Typ und die Farbe eines Fahrzeuges bekannt, reicht dies zusammen mit dem Signalement oft zur Identifikation des Täters. Weiß der Zeuge zusätzlich, dass das Fahrzeug ein nicht zur Region passendes Kennzeichen hatte, dann können Verdächtige meistens zweifelsfrei identifiziert werden.

> Nach der Entführung eines 6-jährigen Mädchens in Appenzell im Jahr 2007 fand man in etwa 40 km Entfernung in einem Wald einen Toten, der sich erschossen hatte; in der Nähe fand man dessen Fahrzeug, einen weißen Lieferwagen mit spanischen Kontrollschildern. Das Mädchen hatte man letztmals beim Schwimmbad Appenzell gesehen, und dort war einem Zeugen ein weißer Lieferwagen mit ausländischen Kontrollschildern aufgefallen. Der Zusammenhang zwischen dem Toten und dem entführten Kind war also naheliegend und bestätigte sich in der Folge auch. Hätte er einen weißen PW mit Schweizer Kontrollschildern gefahren, dann hätte man den Zusammenhang wohl nicht so rasch erkannt – schon nur, weil dieses Auto auf dem Parkplatz des Schwimmbades nicht aufgefallen wäre.

Man sollte immer daran denken, dass Personen bestimmter Berufsgruppen wegen ihrer Ausbildung auf sehr besondere Merkmale achten; Textilverkäufer können die Kleidung, Schmuckverkäufer Uhren und Schmuck der Zielperson beschreiben.

> Ein Kokainhändler, der zahlreiche Kleinabnehmer beliefert hatte, arbeitete als Automechaniker. Er konnte zwar seine Kunden zum Teil nur vage beschreiben, wusste aber von jedem genau, welchen Typ welcher Automarke, oft auch welchen Jahrgangs, er fuhr, er kannte auch die Farbe und er wies in den meisten Fällen auch auf Sonderzubehör, insbesondere auf den genauen Felgen- und Reifentyp, hin. Auf diese Weise gelang es, sämtliche Abnehmer zu identifizieren.

Gerichte verlangen oft – und zu Recht – sehr hohe Wahrscheinlichkeiten, wenn sich diese exakt berechnen lassen. Der deutsche Bundesgerichtshof hatte (in BGHSt 38, 320) ein Gutachten eines Sachverständigen zu bewerten, der zum Schluss kam, die Kombination dreier DNA-Merkmale komme nur bei 0,014 Prozent der Bevölkerung vor, deshalb könne mit einer Wahrscheinlichkeit von 99,986 Prozent gesagt werden, der Angeklagte sei der Täter. Der Bundesgerichtshof hielt dagegen, dass in einer Stadt wie Hannover mit 250 000 (männlichen) Einwohnern immerhin etwa 35 als Täter nicht ausgeschlossen werden könnten.

Wahrscheinlichkeitsrechnungen sind für Kriminalisten bestechend, weil sie oft zu guten Wahrscheinlichkeiten führen, wenn genügend Kriterien vorhanden sind, die man miteinander kombinieren kann. Man kann allerdings in diesem Zusammenhang auch eine Reihe logischer Fehler machen.

### 3.11.3 Indizien und die Bayes'sche Formel

Die Wahrscheinlichkeitsrechnung hilft insbesondere dann nicht mehr weiter, wenn es um Beziehungen mehrerer Sachverhalte zu andern geht. Man hat es häufig mit Indizien zu tun, die mit großer Wahrscheinlichkeit auf eine bestimmte Tatsache hinweisen, allerdings nicht mit Sicherheit. Man sollte sich deshalb im Zusammenhang mit Indizien immer zwei Fragen stellen:

- Wie häufig kommt das Indiz bei der zu beweisenden Tatsache vor?
- Wie häufig kommt das Indiz vor, wenn die Tatsache nicht vorliegt?

Wenn man die erste Frage mit „immer" und die zweite Frage mit „nie" beantworten kann, dann befindet man sich auf der sicheren Seite, denn man kann sagen, das Indiz beweise die Tatsache.

Dass immer dann, wenn man die Frage 2 überhaupt nicht beantworten kann, ein Indiz wertlos ist, hat *Mark Daniel Schweizer* ausführlich dargestellt. Er zeigt dies anhand von Umständen im Zusammenhang mit missbrauchten Kindern: Rötungen im Genitalbereich, Bettnässen und Verstopfungen sind zwar bei missbrauchten Kindern häufig, bei nicht missbrauchten Kindern allerdings ebenso. Das Indiz taugt also für die Unterscheidung von missbrauchten und nicht missbrauchten Kindern gerade nicht. *Schweizer* hat darauf hingewiesen, dass das Problem bei der Beweiswürdigung von Kindermissbrauch darin liege, dass häufig Experten befragt würden, die ausschließlich (oder fast ausschließlich) mit missbrauchten Kindern zu tun hatten. Sie sagen häufig aufgrund ihrer Erfahrung zu den Merkmalen missbrauchter Kinder aus, ohne allerdings genau zu wissen, wie häufig diese Merkmale bei nicht missbrauchten Kindern sind. Als Indizien für oder gegen Missbrauch taugen eben nur Symptome, deren Häufigkeit bei nicht missbrauchten Kindern man ebenfalls kennt und die dort signifikant tiefer liegt.

Beachtet man diese Regel, dann lässt sich auch die soeben genannte Liste von Indizien etwas genauer bewerten:

- Fehlende Schmauchspuren sind ein sicheres Indiz für einen Fernschuss, denn ein Nahschuss hinterlässt immer Schmauchspuren.
- Kratzspuren am Beschuldigten und zerrissene Kleider einer Geschädigten sind ein nicht besonders starkes Indiz für einen nicht einverständlichen Geschlechtsverkehr; je nach Situation können solche Spuren auch bei einvernehmlichem, besonders leidenschaftlichem Sex entstehen.
- Die Flucht vor den Polizeiorganen anlässlich einer nächtlichen Straßenkontrolle ist nur ein schwaches Indiz für eine Straftat. Denn auch viele Leute, die keine Straftat begangen haben, wollen sich nachts von der Polizei fernhalten (und sei es auch bloß, weil sie zu viel getrunken haben).
- Der Modus Operandi weist nur dann auf die Täterschaft einer bestimmten Person hin, wenn er einigermaßen originell ist. Wer eine Autoscheibe mit einem Stein eingeschlagen hat, muss nicht für alle andern Autoaufbrüche der letzten Zeit in der Gegend verantwortlich sein, weil viele Diebe Autoscheiben mit Steinen einschlagen.

Wie lassen sich diese Erkenntnisse etwas genauer umschreiben? Die Wahrscheinlichkeit, dass eine Hypothese zutrifft, wenn ein bestimmtes Indiz zutrifft, lässt sich nach der Formel von *Thomas* Bayes berechnen:

Die Wahrscheinlichkeit [P], dass eine Hypothese bei Vorliegen eines Indizes zutrifft [also $P(H|I)$], berechnet sich aus der Wahrscheinlichkeit, dass die Hypothese zutrifft [$P(H)$], multipliziert mit der Wahrscheinlichkeit, dass das Indiz vorliegt, wenn die Hypothese zutrifft [$P(I|H)$], geteilt durch die Wahrscheinlichkeit, dass das Indiz (unabhängig von der Hypothese) überhaupt vorliegt [$P(I)$]. Die Formel lautet also:

$$P(H|I) = P(H) \times P(I|H) / P(I)$$

Der Beweiswert von Indizien ist umso höher, je häufiger das Indiz zusammen mit der Hypothese vorkommt als ohne sie. Man bezeichnet diese Verhältniszahl $P(I|H) / P(I)$ auch als den Likelihood-Quotienten. Am konkreten Beispiel: Findet man im Urin einer Verdächtigen Spuren der Abbauprodukte von Morphin, dann ist die Wahrscheinlichkeit groß, dass sie Heroin konsumiert hat. Sie könnte allerdings auch codeinhaltigen Hustensaft getrunken haben, die Wahrscheinlichkeit dafür ist aber etwa 1000-mal tiefer. Der Fund der Abbauprodukte ist also für den Verdacht des Heroinkonsums sehr belastend. Lässt sich im gleichen Urin dagegen eine Schwangerschaft nachweisen, dann ist die Wahrscheinlichkeit, dass die Person Heroin konsumiert hat, wohl etwas tiefer als die Wahrscheinlichkeit, dass sie kein Heroin konsumiert hat (weil der Anteil der Heroinsüchtigen bei den werdenden Müttern zum Glück etwas tiefer ist als bei den Nichtschwangeren). Der Nachweis der Schwangerschaft ist also ein leicht entlastendes Indiz für Heroinkonsum.

*Bender/Nack* haben den Beweiswert von Indizien anhand des Likelihood-Quotienten wie folgt beschrieben:

| | |
|---|---|
| 1:3 | gering belastend |
| 1:4-9 | belastend |
| 1:10-25 | stark belastend |
| 1:50-100 | sehr stark belastend |
| 1:1000 und höher | außerordentlich stark belastend |

Die Kenntnis der Bayes'schen Formel und die damit zusammenhängenden Überlegungen sind für Juristen besonders wichtig, weil die Formel zum Teil Ergebnisse liefert, die einer vorläufigen Beurteilung durch Laien widersprechen. Das kann man an folgendem (von *Andreas Lindenberg* und *Irmgard Wagner* stammenden) Beispiel zeigen:

Aus einer Reihe von Verdächtigen bleiben 12 übrig, unter denen der Täter ist. Weil die übrigen Beweiserhebungen ausgeschöpft sind, wird ein Lügendetektortest vorgeschlagen. Dieser Test erkennt den Schuldigen mit einer Verlässlichkeit von 92 % und den Unschuldigen mit einer Verlässlichkeit von 98 %. Macht es Sinn, den Test durchzuführen? Prima vista würde man die Frage bejahen, der Statistiker käme allerdings zu folgendem Schluss: Nach der Bayes'schen Formel beträgt die Wahrscheinlichkeit, dass eine Person schuldig ist, wenn der Lügendetektor ausschlägt, nur 0,806 oder knapp 81 % – das genügt jedenfalls nicht zum Beweis der Schuld und bedeutet, dass ungefähr jeder fünfte, der vom Lügendetektor als schuldig erklärt wird, in Wirklichkeit unschuldig ist. Woran liegt das? Die Ursache dafür ist nicht etwa die Unzuverlässigkeit des Verfahrens bei Unschuldigen, sondern die Unzuverlässigkeit bei Schuldigen (obwohl sie in absoluten Zahlen geringer ist) – denn wenn es deutlich mehr Unschuldige als Schuldige gibt, wird aus der hohen Verlässlichkeit bezogen auf das Individuum eine kleine Verlässlichkeit bezogen auf die ganze Population.

Statistische Zahlen sagen für den Einzelfall oft nichts aus, wenn die Wahrscheinlichkeiten nicht sehr hoch sind. Sie zeigen aber allenfalls auf, welche Hypothesen sich abzuklären lohnen, weil sie besonders wahrscheinlich sind. Sie helfen also bei der Arbeitsorganisation.

Der indizielle Wert einer (einzelnen) Tatsache im Zusammenhang mit allgemeinen Erkenntnissen oder Erfahrung ist jedoch nicht immer einfach zu berechnen oder zu schätzen. Gelegentlich muss man auf Statistiken zurückgreifen oder sie ad hoc erstellen. So lässt sich ohne Kenntnis der Verbreitung der verschiedenen Blutgruppen in der Bevölkerung nicht ausmachen, wie indizierend es ist, wenn am Tatort Blut der Gruppe 0 gefunden wurde und ein verletzter Verdächtiger der gleichen Gruppe angehört. Unter 100 Personen sind es (in der Schweiz) ca. 42, welche zur Gruppe 0 zählen. Der indizielle Wert der Tatortspur „Blutgruppe 0" ist also gering, nur etwa 1:2. Dagegen würde eine DNA-Untersuchung des Blutes praktische Gewissheit liefern, die Wahrscheinlichkeit läge bei etwa 1:15 000 000.

Viele Indizien sind sehr schwierig zu bewerten. Welche Bedeutung hat es für seine Täterschaft in einem konkreten Fall, wenn der Verdächtige angesichts einer polizeilichen Kontrolle die Flucht ergriffen hat? Es ließe sich vermutlich statistisch erfassen, wie viele Unschuldige bzw. Schuldige in dieser Situation fliehen, was aber wohl nicht weiter hilft, weil es in solchen Konstellationen auf die Umstände des konkreten Täters ankommt und nicht darauf, wie ein „Durchschnittsmensch" reagiert. Der Kriminalist muss sich deshalb mit einer eher gefühlsmäßigen Bewertung begnügen. Das gilt in zahlreichen Konstellationen:

- Wie viel spricht für die Täterschaft eines Ehemannes, der ein Jahr vor dem gewaltsamen Tode seiner Frau diese hoch versichern ließ? Wahrscheinlich relativ wenig, weil zahlreiche Männer ihre Frauen versichern lassen, ohne sie dann umzubringen.
- Um wie viel belastet es den Ehemann, wenn seine Frau vorsätzlich getötet worden ist und ein Raubmord und ein Sexualdelikt außer Betracht fallen? Über 80 % der Morde an Frauen werden, wenn kein Raub- oder Sexualdelikt gegeben ist, von Angehörigen des Opfers oder näheren Bekannten verübt, vor allem vom Ehemann oder vom jetzigen bzw. früheren Geliebten der Frau. Es soll sich dabei um eine recht konstante Statistik handeln, und es ist allemal eine gute Fahndungsregel, im Fall einer ermordeten Ehefrau im Gatten (oder Geliebten) einen wahrscheinlichen Täter zu sehen.

- Wie stark belastet einen des Diebstahls Beschuldigten der Umstand, dass er in den letzten zehn Jahren bereits einmal wegen Diebstahls verurteilt werden musste? Um wie viel ist seine Täterschaft (bei entsprechendem Verdacht) in einem neuen Fall wahrscheinlicher? Es gibt darüber statistische Erkenntnisse. Die Wahrscheinlichkeit ist über siebenmal so groß wie bei einer nicht vorbestraften Person. Das hilft aber nur weiter, wenn es um die Frage geht, wo der Täter gesucht werden soll; für die Belastung eines konkreten Verdächtigen sind solche Überlegungen vorerst nutzlos.

Selbstverständlich wird niemand wegen Mordes bzw. Diebstahls verurteilt, weil er Ehemann der Ermordeten bzw. wegen Diebstahls vorbestraft ist. Kommen aber weitere sehr belastende Indizien hinzu, dann wird die Angelegenheit ernst.

Es ist sodann zu beachten, dass sich die Gewichte einiger Indizien, die wesentlich auf (statistischen) Feststellungen über bestimmte Merkmalsverteilungen in der Bevölkerung beruhen, im Laufe der Zeit ändern können. Spezifisch gefärbte Textilfasern, die ursprünglich Seltenheitswert besessen haben, sind plötzlich bei entsprechendem Modetrend fast überall zu finden. Statistiken, die in einem räumlich begrenzten Bereich aufgenommen worden sind, dürfen nicht ohne Weiteres auf andere Gebiete übertragen werden.

> Die in Westeuropa übliche Altersbestimmung durch Röntgen der Handwurzelknochen (die es ermöglicht zu beurteilen, wie alt eine Person ist, die sich noch in der Wachstumsphase befindet) basiert auf einer Statistik, die anhand von Zahlenmaterial aus Westeuropa erstellt wurde. Ob sie auch für Personen aus Zentralafrika gleich zuverlässig ist (auf die sie in der Schweiz üblicherweise angewendet wird), ist statistisch bisher nicht zweifelsfrei gezeigt worden.

Besonders wichtig bei der Berechnung der Beweiskraft von Indizien ist die Beachtung der sich gegenseitig beeinflussenden Wahrscheinlichkeiten. Worum es geht, hat *Mark Daniel Schweizer* an einem einleuchtenden Beispiel erklärt:

Im Prozess gegen *O.J. Simpson*, der verdächtigt wurde, seine Frau umgebracht zu haben, argumentierte der Harvardprofessor *Alan M. Dershowitz* als Verteidiger wie folgt: Nur etwa 0,1 Prozent der Männer, welche ihre Ehefrau geschlagen hätten, hätten sie auch getötet. Der Umstand, dass O.J. Simpson seine Frau geschlagen habe, sei also kein belastendes Indiz dafür, dass er sie auch getötet habe.

Der Statistiker *Irving J. Good* wies in der Folge nach, dass diese Überlegung nicht zielführend ist: Man würde sich besser die Frage stellen, wie hoch die Wahrscheinlichkeit ist, dass eine getötete Frau von ihrem schlagenden Ehemann umgebracht wurde. Er stellt dazu folgende Überlegung an: Das Risiko, überhaupt getötet zu werden, ist auch in den USA heutzutage noch sehr gering (nämlich nur, aber immerhin 1:10 000 pro Jahr, weil von 250 Mio. Amerikanern pro Jahr etwa 25 000 von Dritten vorsätzlich getötet werden). Wenn die Wahrscheinlichkeit, dass ein schlagender Ehemann seine Frau auch tötet, insgesamt etwa 1:1000 beträgt, dann könnte man abschätzen, dass sie pro Jahr ungefähr 1:10 000 beträgt. Rechnet man nach dem soeben erwähnten Bayes-Theorem die Wahrscheinlichkeit aus, dass eine in den USA ermordete Frau, die von ihrem Mann geschlagen wurde, auch von ihm (und nicht von einem Dritten) getötet wurde, dann ergibt sich eine Wahrscheinlichkeit von 50 % – also doch ein höchst belastendes Indiz. Diese komplexe Rechnung mit der Baycs'schen Formel kann auch etwas vereinfacht und einleuchtender dargestellt werden, wie *Gerd Gigerenzer* gezeigt hat. Man stelle sich 10 000 geschlagene amerikanische Frauen vor – eine davon wird nach *Dershowitz* von ihrem Mann getötet, es bleiben 9999. Von diesen Frauen wird durchschnittlich eine von einem Dritten getötet (von 250 Mio. etwa 250 000). Mit anderen Worten ist die Wahrscheinlichkeit, dass der schlagende Ehemann der Täter eines der beiden Tötungsdelikte ist, eben 50 %.

### 3.12 Logische Erkenntnisse

Das kriminalistische Denken ist streckenweise logisches Denken. Logisch denken bedeutet: ableiten, deduzieren, logisch schließen, folgern, begründen, beweisen. Dabei geht es immer darum, aus der vorausgesetzten Wahrheit irgendwelcher Ausgangssätze $p1, p2 \ldots pn$ (Prämissen), und nur aus diesen, nach genauen Vorschriften die Wahrheit des Satzes $q1$ (der Folgerung) darzutun. Der Satz $q1$ ist dann und deshalb wahr, weil die Sätze $p1, p2 \ldots pn$ wahr sind.

Alles logische Arbeiten geschieht a priori, ohne dass man es nötig hätte, neben den Prämissen und den Vorschriften der Logik weitere Sätze als wahr anzunehmen. Man hat nicht etwa noch eine zusätzliche Beobachtung zu machen oder irgendeine Wahrheit der Tatsachenwissenschaften heranzuziehen, um zu dem logischen Schluss zu gelangen. Mit den Prämissen sind vielmehr alle Voraussetzungen genannt, und das Ableiten geschieht mit geschlossenen Augen, eben a priori. In der Praxis gehen aber Folgerungen nicht selten von versteckten (ungenannten) Prämissen aus und sind deshalb fehlerhaft.

Die Sätze und Regeln der Logik sind formal. Sie sehen vom besonderen Inhalt der jeweils verwendeten Prämissen ab und enthalten nur Variable (für welche man je nachdem ganze Aussagen, Subjekte und Prädikate einsetzen darf) und logische Konstante (wie „nicht", und „oder", „wenn … dann", „alle" usw.). Sie nehmen allein auf die Struktur der Ausgangssätze und die der Folgerungen Bezug. Aus dem Ausgangssatz, dass es zu zwei Punkten höchstens eine Gerade gibt, die mit diesen Punkten zusammentrifft, kann man folgern, dass zwei Geraden in höchstens einem Punkt zusammentreffen. (Träfen sie in mehr als einem Punkt zusammen, also in wenigstens zwei, dann würde das dem Ausgangssatz widersprechen, wonach es zu zwei Punkten höchstens eine koinzidierende Gerade gibt.) Was von den Punkten und Geraden gilt, trifft auch auf andere strukturgleiche Aussagen über Gegebenheiten zu. Man könnte das mit Beispielen belegen.

Die logischen Sätze gelten immer; ihre Richtigkeit ist an ihnen selbst erkennbar. Die Wahrheit des logischen Satzes „p und nicht-p ist falsch" (es handelt sich um den Satz vom Widerspruch) liegt in seiner Zusammensetzung (und in der Definition der Konstanten). Sie ist von der Art „Das Runde ist nicht eckig." Der nicht zur Logik gehörende Satz „Das Bild an der Wand hängt schief" ist demgegenüber nur aufgrund einer (zusätzlichen) Wahrnehmung der betreffenden Tatsache als wahr zu erkennen. Der erwähnte Satz könnte auch falsch sein, je nach der wahrgenommenen Gegebenheit.

Ein in unserem Zusammenhang wichtiger Logik-Satz lautet: „Von allen Sätzen p und von allen Sätzen q gilt: Wenn p das q zur Folge hat, dann hat das nicht-q das nicht-p zur Folge." Man kann irgendeinen wahren Satz von der Form „Wenn p, dann q" in der erwähnten logischen Satz einsetzen und dann zum Satz übergehen „Wenn nicht-q, dann nicht-p". Letzterer ist wahr, weil das p das q zur Folge hat. Am Beispiel: „p" bedeute: „Eine Person ist durch Einatmen von CO (Kohlenmonoxid) zu Tode gekommen."; „q" bedeute: „Die Totenflecken der betreffenden Person sind von hellroter Farbe". Die beiden Sätze können zu einer medizinischen Wahrheit verbunden werden: „Immer wenn eine Person durch Einatmen von CO zu

Tode gekommen ist, dann sind die auftretenden Totenflecken von hellroter Farbe." Nur wenn man davon ausgehen darf, die genannte Wahrheit gelte ausnahmslos („Immer wenn ... "), so kann man schließen: „Wenn nicht-p, dann nicht-q ", d. h. „Wenn der Tote keine hellroten Totenflecken aufweist, dann ist er nicht durch Einatmen von CO zu Tode gekommen.". Das ist eine selbstverständliche, weil logische Folgerung. Man spricht in diesem Zusammenhang auch von Deduktion (als Ableiten des Besonderen aus dem Allgemeinen) oder streng logischem Folgern; das zu interpretierende Ereignis wird einer als richtig erkannten Regel untergeordnet. (Übrigens: Hellrote Totenflecken können auch infolge Kälte und bei Vergiftung mit Blausäure entstehen.)

Der Satz „Wenn p, dann q, dann auch wenn q, dann p" ist dagegen kein logisch richtiger Satz. Wenn ein Toter hellrote Totenflecken aufweist, kann man nicht (mit Sicherheit) schließen, er sei durch Einatmen von CO zu Tode gekommen. Man weiß denn auch, dass noch andere Ursachen zum erwähnten Erscheinungsbild führen. Ein anderes Beispiel soll das verdeutlichen: Aus dem Satz „Wenn es regnet, sind die Straßen nass" kann man zwar logisch ableiten: „Wenn die Straßen nicht nass sind, dann regnet es nicht". Es ist jedoch kein streng logisches Ableiten, wenn man vom Satz „Wenn es regnet, sind die Straßen nass" den Schluss ableitet: „Wenn die Straßen nass sind, dann regnet es", denn es könnte ja ein Spritzenwagen vorbeigefahren sein. Die Ableitung führt nur zu einer Möglichkeit, zu einer größeren oder kleineren Wahrscheinlichkeit. Richtig wäre dagegen, aus dem Satz „Nur, wenn es regnet, sind die Straßen nass" den Satz abzuleiten „Wenn die Straßen nass sind, regnet es" (allerdings ist hier eben schon der Ausgangssatz falsch).

Dennoch wird die genannte Ableitung gerade auch in der Kriminalistik nicht selten angewendet, und besonders häufig ist sie in der politischen Diskussion, etwa in Form der folgenden falschen Argumente, die *Mark Daniel Schweizer* aufzählt:

- Praktisch alle jugendlichen Amokläufer spielten gewalttätige Videospiele; also führen gewalttätige Spiele zu Amokläufen.
- Der Anteil ausländischer Staatsangehöriger in Zürcher Haftanstalten beträgt etwa 75 %; also sind Ausländer krimineller als Schweizer.
- Fast alle Heroinkonsumenten konsumierten vorher Marihuana, also ist Marihuana eine Einstiegsdroge.

# 3. Die Mittel

Man trifft einen Rückschluss von der Wirkung auf die Ursache. Allerdings ist die gefundene Ursache nicht die einzig denkbare, sondern nur eine Möglichkeit, und zwar vielleicht nicht einmal eine sehr wahrscheinliche. Diese Form des „Ableitens" nennt man Abduktion oder Retroduktion. Es geht darum, auf Grund von zunächst überraschenden Fakten eine Regel oder eine Erklärung zu suchen, welche „das Überraschende an den Fakten beseitigt" (*Jo Reichertz*).

> Wenn ein des Mordes Beschuldigter nach Vorlage eines Bildes des toten Opfers in Tränen ausbricht, dann spricht das nicht für seine Schuld. Zwar mag es sein, dass die meisten schuldigen Mörder in Tränen ausbrechen, wenn man ihnen das Bild des Opfers vorlegt; das lässt aber den Umkehrschluss nicht zu. Es kann durchaus sein, dass ein unschuldiger Verdächtiger eben auch in Tränen ausbricht, weil er sieht, dass man ihn verdächtigt, das Opfer so zugerichtet zu haben.

Nicht logisch ist es ferner, aufgrund einer Anzahl von Fällen, die bisher mit etwas zusammenhingen, in allen weiteren Fällen dieser Art auf die gleiche Verbindung zu schließen. Das kann zwar so sein, muss aber nicht. Wenn man eine Reihe von Einbrüchen eines Täters nach einem bestimmten Modus Operandi festgestellt hat, ist es nicht zwingend, dass ein weiterer Fall mit gleichem Modus vom gleichen Täter verübt worden sein muss. Doch kann dieses Schließen zu etwas Brauchbarem führen, zu einer guten Hypothese. Erfahrungen aus andern Kriminalfällen können gezeigt haben, dass gewisse Spuren zu wichtigen Beweisen führen; deshalb wird man diese Spuren auch in einem neuen Fall sichern. Eine Verallgemeinerung der beschriebenen Art nennt man Induktion (das Schließen vom Besonderen auf das Allgemeine).

Die Kunst der kriminalistischen Logik besteht vor allem im Erkennen allgemeiner Wahrheiten, die zusammen mit den vorhandenen Daten Rückschlüsse ermöglichen und so zu neuen Daten führen. Wie findet man aber die allgemeinen Wahrheiten? Einmal, indem man sich fragt: Was leistet heute die Kriminalistik in Bezug auf Daten, wie sie vorliegen: bei Blutspuren, Werkzeugspuren usw.? Was kann sie alles aus einem Projektil ableiten, was aus Schmauchspuren, was aus einer DNA-Spur? Was aus dieser oder jener Tatsituation? Es gibt daher nichts anderes, als dass man sich laufend darüber orientiert, was die Kriminaltechnik leisten kann und was in ähnlichen Fällen zur Lösung führte. Kommt man nicht weiter, so hilft vielleicht ein Lexikon oder ein wissenschaftliches Fachbuch zum Thema weiter, das im betreffenden Fall eine Rolle spielt. Man kann auch in einem Internet-Suchdienst den entscheidenden Begriff eingeben und schauen, was alles geliefert wird.

> In den USA wurde in den letzten Jahren mit der systematischen Auswertung von Blutspurenbildern begonnen; diese Technik und die amerikanischen Erfahrungen werden mittlerweile auch in Europa verwendet. In Deutschland hat *Silke Brodbeck* die amerikanischen Erkenntnisse aus der Blutspurenmusteranalyse bekannt gemacht. Damit wird es möglich, bestimmte Blutspurenbilder eindeutig zu interpretieren und mit einem bestimmten Tatablauf in Übereinstimmung zu bringen (oder nachzuweisen, dass sich die Tat anders ereignet hat). Das ist zum Beispiel besonders wichtig, wenn es zu beurteilen gilt, ob eine Verletzung durch einen Schlag oder durch den darauf folgenden Sturz entstanden ist. Bei Blutanhaftungen an Kleidern kann eindeutig gesagt werden, ob das Blut von innen oder von außen auf das Kleidungsstück kam. Die richtige Analyse des Blutspurenbildes ermöglicht es beispielsweise auch zu sagen, ob ein Opfer stand oder schon am Boden lag, als ihm der tödliche Schlag zugefügt wurde.

### 3.13 Der Zufall

Ein heuristisches Mittel, das in diesem Zusammenhang zum Schluss genannt werden soll, ist der Zufall, der zugunsten des Kriminalisten (Kommissar Zufall), aber auch zugunsten des Täters eine Rolle spielen kann. Streng genommen ist er gar kein „Mittel", denn er lässt sich nicht handhaben. Man kann mit ihm nicht einmal rechnen. In einem geistreichen Kriminalfilm machte der Täter, der schließlich ganz zufällig verhaftet und überführt werden konnte, die Bemerkung: „Gegen alles Voraussehbare konnte ich mich wappnen, gegen den Zufall natürlich nicht." Da man also über den Zufall in keiner Weise verfügen kann (man darf in schwieriger Situation lediglich auf ihn hoffen), liegt er eigentlich außerhalb des kriminalistischen Denkens.

Man kann immerhin dem Zufall etwas nachhelfen, indem man ungelöste Fälle wenigstens sauber dokumentiert und dafür sorgt, dass diese Dokumentation über die Jahre zugänglich bleibt. Bisweilen werden neue Methoden entwickelt, die auch bei der Lösung alter Kriminalfälle weiterhelfen können (wenn sich die betroffenen Beamten daran erinnern, dass die neue Methode auch auf einen bestimmten alten Fall anwendbar wäre).

# 3. Die Mittel

Mit Hilfe der DNA-Analyse konnten zahlreiche ungeklärte Straftaten nachträglich aufgeklärt werden; zumindest erhielten Beweisstücke eine neue Bedeutung, wie der Fall Ruth Steinmann zeigt: Das 12-jährige Mädchen war 1980 in einem Wald bei Zürich ermordet worden. Auf der Leiche wurde unter anderem ein fremdes Schamhaar gefunden. Mit den damaligen Mitteln konnte es nicht analysiert werden. 1989 wurde nach einem weiteren Mord an einem Kind Werner Ferrari verhaftet, der in der Folge die Tötung von vier Kindern zugab, nicht aber diejenige von Ruth Steinmann. Aufgrund des Modus Operandi und weiterer Indizien wurde er auch für diese Tat im Jahr 1995 wegen fünffachen Mordes zu lebenslänglichem Zuchthaus verurteilt. Schon im Jahr 1990 war das Schamhaar in die USA geschickt worden, wo erste Erfahrungen mit DNA-Analysen bestanden; aus dem fraglichen Haar (ohne Wurzel) konnte aber damals noch keine DNA gewonnen werden. Dies war erst im Jahr 2001 möglich; es stellte sich heraus, dass die DNA nicht von Werner Ferrari stammte. Der Schuldspruch gegen Werner Ferrari im Fall Steinmann wurde deshalb im Jahr 2003 wieder aufgehoben. Ein weiterer Tatverdächtiger, der von der Presse ins Spiel gebracht worden war, mittlerweile aber bereits verstorben war, wurde 2004 exhumiert – auch von ihm stammte das Haar allerdings nicht.

**Einige Merksätze:**

- Bei der Wahl der kriminalistischen Mittel zum Beweis von Straftaten sollte man sich immer zwei Fragen stellen: Führt das Mittel zum richtigen Ergebnis? Ist es prozessual zulässig? Nur wenn beide Fragen bejaht werden können, sollte man das Mittel einsetzen.
- Mittel zum Erkennen von Delikten, also zum Entscheid über die Frage, ob ein Anfangsverdacht auf eine Straftat vorliegt, sind an sich prozessual nicht beschränkt.
- Die zum Beweis von Straftaten zulässigen Mittel ergeben sich aus dem anwendbaren Strafprozessrecht.
- Aus kriminalistischer Sicht beinhalten verschiedene Kategorien von prozessual zulässigen Beweismitteln unterschiedliche typische Risiken.
- Bei der Analyse der Beweise hilft die Methode des systematischen Beobachtens weiter: Man vergleicht den Gegenstand zunächst mit Modellen; man analysiert dann getrennt die formalen und die inhaltlichen Elemente und die einzelnen funktionalen Elemente der Struktur des Gegenstands. Man sucht dann nach Ungereimtheiten und Widersprüchen und schließlich nach fehlenden Zeichen.
- Man sollte sich der Grenzen der menschlichen Wahrnehmung bewusst sein und deshalb gezielt technische Mittel einsetzen, wo solche Mittel diese Grenzen sprengen können. Man sollte sodann seine

Beobachtungen zu objektivieren suchen und sie sorgfältig dokumentieren.
- Das systematische Registrieren aller Beweisergebnisse erleichtert es, zunächst belanglose Erkenntnisse wieder zu finden, sobald sie sich als wesentlich erweisen.
- Wissenschaftliche Erkenntnisse erleichtern häufig den Beweis einer bestimmten Straftat. Deshalb ist es erforderlich, dass der Kriminalist auf dem Laufenden darüber ist, welche neuen Erkenntnisse der Wissenschaft sich auch kriminalistisch nutzen lassen.
- Statistische Methoden erleichtern in vielen Fällen die Beweisführung. Insbesondere sind Kenntnisse über Hochrechnungen und die Grundzüge der Wahrscheinlichkeitsrechnung von Vorteil, wenn es darum geht, den Wert von Beweisen zu bestimmen.
- Auch die Kenntnis der Sätze der Logik vereinfacht die kriminalistische Argumentation. Es geht in diesem Zusammenhang vor allem um die Vermeidung logischer Fehler bei der Beurteilung von Ursache-Wirkungs-Konstellationen.

# Zweiter Teil:
# Die Methode

## 1. Der kriminalistische Zyklus

### 1.1 Zyklische Prozesse

Der Weg zur Lösung der meisten Straffälle ist relativ einfach: Ausgehend von einem Tatverdacht wird bestimmt, um welchen Straftatbestand es geht. Man prüft, welche Tatbestandsmerkmale zu beweisen sind, und erhebt die erforderlichen Beweise. Lässt sich beweisen, dass der mutmaßliche Täter jedes Tatbestandselement erfüllt, dann ist der Fall gelöst; es kann Anklage erhoben werden. Ist dies nicht der Fall, dann liegt entweder kein Tatbestand vor, sodass das Verfahren definitiv erledigt werden kann; oder der Beweis bestimmter Tatbestandsmerkmale gelingt nicht, weil entweder die Beweislage schwach ist oder gar kein mutmaßlicher Täter identifiziert werden kann. In solchen Fällen wird das Verfahren einstweilen beiseitegelegt, also sistiert, bis sich allenfalls neue Erkenntnisse ergeben.

Die kriminalistisch interessanten Straffälle liegen allerdings anders. Der Anfangsverdacht beruht auf Informationen, die vorerst noch nicht genügen, um zu entscheiden, ob und allenfalls welche Straftaten in Frage kommen. Man muss in solchen Fällen vorerst die Datenlage genau analysieren und überprüfen, welche vorhandenen Daten das Bild vervollständigen könnten. Dann gilt es, ausgehend von diesen Daten Hypothesen über mögliche Tatabläufe zu bilden und für jede Hypothese zu entscheiden, welche Tatbestände in Frage kommen. Man kann sich dann auflisten, bei welchen in Frage kommenden Straftatbeständen welche objektiven und subjektiven Tatbestandsmerkmale zu beweisen sind; mit *Jürg-Beat Ackermann* könnte man diese Phase als Festlegen des materiellrechtlichen Programms bezeichnen. Anschließend erhebt man die Beweise zu den Tatbestandsmerkmalen, die noch nicht bewiesen sind. Weil man dabei das Bild des Sachverhaltes oft nicht einfach abrundet, sondern herausfindet, dass sich die Sache etwas anders abgespielt hat, als man ursprünglich vermutete, können sich in dieser Phase natürlich die Gewichte verschieben, wenn die Ergebnisse zu einzelnen Punkten der Beweisführung vorliegen. Eine der Hypothesen tritt eher in den Hintergrund, die andere wird wahrscheinlicher, und vielfach verändert sich das Bild auch so, dass neue Tatbestände in Frage kommen. Man kehrt damit also zum Ausgangspunkt zurück und modifiziert den Verdacht. Ausgehend vom neuen Ausgangsverdacht kann man eine neue Runde starten, also die Daten nochmals analysieren, neue oder präzisere Hypothesen bilden, daraus das Programm der Beweisführung ableiten und eine neue Phase der Beweiserhebung einleiten. Allenfalls ist danach eine dritte und sogar noch weitere Runde erforderlich.

Man könnte dieses Vorgehen als Pendeln vom Sachverhalt zum Tatbestand bezeichnen: Man fasst den Beweis eines bestimmten Straftatbestandes ins Auge und erhebt dazu gewisse Beweise. Die Beweisergebnisse vergleicht man dann mit den Merkmalen des Tatbestandes, aber auch von andern Tatbeständen, die nun auf Grund des Beweisergebnisses neu in Frage kommen könnten. Das Programm für die zu erhebenden Beweise wird angepasst und die Beweiserhebung wird nach Prüfung der Frage, welche neuen Tatbestandsmerkmale von Bedeutung sind, fortgesetzt, bis alle nötigen Beweise erhoben sind.

> Aus einem Tresor bei einer kleinen Bankniederlassung in der Schweiz waren 10 000 Franken verschwunden. Als Täter kamen Bankangestellte, aber auch Handwerker in Frage, die im Tresorraum bei möglicherweise offenem Tresor Reparaturarbeiten ausgeführt hatten. Möglicherweise war der Fehlbetrag auch auf eine (fahrlässig oder vorsätzlich) unterlassene oder falsch ausgeführte Buchung zurückzuführen. Es kamen also je nach Täterschaft und Tatablauf Diebstahl, Veruntreuung (Untreue nach deutschem Recht) oder eine nicht strafbare fahrlässige Fehlbuchung in Frage. Aufgrund der Videoüberwachung konnte schließlich eine Auszubildende identifiziert werden, die den Tresorraum ohne Auftrag betreten und in die Kasse gegriffen hatte. Es war nun zu prüfen, ob ihr der Inhalt des Tresors im Sinne des Veruntreuungstatbestandes anvertraut war; dazu waren Beweiserhebungen zu ihrem Aufgaben- und Verantwortungsbereich nötig. Nachdem diese Frage verneint werden konnte, lag Diebstahl und nicht Veruntreuung vor.

Das Bild des Pendelns scheint mir aber in schwierigen Fällen zu eindimensional. Kriminalistisches Denken folgt eher einem Regelkreis, wie er auch in anderen Wissenschaftszweigen beschrieben wird, wenn Abläufe beschrieben werden sollen, welche den Anwender immer näher zur gesuchten Lösung bringen. In den USA haben CIA und FBI in diesem Zusammenhang den Intelligence Cycle entwickelt, welcher den Vorgang der Nachrichtenbeschaffung und -verarbeitung beschreibt und fünf Phasen hat:

- Planning and direction: Es wird definiert, welche Daten zu erheben sind, um Informationen über einen bestimmten Sachverhalt zu finden.
- Collection: Die vorhandenen Daten werden gesammelt.
- Processing and exploitation: Die Daten werden verarbeitet und verwertet.
- Analysis and production: Die Daten werden analysiert.
- Dissemination and integration: Die Daten werden verteilt und so in den Zyklus integriert, dass sie zur Neuausrichtung der Planung beitragen.

## 1.2 Der kriminalistische Zyklus

Wenn der Intelligence Cycle der kriminalistischen Aufgabe angepasst wird, entsteht folgendes Modell, das man als kriminalistischen Zyklus bezeichnen könnte:

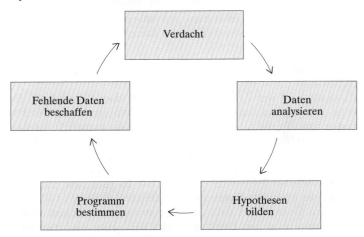

Dieser Zyklus enthält folgende Elemente:

- Verdacht: Der Ausgangspunkt des kriminalistischen Denkens ist der Verdacht, also eine Information oder ein Bündel von Informationen, das nahelegt, es könnte eine Straftat begangen worden sein.

- Daten analysieren: In einem ersten Schritt geht es darum, die vorhandenen Daten zu systematisieren, anzureichern und zu analysieren, um zu sehen, welche der Daten für die weitere Bearbeitung der kriminalistischen Aufgabe von Belang sind.
- Hypothesen bilden: Es werden nun ausgehend von den vorhandenen Daten Hypothesen über die möglichen Tatabläufe, also die denkbaren kriminalistisch relevanten Sachverhalte gebildet.
- Programm bestimmen: Für jede dieser Hypothesen ist zu klären, welche Straftatbestände erfüllt wären, wenn diese Hypothese zutreffend wäre. Für jeden in Frage kommenden Tatbestand wird aufgelistet, welche objektiven und subjektiven Tatbestandsmerkmale zu beweisen sind. Daraus ergibt sich das Programm für die nachfolgenden Beweiserhebungen.
- Daten beschaffen: Es geht nun darum, diese fehlenden Daten zu beschaffen. Gelingt dies vollständig, ist die kriminalistische Arbeit abgeschlossen. In dieser Phase des Prozesses ist es aber möglich oder sogar wahrscheinlich, dass die Beweiserhebung andere Ergebnisse liefert, als ursprünglich vermutet wurde.
- Verdacht: Letzteres führt dazu, den Ausgangsverdacht zu modifizieren und den Prozess nochmals zu starten.

## 1.3 Die einzelnen Phasen

Zunächst wird der Zyklus ausgelöst durch einen Tatverdacht. Es kann sich bei den Ausgangsdaten um eine Anzeige eines Geschädigten handeln, die zahlreiche Akten als Beilage enthält. In solchen Fällen wird man allenfalls mit einem Umgang des Zyklus auskommen, indem die Analyse der Daten schon ein relativ klares Bild ergibt, das eine eindeutige Hypothese und ein überschaubares materiellrechtliches Programm zur Folge hat. Es geht dann nur noch darum, die fehlenden Daten zu beschaffen und dann den Fall abzuschließen. Ganz anders sieht die Sache aus, wenn die Polizei an den Tatort eines schweren Deliktes gerufen wird: Hier wird man nach einer Sofortanalyse der angetroffenen Situation sofort erste Hypothesen über den mutmaßlichen Tatablauf aufstellen müssen, worauf ebenso umgehend erste fehlende Daten beschafft werden, die eine Modifikation des Verdachtes erlauben und zu neuen Hypothesen führen. In solchen Fällen ist es durchaus denkbar, dass man den Zyklus schon in den ersten Stunden mehrmals durchführen muss.

## 1. Der kriminalistische Zyklus

Ob ausgehend von der ersten Verdachtslage schon eine umfassende Analyse der Daten durchgeführt werden kann, hängt nach schweren Straftaten von der zur Verfügung stehenden Zeit ab. Nach meiner Erfahrung sollte man sich allerdings die Zeit dafür nehmen, soweit nicht sofort Fahndungsmaßnahmen nötig sind. Wer von unzureichend erfassten ersten Daten ausgeht, riskiert offensichtlich, sich in Hypothesen und in Beweiserhebungen zu verrennen, von denen bei gründlicher Überlegung erkennbar gewesen wäre, dass sie nicht zielführend sind. Dass zu einer ersten Datenanalyse gehört, dass man die Daten aus den polizeilich zugänglichen Quellen anreichert, ist in der polizeilichen Praxis selbstverständlich: Man wird in der Regel in der ersten ruhigen Phase nach dem ersten Angriff im Büro nachschauen, ob die Verdächtigen polizeilich schon bekannt sind und ob sie einschlägige Vorakten haben.

Wenn die Zeit nicht wegen des Fahndungsdrucks drängt, dann kann man sich nach der Analyse der Daten genügend Zeit lassen, um wirklich alle in Frage kommenden Hypothesen über den mutmaßlichen Tatablauf, die strafrechtliche Relevanz und die mögliche Täterschaft zu suchen. Auch in dieser Hinsicht kann sich fatal auswirken, wenn man diese Phase des Zyklus im ersten Umgang nicht ernst nimmt: Wer nach einem Tötungsdelikt von Anfang an in die falsche Richtung ermittelt, weil er nicht sieht, dass andere Hypothesen als die ins Auge springende denkbar wären, verliert die Zeit, die für die zeitnahe Beweiserhebung am richtigen Ort nötig wäre. Dieser Fehler ist später nur noch schwer zu korrigieren. In den ersten Umgängen des kriminalistischen Zyklus sind immer auch Varianten in Erwägung zu ziehen, die strafrechtlich gar nicht von Bedeutung wären. Das gilt natürlich insbesondere nach außergewöhnlichen Todesfällen.

Hat man sinnvolle Hypothesen zum möglichen Geschehen gefunden und daraus diejenigen mit strafrechtlicher Relevanz identifiziert, dann wäre im ersten Zyklus zumindest ein Blick ins Gesetz erforderlich, damit man von Anfang an weiß, welche Tatbestandsmerkmale es zu beweisen gilt. Wenn sich dann beim zweiten oder dritten Zyklus eine oder zumindest wenige Hypothesen als einschlägig erweisen, sollte man bei unklarer Rechtslage noch etwas weiter gehen und bei der Bestimmung des materiellrechtlichen Programms auch Literatur und Rechtsprechung zu schwierigen Abgrenzungsfragen konsultieren. Nur wer genau weiß, was es zu beweisen gilt, wird auch ein klares Konzept dazu entwickeln, wie er das tun kann.

Die Beschaffung fehlender Daten ist, wenn man die vorausgehenden Phasen des Zyklus seriös bearbeitet hat, meistens nicht mehr sehr anspruchsvoll. Zwar ist vielfach unklar, ob man etwas beweisen kann, aber zumindest die Frage, wie man dies versuchen könnte, beantwortet sich einfach. Wenn die fehlenden Daten beschafft sind oder klar ist, dass sie sich nicht beschaffen lassen, ist die Aufgabe gelöst. Wenn sich bei der Beschaffung der Daten Überraschungen ergeben und der Sachverhalt sich anders als erwartet darstellt, dann hat dies Einfluss auf den Ausgangsverdacht. Man muss also bei dieser Situation in die nächste Runde des Zyklus einsteigen.

## 2. Der Verdacht

Kriminalistisches Denken beginnt grundsätzlich mit einem Verdacht. Wer einen Verdacht hegt, vermutet mehr oder anderes, als sich offen zeigt. Wenn der Kriminalist Verdacht schöpft, so bedeutet das, er vermutet, ein Ereignis könnte eine Straftat, eine bestimmte Person ein Straftäter sein. Der Verdacht kann auch darin bestehen, hinter einem scheinbar leichten Delikt ein schweres Verbrechen zu vermuten, in einem kleinen Delinquenten einen Schwerkriminellen zu sehen.

Es soll im Folgenden zunächst um den Verdacht ganz zu Beginn der Ermittlungen gehen, um den so genannten Anfangsverdacht, dass überhaupt eine Straftat vorliege, allenfalls, dass eine bestimmte Person als Täter in Frage komme. Es geht also nicht um besondere Verdachtsmomente, die erst während der Bearbeitung eines Falles auftreten, etwa der Art, dass der Beschuldigte wahrscheinlich fliehen wolle, sodass eine Verhaftung wegen Fluchtgefahr notwendig sei.

Ausgangspunkt des Verdachtes ist das Nichtwissen. Wer also Verdachtslagen in alle Richtungen erkennen will, muss sich vorerst eingestehen können, dass er eben noch nicht weiß, wie die Lösung lautet. Je mehr die Kriminalistik verwissenschaftlicht wird, desto größer ist möglicherweise die Gefahr, dass Verdachtslagen falsch eingeschätzt werden. Wissenschaftler haben leider oft die Tendenz, neue Erkenntnisse oder Vermutungen wegzuerklären, statt zu erkennen, dass es sich lohnen würde, sich mit ihnen intensiver zu beschäftigen.

## 2. Der Verdacht

### 2.1 Der Inhalt des Verdachts

#### 2.1.1 Der Verdacht auf Straftaten

Ausgangspunkt für die Überlegungen zu einer Verdachtslage ist immer das materielle Strafrecht. Auch wenn klare Tatsachen auf das (moralisch) verwerfliche Verhalten eines Menschen hinweisen – solange sein Tun oder Lassen nicht strafbar ist, darf keinem Verdacht mit Mitteln des Strafprozessrechts nachgegangen werden. Das Strafrecht entwickelt sich (in letzter Zeit besonders rasch, weil in der Politik offenbar die Auffassung vorherrscht, jedes gesellschaftliche Problem müsse mit Mitteln des Strafrechts gelöst werden) weiter; was früher zwar unerwünscht, aber nicht strafbar war, ist es heute. Man denke nur daran, dass vor nicht allzu langer Zeit die Verwertung von Insiderwissen im Aktienhandel oder die Geldwäscherei noch nicht strafbar waren. Es ist ein gesellschaftspolitischer Entscheid, ob die Produktion von Betäubungsmitteln, von harter Pornografie oder von Gewaltdarstellungen auch dadurch eingeschränkt werden soll, dass deren Konsum unter Strafe gestellt wird. Je nach dem Entscheid einer Gesellschaft zu dieser Frage können Konsumenten mit strafrechtlichen Mitteln verfolgt werden oder eben nicht, und ein Blick in andere Länder zeigt, dass man diese Fragen durchaus unterschiedlich beantworten kann.

Die erste Frage, die sich bei einer unklaren Situation stellt, ist also die Frage danach, ob ein nach materiellem Recht strafbares Verhalten in Frage kommt oder nicht. Der Grundsatz „Im Zweifel für die Anklage" oder „Im Zweifel für die Untersuchung" gilt in diesem Zusammenhang nicht, wie *Jürg-Beat Ackermann* zu Recht geschrieben hat.

Viele außergewöhnliche Ereignisse, zum Beispiel der unerklärliche Tod eines Menschen, sein plötzliches Verschwinden, das Fehlen eines wertvollen Schmuckstückes, ein Brandfall, das Angebot eines Geldanlagemodells mit hohen Gewinnen und Ähnliches sind verdachtsbegründend. Man weiß, dass Menschen nicht ohne Grund sterben oder verschwinden; Sätze der Medizin und Erfahrungssätze sagen es, und es gibt Straftatbestände der Tötung und der Entführung. Zusammen kann dies zu einem Verdacht führen. Häuser entzünden sich nicht von selbst, die Palette der Ursachen reicht aber von einem technischen Defekt ohne menschliches Verschulden über eine fahrlässige Installation, die auch strafrechtlich relevant ist, bis zur Brandstiftung. Wenn hohe Gewinne bei Geldanlagen sicher erzielt werden könnten, würden die Banken höhere Zinsen für Spargelder zahlen. Weil sie das nicht tun, wecken Behauptungen, man könne Geld sicher zu einem Zins von 30 % pro Jahr anlegen, den Verdacht, dass das Anlagemodell betrügerisch ist.

Liegen die Hinweise auf eine Straftat nicht für jedermann zutage, so sind die Erfahrung und das Wissen des Kriminalisten gefragt. Nur derjenige, welcher bereits ähnliche Vorgänge als Verbrechen aufgedeckt oder aufgrund seiner Schulung und Lektüre von entsprechenden Straftaten gehört hat, wird Verdacht schöpfen und wissen, wie dieser zu verdichten ist. Aus diesem Grund ist es zum Beispiel heikel, wenn außergewöhnliche Todesfälle nicht immer auch unter Beizug von erfahrenen Kriminalisten bearbeitet werden (bzw. der Entscheid, ob ein Todesfall außergewöhnlich ist, dem Hausarzt überlassen wird). Es wird denn auch vermutet, dass eine größere Zahl von Todesfällen (vor allem von älteren Menschen) nicht als Fälle mit Dritteinwirkung erkannt werden, obwohl sie als solche erkennbar wären, wenn man sie genauer untersuchen und zumindest die Todesursache genauer prüfen würde. Wenn Herzversagen als Todesart erkannt wird, ist das im Grunde genommen nichtssagend: Jeder Tod ist mit dem Versagen des Herzens verbunden; zu fragen wäre, was die Ursache dafür ist. In solchen Fällen führt also die mangelhafte Abklärung eines Sachverhaltes dazu, dass eine Straftat nicht erkannt wird. Allerdings wird nicht jeder Kriminalist heikle Todesfälle als solche erkennen, weil die meisten keine genügende Erfahrung mit (natürlichen und außergewöhnlichen) Todesfällen besitzen; das eigentlich erforderliche und umfangreiche Spezialwissen zu diesem Thema wird heute immerhin im Internet über www.todesermittlungen.de ausgetauscht.

Nicht nur materielle, sondern auch formelle Gründe können allerdings dazu führen, dass trotz klarer Verdachtslage nicht weiter ermittelt werden soll: Eine verjährte Tat kann richtigerweise keinen Verdacht begründen, den man überprüfen müsste. Mitunter steht aber zu Beginn von Ermittlungen noch nicht fest, dass die Tat verjährt ist. Das können vielleicht erst entsprechende Feststellungen zeigen. Gerade auch die Dauer der Verjährungsfristen ist ein gesellschaftlicher Entscheid, der diskutiert werden muss. In der Schweiz wurden in den letzten zwanzig Jahren die Verjährungsfristen für sexuelle Handlungen an Kindern viermal geändert. Die unterschiedlichen Berechnungsweisen und Übergangslösungen führen dazu, dass komplizierte Überlegungen zur Frage angestellt werden müssen, ob eine Anzeige einer 30-jährigen Frau, sie sei vor 18 Jahren von ihrem Onkel sexuell missbraucht worden, bearbeitet werden muss oder nicht.

Die Ermittlung gegen Tote ist nicht möglich; das erschwert es zum Beispiel, bei einem Verdacht auf erweiterten Suizid (der Ehegatte tötet zuerst die Ehefrau und dann sich selbst) noch strafprozessuale Zwangsmaßnahmen zur Erhärtung dieser Hypothese einzusetzen. Man behilft sich in solchen Fällen in der Regel damit, dass man ein Verfahren gegen unbekannte Täterschaft eröffnet, indem man die Arbeitshypothese aufstellt, der Tote habe möglicherweise Mittäter gehabt – die tatsächliche Basis solcher Arbeitshypothesen ist allerdings oft ausgesprochen dünn.

Geht es um einen kriminellen Vorgang, bei welchem bereits Vorbereitungshandlungen (selbstständig) strafbar sind, so kann der Verdacht relativ früh entstehen, schon bei Anhaltspunkten für solche Vorbereitungen.

### 2.1.2 Der Verdacht auf Straftäter

Grundsätzlich ist also der Verdacht auf eine Straftat Voraussetzung für die Überlegung, wer als Täter in Frage kommen könnte. Der Umstand, dass sich jemand verdächtig macht, genügt noch nicht zur Eröffnung der Untersuchung. Wenn allerdings das Verhalten einer Person so offensichtlich verdächtig ist, dass sich daraus bereits der deutliche Verdacht ergibt, er müsse Straftaten begangen haben, wird man vorerst außerhalb des Strafverfahrens (und damit ohne Einsatz der damit zur Verfügung stehenden Zwangsmittel) gewisse Vorabklärungen machen können. Auch in solchen Fällen setzen die Ermittlungen aber vorerst beim Nachweis von Taten an, bis sie sich wieder dem Verdächtigen zuwenden.

Allerdings kommt es in der Praxis oft vor, dass Polizeibehörden den Anfangsverdacht nur auf den Täter beziehen, ohne dass ein Anfangsverdacht auf eine bestimmte Straftat vorhanden ist. Das genügt aber in der Regel zur Eröffnung einer Untersuchung und zur Anordnung von Maßnahmen, die mit Grundrechtseingriffen verbunden sind, gerade nicht. Insbesondere ergibt sich aus dem Grundsatz der Unschuldsvermutung, dass der Verdächtige nicht verpflichtet ist, den gegen ihn gerichteten generellen Tatverdacht zu zerstreuen. Er muss also zum Beispiel nicht erklären, woher die neuen Kleider stammen, die sich im Kofferraum seines Fahrzeugs befinden, oder wieso er mehrere 1000 Euro mit sich führt und woher er dieses Geld hat. Man wird also in solchen Situationen zuerst mit Hochdruck nach der passenden Straftat suchen müssen.

> Der Umstand, dass nachts in einem Fabrikgebäude eine Scheibe eingeschlagen wird, begründet den Anfangsverdacht auf eine Straftat. Dagegen begründet der Umstand, dass ein vorbestrafter Einbrecher nachts um vier Uhr in einem Industrieareal mit seinem Auto unterwegs ist, noch keinen Anfangsverdacht auf einen Einbruchdiebstahl. Dieser Verdacht lässt sich zwar konkretisieren, wenn der Kontrollierte eine unvernünftige Erklärung für seinen Aufenthalt in der Gegend hat oder wenn er ein Brecheisen auf dem Beifahrersitz mit sich führt. Ein konkreter Verdacht auf eine Straftat liegt aber immer noch nicht vor, solange nicht ein Bezug zu einer bestimmten Straftat hergestellt (oder zumindest ein Versuch bewiesen) werden kann.

Das Fehlen einer geregelten und normalen Lebensweise ist verdächtig. Jemand geht immer nachts aus, arbeitet tagsüber nicht oder nur wenig und gibt viel Geld aus, ohne dass etwas von einer Anstellung mit Nachtarbeit, einer Erbschaft, einem Los- oder Totogewinn oder andern Geldquellen bekannt wäre. Wer als Asylbewerber in einem Gastland von der öffentlichen Hand lebt und trotzdem ein teures Handy benützt, macht sich verdächtig, dass er entweder schwarzarbeitet oder delinquiert. Dieser Verdacht wäre allerdings zu konkretisieren.

Verdächtig sind erkennbare Tarnungsmaßnahmen eines Menschen, etwa die Verwendung falscher Namen oder Adressen auch bei harmlosen Geschäftsabschlüssen, die Abwicklung von banalen Geschäften über anonyme Gesellschaften, wenn dies keinen erkennbaren Sinn macht, die Gründung von Gesellschaften mit Sitz im Ausland ohne erkennbaren (z. B. steuerlichen) Zweck, obwohl die Geschäfte dieser Gesellschaften im Inland abgewickelt werden. Wer häufig aus öffentlichen Telefonzellen telefoniert, obwohl er ein Handy besitzt, oder wer auf seinem Computer Programme zum anonymen Surfen im Internet und zum unwiderruflichen Löschen von Daten installiert hat, der erweckt den Anschein, dass er etwas zu verbergen habe. Das ist aber nur im Zusammenhang mit einem konkreten Tatvorwurf von Bedeutung.

Anders liegt die Sache, wenn der Beschuldigte, der mit einer Straftat in Verbindung gebracht wird, sich im Rahmen des Strafverfahrens verdächtig benimmt, ohne dass dieses Verhalten direkt mit der konkreten Straftat zu tun haben muss. Verdächtig macht sich, wer vor einer Vernehmung oder Verhaftung untertaucht, falsche Personalien zu Protokoll gibt, sich mit einem gefälschten Pass ausweist. Wer über einen Vorfall keine Auskunft erteilen will, könnte etwas zu verbergen haben. Zwar ist es das Recht jedes Beschuldigten, zu den Tatvorwürfen zu schweigen, und darüber muss er vor der Vernehmung auch belehrt werden. Es ist aber auch das Recht des Strafverfolgers, aus dem Schweigen des Verdächtigen den Schluss zu ziehen, dass gründliche Abklärungen sich lohnen. Erfahrungsgemäß wird nämlich der Unschuldige, der einer Tat verdächtigt wird, eben nicht schweigen, sondern alles tun, um seine Unschuld zu beweisen.

## 2.2 Die Intensität des Verdachtes

### 2.2.1 Verdachtsgrad als Wahrscheinlichkeit der Verurteilung?

Ein Verdacht auf eine Straftat kann verschieden intensiv sein. Er kann vom vagen Gedanken an die bloße Möglichkeit bis zur vorläufig unbewiesenen inneren Überzeugung reichen, es müsse eine Straftat begangen worden sein und eine bestimmte Person sei der Straftäter. Wer eine Leiche mit einer Schussverletzung findet, jedoch weit und breit keine Waffe, bei dem entsteht der dringendste Verdacht, es sei ein Verbrechen geschehen. Entdeckt man bei einer Feuersbrunst zwei oder gar drei Brandherde, so ergibt sich der deutliche Verdacht einer Brandstiftung. Hört man dagegen in der Nacht einen einzigen Schrei, so kann man an die Möglichkeit einer Straftat denken, ohne dem vagen Verdacht eine Ermittlung folgen zu lassen. Die entscheidende prozessuale Frage in diesem Zusammenhang lautet: Wann ist ein Anfangsverdacht so deutlich, dass es lohnend und zulässig ist, ihn mit polizeilichen Mitteln durch weitere Untersuchungen zu konkretisieren? Und wann ist er soweit konkretisiert, dass es zulässig ist, eine Strafuntersuchung zu eröffnen und die nun zur Verfügung stehenden Maßnahmen zur Beweiserhebung einzusetzen? *Jürg-Beat Ackermann* hat darauf hingewiesen, dass bei Zweifeln an der Schlüssigkeit eines Verdachtes keine Strafverfahren eröffnet und schon gar keine Zwangsmaßnahmen angewendet werden dürfen; ein zweifelhafter Verdacht könne den Grundsatz der Unschuldsvermutung und die betroffenen Freiheitsrechte niemals durchbrechen. Dem ist insofern zuzustimmen, als die Zweifel die *Zuverlässigkeit* der Ausgangsdaten betreffen.

Im strafprozessualen Sinn wird der Verdachtsgrad in der Regel als Wahrscheinlichkeit der Verurteilung des Beschuldigten verstanden: Dringender Tatverdacht zur Begründung der Untersuchungshaft bedeutet, dass nach dem gegenwärtigen Stand der Ermittlungen eine hohe Wahrscheinlichkeit für die Verurteilung des Beschuldigten besteht. Im kriminalistischen Sinn sollte man sich von dieser Betrachtungsweise lösen. Bei der Beurteilung eines außergewöhnlichen Todesfalls kommt es zur Beantwortung der Frage, ob weitere Ermittlungen angezeigt sind, zunächst nicht darauf an, ob ein Beschuldigter identifiziert werden kann, sondern nur darauf, ob der Todesfall natürlich ist oder ob eine Straftat als Ursache in Frage kommt. Man wird also zunächst nicht auf den Täter, sondern auf die Tat fokussieren müssen.

Ohnehin muss der Versuch, den Grad des Verdachtes über die Wahrscheinlichkeit der Verurteilung zu definieren, in der Regel scheitern. *Georg Steinberg* hat darauf hingewiesen, dass eine bestimmte Verdachtslage eine Verurteilung nicht deshalb mehr oder weniger wahrscheinlich macht, weil man im Ungewissen über künftige Ereignisse ist, sondern weil man eine begrenzte Kenntnis über Tatsachen besitzt. Wenn man aber noch gar nicht weiß, welche Umstände für eine Verurteilung wesentlich sind, weil der Tatablauf noch offen ist, dann kann man auch nicht einigermaßen zuverlässig abschätzen, mit welcher Wahrscheinlichkeit diese Umstände erfüllt sein könnten oder nicht.

### 2.2.2 Verdachtsgrad als Maß der zulässigen Grundrechtseingriffe

Immerhin: Ein erfahrener Kriminalist wird grob abschätzen können, wie wahrscheinlich es ist, dass eine Straftat vorliegt und dass ein Täter überführt werden kann, wenn er die objektiv bekannten Tatsachen eines Falles kennt. Strafprozessual wird er daraus ableiten können, welche Ermittlungen zulässig sind, denn nach der Rechtsprechung gilt, dass eine strafprozessuale Ermittlungsmaßnahme in einem angemessenen Verhältnis zum Gewicht der Grundrechtsbeeinträchtigung stehen muss, und dieses Verhältnis ist eben abhängig von der Schwere der Tat und vom Grad des Tatverdachtes.

In diesem Zusammenhang entsteht allerdings ein weiterer scheinbarer Widerspruch: Wenn bei schwacher Verdachtslage nur Ermittlungsmaßnahmen zulässig sein sollen, die mit geringen Grundrechtseingriffen verbunden sind, dann scheint auf den ersten Blick die

Gefahr groß, dass man die Beweislage nicht rasch entscheidend verbessern kann, weil auch der Beweiswert solcher Ermittlungsmaßnahmen gering ist. Das trifft allerdings nicht zu: Die Abnahme eines Wangenschleimhautabstrichs zum DNA-Abgleich ist offensichtlich mit einem geringen Grundrechtseingriff verbunden, kann aber einen sehr hohen Beweiswert haben. Dagegen ist eine akustische Wohnraumüberwachung mit einem sehr starken Grundrechtseingriff verbunden, führt aber nur dann zum Erfolg, wenn über die aufzuklärende Straftat dann auch tatsächlich gesprochen wird. Man sollte sich also im Zusammenhang mit der Beurteilung der Eingriffsschwere einer Beweismaßnahme immer fragen, wie hoch die Aussicht auf wesentliche Beweisergebnisse im konkreten Fall ist. Dabei spielt auch eine Rolle, wie hoch die Wahrscheinlichkeit ist, dass der Verdächtige als Täter tatsächlich ausgeschlossen werden kann.

> Ein Informant der Polizei berichtete, sein Kollege erhalte etwa alle drei Wochen per Post ein Paket aus Kolumbien, das Holzstatuen enthalte, in denen Kokain versteckt sei. Die Polizei hatte gewisse Zweifel, dass die Information zuverlässig sei.
> Die richterliche Bewilligung für eine Postüberwachung wurde mit folgender Überlegung zu Recht erteilt: Die Anordnung der Postüberwachung konnte auf Pakete aus Südamerika beschränkt werden. War die Information richtig, dann werde voraussichtlich rasch ein erstes Paket eintreffen, und es könne dann einfach festgestellt werden, ob darin hohle, Kokain enthaltende Holzstatuen verpackt seien. War die Information falsch, dann würde man voraussichtlich überhaupt keine Postsendungen sicherstellen können, sodass der Beschuldigte durch die Maßnahme gar nicht beschwert, aber vom Tatvorwurf entlastet sei. Trotz eher vagem Tatverdacht war also eine strafprozessuale Maßnahme zulässig, die normalerweise mit einem erheblichen Grundrechtseingriff verbunden ist. Die Information erwies sich übrigens als richtig.

Die Frage, unter welchen Umständen sich polizeiliche Ermittlungen im Vorfeld einer Strafuntersuchung (die in der Regel als Vorabklärungen bezeichnet werden) lohnen, ist mehr eine taktische als eine juristische Frage. Vor der eigentlichen Eröffnung der Untersuchung stehen der Polizei nur die Mittel der Informationsbeschaffung und -verarbeitung aus öffentlichen Quellen zur Verfügung, die im Allgemeinen die Persönlichkeitsrechte von Bürgern noch nicht tangieren. Immerhin besteht schon in dieser Phase die Gefahr, dass durch die Verknüpfung von öffentlich zugänglichen Informationen Persönlichkeitsprofile entstehen, die zwar nicht auf Straftaten hinweisen (und deshalb auch keine Eröffnung einer Strafuntersuchung rechtfertigen), aber die Freiheitsrechte der Bürger doch beeinträchtigen können. Das gilt insbesondere dann, wenn Daten gesammelt werden, welche staatsgefährdende Aktivitäten aufdecken sollen.

> In der Schweiz löste die sog. Fichenaffäre 1990 eine mittlere Staatskrise aus. Es erwies sich, dass die Bundespolizei unter Mithilfe kantonaler Polizeibehörden 900 000 Karteikarten über etwa 700 000 Personen angelegt hatte, welche zum Teil bloß Angaben über die legale politische Betätigung der Fichierten enthielten. Ziel der Datensammlung war es, Informationen über staatsgefährdende Umtriebe zu sammeln. Viele Betroffene vermuteten nach Einsicht in die Fichen, die Daten seien teilweise auch an Private, insbesondere an Wirtschaftsunternehmen, weitergereicht worden, um die Rekrutierung von „subversivem" Personal zu verhindern.

Auch die Frage, welche Intensität eines Verdachtes die Eröffnung einer Strafuntersuchung ermögliche, lässt sich nicht in Form einer exakten Beschreibung beantworten. Klar ist, dass eine nur vage Vermutung noch keinen Anfangsverdacht begründet, der ein Eingreifen der Strafverfolgungsbehörden rechtfertigen könnte oder veranlassen müsste (wohl aber allenfalls wenige zurückhaltende und klärende Vorabklärungen). Als Anfangsverdacht genügt immerhin schon ein einfacher Verdacht, es sei eine Straftat verübt worden; dringend muss dieser Verdacht nicht sein.

Bezeichnend ist in diesem Zusammenhang, dass weder die deutsche noch die Schweizerische Strafprozessordnung genauer definieren, wann ein Ermittlungsverfahren zu eröffnen ist. Erst die Voraussetzungen für den Übergang ins Hauptverfahren (nach deutschem Recht in § 199 ff. StPO) bzw. den Übergang von der polizeilichen Ermittlung zur staatsanwaltschaftlichen Untersuchung (nach Schweizer Recht in Art. 309 StPO) sind gesetzlich genauer definiert. Das deutet darauf hin, dass die Frage, wann überhaupt mit Ermittlungen zu beginnen sei, sich nicht in allgemeiner Weise beantworten lässt. Anderseits enthalten beide Gesetze Bestimmungen darüber, wann (trotz vorliegender Straftat) auf eine Strafverfolgung verzichtet werden kann (§ 153 ff. der deutschen StPO, Art. 8 der Schweizerischen StPO).

### 2.3 Ausgangspunkte für einen Verdacht

#### 2.3.1 Polizeiliche Feststellungen

Eine Straftat kann vom Beamten in eher seltenen Fällen direkt wahrgenommen werden, etwa dann, wenn er einen Unfall, eine

## 2. Der Verdacht

Sachbeschädigung oder eine Schlägerei beobachtet, wenn er mit anhört, wie jemand durch falsche Aussagen einen anderen betrügt oder als Zeuge durch Falschaussagen jemanden begünstigt. Ebenso zufällig, aber mittlerweile bedeutend häufiger ist es, dass die relevanten Geschehnisse technisch aufgezeichnet werden. Es sollte deshalb abgeklärt werden, ob sich die Straftat (oder relevante Informationen in ihrem Zusammenhang) im Bereich einer Kamera ereignete, welche die Daten zu einem andern Zweck speichert. Zu denken ist an Verkehrsüberwachungs-Kameras, an Kameras bei Bankautomaten, welche auch das nähere Umfeld des Automaten aufzeichnen. Neuerdings gibt es immer zahlreicheren Kameras, welche Bilder aufnehmen und ins Internet überspielen, etwa zur Wetterbeobachtung, aber auch zur Befriedigung der Neugier – viele größere Plätze in wichtigen Städten werden permanent durch Webcams erfasst. Schließlich ist es bei gewissen Straftaten wahrscheinlich, dass zufällig anwesende Personen zumindest einen Teil davon mit ihrer Handy-Kamera aufgezeichnet haben (etwa bei Krawallen nach Fußballspielen oder nach politischen Demonstrationen). Solche Filme werden oft nicht bei der Polizei deponiert, finden sich dann aber in den einschlägigen Internet-Portalen, etwa auf www.youtube.com.

> Ein angebliches Opfer einer Vergewaltigung hatte angegeben, den späteren Täter in einem Lokal getroffen zu haben; wahrscheinlich habe er ihr dann KO-Tropfen ins Getränk geschüttet, denn sie wisse nur, dass ihr noch im Lokal plötzlich übel geworden sei. Das Nächste, woran sie sich erinnere, sei der Umstand, dass sie am nächsten Morgen im Bett des Täters erwacht sei. Der angebliche Täter erklärte, er habe die Frau im fraglichen Lokal kennengelernt und dann mit nach Hause genommen, was natürlich auch sie gewollt habe. Sie sei zwar vom Alkohol angeheitert, aber durchaus noch in der Lage gewesen, selbst zu entscheiden, was sie wolle. Der Polizist dachte daran, den Videofilm der Überwachungskamera bei der Kasse des Parkhauses einzuholen, in welcher der angebliche Täter sein Auto parkiert hatte. Darauf sah man die beiden in inniger Umarmung, und weil die Frau einen Teil der Parkgebühr beglich, war auch deutlich ersichtlich, dass sie noch ohne Weiteres fähig war, den Automaten richtig zu bedienen. Der Film wurde ihr vorgespielt, und sie gab zu, freiwillig in die Wohnung des Mannes gegangen zu sein und mit ihm geschlafen zu haben; die Geschichte mit den KO-Tropfen habe sie frei erfunden

Weitaus häufiger als die direkte Beobachtung der Tat ist, dass die Polizei zu einem Ereignis gerufen wird und vor Ort feststellt, dass eine Straftat begangen wurde. Es geht dann vorerst um die Sicherung der Spuren der Tat. Damit sind zunächst alle objektiven Veränderungen des Tatortes, welche durch die Tat verursacht wurden, gemeint. Spuren finden sich aber auch im Umfeld der Tat, also bei der Vorbereitung, im Umfeld und selbst nach der Tat (wenn der Täter versucht, die Spur zu ihm oder zur Tat zu unterbrechen). Letztlich sind dann aber auch alle Personalbeweise Spuren, die zur Tat und zum Täter führen können.

Die Schwierigkeit bei der Erhebung der Spuren besteht darin,
- möglichst alle objektiven Veränderungen des Tatortes, welche durch die Tat verursacht wurden, zu sichern,
- sie von allen andern Auffälligkeiten des Tatortes, die nicht durch die Tat verursacht wurden, zu trennen.

Dabei ist immer auch daran zu denken, dass der Täter Spuren beseitigt haben könnte (was seinerseits oft Spuren hinterlässt) oder dass er vielleicht sogar falsche Spuren gelegt hat. Das vergrößert die ohnehin schon fast unüberwindbaren Schwierigkeiten, die richtigen Spuren zu erkennen, weil zu Beginn der Untersuchung eben vielfach noch gar nicht feststeht, um was es überhaupt gehen könnte. Solange aber beispielsweise nicht klar ist, ob eine im Wald gefundene Leiche an einem Herzinfarkt oder einem Unfall gestorben ist, erschossen oder vergiftet wurde, steht auch nicht fest, welche objektiven Veränderungen an der Leiche und rund um sie herum von Bedeutung sind und welche nicht. Bei dieser Situation bleibt nichts anderes übrig, als alle irgendwie interessanten Befunde zu erheben. Es hilft auch in diesem Zusammenhang der von *Henriette Haas* postulierte Vergleich mit Modellen: Was ist an der Situation normal, was ist außergewöhnlich? Dabei gilt es, nicht nur eine Tathypothese zu verfolgen, sondern alle denkbaren. Bei der Spurensuche kommt deshalb „das weite Öffnen der Augen" vor dem „Schließen der Akten", wie es *Jo Reichertz* zutreffend formuliert hat.

Meistens beschränken sich eigene Wahrnehmungen auf die am Tatort noch vorhandenen physischen Spuren eines verdächtigen Ereignisses. Natürlich gibt es auch strafbare Handlungen, bei denen der Tatort fahndungs- und beweistechnisch eine durchaus untergeordnete Rolle spielt, so beim Betrug, beim Drogenhandel und bei Unterlassungsdelikten. Die Tat kann durch bestimmte Handlungen vorbereitet worden sein; der Täter hat sich beispielsweise Einbruchswerkzeuge beschaffen müssen. Das kann sich in Spuren niedergeschlagen haben, die zu suchen sind. Nicht selten werden ferner Folgen einer Straftat wahrgenommen: Eine Effekten- oder Hausdurchsuchung beim Verdächtigen fördert Diebesgut oder Tatmittel zutage, allenfalls zeigt der Beschuldigte deutliche Tendenzen, einer angekündigten Befragung auszuweichen.

Einige Daten (zum Beispiel Fingerabdruckspuren, Blutspuren und Wunden, Speichelspuren und Sperma, Abdrücke, Brandspuren) sucht und sichert der Kriminalist durch Fachleute oder Sachverständige. Nur so ist eine zuverlässige Beweissicherung und kunstgerechte Auswertung gewährleistet. Einfachere Tests (etwa Atemlufttests auf Alkohol oder Drogen-Schnelltests) lassen sich, wenn es nicht anders geht, schon am Tat- oder Fundort durch Beamte durchführen; sie dienen dann als vorläufige Erhärtung oder Minderung des Tatverdachts. Solche Daten sind insbesondere wichtig, wenn es rasch zu verfügen gilt, wenn also beispielsweise ein Haftantrag gestellt werden soll und eingehende Untersuchungen zu diesem Zweck zu lange dauern. Es ist aber fast immer nützlich, Fachleute oder Sachverständige frühzeitig beizuziehen, weil sie auch versteckte oder schwer sichtbare Spuren finden können.

Ohnehin spielt der Zeitfaktor bei der Spurensuche eine wesentliche Rolle. Auch heute noch gilt die alte Erfahrungstatsache, dass bei Tötungsdelikten in den ersten 48 Stunden die entscheidende Spur zum Täter gefunden werden sollte; gelingt dies nicht, dann erhöht sich das Risiko markant, dass der Täter nicht mehr gefunden werden kann.

Im Vordergrund steht das bereits erwähnte Sammeln von Daten am Tatort, am Fundort der vermutlich verbrechensrelevante Gegenstände oder des toten Opfers, auf dem Weg des Täters zum Tatort und an andern relevanten Orten, was der unglückliche Begriff Tatbestandsaufnahme zum Ausdruck bringen soll – man nimmt nämlich nicht einen Tatbestand auf, sondern einen Sachverhalt. Wie das hinsichtlich bestimmter Fälle gemacht werden soll, wird in der Spezialliteratur dargestellt und bis in alle Einzelheiten beschrieben. Im Folgenden sind daher nur die allgemeinen Erkenntnisse darzustellen.

### 2.3.1.1 Übersicht über den Tatort

Zuerst gilt es (aus einer gewissen Distanz) eine Übersicht über den (vermutlichen oder sicheren) Tatort zu gewinnen. Wo liegt er? In welchen Beziehungen steht er zu seiner Umgebung? Wie gelangt man zu ihm? Ähnliches gilt, wenn Tatort und Fundort der Leiche oder von bedeutsamen Gegenständen auseinanderliegen. Man hat sich früh auch die Frage zu stellen: Soll der Tatort abgesperrt werden und wie kann das vernünftig geschehen?

Der erste Angriff an einem unübersichtlichen Tatort sollte in zwei Phasen erfolgen:

- Beim Sicherungsangriff geht es darum, sich einen ersten Überblick zu verschaffen, Verletzten Erste Hilfe zu leisten, den Tatort abzusperren und allfällige Tatverdächtige festzustellen und anzuhalten oder die Fahndung nach ihnen auszulösen. Sodann müssen die Spuren geschützt und gesichert werden, wobei die Dokumentation darüber wichtig ist, inwiefern beim Sicherungsangriff bereits Spuren vernichtet oder die Tatortsituation verändert wurde. Schließlich müssen Zeugen festgestellt und identifiziert werden.
- Beim Auswertungsangriff ist vorerst zu prüfen, welche Spezialkräfte aufgeboten werden müssen. Sodann soll der Tatort dokumentiert werden, und zwar in der Regel fotografisch oder (in einfacheren Fällen) mit Skizzen. Anschließend sind Spuren zu sichern und auszuwerten, Zeugen zu Protokoll einzuvernehmen und weitere für die Dokumentation des Tatortes wesentliche Daten zu beschaffen.

Bei der Dokumentation der ersten Übersicht sollte man sich auf diejenigen Umstände konzentrieren, die sich verändern werden. Es macht beispielsweise keinen Sinn, in der ersten Phase Zeit dafür aufzuwenden, den Grundriss der Tatort-Wohnung genau zu erfassen, weil man dies später nachholen kann; dagegen muss die Lage von Beweisstücken, die gesichert und entfernt werden, genau dokumentiert werden. Dazu kommt natürlich die Dokumentation von Zeitpunkt und Dauer des Augenscheins, der anwesenden Personen und allenfalls von Nebenumständen wie der Witterung, der Temperatur oder anderer Daten, die im konkreten Zusammenhang von Bedeutung sein könnten.

### 2.3.1.2 Beschreibung der Tatsituation

Es folgt eine genaue Beschreibung der Verdacht erweckenden Situation, des Tatortes im engeren Sinn, sowie die Suche und Sicherstellung von Beweisstücken und Spuren. Bevor man etwas berührt, betritt oder gar verändert, sollte man, wenn es für die Beweisführung wichtig sein könnte, den betreffenden Teil der Situation oder den Gegenstand in seiner Lage fotografieren. Wichtig sind einerseits Übersichtsbilder, welche die Einordnung der Details ermöglichen, anderseits natürlich Detailaufnahmen. Mit Nutzen kann auch eine Videokamera eingesetzt werden. Wichtige Gesichtspunkte, die besonders gute Bilder erfordern, können mit großformatigen Kameras oder gar fotogrammetrisch festgehalten werden. Mittlerweile ist der Einsatz von Kleinstfluggeräten realistisch, die ferngesteuert werden und fotografieren oder filmen können; solche Geräte sind preiswert und technisch hoch entwickelt. Voraussetzung für ihren Einsatz ist allerdings relativ gutes Wetter mit genügend Licht und wenig Wind.

Objekte, die bei Ausführung der Tat wohl vorhanden waren, nun aber fehlen, müssen gesucht werden, und es ist nicht nur anzugeben, wo man sie fand, sondern auch, wo man sie vergeblich suchte. Was wurde allenfalls vom Täter zurückgelassen? Wo? Erst nach dieser allgemeinen fotografischen Sicherung der Örtlichkeit und der Gegenstände darf mit der Spurensuche im Kleinen begonnen werden.

Wichtig bei der Dokumentation der Tatsituation ist der Zustand und die Stellung von Fenstern, die Stellung der Lichtschalter, der Zustand der Beleuchtungskörper und allfälliger elektronischer Geräte.

> Wird zum Beispiel beim Eintreffen am Tatort übersehen, dass der CD-Player noch läuft, geht ein einfacher und rasch zu erhebender Hinweis auf die Tatzeit verloren.

### 2.3.1.3 Aufnahme und Dokumentation der Spuren

Welche Spuren zu dokumentieren sind, hängt von der mutmaßlichen Straftat ab. Es ist dabei auch an Spuren zu denken, die ein Unbeteiligter vor oder nach der Tat zurückgelassen hat und die irreführend sein können.

Allgemein lassen sich Spuren materieller Natur und psychische Spuren unterscheiden:

- Zu Ersteren zählt *Ernst Wigger* Formspuren (z. B. die Form eines Werkzeugabdruckes auf dem Schädel des Opfers), Materialspuren (z. B. Blut), Situationsspuren (z. B. Lage einer Schusswaffe und des abgefeuerten Projektils, die den Ereignisablauf vielleicht rekonstruieren lassen), Gegenstandsspuren (z. B. ein Ausweis, vom Täter am Tatort verloren).
- Die zweite Kategorie umfasst psychische Spuren, etwa das veränderte Verhalten des Verdächtigen vor bzw. nach der Tat, Schuldsymptome. Die Dokumentation solcher Spuren wird leider oft vernachlässigt; der in flagranti nach einem Gewaltdelikt angehal-

tene Verdächtige sollte zum Beispiel nicht nur vom Gerichtspsychiater, sondern auch vom Gerichtsmediziner möglichst rasch nach der Tat untersucht werden. Immer geht es primär darum, Beweise oder Indizien für die vermutete Tat und die Täterschaft zu finden. Zweck der Übung kann aber auch die Bestätigung oder Falsifizierung von Aussagen sein.

Eine materielle Spur kann gleichzeitig verschiedenen Kategorien zugehören. So kann der Ort einer Verletzung am Körper des Opfers auf einen bestimmten Ablauf des Unfalles hinweisen, während die Form der Verletzung und Lacksplitter in der Wunde das Fahrzeug des flüchtigen Fahrers zu identifizieren erlauben.

Nach Art der Entstehung lassen sich unterscheiden:

- Abdruckspuren (z. B. Fingerabdrücke, Sohlenabdrücke);
- Eindruckspuren (z. B. Werkzeugspuren an der aufgebrochenen Schublade);
- Gleitspuren (z. B. die Stoppspur eines Autos), Schnitt- oder Stichspuren (etwa eines Messers mit Scharten), Bruch- oder Rissspuren (beispielsweise an einer eingeschlagenen Fensterscheibe);
- Passstücke (etwa ein abgebrochener, teilweise stecken gebliebener Bohrer oder ein Teil eines zerrissenen Papierstückes, wobei das Gegenstück beim Verdächtigen gefunden wird);
- Schriften und Zeichen, die auf eine bestimmte Person oder ein bestimmtes Schreibgerät hinweisen (wie eine Sprayschrift am Tatort oder eine Schreibmaschine oder ein Drucker der gesuchten Art beim Beschuldigten);
- Spuren, welche die Entfernung oder Unterdrückung von Gegenständen, Zeichen oder Spuren vermuten lassen (etwa an gereinigte Gegenstände);
- Elektronische Spuren (so die letzten Anrufe eines Telefons, der Browserverlauf des Computers, der die zuletzt besuchten Internetseiten dokumentiert, die im Computer gespeicherten Mails; in Autos etwa das aktuelle und die früheren gespeicherten Ziele im Navigationsgerät, der Stand des Tageszählers, der oft auch die Durchschnittsgeschwindigkeit und die Fahrzeit ausweist).

Von besonderem Interesse und Beweiswert sind Spurenüberkreuzungen, wechselseitige Spurenübertragungen zwischen Tatort, Täter, Opfer und Tatmitteln, etwa in folgender Art: Das Opfer wurde mit einem bestimmt geformten Schraubenschlüssel erschlagen, was zu entsprechenden Abdrücken an dessen Schädel führte; am Tatmittel, einem Hammer, befinden sich Blutspuren des Opfers. Der Tatort zeigt Reifenspuren des vermutlich vom Täter benützten Fahrzeuges; an den Reifen des Wagens eines Verdächtigen findet man spezifische Schmutzspuren vom Tatort.

Bei der Sicherung der Spuren ist immer daran zu denken, dass es nicht reicht, die Spur bloß wahrzunehmen und zu sichern. Ebenso wichtig ist es, dass sich die Spur in den Tatzusammenhang einordnen lässt, und zum Beweis dieses Umstandes muss besonders viel Sorgfalt aufgewendet werden. Das gilt insbesondere für DNA-Spuren, die überall in großer Zahl gesichert werden können, sodass der mögliche Zusammenhang zum Täter, zum Opfer oder zu Dritten dokumentiert werden soll.

> Ob die angebrochene Mineralwasserflasche, die neben dem aufgeschweißten Tresor liegt, auf DNA-Spuren untersucht werden muss, hängt davon ab, ob sie wirklich vom Täter zurückgelassen wurde (oder ob sie z. B. eindeutig von einem Mitarbeiter des geschädigten Betriebes stammt, der sie am Vortag zufällig dort stehen ließ).

### 2.3.1.4 Das Umfeld des Tatortes

Immer ist schließlich die Umgebung des Tatortes, sowie die Wege zum Tatort und von ihm weg nach Spuren oder Gegenständen abzusuchen. Der Täter kann ein Fahrzeug entwendet haben, um zum Tatort zu gelangen. Er kann auch, besonders auf seiner Flucht vom Tatort, etwas verloren, weggeworfen oder versteckt haben. Er musste mit Bus oder Eisenbahn fliehen oder nahm ein Taxi, was vielleicht bei der nächsten Bus- oder Bahnstation oder in den in Frage kommenden Taxizentralen geklärt werden kann. Weil Täter vor allem nach spontanen Taten in der Regel übereilt fliehen, lohnt sich auch die Auswertung von Verkehrsüberwachungsgeräten, also Rotlichtüberwachungen und Radaranlagen, im Umfeld des Tatortes und auch in größerer Distanz auf mutmaßlichen Fluchtrouten.

> Bei einem Werkstattbrand, der relativ rasch eingedämmt werden konnte, erschöpfte sich die Tatortinspektion auf die Ermittlung des „Brandherdes". Tatsächlich fand man in der Nähe einer Maschine verkohlte Putzfäden (die wahrscheinlich mit Petrol durchtränkt gewesen waren) und unmittelbar daneben einen flachen Aschenbecher mit Zigaretten-Asche. Man vermutete daher Fahrlässigkeit und richtete die ganze Fahndung darauf aus. Hätten die Beamten auch die noch ziemlich gut erhaltenen Nebenräume durchsucht,

> dann wären sie in einem Kasten auf einen zweiten, gleich alten, aber erstickten Brandherd gestoßen, und es wäre die Annahme einer bloßen Fahrlässigkeit kaum mehr zu vertreten gewesen.
>
> In einem Mordfall fand man die Tatwaffe unweit des Tatortes in einem Abfallkübel; der zuständige Einsatzleiter hatte glücklicherweise daran gedacht, sämtliche Abfalleimer in der Umgebung oberflächlich durchsuchen zu lassen.

Aufschlussreich kann ferner eine Durchsuchung beim Verdächtigen zu Hause sein. Er kann einen Teil seiner Beute oder Tatwerkzeuge dorthin geschafft haben, eher allerdings in Räumlichkeiten, die ihm an einem andern Ort zur Verfügung stehen. Schließlich ist auch an Orte der Vorbereitung der Straftat zu denken, an die Beschaffung von Tatmitteln, Tarnmitteln, das Anheuern von Gehilfen, Mittätern und Ahnungslosen, an Vorbereitungshandlungen, die Spuren hinterlassen haben können.

### 2.3.2 Anzeigen durch Geschädigte

Viele Tatbestände des Strafrechts sichern Individualinteressen. In solchen Fällen ist zu erwarten, dass die Opfer, deren Interessen verletzt werden, sich mit einer Anzeige bei der Polizei melden, wenn sie eine Straftat vermuten. Solche Vermutungen können dann überprüft werden, wenn sie plausibel sind. Der weitaus überwiegende Anteil der Strafverfahren wird durch eine Anzeige des Geschädigten ausgelöst.

Die Gefahr besteht in diesem Zusammenhang darin, dass man sich auf die Frage konzentriert, ob der Anzeigeerstatter Opfer einer bestimmten Straftat geworden sei, und diese Frage vielleicht mit juristischen Überlegungen verneint. Man riskiert dann zu übersehen, dass zwar nicht der konkrete Anzeigeerstatter Opfer geworden ist, dass sich aber Abklärungen darüber lohnen würden, ob das vermutete Verhalten des Beschuldigten gegenüber anderen Opfer strafbar wäre.

> Eine 17-jährige Gymnasiastin hatte sich an eine Opferhilfeorganisation gewandt und von folgendem Vorfall erzählt: Ein Schauspieler hatte an ihrer Schule ein befristetes Theaterprojekt betreut und Schülerinnen und Schülern Schauspielunterricht erteilt. Er hatte die betreffende Schülerin im Rahmen einer Einzelprobe gefragt, ob sie eine Verführerin spielen könne, dabei hatte er sie zuerst oberflächlich berührt und geküsst und dann begonnen, sie auszuziehen, ohne allerdings Gewalt anzuwenden. Als sie sich – nach ihrer nachträglichen Beurteilung zu spät – gegen die Zudringlichkeiten gewehrt hatte, hatte er sofort damit aufgehört. Kurze rechtliche Überlegungen

> zeigten, dass weder von einem Abhängigkeitsverhältnis noch von einer sexuellen Nötigung auszugehen war. Es wurde deshalb kein Strafverfahren eröffnet. Immerhin hätten sich aber Abklärungen darüber lohnen können, ob der Schauspieler in andern Fällen Gewalt angewendet oder minderjährige Schülerinnen ähnlich bedrängt habe.

Es gibt aber auch Straftaten gegen Individualinteressen, bei denen sich die Opfer bewusst nicht mit einer Anzeige zur Wehr setzen. Das ist dann nicht heikel, wenn es sich um Antragsdelikte handelt und der Staat es damit vom Willen des Verletzten abhängig macht, ob der Täter verfolgt wird oder nicht (und wo der Staat dann auch in Kauf nimmt, dass der Verletzte aus sachfremden Gründen, zum Beispiel aus Angst vor dem Täter, auf einen Strafantrag verzichtet). Bei Offizialdelikten kann es allerdings höchst problematisch sein, wenn das Opfer keine Anzeige macht, und zwar insbesondere dann, wenn das Opfer sich aus Angst vor dem Täter nicht wehrt. In solchen Situationen könnten die Strafverfolgungsbehörden zwar tätig werden, wenn sie die Situation kennen würden, sie tun es aber nicht, weil die nötigen Informationen gerade nicht bis zu ihnen gelangen. Man kann sich natürlich fragen, ob es nicht zur Verdachtsgewinnung gehören würde, dass man systematisch nach solchen Situationen sucht; allerdings gibt es kaum Rezepte, wie das (ohne Verletzung von Freiheitsrechten) gelingen könnte.

> Präventionskampagnen im Bereich der häuslichen Gewalt und des sexuellen Missbrauchs von Kindern gehen in diese Richtung. In beiden Fällen sollen die Opfer durch Aufklärung und Stärkung ihres Selbstbewusstseins dazu gebracht werden, sich gegen Straftaten, die sonst gar nie bekannt würden, zu wehren. Bisweilen wird auch versucht, das Umfeld potenzieller Opfer so zu sensibilisieren, dass solche Straftaten erkannt werden; man riskiert dann allerdings immer, dass Indizien von Laien falsch gedeutet und damit Unschuldige in sehr belastende Verfahren verwickelt werden.

### 2.3.3 Hinweise durch Private

In der Praxis kommt es häufig vor, dass nicht ein Opfer einer Straftat einen Verdacht meldet, sondern eine Privatperson, die vom Delikt nicht direkt betroffen ist. Es geht dabei nicht nur um direkte Tatzeugen, die eine mutmaßliche Straftat beobachtet haben, sondern oft auch um Personen, die das Verhalten eines bestimmten Menschen aus irgendeinem Grund für verdächtig halten, ohne dass sie Angaben zu einer konkreten vermuteten Straftat machen können.

Man wird in solchen Fällen (wie beim Einsatz von Informanten, der weiter hinten genauer beschrieben wird) einerseits die Information als solche bewerten müssen, anderseits aber nähere Angaben über die Zuverlässigkeit des Informanten selbst zu erhalten suchen. Bei der Bewertung der Information hilft weiter, ob sie sich auf eine konkrete Straftat bezieht, die man näher abklären kann, oder bloß auf einen mutmaßlichen Straftäter, was bedeutet, dass man zuerst einmal nach der vermuteten Straftat suchen müsste.

### 2.3.4 Systematische polizeiliche Kontrollen

Schwieriger ist es, auf Verdachtslagen im Zusammenhang mit Delikten zu stoßen, die nicht Individualinteressen schützen oder wo keine eigentlichen Opfer vorhanden sind. Das gilt etwa für Staatsschutzdelikte, aber auch für Drogenhandel oder für Massenphänomene wie Verstöße gegen das Straßenverkehrsrecht.

Immer dann, wenn die Strafbarkeit an den Verstoß gegen gewisse Vorschriften des Verwaltungsrechts knüpft und damit eine Gefahr für Dritte verursacht wird, macht es Sinn, die Einhaltung dieser Vorschriften durch systematische Kontrollen zu garantieren. Auch wenn es der Bürger oft anders empfindet, dienen solche Kontrollen vorab dem präventiven Ziel, dass die Gefahr, die durch die entsprechenden Vorschriften verhindert werden soll, sich nicht doch realisiert. In diesem Sinn ist der Umstand, dass es sich bei den Verstößen um Straftaten handelt und dass damit die Kontrolle auch der Begründung eines Tatverdachts dient, gewissermaßen nur ein Nebenprodukt der Kontrolle.

Das gilt insbesondere für die sehr häufigen Kontrollen im Straßenverkehr, die an sich voraussetzungslos zulässig sind, die aber trotzdem vor allem dann Sinn machen, wenn man die Einhaltung der Vorschriften insbesondere an gefahrenträchtigen Orten und nicht etwa dort kontrolliert, wo sich mit minimalem Aufwand die meisten Verstöße feststellen lassen. Aber auch Kontrollen im Bereich von Umweltschutzvorschriften, also Lärm- und Emissionskontrollen, oder etwa die Kontrolle der Einhaltung von Hygienevorschriften in der Nahrungsmittelindustrie dienen den gleichen Zwecken.

Wenn es sich um Bagatellsachen handelt, wird (in Deutschland und in Österreich) kein Strafverfahren eröffnet, sondern die Sanktionierung von Fehlbaren erfolgt im Verwaltungsverfahren. Das soll aber nicht darüber hinwegtäuschen, dass auch in solchen Bagatellsachen kriminalistische Überlegungen ihren Platz haben. Oft können nämlich bei solchen systematischen Kontrollen auch schwerere Straftaten aufgedeckt werden, wenn die kontrollierenden Beamten mit der nötigen Umsicht vorgehen und insbesondere bei auffälligem Verhalten der Kontrollierten etwas gründlichere Abklärungen tätigen, als zur Aufdeckung der Bagatelldelikte notwendig wäre.

### 2.3.5 Formalisierte Verdachtsmeldungen

Weil Private in der Regel ein Anzeigerecht, aber keine Anzeigepflicht haben, wenn sie Straftaten feststellen, erhalten die Strafverfolgungsbehörden von vielen Verdachtslagen gar keine Kenntnis, obwohl das Wissen um Verdachtsmomente eigentlich bei gewissen Personen oder Institutionen vorhanden wäre. Man ist deshalb in gewissen Deliktsbereichen in den letzten Jahren dazu übergegangen, solche Verdachtsmeldungen zu erleichtern, um die Anzeigequoten zu verbessern. In gewissen Fällen wurden sogar Pflichten zu Verdachtsmeldungen geschaffen, insbesondere gegenüber Banken im Bereich der Geldwäscherei und der Steuerhinterziehung.

In der Regel sind nicht nur die Verdachtsmeldungen formalisiert, sondern auch das Vorgehen der Behörden beim Abarbeiten solcher Meldungen. Systematisches und standardisiertes Vorgehen ist nötig, weil je nach den gesetzlichen Voraussetzungen für solche Meldungen viele Ermittlungen ins Leere laufen. Auch hier gilt: Kriminalistisch aufmerksames Arbeiten kann dazu führen, dass man eher auf Straftaten stößt, wenn sich zeigt, dass vertiefte Abklärungen nötig sind.

### 2.3.6 Verdachtsbegründende Beweiserhebungen

In der Praxis werden in Einzelfällen auch verdachtsbegründende Beweiserhebungen außerhalb von formellen Strafverfahren vorgenommen. Unabhängig von einem konkreten Tatverdacht werden gewisse Vorgänge dokumentiert, weil man vermutet, es sei mit Straftaten zu rechnen. Früher galt das vor allem für Gruppen aus dem Zuhälter- und Rockermilieu, später dann für bestimmte politische Gruppierungen. In der letzten Zeit führen die Polizeibehörden zunehmend systematische Internet-Recherchen durch, um etwa Pädophile zu überführen, die in Chat-Foren Kontakte zu Jugendlichen suchen oder in einschlägigen Netzwerken kinderpornografische Bilder und Videos austauschen. Politische Ermittlungen konzentrieren sich nicht mehr auf Linksaktivisten, sondern auf Personen aus extremistischen Islamistengruppen und in letzter Zeit auch auf radikale Tierschutzaktivisten. In der Regel erfolgen allerdings solche verdachtsbegründende Erhebungen nicht im Rahmen formeller Strafverfahren, sondern als Vorfeldermittlungen. Sie werden mit präventiven Überlegungen begründet und sind nicht mit Grundrechtseingriffen verbunden.

> Die Ausnahme bestätigt die Regel: Als die Promillegrenze im Straßenverkehr in der Schweiz von 0,8 auf 0,5 Promille gesenkt wurde, wurde gleichzeitig ins Gesetz festgeschrieben, dass verdachtsunabhängige Atemlufttests zulässig sind, weil Leute mit wenig mehr als 0,5 Promille Alkohol im Blut eben in der Regel gerade keine konkreten Zeichen der Angetrunkenheit zeigen.

Selbst im Rahmen von eröffneten Strafverfahren ist es unter Umständen zulässig, Beweiserhebungen durchzuführen, die nicht der Aufklärung der verfolgten Straftat, sondern der Begründung des Tatverdachts in Bezug auf noch nicht entdeckte oder aufgeklärte Straftaten dienen. So hat insbesondere die erkennungsdienstliche Behandlung samt DNA-Analyse oft nicht den Zweck, die Anlasstat zu beweisen, welche die ED-Behandlung rechtfertigt. Die ED-Behandlung ist nämlich auch zulässig, wenn gar keine Spuren der Tat vorhanden sind, die mit dem ED-Material verglichen werden können.

> Nach Art. 257 der Schweizer StPO ist die Abnahme einer DNA unmittelbar nach Rechtskraft des Urteils zulässig bei Personen, „die wegen eines vorsätzlich begangenen Verbrechens zu einer Freiheitsstrafe von mehr als einem Jahr verurteilt worden sind, die wegen eines vorsätzlich begangenen Verbrechens oder Vergehens gegen Leib und Leben oder die sexuelle Integrität verurteilt worden sind oder gegenüber denen eine therapeutische Maßnahme oder die Verwahrung angeordnet worden ist." Eine ähnliche Bestimmung enthält auch § 81g Abs. 4 der deutschen StPO. Diese DNA-Abnahme dient offensichtlich der Überprüfung, ob in Bezug auf ein ungeklärtes Delikt, dessen der Betroffene bisher gar nicht verdächtigt ist, ein Verdacht begründet werden kann.

Verdachtsbegründend wirken auch DNA-Reihenuntersuchungen, die in Deutschland nach § 81h StPO und in der Schweiz nach Art. 256 StPO zulässig sind. Voraussetzung für solche Untersuchungen ist nicht ein konkreter Tatverdacht, sondern bloß die Zugehörigkeit zu einer bestimmten Personengruppe. In beiden Ländern sind solche Untersuchungen nur bei bestimmten Straftaten möglich, und die Profile der Personen, die mit der Tatortspur nicht übereinstimmen, müssen nach dem Abgleich wieder gelöscht werden.

Ähnliche Beispiele sind Antennensuchläufe beim Telefonverkehr, die nach begangenen Straftaten zur Abklärung dienen, welche Mobiltelefone zur Tatzeit in der Nähe des Tatortes eingeschaltet waren, damit deren Besitzer ermittelt werden können. Insbesondere in Fällen, wo ein Mobiltelefon bei zwei zeitlich und örtlich deutlich auseinander liegenden Delikten zur Tatzeit an beiden Tatorten betrieben wurde, kann diese Methode zur Ermittlung eines Täters führen, der vorher möglicherweise überhaupt nicht in Verdacht war.

Die Frage, wann verdachtsbegründende Beweiserhebungen zulässig sind, ist noch nicht ausreichend diskutiert; solche Maßnahmen sind jedenfalls rechtsstaatlich bedenklich und bedürfen deshalb mindestens einer klaren gesetzlichen Grundlage.

### 2.3.7 Polizeiliche Vorermittlungen

Im Vorfeld einer Strafuntersuchung können polizeiliche Vorermittlungen dazu dienen, einen sehr vagen Tatverdacht, der noch nicht zur Eröffnung einer formellen Untersuchung ausreicht, näher zu konkretisieren oder zu verifizieren. Dabei werden nur Maßnahmen eingesetzt, die nicht mit Grundrechtseingriffen verbunden sind, insbesondere Informationsbeschaffungen auf öffentlichem Grund oder in publizierten Medien.

Man kann diese Form der Verdachtsabklärung oft mit präventiven Argumenten begründen: Die Abklärung sehr unklarer Verdachtslagen lohnt sich, wenn davon ausgegangen werden kann, die strafbare Tätigkeit werde sonst fortgesetzt, was verhindert werden müsse.

Hinweise auf ein Verbrechen liegen nicht immer offen zutage; es erkennt sie nur, wer auch zu verdächtigen weiß. *Hans Walder* hat allerdings schon in früheren Auflagen darauf hingewiesen, dass die Fähigkeit, leicht Verdacht zu fassen, nicht nur die Grundlage der erfolgreichen kriminalistischen Arbeit, sondern auch der paranoiden Schizophrenie ist. Von *Edgar Allen Poe* wird behauptet, er habe die Detektivgeschichten erfunden, damit er nicht verrückt werde. Seine Erfindungen haben ihn leider nicht zu schützen vermocht. Neuere Erkenntnisse der Forschung zeigten, was den besonders Kreativen auszeichnet: Er verfolgt auch diejenigen Ideen weiter, die bei weniger Kreativen vom Hirn als unerwünscht ausgefiltert werden; das Fehlen des Filters kann aber eben auch zu Geisteskrankheit führen.

## Zweiter Teil: Die Methode

In Zeiten knapper Staatsfinanzen sollte man auch daran denken, dass die Fähigkeit, Verdacht zu schöpfen, direkt mit den vorhandenen Ressourcen und den Risiken zu tun hat. Wer vagen Hinweisen auf Straftaten nicht nachgeht und sich auf die lustlose Abklärung von Straftaten beschränkt, die von Opfern in plausibler Weise angezeigt werden, macht jedenfalls keinen groben Fehler. Wer Straftaten vermutet, wo keine sind, und sich damit in sinnlosen Ermittlungen verzettelt, riskiert eher Vorwürfe. Oder anders gesagt: Es ist risikoloser, als Strafverfolger zu wenig statt zu viel zu tun.

Die Frage, ob es sich lohnt, einem vagen Verdacht nachzugehen, können Ermittler mit langer Erfahrung in der Regel besser beantworten. Ihnen hilft auch in diesem Zusammenhang der von *Henriette Haas* propagierte Vergleich mit Modellen weiter: Was sich deutlich vom Üblichen unterscheidet, kann den Verdacht auf eine Straftat wecken. Deshalb sollte man sich auch nicht scheuen, unguten Gefühlen nachzugehen, die man bei der ersten Beurteilung von Sachverhalten hat. Gute Kriminalisten spüren intuitiv, wenn etwas „nicht stimmt"; bei genauer Betrachtung entstehen diese unguten Gefühle meistens daraus, dass der vorliegende Sachverhalt im Vergleich mit Modellen ungewöhnlich ist, und es geht dann darum zu formulieren, welche Umstände zu diesem unguten Gefühl führen, weil sie ungewöhnlich sind, und diese Umstände dann näher zu überprüfen.

Verdächtig sind etwa Angebote von Geldgeschäften mit überhöhten Gewinnen. Sie mögen einigen Naiven am Anfang harmlos und schön erscheinen. Die Geschäftserfahrung zeigt aber, dass solche Gewinne normalerweise nicht gemacht werden können. Oft wissen allerdings nur Eingeweihte, dass ein bestimmtes, auf den ersten Blick nicht besonders verdächtiges Geschäftsverhalten zur Vorsicht mahnt, weil es in der Vergangenheit von Straftätern an den Tag gelegt wurde.

> In der Schweiz gab es in den letzten Jahren viele Anzeigen von Personen, die in der Presse oder in Internet-Plattformen z. B. Personenwagen oder gar Liegenschaften zum Kauf angeboten hatten und dann ein Angebot aus dem Ausland bekamen. Kurz darauf erhielten sie einen Check über den vereinbarten Kaufpreis, allerdings nicht in Schweizer Franken, sondern in Euros; unmittelbar darauf wurden sie angerufen und gebeten, den zu viel bezahlten Betrag zurück zu vergüten. In Wirklichkeit ging es dem vermeintlichen Käufer gar nicht um die Ware, sondern es handelte sich um einen Differenzbetrag: Der Check war nicht gedeckt, die vom Verkäufer zurückerstattete Kaufpreisdifferenz war damit verloren. Der Trick funktioniert besonders

## 2. Der Verdacht

> gut, weil die Banken, wenn ihnen der Check eingereicht wird, dem Kunden in der Regel eine Gutschriftanzeige mit dem Vermerk „Eingang vorbehalten" schicken, sodass der Kunde meint, das Geld sei bereits auf seinem Konto. Die Bank schickt den Check der ausstellenden Bank ins Ausland und erfährt damit erst mit einigen Tagen Verspätung, dass er gefälscht oder nicht gedeckt ist. Sie kann die Gutschrift an das Opfer rückgängig machen, weil sie sich dies ja vorbehalten hat. Bis zu diesem Zeitpunkt hat das Opfer die vermeintliche Differenz allerdings längst überwiesen.

Bei der Bearbeitung von Betrugsfällen zeigt sich oft, dass die Täter eine Mentalität des Opfers ausnützen, die ihrer eigenen nicht unähnlich ist. Ein Betrüger hat immer dann besonders leichtes Spiel, wenn das Opfer meint, es mache ein besonders gutes Geschäft, und dabei allenfalls sogar in Kauf nimmt, sich selbst strafbar zu machen.

> Gängig sind so genannte Rip Deals: Der Täter reagiert auf ein Verkaufsangebot des späteren Opfers, indem er (meist für Immobilien) auf Anhieb den verlangten Preis oder allenfalls sogar mehr bietet, was beim Opfer zum Eindruck führt, hier sei ein etwas naiver Geschäftspartner am Werk. Dieser erklärt dem Opfer dann aber, er bezahle den Preis in einer andern Währung, und ersucht darum, für die reibungslose Abwicklung einen größeren Betrag in der Landeswährung bereitzustellen. In Wirklichkeit geht es dem Täter nur darum, an dieses Geld zu kommen, indem er beim Umtausch des Geldes entweder Falschgeld oder im Extremfall sogar nur einen Koffer mit Altpapier übergibt oder mit dem Geld in Landeswährung verschwindet, bevor er Geld in der von ihm angebotenen Währung übergibt.
>
> Besonders nigerianische Betrügerbanden haben sich auf Angebote zum Geldtransfer spezialisiert: Sie geben sich gegenüber dem Opfer als Angehörige eines gestürzten Diktators aus, die große Geldbeträge von Afrika nach Europa transferieren möchten, dazu aber eine unverdächtige Geschäftsverbindung benötigen; sie bieten an, wenn der Abwicklung des Geldtransfers klappe, dann erhalte das Opfer eine Beteiligung von 10 oder 20 % der transferierten Summe, die immer in Millionenhöhe liegt. Natürlich existiert diese Summe nicht wirklich, es geht den Tätern aber darum, Kostenvorschüsse für angeblich entstehende Bankspesen oder gar für das angeblich nötige Bestechen von Bank- oder Regierungsbeamten zu kassieren. Das Opfer meint, mit wenig Aufwand besonders viel Geld zu verdienen, und redet sich moralisch mit dem Argument heraus, geschädigt werde ja bloß ein fremder Staat.
>
> Simpler ist die Masche, dem Opfer brieflich oder per Mail den Gewinn in einer europäischen Lotterie anzukündigen und vorerst die Bankdaten für die Überweisung des Gewinnes zu verlangen. Es werden dann aber angeblich Bankspesen oder Quellensteuern fällig, die vom „Gewinner" vorab zu zahlen sind – natürlich trifft der angebliche Gewinn auch dann nicht ein, wenn diese Beträge überwiesen sind.

Verdächtig sind Ereignisse, für die man keine natürliche Ursache findet, also scheinbar Übernatürliches, vor allem, wenn es auch um Geld geht.

> Zahlreiche Angebote für Schlankheitsmittel mit außerordentlicher Wirkung, die wenn möglich auch noch pseudowissenschaftlich erklärt wird, gehören in diese Kategorie, aber auch andere Allerwelts-Heilmittel wie Kupferpyramiden zur Ablenkung von gefährlichen Erdstrahlen, Armbänder aus (für Armbänder) ungewöhnlichen Materialien, die gegen Krankheiten helfen, und so weiter. Solchen Angeboten ist gemeinsam, dass die Kosten für die Herstellung der Präparate oder Gegenstände in keinem vernünftigen Verhältnis zu den Verkaufspreisen stehen.

Zum Bereich der polizeilichen Vorermittlungen gehören auch Techniken, um Straftaten schon in ihrer Vorbereitungsphase zu erkennen und rechtzeitig einzuschreiten. So wurden in Amerika unter dem Namen SPOT (Screening passengers by observation techniques) Programme zur Früherkennung von Terroristen an Flughäfen entwickelt. *Franz Bättig*, *Corinne Frey* und *Franziska Hofer* haben unter dem Namen ASPECT (Analysing suspicious persons and Cognitive Training) solche Techniken auch auf die Beobachtung von Dieben und insbesondere von Diebesbanden ausgeweitet. Sie konnten nicht nur zeigen, dass sich Diebe aus einer größeren Gruppe von Menschen schon im Vorfeld der Tat erkennen lassen; sie wiesen auch nach, dass sich die Fähigkeit, solche Taten zu erkennen, trainieren und damit verbessern lässt. Damit erkennen Fahnder das charakteristische Verhalten von bandenmäßigen Dieben besser. Dieses Verhalten zeichnet sich durch folgende Umstände aus:

- Vor der Tat scannen die Täter die Umgebung nach Opfern und Sicherheitskräften und nach Fluchtmöglichkeiten; sie suchen den Kontakt zu den andern Bandenmitgliedern, insbesondere mit einem Kontrollblick kurz vor der Tat. Sie bewegen sich nicht im Menschenstrom, sondern fallen durch unmotivierte Richtungs- und Tempoänderungen auf und schalten längere stationäre Überwachungsphasen ein.

- Während der Tat sind sie stark auf Opfer und Beute konzentriert und werden nervös.

- Nach der Tat verlassen sie den Tatort in verschiedene Richtungen und scannen die Umgebung nach Verfolgern, Opfern und Zeugen. Dann treffen sie sich wieder.

## 2. Der Verdacht

**Einige Merksätze:**

- In unklaren Situationen stellt sich zunächst die Frage, ob überhaupt von einem Straftatbestand oder von einem strafrechtlich nicht relevanten Sachverhalt auszugehen ist. Erfahrung aus andern Straffällen hilft, die richtige Entscheidung zu treffen.
- Der Verdacht, jemand könnte ein Straftäter sein, rechtfertigt keine Eröffnung einer Untersuchung; es ist zunächst nach konkreten Straftaten zu suchen, die dem Verdächtigen zugeordnet werden können.
- Der Grad des Verdachtes kann vor allem zu Beginn der Ermittlungen nicht hinreichend genau als Wahrscheinlichkeit für die Verurteilung des Verdächtigen umschrieben werden. Ein vager Verdacht ist auf begrenzte Kenntnis der Umstände zurückzuführen, sodass gar nicht abgeschätzt werden kann, welche Kenntnisse mit welcher Wahrscheinlichkeit noch ermittelt werden können.
- Der Grad des Verdachtes bestimmt dagegen, welche Ermittlungsmaßnahmen zulässig sind. Ein vager Tatverdacht rechtfertigt im Allgemeinen keine Maßnahmen, die mit einem erheblichen Grundrechtseingriff für den Verdächtigen verbunden sind.
- Die meisten Strafverfahren werden durch Anzeigen von Geschädigten ausgelöst. Man sollte sich nicht immer auf die Frage beschränken, ob der Angezeigte sich gegenüber dem Geschädigten strafbar gemacht hat; allenfalls lohnen sich auch Abklärungen im Hinblick auf andere mutmaßliche Opfer.
- Wird eine Straftat polizeilich festgestellt oder die Polizei unmittelbar zu einem mutmaßlichen Tatort gerufen, dann gilt es, sich zunächst einen Überblick über den Tatort zu verschaffen. Dann ist die Tatsituation zu beschreiben, anschließend müssen die Spuren aufgenommen und dokumentiert werden. Man sollte daran denken, auch dem Umfeld des Tatortes Beachtung zu schenken.
- Hinweise von Privaten auf Straftaten sind hinsichtlich der Information, aber wenn möglich auch in Bezug auf die Person des Informanten zu bewerten.
- Systematische Kontrollen dienen primär der Vermeidung von Gefahren und nicht der Ermittlung von Verdachtslagen; ihre Intensität sollte sich am Grad der Gefährdung der kontrollierten Situation für die Allgemeinheit orientieren.
- Verdachtsbegründende Ermittlungen und Beweiserhebungen sind nicht grundsätzlich ausgeschlossen, sollten aber eine klare gesetz-

> liche Grundlage haben. Ermittlungen vor Eröffnung eines Strafverfahrens sollten sich auf die Auswertung öffentlich zugänglicher Informationen beschränken.
> - Vorermittlungen zur Erhärtung eines Verdachtes, der noch keine Eröffnung einer Untersuchung rechtfertigt, müssen sich auf öffentlich zugängliche Quellen beschränken.

## 3. Daten analysieren

Hat man alle kriminalistisch bedeutsamen Tatsachen und Zusammenhänge erhoben, die sich auf den Ausgangsverdacht beziehen, so sollten diese Daten mit Informationen aus den vorhandenen polizeilichen und aus andern Datenbanken angereichert werden, welche den Erkenntniswert verbessern. Man sollte dann in komplizierteren Fällen die Daten ordnen, dann so analysieren, dass man falsche Daten erkennt, dann die für die Lösung des Falles irrelevanten Daten und allenfalls die unwahrscheinlichen Daten ausscheiden.

### 3.1 Arten von Daten

Im Allgemeinen lassen sich aus den vorhandenen Daten vier Gruppen bilden:
- Daten, welche sich auf die Tat als Vorgang beziehen und auf die Nebenerscheinungen (Vorbereitung der Tat, Weg zum Tatort, gleichzeitige Ereignisse im Umfeld, Folgen der Tat);
- Daten, welche auf die Täterschaft, den oder die Verdächtigen hinweisen;
- Daten, die eine Würdigung eines Beweismittels erlauben;
- Daten, die auf weitere mögliche Datenquellen hinweisen.

In der kriminalistischen Praxis wird die geschilderte Einteilung allerdings selten als Zwischenstation auf dem Wege zur Lösung der Hauptaufgabe erkannt. Die Arbeit erschöpft sich meistens im Aktenstudium, in der wiederholten Lektüre bestimmter Aktenstellen. Man überschätzt sich aber, wenn man die Inventaraufnahme und das Gruppieren auf das ein- oder zweimalige Lesen der Akten beschränkt. Das gilt vor allem in nicht ganz einfachen Fällen. Das menschliche Gehirn hat nur ein relativ kleines Fassungsvermögen. Es fehlt ihm (von wenigen Ausnahmen abgesehen) besonders die Fähigkeit, zahlreiche Daten übersichtlich, also in einem richtigen und verständlichen Zusammenhang verfügbar zu halten. Dabei können irrelevante oder falsche Daten zusätzlich stören.

## 3.2 Daten anreichern

Bevor man mit den Ausgangsdaten arbeitet, empfiehlt es sich, vorerst die in der kriminalistischen Praxis einfach erhältlichen Informationsquellen abzuschöpfen und damit eine unter Umständen wesentlich größere Datenbasis zu haben, die es ermöglicht, die vorhandenen Ausgangsdaten bereits einer ersten Würdigung zu unterziehen und weitere Erkenntnisse in Bezug auf den Ausgangssachverhalt zu gewinnen.

In der heutigen Informationsgesellschaft stellt sich oft nicht mehr die Frage, ob nützliche Informationen vorhanden wären, sondern es geht nur noch darum, wo diese Informationen abgerufen werden können. Das Internet hat auch den Kriminalisten Möglichkeiten eröffnet, rasch zu wichtigen Informationen zu kommen, die früher mühsam von Hand zusammengesucht werden mussten. Wenn man bei der Lösung eines schwierigen Kriminalfalles konsequent alle vorhandenen Datenquellen durchsucht, dann findet man im besten Fall direkte zusätzliche Beweise für die Straftat, auch im schlechtesten Fall aber immerhin weiterführende Informationen, die es ermöglichen, vorhandene Beweise oder Indizien zu bewerten oder so zu kombinieren, dass sich die Beweislage verdichtet.

Allerdings ist gerade das Internet sehr schnelllebig; die im Folgenden genannten Links könnten deshalb schon bald überholt sein. Über die großen Suchmaschinen (in erster Linie www.google.de) kommt man aber in der Regel rasch zu funktionierenden Links. Zu beachten ist allerdings immer, dass auch die perfekt durchgestylte Internetseite nicht für die Richtigkeit der Inhalte garantiert.

Es ist beispielsweise bekannt, dass es zu vielen betrügerischen Anlagemodellen Internet-Seiten gibt, die scheinbar seriös darüber berichten, warum solche Modelle tatsächlich funktionieren (und warum dies von offizieller Seite bestritten wird). Gerade betrügerische Anlagemodelle mit „Medium Term Notes" oder mit „geleasten" Bankgarantien funktionieren oft nur so gut, weil die Urheber behaupten, die Großbanken würden die Existenz die-

> ser Modelle bestreiten, um ihre Kunden nicht an den riesigen Gewinnen aus solchen Modellen beteiligen zu müssen. Zum Beweis, dass die Modelle eben doch existierten, wird auf entsprechende Internet-Seiten verwiesen, in denen „aufgedeckt" wird, dass die Großbanken solche Anlagen bewusst nicht an Kunden vermitteln, um die Gewinne selbst einstreichen zu können. Diese Internet-Seiten gehören allerdings zum betrügerischen System.

Immerhin sind Daten aus dem Internet oft zuverlässiger, als zu erwarten wäre. Die Internet-Plattform Wikipedia zum Beispiel enthält eine Fülle von Informationen, die von Laienautoren verfasst wurden; trotzdem ist die Qualität der Einträge in der Regel so gut, dass zumindest das erste Recherchieren meistens zum richtigen Ziel führt.

### 3.2.1 Polizeiliche täter- und deliktbezogene Datenbanken

Viele Tatsachen, die Kriminalisten interessieren, werden von Strafverfolgungs- und Strafvollzugsorganen unter verschiedenen Gesichtspunkten planmäßig aufgezeichnet und festgehalten. Es ist gut, sich immer wieder bewusst zu machen, was diese Dateien alles enthalten, um von ihnen erfolgreich Gebrauch machen zu können. Beschränkungen der Datenverwendung gibt es nur in seltenen Fällen, da diese Daten gerade für die Zwecke der Strafverfolgung erhoben werden.

Heute sind folgende systematisch geführten überregionalen Dateien von zentraler Bedeutung:

- Die Datei der Personalien von Straftätern, die auch die Fotografien verdächtiger oder überführter Personen umfasst. Wichtig sind heute vor allem die INPOL-Daten und das SIS (Schengener Informationssystem).
- Die in diese Systeme integrierten Fotos dienten früher nur dazu, von namentlich bekannten Personen ein Bild beschaffen und zu Ermittlungszwecken Fotowahlkonfrontationen durchführen zu können. Die moderne EDV-Technik könnte diesen Sammlungen allerdings in nächster Zukunft eine wesentlich größere Bedeutung geben. Es werden nämlich seit längerer Zeit Systeme entwickelt, die es ermöglichen, anhand von Videoaufnahmen von Personen deren Gesicht nach bestimmten Kriterien zu vermessen; diese Daten können dann elektronisch gespeichert und mit andern Bilderdaten verglichen werden. Solche Systeme der Bildidentifikation funktionieren bereits an Flughafenzöllen; Kameras

erfassen dort bei der Einreise automatisch die Gesichter der Passagiere und vergleichen sie mit einer Datenbank von Personen, denen die Einreise verweigert wurde. Die Systeme sind mittlerweile sehr zuverlässig; sie lassen sich beispielsweise durch falsche Bärte oder Sonnenbrillen nicht mehr täuschen. Diese Technologie ermöglichte den Nachweis, dass der irakische Diktator Saddam Hussein bei öffentlichen Auftritten mehrere Doppelgänger einsetzte, die mit Hilfe dieser Systeme zuverlässig untereinander und von Hussein selbst unterschieden werden konnten. Das Problem liegt zur Zeit noch darin, dass jeder Entwickler ein eigenes, meist geheim gehaltenes System verwendet, um Gesichter zu vermessen und diese Daten zu speichern, sodass nur die Dateien von Geräten des gleichen Herstellers miteinander verglichen werden können. Wie bei DNA-Datenbanken dürfte es allerdings nur eine Frage der Zeit sein, bis sich ein bestimmtes System durchgesetzt hat. Ist das einmal der Fall, dann könnten wohl auch die vorhandenen Sammlungen von Fotografien elektronisch nacherfasst werden. Die Technologie entwickelt sich rasch weiter; zum aktuellen Stand gibt die Internetseite www.bildidentifikation.de Auskunft.

- Neben dem Gesichtsbild können übrigens auch andere Daten für die Identifikation von Personen herangezogen werden; man spricht in diesem Zusammenhang von biometrischen Daten. Sehr gut differenzierend sind zum Beispiel Irismuster, Ohrformen, aber auch die seit Langem bekannten Fingerabdrücke. Die Einführung biometrischer Pässe wird dazu führen, dass weltweit einheitliche Standards für die Erfassung und Speicherung biometrischer Daten geschaffen werden müssen, was auch der Kriminalistik dienen wird.

- Die Finger- und Handflächenabdruck-Sammlung (Daktyloskopie). Sie enthält einerseits das Zehnfingerabdruck-Register in codierter Zusammenstellung, ferner die Einfingerabdruck-Sammlung sowie die Handflächenabdrucke erkannter oder vermuteter Rechtsbrecher, nun eine Angelegenheit der elektronischen Datenerfassung und -verarbeitung. Anderseits umfasst sie eine Datei von Fingerabdruckspuren, die von Tatorten stammen. Die Abdrücke werden „maschinell" gelesen, aufbewahrt und gegebenenfalls identifiziert. Die Sammlung der noch nicht einer Person zugeordneten Abdrücke kann hinzugefügt werden. Fingerabdruckdateien werden heute zentral geführt, was eine rasche Verarbeitung,

aber auch eine sekundenschnelle Abfrage ermöglicht. Die heutigen AFIS-Systeme (Automated Fingerprint Identificaton System) sind auch international kompatibel.
- Die DNA-Datenbank, die Sammlung von „genetischen Fingerabdrücken" zur Identifizierung einer Person aufgrund ihres Erbgutes. Auch sie ist unterteilt in eine Sammlung von DNA-Daten identifizierter verdächtiger oder überführter Personen und in eine Sammlung nicht zugeordneter Tatortspuren. Die Erstellung dieser Sammlung ist meistens rechtlich eng geregelt, und zwar in Deutschland neuerdings in § 81e ff. StPO und in der Schweiz in der StPO und im DNA-Gesetz. Es gibt zwar noch verschiedene Systeme der Erfassung von DNA-Daten, sie sind aber mittlerweile kompatibel, sodass DNA-Profile ohne Weiteres international ausgetauscht werden können. Von Straftätern dürfen nur die Angaben über nicht-codierende Elemente der DNA gespeichert werden; aus diesen Daten lässt sich über die Person, beispielsweise über Geschlecht, Hautfarbe, Krankheiten etc., nichts ableiten. Umstritten ist noch, ob diese Beschränkungen auch für Tatortspuren gelten.
- Das Strafregister, das in jedem Land geführt wird und die Angaben zu Verurteilungen von Personen (mindestens bei schwereren Straftaten) enthält. Die Einsicht in das Strafregister ist gesetzlich eng geregelt und normalerweise nur im Rahmen eines Strafverfahrens möglich, wobei nur nach Personen, nicht aber nach Delikten gesucht werden kann. Getrennt vom Strafregister werden allenfalls Daten über Straßenverkehrsdelinquenten geführt, und zwar in Deutschland in der Flensburger Datei und in der Schweiz im ADMAS-Register (Register über die Administrativmaßnahmen im Straßenverkehr). Diese Datenbanken stehen auch außerhalb von Strafverfahren zur Verfügung, enthalten aber keine Angaben über genaue Deliktsdaten, sondern nur über Sanktionen.
- Datenbanken über Schusswaffen, die in jedem Land zentral geführt werden (in Deutschland beim Bundeskriminalamt, in der Schweiz aus historischen Gründen bei der Zürcher Polizei). Waffen, die im Rahmen von Strafverfahren sichergestellt werden, werden zur Erfassung in der Datenbank beschossen; die Geschossspuren können dann mit vorhandenen Daten über Geschosse verglichen werden, welche im Rahmen von Delikten untersucht wurden.

- Eine internationale Schwerverbrecher-Datei, Violent Crime Linkage Analysis System (ViCLAS), wird in Deutschland seit 2000 betrieben. Sie geht von der Erfahrung aus, dass Gewalttäter oft mehrere Delikte begehen, zwischen denen jeweils Gemeinsamkeiten bestehen. Ziel des ViCLAS-Systems ist es, solche Gemeinsamkeiten systematisch zu erfassen, um Tatzusammenhänge zu erkennen; es geht vor allem um Gewaltdelikte mit sexuellem Hintergrund. Das System wurde in Kanada entwickelt, wird aber in Deutschland und in der Schweiz mittlerweile ebenfalls mit Erfolg angewendet.
- Die Personenfahndungs-Datei. Sie enthält die Namen gesuchter Personen, z. B. den (mutmaßlichen) Täter, die Art der Straftat, Zeitpunkt und Ort der Begehung, die ausschreibende Behörde, den Grund der Ausschreibung und die bearbeitende Behörde. Eine europäische Fahndungsdatei (elektronischer Art) ist im Schengener Informationssystem (SIS) verwirklicht worden.
- Die Sachfahndungs-Datei. Sie enthält Fahndungsvermerke von verschwundenen Sachen mit einigem Wert.
- Die Gefangenen-Datei. In ihr werden alle Personen verzeichnet, die in Untersuchungshaft sitzen, eine Strafe verbüßen oder einer freiheitsentziehenden Maßnahme ausgesetzt sind, möglichst mit Vermerken über erteilte Ausgänge und Urlaube.
- Nicht im direkten Zusammenhang mit Strafverfahren, sondern in Bezug auf Asylverfahren werden die Daten mittlerweile europäisch im EURODAC geführt; es enthält Daten über Asylbewerber, über Ausländer, welche die EU-Außengrenzen illegal überschritten haben oder sich illegal in einem Mitgliedstaat aufgehalten haben.

Daneben existieren bei jeder Polizei- und Justizbehörde Datenbanken, welche nur die regional erfassten Informationen enthalten und deshalb oft auch nicht untereinander abgeglichen werden können. Dazu gehören etwa:

- Dateien über ungeklärte Straftaten, also von Delikten mit noch unbekannter Täterschaft.
- Verzeichnisse von Tatortspuren, die noch nicht einem Täter oder seinen Mitteln zugeordnet werden konnten: Lippen- und Ohrabdrücke, Bissspuren, Fuß- und Schuhsohlenabdrücke, Reifen- und andere Fahrzeugspuren, Splitter, Werkzeugspuren, zurückgelassene Kleider oder Effekten, Faserspuren der Kleidung des mutmaß-

lichen Täters, Bodenproben zu Vergleichszwecken. Nur die DNA- und Fingerabdruckspuren werden zentral erfasst.
- Vorübergehende Register in Bezug auf durchgeführte Kontrollen von Personen, Fahrzeugen etc.
- Andere der Polizei übertragene Register, z. B. der Waffentragbewilligungen und die Vermissten-Datei, Letztere mit Personalien und Signalement der vermissten Person, deren DNA, Zahnstatus, besondere Merkmale, Kleidung und weiteren sachdienlichen Angaben.

Oft kann es sinnvoll sein, Spuren mit vorhandenen Mustersammlungen zu vergleichen. Jeder kriminaltechnische Dienst besitzt zu diesem Zweck mehr oder weniger systematische Sammlungen von Vergleichstücken. Zum Teil haben solche Sammlungen mittlerweile überregionale Bedeutung errungen, weil sie systematisch ausgebaut wurden. Einige Beispiele:
- Die LUNA-Datei (Leuchtendatei für Unfallnachforschungen) ist eine deutsche Sammlung von Daten über lichttechnische Einrichtungen und Außenspiegel von Motorfahrzeugen. Sie ermöglicht es, Glasspuren nach Verkehrsunfällen oder Verbrechen einem bestimmten Fahrzeugtyp zuzuordnen.
- Geldfälschungen werden in Europa grenzübergreifend systematisch erfasst und analysiert; auf diese Weise ist es möglich, Falschgeld, das aus der gleichen Produktion stammt, zu identifizieren.
- Die sog. Haas-Atlanten, das System DRUIDE und das vom Bundeskriminalamt verwendete AKIM (Automatische Klassifizierung und Identifizierung von Maschinenschriften) ermöglichen es, Schriften von EDV-Druckern und Schreibmaschinen zu bestimmen und auf den verwendeten Druckertyp zu schließen. Das computerbasierte System FISH (Forensisches InformationsSystem Handschriften) dient zur Klassifizierung und zum Merkmalsvergleich von Handschriften.
- In der Schweiz werden bei der Analyse von Betäubungsmitteln regelmäßig auch die Reinheitsgrade und die enthaltenen Verschnittstoffe ausgewiesen. Das ermöglicht es, Zusammenhänge zwischen verschiedenen Sicherstellungen von identischen Betäubungsmittel-Gemischen zu erkennen (vgl. www.sgrm.ch); es sind aber auch statistische Angaben über durchschnittliche Reinheitsgrade möglich.

# 3. Daten analysieren

Die modernen polizeilichen Datenverarbeitungssysteme ermöglichen mittlerweile rasches Suchen, auch wenn sie nicht direkt miteinander verbunden sind. Der Trend geht hin zu einheitlichen Systemen, die von verschiedenen Polizeibehörden benützt und im Einzelfall gegenseitig zugänglich gemacht werden können. So werden in der Schweiz Transkriptionen von Telefongesprächen mittlerweile zwar von jedem Polizeikorps selbst erfasst, aber auf einem zentralen System. Werden Tatzusammenhänge entdeckt und sind die gesetzlichen Voraussetzungen erfüllt, ist es damit auf einfache Weise möglich, solche Datenbanken gemeinsam zu nutzen.

Ein Datenvergleich der manchenorts zum Teil noch getrennten polizeilichen Dateien via Computer, etwa aufgrund eines Bündels von Eigenschaften und Beziehungen des gesuchten Täters, ist, von wenigen Ausnahmen abgesehen, grundsätzlich zulässig. Man spricht von polizeiinternem Datenabgleich. Die Mitbenützung nicht-polizeilicher Dateien mit Angaben über Personen zum Datenabgleich kann einer besonderen rechtlichen Regelung unterstehen; so sind beispielsweise Rasterfahndungen in Deutschland in § 98a ff. StPO nur unter gewissen Voraussetzungen zulässig.

### 3.2.2 Personenbezogene staatliche oder halbstaatliche Datenbanken

Eine Übersicht über die Verzeichnisse, Register, Dateien, die nicht von Strafverfolgungsorganen geführt werden, ist der Natur der Sache nach unvollständig. Ob die hier genannten Datenquellen für die Ermittlungsorgane ohne Weiteres zugänglich seien oder ob sie, weil personenbezogen, in irgendeiner Form absoluten oder relativen „Datenschutz" genießen (etwa die Daten eines Spitals, solche eines Rechtsanwaltes bzw. die Kundendatei eines Versandhauses etc.), ist später zu erörtern.

Für den Kriminalisten wichtig sind etwa folgende Datenbanken:
- Das Absteigen von In- und Ausländern in Hotels oder auf Campingplätzen kann aufgrund der Hotelmeldescheine und anderer Einträge erfasst werden. (Das Hotelbulletin, das der Gast normalerweise selbst ausfüllen muss, vermittelt gleichzeitig eine Schriftprobe der betreffenden Person.) Hotelkontrollen werden in jüngster Zeit nicht mehr überall konsequent geführt, was an sich bedauerlich ist, weil die Daten von den Hotels für die Rechnungs-

stellung ohnehin erhoben werden und deshalb die elektronische Erfassung, Übermittlung an die Polizei und dortige Auswertung nicht sehr aufwendig wäre und schon früher oft wichtige Hinweise gab. Im Zeitalter hoher Mobilität wären solche Daten noch wertvoller. Dem Missbrauch solcher Daten könnte vorgebeugt werden, indem enge gesetzliche Schranken für den Zugriff auf die Dateien geschaffen würden.

- Im Schwerverkehr werden heute die Routen von Warentransporten registriert. Die Maut-Erfassungsgeräte in Deutschland übermitteln die Daten an die Firma TollCollect, welche die Routen rekonstruieren kann (allerdings nach neuster Praxis nicht berechtigt ist, diese Daten den Strafverfolgungsbehörden zur Verfügung zu stellen). In der Schweiz werden die Daten zur Erhebung der LSVA (leistungsabhängige Schwerverkehrsabgabe) erfasst; auch auf diese Weise können Warentransporte im Nachhinein nachvollzogen werden.
- An vielen Zöllen sind Videokameras in Betrieb, welche den Zollverkehr zum Teil nicht nur aufzeichnen, sondern auch auswerten. In der Schweiz kann auf diese Weise auch im Nachhinein ermittelt werden, ob ein bestimmtes Fahrzeug die Grenze überquert hat, weil die Nummernschilder automatisch ausgelesen und registriert werden. Solche Daten stehen auch den Strafverfolgungsbehörden unter gesetzlich genau geregelten Umständen zur Verfügung.
- Zollbehörden sowie Import- und Ausfuhr-Kontrollstellen können über Importe und Exporte sowie Geldtransaktionen Aufschluss geben.
- Die Zivilstandsämter oder Einwohnerkontrollämter informieren über Geburt, Heirat und Tod einer Person; erfasst sind die vollständigen Personalien, was auch Rückschlüsse über Verwandtschaften ermöglicht, sowie der Wohnort und allenfalls der Arbeitgeber.
- Die Steuerämter geben (unter Umständen) Auskunft über die erfassten Einkommens- und Vermögensverhältnisse einer Person; ferner besitzen sie oft auch Geschäftsunterlagen des Steuerpflichtigen.
- Die Betreibungsämter führen Register über Betreibungen, Pfändungen und Konkurse.
- Das Passbüro führt ein Verzeichnis der ausgestellten Pässe und besitzt Fotos der Passinhaber.

## 3. Daten analysieren

- Das Ausländerregister (in Deutschland AZR – Ausländerzentralregister, in der Schweiz ZAR – zentrales Ausländerregister) enthält Personalien und allenfalls auch Fingerabdrücke von Ausländern, insbesondere von Asylbewerbern.
- Die Amtsstellen, die sich mit der Alters- und Hinterbliebenen-Versicherung befassen (in Deutschland die Arbeitsämter und Krankenkassen), können allenfalls über den derzeitigen Arbeitsplatz einer Person Auskunft erteilen.
- Wichtig sind auch die Dateien und Akten der Vormundschaftsbehörden, Arbeits- und Sozialhilfebehörden. Aber eben: In allen diesen Fällen ist zu prüfen, ob einer Auskunft nicht Regeln des Datenschutzes entgegenstehen.
- Auf Notariaten und Grundbuchämtern erfährt man, wer Eigentümer einer bestimmten Liegenschaft ist, von den Handänderungen in Bezug auf das Grundstück, Einzelheiten über Bürgschaften, Gesellschaftsgründungen und so weiter. Solche Informationen erlauben natürlich auch Rückschlüsse auf Vermögensverhältnisse der Eigentümer.
- Die Baubewilligungsbehörden besitzen zu jeder Liegenschaft sämtliche Baupläne, welche insbesondere bei der Vorbereitung von Hausdurchsuchungen und Verhaftungen von Straftätern, bei denen mit Gegenwehr zu rechnen ist, sehr nützlich sind.
- Das Handelsregister enthält eine Fülle von Daten, die bei der Behandlung von Wirtschaftsstraffällen wichtig sein können. (Kostenpflichtigen) Zugriff auf das European Business Register findet man über www.ebr.inpi.fr. In Deutschland ist der (private und kostenpflichtige) Dufa-Index (www.dufa-index.de) nützlich, aber auch das offizielle Handels-, Genossenschafts- und Partnerschaftsregister, das zu einem großen Teil bereits elektronisch zur Verfügung steht (www.handelsregister.de), sowie andere Firmendatenbanken (kostenlos z. B. www.abconline.de oder www.firmendatenbank.de oder www.unternehmensregister.de). In der Schweiz erhält man über den zentralen Firmenindex (http://zefix.admin.ch) gratis Zugriff auf die Basisdaten aller in der Schweiz domizilierten Firmen; die Handelsregistereinträge finden sich unter www.shab.ch. In Liechtenstein finden sich die Daten unter www.oera.li.
- Öffentliche und private Anstalten und Spitäler führen Listen über ihre Klientschaft bzw. Patienten; solche Listen sind jedoch in

Anbetracht des ärztlichen Geheimnisses nicht ohne Weiteres zugänglich. Zunehmend besitzen Spitäler von ihren Patienten auch Asservate wie Blut- oder Gewebeproben, welche nützlich sein können, wenn es von einer Person eine DNA-Probe zu erheben gilt, die mit einer andern Probe (etwa einer nicht identifizierten Leiche) verglichen werden soll.

- Schulen und Hochschulen, private Lehrinstitute besitzen Verzeichnisse der Lehrer, Schüler und Studenten, Veranstalter von Kursen besitzen Listen von Kursteilnehmern. Beides ist oft im Internet publiziert, sodass Zusammenhänge (wer hat wen so kennengelernt?) über eine einfache Abfrage bei Google ersichtlich werden.
- Bibliotheken arbeiten meistens mit Leserkarten und können sagen, wer was ausgeliehen hat; das kann von Bedeutung sein, wenn eine Straftat besondere Kenntnisse, zum Beispiel über Sprengstoffe oder Gifte, erforderte.
- Vereine sind fast immer in der Lage, eine Liste der jetzigen und ehemaligen Mitglieder vorzulegen; in vielen Fällen finden sich solche Listen sogar im Internet.

Viele Tätigkeiten, Verhältnisse oder Veranstaltungen bedürfen einer Polizeierlaubnis, eines Patentes, einer Konzession bzw. werden besteuert. Deshalb werden die entsprechenden Daten von staatlichen Stellen erhoben und gespeichert. Wichtig sind zum Beispiel:

- Die Daten der Straßenverkehrsämter bzw. das Kraftfahrtbundesamt, welche über polizeiliche Kontrollschilder und die betreffenden Fahrzeuge, ferner über die Halter der Verkehrsmittel und die Führerausweise Auskunft erteilen können.
- Der Betrieb von Taxis bedarf meistens einer Konzession, Taxifahrer haben die einzelnen Kundenfahrten aufzuzeichnen.
- Für den Kriminalisten nützlich sind insbesondere Daten über gefahrenträchtige bewilligungspflichtige Geschäfte. In der Schweiz führt die Eidg. Finanzmarktaufsicht eine Liste der bewilligten Banken (www.finma.ch).
- Das Schweizer Bundesamt für Kommunikation veröffentlicht Listen im Zusammenhang mit dem Fernmeldeverkehr, etwa die Liste der Fernmeldedienstanbieter oder Übersichtskarten der Standorte von Sendeanlagen für die Mobiltelefonie (www.bakom.ch).

### 3.2.3 Personenbezogene private Datenbanken

Viele Datenbanken, die für Strafverfolger nützlich sein können, werden nicht von Behörden, sondern von privaten Internetanbietern oder von Gesellschaften geführt. Solche Daten sind in vielen Fällen auch für die Strafverfolgungsbehörden einsehbar, auch wenn sie an sich nicht öffentlich wären. Zu nennen sind:

- Die Daten über geführte Telefongespräche, welche von den Fernmeldedienstanbieterinnen gesammelt werden. Diese Daten werden in Deutschland Rahmen- oder Nutzungsdaten und in der Schweiz rückwirkende Randdaten genannt. Telefonanbieterinnen speichern aus Gründen der Rechnungsstellung sämtliche Daten über die von ihren Kunden geführten Gespräche. Diese Daten stehen den Strafverfolgungsbehörden zur Verfügung. In Deutschland können die Daten gestützt auf § 90 des Telekommunikationsgesetzes von den Strafverfolgungs- oder direkt von den Polizeibehörden erhoben werden und sind sechs Monate rückwirkend vorhanden. In der Schweiz muss die Datenerhebung gestützt auf Art. 274 StPO durch die Staatsanwaltschaft erfolgen. Es ist die Genehmigung einer richterlichen Behörde erforderlich. Die Daten werden nur ediert, wenn es um die Aufklärung von Verbrechen oder Vergehen geht. Die Daten sind ebenfalls für 6 Monate rückwirkend verfügbar. Interessant an diesen Daten ist oft nicht nur, mit wem der Verdächtige telefonische Kontakte unterhält, sondern vor allem auch, wo er sich befindet, was sich aus dem Standort des Mobiltelefons während des Gespräches ergibt.

- Die Kontendaten, welche die Banken über ihre Kunden führen, geben einerseits Auskunft über die finanziellen Verhältnisse. Sie ermöglichen es aber auch, Geldflüsse zu rekonstruieren. Nicht zuletzt sind sie oft auch interessant, weil sie beweisen, wann sich der Kunde wo aufgehalten hat. Ort, Datum und Uhrzeit von Kontenbezügen und von Einzahlungen werden erfasst. Das gilt vor allem auch dann, wenn die Bezüge und Einlagen an Automaten erfolgen. Bei Automatenbezügen liegen im Übrigen in vielen Fällen Bilder vor, die allerdings nur für sehr kurze Zeit (höchstens wenige Tage) gespeichert werden, in dieser Frist aber die Überprüfung erlauben, wer einen bestimmten Automatenbezug getätigt hat. Diese Daten sind natürlich nicht öffentlich einsehbar, können aber bei den Banken ediert werden.

Zweiter Teil: Die Methode

- Die Daten von Kreditkartenunternehmen zeigen nicht nur, welche Güter der Kunde bezogen hat, sondern sie ermöglichen es insbesondere auch, Aufenthaltsorte zu ermitteln, etwa Daten von Auslandreisen zu rekonstruieren.
- Viele größere Warenhausketten geben mittlerweile eigene Kundenkarten heraus, die mit besonderen Rabatten verbunden sind. Die Daten der Inhaber solcher Kundenkarten zeigen nicht nur ihr Konsummuster, sondern ermöglichen ebenfalls, Aufenthaltsorte zu bestimmten Zeiten zu ermitteln. Selbst Kunden ohne Kundenkarte können allenfalls identifiziert werden, wenn sie die Ware mit der Bancomat- oder Kreditkarte bezahlen.
- Solche Kundenkarten sind immer öfter mit einem Bild des Karteninhabers versehen. Die Bilder werden heute üblicherweise elektronisch gespeichert. Diese Bilder-Datenbanken, etwa von Verkehrsbetrieben, enthalten oft aktuellere Bilder als diejenigen, welche in polizeieigenen Datenbanken vorhanden sind. In der Schweiz ist etwa bekannt, dass viele Asylbewerber ein Halbtaxabonnement der Schweizerischen Bundesbahnen besitzen, das eine aktuelle Fotografie enthält. Zu beachten ist allerdings, dass diese Abonnemente im Voraus bezahlt werden müssen und die SBB deshalb nicht auf die richtigen Personalien der Inhaber der Abonnemente angewiesen sind. Auf diese Weise erhalten viele Asylbewerber einen Ausweis mit falschen Personalien, der fälschlicherweise von Laien (und bisweilen auch von Polizisten) als zumindest halbamtliches Dokument verstanden und als Beweis für die Identität des Inhabers interpretiert wird.
- Um sich gegenüber Mehrfachverschuldungen abzusichern, betreiben Banken gemeinsame Informationssysteme, welche ausweisen, welche Personen bei welchen Banken Darlehen oder Kredite aufgenommen haben. In der Schweiz betreibt die Informationsstelle für Konsumkredite (IKO, www.iko-info.ch) einen solchen Dienst. Nachdem eine hohe Verschuldung oft das Motiv für ein Vermögensdelikt ist, sind solche Daten nützlich.
- Im Kampf gegen Versicherungsbetrüger sind auch Versicherungen dazu übergegangen, gemeinsame Datenbanken über Schadenfälle zu führen, aus denen sich etwa ergibt, welche Versicherungsleistungen Führer von Fahrzeugen bei verschiedenen Versicherungen beansprucht haben. In der Schweiz wird dieses Register vom Schweiz. Versicherungsverband in Zürich geführt.

- In Betrieben lassen sich Verzeichnisse oder Karten über jetzige und frühere Arbeitnehmer einsehen, im Zusammenhang mit dem Wohnort einer Person, mit Lohnzahlungen, Ferien und Krankheitstagen. Besonders nützlich für Zwecke der Strafverfolgung sind die heute üblichen Unterlagen über die Erfassung von Arbeitszeiten, besonders in Firmen mit flexibler Arbeitszeit. Allerdings ist daran zu denken, dass solche Daten oft relativ einfach manipuliert werden können, sodass zum Beispiel Alibis, die nur auf Arbeitszeit-Erfassungen beruhen, nicht unbedingt zu überzeugen brauchen.

Das Internet enthält aber auch eine Reihe von personenbezogenen Datenbanken, die öffentlich sind, sodass sich in der Regel nicht die Frage stellt, ob diese Daten für Zwecke der Strafverfolgung ohne Weiteres benützt werden dürfen. Über gewisse Personen sind dort auch sehr private Daten vorhanden:

- Adressbücher, Telefonverzeichnisse, Verzeichnisse von E-Mail-Adressen, Branchenregister und Bücher und Datenbanken vom Typ „Who is who?" („Wer ist wer?") bieten eine Fülle von Informationen über Personen. Solche Verzeichnisse sind insbesondere seit der Privatisierung des Fernmeldeverkehrs nicht mehr immer vollständig. Zudem haben Telefonbücher in vielen Ländern den Nachteil, dass nur ausgehend von Namen nach Nummern gesucht werden kann, während die Zuordnung von Nummern zu Personen oft nicht möglich ist. Das gilt etwa für das deutsche Telefonbuch (www.dastelefonbuch.de oder www.teleauskunft.de), nicht aber für das schweizerische (http://tel.search.ch oder www.directories.ch), das die Suche in beiden Richtungen erlaubt. Ein praktisches Internetportal für Telefon- und Mailverzeichnisse auf der ganzen Welt ist www.infobel.com. Auslandvorwahlen sind abrufbar unter www.auslandsvorwahl.info, und zwar in beiden Richtungen: Es lässt sich einerseits ermitteln, welche Vorwahl ein bestimmtes Gebiet besitzt, anderseits aber auch, zu welchem Gebiet eine Vorwahl gehört. Informationen über die örtliche Zuteilung von Telefonnummern, aber auch von IMEI-Nummern (den Gerätenummern von Mobiltelefonen) finden sich auf www.numberingplans.com.

- Noch bedeutend ergiebiger sind die Social Medias, insbesondere Facebook und Twitter, weil sich dort die Leute in einer Art offenbaren, die man früher kaum für möglich gehalten hätte. Zwar sind die Benutzer zunehmend sensibilisiert, aber in den meisten Facebook-Profilen ist trotzdem nicht nur ein aktuelles Bild des Nutzers ersichtlich, sondern auch eine Übersicht über dessen Freunde, also das persönliche Netzwerk. Eine große Zahl von Portalen spezialisiert sich auf Bilder aus der Partyszene; insbesondere zur Aufklärung von Schlägereien im Umfeld von Nachtlokalen sind solche Portale ausgesprochen nützlich.

- Es gibt zahlreiche Datenbanken für Bilder und Videos, in denen sich gezielt nach Personen, aber auch nach bestimmten Ereignissen suchen lässt. Solche Portale, insbesondere Youtube, sind auch für Ermittler interessant. Dort werden oft in der Öffentlichkeit geschehene Straftaten dokumentiert, etwa Raserfahrten im Straßenverkehr oder Schlägereien. Von vielen Personen finden sich Bilder oder Videos, und zwar teilweise auch solche, welche von diesen Personen in ihren eigenen Facebook-Profilen schon gelöscht, aber von irgendwelchen Kollegen in andern Datenbanken abgelegt wurden.

- Youtube ist als Informations- und Wissensquelle übrigens nicht zu vernachlässigen. Es finden sich dort Lernvideos für verschiedenste Tätigkeiten, nicht zuletzt auch Anleitungen zu Straftaten. Man lernt aber auch auf einfache Weise Computerprogramme, zum Beispiel zur Bildbearbeitung oder zur Aufbereitung großer Datenmengen, kennen. Wer also nicht weiß, wie er Filme aus dem Internet auf seinen PC herunterladen und dann schneiden kann, der lässt sich das bei Youtube vorführen. Auch wissenschaftliche Experimente sind dokumentiert.

> Wer zum Beispiel ein anschauliches Beispiel für selektive Wahrnehmung, wie sie an anderer Stelle in diesem Buch beschrieben ist, sehen möchte, der suche bei Youtube nach dem „Colour changing card trick".

### 3.2.4 Weitere nützliche Datenquellen

Das Internet enthält eine Fülle von weiteren Informationen, welche für den Kriminalisten bedeutsam sein können. Die nachfolgende Übersicht gibt nur einen groben Überblick über die oft benützten Quellen. Wer andere Daten sucht, wird meistens über Suchmaschinen rasch fündig.

Folgende Informationen sind je nach Sachlage interessant:

## 3. Daten analysieren

- Geografische Daten sind in großer Fülle vorhanden. Geht es um Ortspläne, hilft in der Regel die Homepage der betreffenden Gemeinde weiter, und zwar gerade bei kleineren Gemeinden, für die das Kartenmaterial im Handel nicht oder nicht kurzfristig verfügbar ist. Aber auch die großen Suchdienste, etwa Google Maps, enthalten ausgezeichnetes Kartenmaterial, das meistens mit Luftaufnahmen gekoppelt ist; solche Luftaufnahmen finden sich auch auf zahlreichen weiteren Plattformen. Google Street View bietet mehr oder weniger aktuelle Bildaufnahmen von Straßen in größeren Städten. Solche Bilder sind insbesondere bei der Vorbereitung von Hausdurchsuchungen nützlich, und die früheren Tatortbegehungen mit Verdächtigen können so risikolos vom Schreibtisch aus erledigt werden. Reiserouten können auch über Landesgrenzen hinaus mit detaillierten Angaben abgerufen werden; auf diese Weise können Angaben von Verdächtigen über die von ihnen benützten Routen und die dafür aufgewendete Zeit sehr rasch und einfach überprüft werden. Wer wissen will, welche Uhrzeit an einem bestimmten Ort gilt, findet diese Angaben ebenfalls rasch im Internet.
- Meteorologische Daten können auf einfache Weise ermittelt werden. Aktuelle Wetterdaten sind in großer Fülle vorhanden, aber auch historische Wetterdaten können (allerdings meist nur gegen Entgelt) abgerufen werden.
- Manchmal interessiert, wer hinter einer Internet-Adresse steht. Informationen darüber sind über www.whois.com oder über www.numberingplans.com erhältlich, Informationen über Standorte von IP-Adressen liefert www.utrace.de. Angaben über Halter von Domains finden sich unter www.checkdomain.com.
- Fahrpläne der Eisenbahnen, Busse, Schiffe sowie des Luftverkehrs stehen im Internet vollständig zur Verfügung (z. B. www.deutschebahn.com; www.sbb.ch; www.lufthansa.com).
- Wirtschaftsdaten sind im Internet in großer Fülle vorhanden. Genannt sei hier nur eine Adresse, die Umrechnungstabellen für zahlreiche Währungen und sogar die historischen Kurse für über 100 Währungen enthält (www.oanda.com).
- Speziell für Juristen interessante Berechnungstabellen finden sich unter www.annotext.de/tools; dort können etwa Blutalkohol- oder Bremswegberechnungen oder Zinsrechnungen abgerufen werden, aber auch Umrechnungen für verschiedenste Längen-, Flächen-, Gewichts- oder Temperatur-Maßeinheiten.

- Daten über den durchschnittlichen Reinheitsgrad von Drogen (in der Schweiz) finden sich unter www.sgrm.ch, der Homepage der Schweiz. Gesellschaft für Rechtsmedizin.
- Angaben über Konsumgüter finden sich auf den Homepages der jeweiligen Hersteller. Wer vollständige Angaben über sämtliche wichtigen technischen Daten von Automobilen sucht, wird im bekannten, jährlich zum Genfer Autosalon erscheinenden Katalog der Schweizer Automobil Revue (www.automobil-revue.ch) fündig, der mittlerweile auch elektronisch vorliegt, aber kostenpflichtig ist.
- Das Bundeskriminalamt führt eine Datenbank regionaler Umgangssprachen (DRUGS), die zur forensischen Sprechererkennung dient.
- Für Übersetzungen aus anderen Sprachen stehen im Internet mehrere Dienste gratis zur Verfügung. Gerade wenn es sich um ganze Fachtexte handelt, sind die Resultate zwar in der Regel recht bescheiden, aber ausreichend, um sich einen ersten Überblick über den möglichen Inhalt fremdsprachiger Texte zu verschaffen. Für Fachbegriffe gibt es spezielle Register; beispielsweise werden in der Datenbank der Europäischen Kommission (http://iate.europa.eu/iatediff) juristische Fachwörter in den EU-Sprachen erklärt und übersetzt. Aus der Banksprache sei www.swift.com erwähnt, der Zugriff auf ein Verzeichnis der SWIFT-Codes gibt.

Bei Sicherstellungen und Hausdurchsuchungen wird immer noch zu oft vergessen, dass elektronische Geräte heute eine Fülle von Daten speichern, die auch für den Kriminalisten von höchstem Interesse sein können. Ein paar Beispiele:

- Festnetztelefone enthalten heute standardmäßig einen Speicher für die zuletzt gewählten Nummern, zumindest für die allerletzte. Es können aber bei teureren Apparaten auch Telefonnummern von häufigen Gesprächspartnern abgespeichert werden. Die meisten Telefone mit Display zeigen auch Anrufe in Abwesenheit an.
- Mobiltelefone sind heute kleine Datenspeicher. Sie zeigen die letzten ausgehenden und eingehenden, aber auch die letzten nicht beantworteten Anrufe an. Es kann also ermittelt werden, mit wem ein Verdächtiger zuletzt Kontakt hatte und wer ihn vergeblich zu erreichen versuchte. Es können im Übrigen heute fast unbegrenzte Telefonbucheinträge gespeichert werden. Meistens ist

auch eine Agendafunktion vorhanden, die es ermöglicht, Termine einzutragen. Es ist immer daran zu denken, dass sich ein Teil dieser Informationen auf der SIM-Karte, der größte Teil aber meistens auf dem lokalen Speicher des Gerätes befindet. Wird die SIM-Karte dem Gerät entnommen, dann gehen bei einigen Herstellern gewisse Daten verloren. Sichergestellte Mobiltelefone sollten deshalb keinesfalls ausgeschaltet und geöffnet werden, bevor der Speicher abgerufen ist. Viele Handy-Nutzer machen von der Möglichkeit Gebrauch, nicht beantwortete Anrufe auf eine elektronische Combox umzuleiten; je nach anwendbarem Prozessrecht kann diese Combox allerdings oft nur mit richterlicher Bewilligung abgerufen werden.

- Immer mehr Leute benutzen Smartphones, die weit mehr können als telefonieren. Es handelt sich um eigentliche Computer mit leistungsfähigen Prozessoren, die oft auch ein GPS-Modul zur präzisen Ortung enthalten. Smartphones dienen als Foto- oder Videokameras, man kann im Internet surfen und Mails abrufen; alle diese Tätigkeiten werden für eine gewisse Zeit dokumentiert. Gewisse Apps, also Zusatzprogramme für Smartphones, dokumentieren eigentliche Bewegungsprofile (z. B. Wander- oder andere Reiserouten) oder ermöglichen es, den Standort eines gewissen Mobiltelefons sehr genau festzustellen. Wem sein iPhone gestohlen wird, kann von jedem andern iPhone aus den genauen Standort des gestohlenen Gerätes nachverfolgen, falls die richtige App installiert ist – das hat schon oft die Festnahme von Taschendieben kurz nach der Tat ermöglicht. Alle diese Daten sind allerdings flüchtig: Wer sein Smartphone verliert und es entsprechend eingerichtet hat, kann von jedem andern Smartphone oder vom Computer aus alle Daten von Ferne löschen, solange das verlorene Smartphone eingeschaltet und mit einem Netz verbunden ist. Es nützt also wenig, solche Geräte im Rahmen eines Strafverfahrens zu beschlagnahmen, wenn die Polizei das Gerät nicht vor einer solchen Fernlöschung sichert. Smartphones sind auch für den Polizeieinsatz tauglich: So enthält die App Google Goggles eine Bilderkennung, die mit den Inhalten im Internet verglichen werden kann. Wie *Willi Larl* beschrieben hat, lassen sich damit etwa Barcodes, aber auch Graffitis, Schuhsohlenprofile oder sogar Tätowierungen zuordnen.
- Computer speichern eine Fülle von Daten, die sichtbar gemacht werden können. Neben den vom Benutzer abgespeicherten Daten

finden sich auch solche, die das System von sich aus aufzeichnet, z. B. über die zuletzt angewählten Internetseiten; es kann sogar angezeigt werden, nach welchen Begriffen zuletzt mit Suchmaschinen gesucht wurde. Von jeder Internet-Session werden zahlreiche sogenannte Temporary Internet Files angelegt, die ohne Weiteres wieder sichtbar gemacht werden können. Mit wenig Fachkenntnis können selbst gelöschte Daten wieder sichtbar gemacht werden, weil der Löschbefehl die Daten in der Regel nicht entfernt, sondern nur zum Löschen markiert; diese Markierung kann wieder entfernt werden. Nur geübte Computer-Anwender verwischen solche Spuren, indem sie temporäre Files löschen und gelöschte Daten mit speziellen Programmen überschreiben; das deutet dann allerdings zumindest darauf hin, dass sie etwas zu verstecken haben könnten.

- Viele Autos speichern heute eine Vielzahl von Daten. Eine wichtige Quelle sind zunächst die Navigationssysteme. Wird ein Autofahrer kontrolliert, der das Navigationssystem in Betrieb hat, kann damit geprüft werden, wohin der Kontrollierte fahren will. Es lassen sich aber auch die Daten über früher eingegebene Reiseziele und -routen abrufen. Neuere elektronische Schließ-Systeme speichern teilweise, wann und bei welchem Kilometerstand das Fahrzeug mit welchem Schlüssel betrieben wurde. Die Hersteller teurerer Fahrzeuge speichern zudem die Daten über die Wartung des Fahrzeuges zentral, sodass mit etwas Glück ziemlich genau festgestellt werden kann, wann wie große Strecken gefahren wurden und wann ein bestimmtes Fahrzeug weshalb in welcher Garage war.

- Mietwagenfirmen und Taxizentralen rüsten ihre Fahrzeuge mittlerweile zum Teil mit GPS-Systemen aus, um zu wissen, wo sich die Autos befinden. Bei Luxusfahrzeugen sind solche Systeme zum Teil ohnehin serienmäßig eingebaut, damit nach einem Diebstahl rekonstruiert werden kann, wo sich das Fahrzeug befindet. Solche Daten werden bisweilen gespeichert, meist allerdings nur für kurze Zeit. Sie sind dann aber ausgesprochen genau und ermöglichen ein lückenloses Bewegungsbild.

Nicht zu vergessen ist, dass sich im Internet zahlreiche Seiten finden, welche entweder Anleitungen zu Straftaten geben oder vor bestimmten Straftaten warnen. Solche Inhalte wechseln allerdings oft rasch, sodass es entsprechende Seiten sofort zu dokumentieren gilt.

(Es wird an dieser Stelle wegen des raschen Wechsels solcher Seiten darauf verzichtet, Fundstellen zu nennen.)

> Ein besonders schreckliches Beispiel für eine Anleitung zum Selbstmord aus dem Internet wurde in Kriminalistik 6/2001, S. 419, geschildert. In einem Wald fand sich ein verunfalltes Fahrzeug, dessen Fahrer zwar angegurtet am Steuer saß. Sein Kopf war allerdings völlig abgetrennt und vorerst nicht auffindbar; er wurde dann in 100 m Entfernung vom Fahrzeug entdeckt. Es ergab sich schließlich, dass der Mann ein 90 m langes Seil an einem Baum verknotet, das andere Ende durch die offene Heckklappe ins Fahrzeug geführt und um seinen Hals gebunden hatte; dann war er losgefahren. Die Beschreibung dieser Selbstmordmethode fand sich im Internet.

### 3.2.5 Zur Frage der Verfügbarkeit von Daten für Zwecke der Strafverfolgung

Wie bereits angedeutet, sind nicht alle diese Quellen den Ermittlungsorganen ohne weiteres zugänglich.

Eine erste Barriere bildet der Bezug zu einer verfolgten, gesetzlich umschriebenen Straftat. Es dürfen nämlich nur so weit Daten erhoben und Ermittlungen vorgenommen werden, als noch ein sinnvoller Bezug zur verfolgten Tat bzw. zum möglichen Täter oder Teilnehmer besteht. Die (prozessual korrekt geführte) Ermittlungshandlung sollte nach kriminalistischer Erfahrung zur Klärung einer vermuteten Straftat führen oder dazu beitragen. Ins Blinde zu ermitteln ist unzulässig. Richtet sich die Untersuchungshandlung gegen eine bestimmte Person, so muss gegenüber dieser zudem ein konkreter Verdacht bestehen. Es sind sodann die bereits behandelten gesetzlichen Beweisverbote zu beachten.

Will man mit einem personenbezogenen Merkmalskomplex (Raster) auf ganze nicht polizeiliche Datensammlungen greifen, um mögliche Verdächtige herauszufiltern, dann ist die spezielle Gesetzgebung zur Rasterfahndung zu beachten. In Deutschland darf nach § 98a StPO mit fremden personenbezogenen Dateien nur gerastert werden, wenn ein Anfangsverdacht, also zureichende tatsächliche Anhaltspunkte auf ein im Gesetz besonders genanntes Verbrechen (gegen den Staat oder im Bereich der organisierten Kriminalität) besteht, eine andere Fahndungsmethode erheblich weniger Erfolg verspricht und die in Frage stehende Rasterfahndung (im Regelfall) vom Richter genehmigt worden ist.

## 3.3 Das Erfassen und Ordnen der Daten

Schriftliche oder grafisch aufbereitete Übersichten sind in komplizierteren Fällen von großem Nutzen: Tafeln über den zeitlichen Ablauf der verschiedenen Ereignisse; Übersichten bei einer geografisch auseinander liegenden Verbrechenstätigkeit (z. B. Orte, wo das gleiche Falschgeld bisher aufgetaucht ist); Verzeichnis der Verdächtigen mit den jeweiligen Belastungs- und Entlastungsindizien; Pläne über die Örtlichkeiten, an denen relevante Gegenstände gefunden wurden; Tafel der Beziehungen zwischen Personen oder Unternehmungen, welche in die kriminalistisch bedeutsamen Vorgänge (etwa in bestimmte Geldtransaktionen) verwickelt sind.

Die moderne EDV stellt wichtige Hilfsmittel zur Verfügung, die sich auch für die Bewältigung großer Datenmengen außerordentlich gut eignen. Der Vorteil elektronisch abgelegter Daten ist, dass sie nach verschiedensten Kriterien geordnet und durchsucht werden können, wobei nicht von vornherein klar sein muss, welche Suchkriterien später relevant sein können – wichtig ist nur, dass die Daten vollständig erfasst werden.

> Früher wurden Listen über Telefonüberwachungen auf Papier geführt; sie mussten deshalb nach Kalenderdaten geordnet werden, und die Suche nach Personen erfolgte dann manuell. Die heutigen Datenfiles können nach allen wesentlichen Gesichtspunkten geordnet werden: Sortiert nach Gesprächspartnern zeigt eine Liste, mit wem der Überwachte vorwiegend Kontakt hatte; sortiert nach Standorten zeigt sie, wo er sich vorwiegend aufhielt; sortiert nach IMEI-Nummern (Gerätenummern) lässt sich ablesen, ob er mehrere Geräte benützte und in welchem Rhythmus er allenfalls Geräte wechselte; sortiert nach Gesprächsdauer lässt sich allenfalls ablesen, worum es in den Gesprächen ging (Telefonüberwachungen von Drogen-Kleinhändlern zeichnen sich z. B. dadurch aus, dass die meisten Gespräche nur wenige Sekunden dauern, weil nur Menge und Übergabeort abgesprochen werden – ein Gesprächsprofil, das für unverdächtige Telefonnutzer völlig untypisch wäre); sortiert nach Uhrzeiten (statt nach Datum) ergibt sich, zu welchen Tageszeiten der Überwachte vorwiegend aktiv war. Fasst man diese Erkenntnisse zusammen und sortiert schließlich rein chronologisch, dann lassen sich die Gespräche ganz neu interpretieren.

Schon die gängigen Microsoft-Produkte helfen auch dem Kriminalisten bei der Datenbearbeitung weiter:

- Word ermöglicht es, eine Datei rasch nach bestimmten Schlüsselwörtern zu durchsuchen. Diese Suche ist auch in mehreren Dateien möglich; es können deshalb zum Beispiel alle Vernehmungen des Beschuldigten nach einem bestimmten Namen oder Begriff abgesucht werden. Dabei ist zweierlei zu beachten: Die einfache Suche in mehreren Dateien setzt voraus, dass diese auf dem Computer im gleichen Verzeichnis abgelegt sind. Leider vergeben die meisten gängigen Programme, die in der Strafverfolgung oder in der Polizeipraxis verwendet werden, die Dateinamen selbstständig, und der Zugriff auf gewisse Dateien ist nur über Suchmasken möglich. Das vereinfacht zwar die Suche nach gewissen Dokumenten in der Regel, ermöglicht es aber nicht, in verschiedenen Dokumenten nach Schlüsselbegriffen zu suchen. Es empfiehlt sich deshalb, in schwierigen Fällen jeweils eine Kopie jedes relevanten Dokumentes zusätzlich in einem selbst angelegten Verzeichnis abzulegen. Das zweite Problem besteht darin, dass die Suchprogramme nach genau identischen Begriffen suchen; wird also ein Name falsch geschrieben oder werden für das Gleiche unterschiedliche Begriffe verwendet (z. B. für eine Person in gewissen Vernehmungen nur der Vorname, in andern nur der Nachname, in weiteren der Spitzname), dann läuft die Suche ebenfalls ins Leere. Zwar soll so protokolliert werden, wie der Einvernommene aussagt; nichts spricht aber dagegen, nach dem vom Einvernommenen genannten Vornamen in eckigen Klammern jeweils den Nachnamen ins Protokoll zu schreiben, damit einerseits wirklich klar ist, von wem die Rede war, anderseits aber Suchläufe erfolgreich sind.

- Excel ermöglicht es insbesondere, große Mengen von Daten rasch und einfach zu sortieren; beispielsweise können Zeittafeln auf diese Weise ergänzt und chronologisch sortiert werden. Immer wenn es darum geht, kurze Datensätze zu erfassen und nach verschiedenen Kriterien sortieren zu können, leistet Excel gute Dienste. Mit Excel können auch Berechnungen durchgeführt werden; beispielsweise lassen sich Werte einfach addieren oder multiplizieren, und beim Einfügen weiterer Datensätze werden diese Berechnungen automatisch aktualisiert. Berechnungen lassen sich schließlich auch auf einfache Weise grafisch darstellen. Excel löst auch ganz banale Probleme: Es kann mit Kalenderdaten rechnen und deshalb auch längere Haftdauern unter Berücksichtigung sämtlicher kalendarischer Besonderheiten auf den Tag genau bestimmen.

- Sollen größere Datensätze sinnvoll verwaltet werden, geht es also beispielsweise darum, bestimmte Schriftstücke systematisch zu erfassen und dann nach verschiedenen Kriterien wieder zu suchen, dann sollte man nicht Excel, sondern Access verwenden. Die Datenbank eignet sich auch besonders gut zur Anlage von Karteien, etwa über die Rechtsprechung.

- Geht es um die grafische Darstellung von Zusammenhängen, kommt man auch als ungeübter Benutzer mit PowerPoint am einfachsten ans Ziel, weil dieses Programm einfache Möglichkeiten für zeichnerische Darstellungen enthält.
- Geht es um komplexere Vorgänge, soll also die Beziehung von Daten analysiert und dargestellt werden, dann sind spezielle Programme nötig. So hat sich etwa die Software I2 (oder I-TWO; www.i2.com) gut durchgesetzt; sie ermöglicht es zum Beispiel, große Mengen von Daten über Telefongespräche oder Bankgeschäfte nicht nur zu sortieren, sondern auch nach bestimmten Kriterien zu analysieren und grafisch darzustellen.

Der Aufwand für das Erfassen von Daten ist oft sehr groß. In komplizierten Fällen lohnt er sich aber oft, weil Zusammenhänge erkennbar werden, die durch manuelle Bearbeitung der Daten nur mit noch viel höherem Aufwand zuverlässig und vollständig erfasst werden könnten.

Die heute in großer Zahl verfügbaren personenbezogenen Daten ermöglichen es oft, von einer Person ein eigentliches Bewegungsprofil zu erstellen, das bei der Beweisführung ausgesprochen nützlich sein kann. Nachdem aus den rückwirkenden Verbindungsdaten von Mobiltelefon-Gesprächen auch der Standort des Gesprächsteilnehmers erkennbar ist, empfiehlt es sich, bei diesem Vorgehen von diesen Daten auszugehen und sie um alle weiteren Daten anzureichern, die zeitlich und örtlich definiert sind. Dabei hat sich folgendes Vorgehen bewährt:

- Als Datenbasis dient die Excel-Tabelle mit den rückwirkenden Verbindungsdaten des Mobiltelefons des Verdächtigen. Zum Zweck der Datenbearbeitung wird davon zuerst eine Kopie erstellt.
- Allenfalls werden die Verbindungsdaten anderer abgeklärter Mobiltelefone an diese Datei angehängt (am einfachsten, indem man die betreffende Datei ebenfalls öffnet, die zu kopierenden Daten markiert, in die Zwischenablage speichert, zur ursprünglichen Datei zurückwechselt, ans Ende der Daten springt und den Inhalt der Zwischenablage einfügt).

## 3. Daten analysieren

- Anschließend ersetzt man die Nummer des Beschuldigten durch dessen Namen (Bearbeiten/Ersetzen/Suchen nach „Nummer", Ersetzen durch „Name"); benützt er mehrere Mobiltelefone, soll dies ersichtlich bleiben (z. B. „Meier1", „Meier2").
- Dann ersetzt man die Nummern identifizierter Gesprächspartner durch deren Namen. Dabei sollte man darauf achten, dass man nicht einfach die Abonnentennamen übernimmt, sondern den tatsächlichen Nutzer identifiziert, weil gerade im kriminellen Milieu oft Abonnemente auf Strohmänner eingelöst werden. Soweit Gesprächspartner nicht identifiziert sind, hilft es weiter, wenn deren Nummer durch denjenigen Namen ersetzt wird, der sich im Telefonbuch des Telefonspeichers des Beschuldigten befindet.
- Excel kann auf einfache Weise aus einem Datum den Wochentag berechnen; das erleichtert allenfalls die Übersicht. Neben der vorhandenen Datumsspalte wird eine Spalte eingefügt, in die mit Hilfe der Formel-Funktion das Datum kopiert wird. Diese Spalte wird dann so formatiert, dass nicht das Datum, sondern der Wochentag angezeigt wird (Format: TTTT).
- Nun können der Tabelle am Ende weitere Daten eingefügt werden, für die das Kalenderdatum oder allenfalls sogar die Uhrzeit oder der Ort bekannt ist: Deliktsdaten und -orte, Kaufquittungen, Agendaeinträge, Kreditkarten- und Bankbezüge, andere relevante Beweismittel.
- Schließlich sortiert man die ganze Datei nach Datum und hat damit eine umfassende Übersicht über das Verhalten des Verdächtigen.

---

Im Jahr 1999 machte ein Mann in der Schweiz Schlagzeilen, der an seinem Arbeitsplatz beim Verteidigungsdepartement Millionensummen abzweigte, indem er fingierte Truppenbuchhaltungen erstellte und gestützt auf diese Buchhaltungen bei der Schweizerischen Nationalbank jeweils größere Summen in bar bezog. Als er ertappt wurde, erklärte er, er sei von seinen Vorgesetzten beauftragt worden, eine geheime Widerstandsarmee aufzubauen und zu deren Finanzierung Buchhaltungen zu fälschen, um Geld aus dem Konto des Verteidigungsdepartementes abzuzweigen. Den größten Teil des Geldes habe er jeweils nach Barbezügen einem Vorgesetzten überbracht, mit dem Rest Anschaffungen für die Geheimarmee getätigt, insbesondere Waffen und zwei Liegenschaften beschafft. Um den Nachweis zu erbringen, dass der Mann in Wirklichkeit in die eigene Tasche gewirtschaftet hatte, wurden die Belege über seine Bezüge und Zahlungen, die er sorgfältig aufbewahrt hatte, aber auch seine Kreditkartendaten, die Daten seines privaten Bankkontos, die Daten einer Scheinfirma, die er zuletzt geführt hatte, seine

Agenda und die Daten über seine Telefongespräche ausgewertet und chronologisch aufgelistet. Mit dieser Liste konnte ihm im Detail nachgewiesen werden, dass seine Aussagen nicht den Tatsachen entsprachen. So hatte er beispielsweise behauptet, unmittelbar nach dem letzten Geldbezug in Höhe von Fr. 285 000,- seinen Vorgesetzten auf einer Autobahnraststätte bei Düdingen getroffen und ihm den größten Teil des Geldes übergeben zu haben; diesen Treffpunkt habe er per Telefon vereinbart. Die Konsultation der Liste für den fraglichen Tag erbrachte folgendes Resultat:

| Datenquelle | Datum | Zeit | Ort | Sachverhalt |
|---|---|---|---|---|
| Telefondaten | 12.7.99 | 12.16 | Interlaken | Anruf des Bruders |
| Telefondaten | 12.7.99 | 12.22 | Interlaken | SMS-Eingang |
| Telefondaten | 12.7.99 | 12.22 | Interlaken | Abfrage Combox |
| Telefondaten | 12.7.99 | 12.24 | Interlaken | Anruf beim Bruder |
| Telefondaten | 12.7.99 | 12.24 | Interlaken | Anruf bei der Schwester |
| Telefondaten | 12.7.99 | 14.05 | Bern-Breitenrain | Anruf eines Kollegen |
| Ausz.beleg | 12.7.99 | 14.20 | Bern-Bundesplatz | Bezug Fr. 95 000,– |
| Ausz.beleg | 12.7.99 | 14.20 | Bern-Bundesplatz | Bezug Fr. 95 000,– |
| Ausz.beleg | 12.7.99 | 14.20 | Bern-Bundesplatz | Bezug Fr. 95 000,– |
| Bankauszug | 12.7.99 | 14.42 | Bern-Bundesplatz | Zahlung Fr. 80 000,– auf eig. Konto |
| Telefondaten | 12.7.99 | 16.07 | Dielsdorf | Anruf eines Freundes |

Aus dieser Aufstellung ergab sich nicht nur, dass der Verdächtige seinen Vorgesetzten (zwischen 14:42, als er sich in Bern befand, und 16:47, als er in Dielsdorf war) gar nicht in Düdingen getroffen haben konnte, weil erstens die Zeit zu knapp war, zweitens aber auch kein telefonisches Treffen vereinbart wurde; sondern es wurde auch klar, dass er einen Teil des bezogenen Geldes auf ein eigenes Konto einbezahlt hatte. In zahlreichen andern Fällen konnte denn auch nachgewiesen werden, dass er sich jeweils wenige Minuten nach den Barbezügen entweder auf seine Bank oder zur Post begeben hatte, um Zahlungen für private Ausgaben zu begleichen. Oft war er auch kurz nach den Barbezügen in Waffen- oder Kleidergeschäften, um größere Einkäufe zu tätigen.

Bei der Analyse von Daten werden mittlerweile auch geografische Informationssysteme (GIS) verwendet. Sie ermöglichen es nicht nur, statistische Trends zu erkennen (was unter dem Titel Crime Mapping vor allem in den USA im Trend ist), sondern sind auch nützlich, um die Gewohnheiten von noch nicht identifizierten Serientätern zu analysieren (und sie nach der Verhaftung zielgerichtet auf gewisse Straftaten überprüfen zu können).

## 3.4 Die Analyse der geordneten Daten

Ist die Gruppierung in die vier Kategorien Ereignisdaten (und ihre Zusammenhänge), Täterdaten, Beweisfestigungsdaten und Daten über unerschlossene Informationsquellen durchgeführt, dann sollte man vorerst, wenn nicht gewichtige Gründe dagegen sprechen, den noch unerschlossenen Informationsquellen (der 4. Gruppe) nachgehen und die neuen Tatsachen in die übrigen Gruppen einordnen.

Die nun folgenden Handlungen bestehen im kritischen Sichten der geordneten Daten der Gruppen 1 und 2. Es geht dabei nur um eine erste Würdigung des Materials, um eine kritische Bewertung, die nicht allzu rigoros sein soll. Es könnte ja sein, dass bestimmte, im Moment vielleicht irrelevant scheinende Daten bei einer geänderten Hypothese über den Handlungsablauf plötzlich Bedeutung erlangen. Das gründliche Reinigen des Autos eines Verdächtigen, außen und innen, das anfänglich als uninteressant angesehen wird, kann aufgrund einer anderen Arbeitshypothese über den Hergang der Tötungshandlung plötzlich erhebliche Bedeutung erlangen.

### 3.4.1 Widersprüche erkennen

Zuerst gilt es, Daten, die sich widersprechen, zu trennen und einander gegenüberzustellen.

Es kann in einem Fall zwei, drei oder mehr Aussagen über dieselben Tatsachen geben, die nicht übereinstimmen. Solchen Ungereimtheiten wird man nur Herr, wenn man sie trennt, und zwar vorerst ohne Urteil darüber, welche Aussage die Richtige ist. Es sind dann eben entsprechend viele Möglichkeiten ins Auge zu fassen und parallel zu verfolgen. Viele Widersprüche und Ungereimtheiten lassen sich früher oder später deuten oder erklären. Es zeigt sich etwa, dass die beiden sich scheinbar widersprechenden Zeugen doch von zwei verschiedenen Personen gesprochen haben, oder es ergibt sich, dass sich ein Zeuge ungenau oder missverständlich ausgedrückt hat und seine Aussage nur deshalb mit anderen Daten im Widerspruch steht.

Ein erheblicher Kunstfehler wäre es, von sich widersprechenden Daten die unpassenden einfach zu ignorieren. Einerseits müssen die Widersprüche auf jeden Fall beseitigt werden, indem entschieden wird, welche der sich widersprechenden Daten richtig ist. Anderseits sind aber häufig die sich vordergründig widersprechenden Daten gerade der Schlüssel zur Lösung des Falles.

## 3.4.2 Unrichtige Daten erkennen

Der nächste Schritt geht etwas weiter; er besteht darin, unrichtige Daten zu erkennen und zu verwerfen, oder sie wenigstens aus dem sich bisher ergebenden oder vermuteten Tatablauf herauszunehmen und vorerst getrennt von den andern zu behandeln.

Es geht in diesem Fall nicht um Daten, von denen man nicht weiß, ob sie unrichtig sind, sondern um solche, die man für unrichtig hält, weil sie objektiv nicht ins Bild der übrigen Daten passen. Am wichtigsten sind in diesem Zusammenhang Aussagen des Beschuldigten, die man für gelogen hält, weil sie anderen zuverlässigeren Aussagen oder Sachbeweisen widersprechen. So lässt sich die Aussage eines Motorfahrzeuglenkers, er habe seit sechs Stunden keinen Alkohol mehr zu sich genommen, durch die Feststellung der Blutalkoholkonzentration bestätigen oder widerlegen. Durch einen Augenschein und ein Experiment kann man allenfalls zeigen, dass der Zeuge von seinem genau bezeichneten Standort aus die angebliche Beobachtung gar nicht zu machen vermochte. Immer wieder kann man bei Verkehrsunfällen anhand von Spuren Aussagen objektiv widerlegen, etwa Erklärungen der Art, das Unglücksfahrzeug sei nur mit einer bestimmten Geschwindigkeit gefahren, während die physikalische Auswertung der Bremsspur eine viel höhere Geschwindigkeit ergibt. Die Behauptung, der verunfallte Fußgänger sei seitlich ins Fahrzeug gelaufen, widerspricht allenfalls den Spuren am Fahrzeug.

> Ein Autofahrer hatte im Bereich eines Fußgängerstreifens einen 80 Jahre alten Fußgänger angefahren und verletzt. Weil das Opfer nach dem Unfall in Fahrtrichtung des Autofahrers drei Meter hinter dem Fußgängerstreifen lag, war davon auszugehen, dass es wahrscheinlich nicht den Fußgängerstreifen benützt hatte. Die Bremsspur des Autos begann erst kurz vor dem Streifen; aus ihrer Länge konnte auf eine Geschwindigkeit von etwa 40 km/h geschlossen werden, was sich mit der Behauptung des Autofahrers deckte, er sei höchstens mit 40 km/h gefahren. Er gab aber an, das Opfer sei von links gekommen, und er habe es erst im letzten Moment gesehen, weil er den Gehsteig auf der rechten Seite seiner Fahrspur beobachtet habe. Wahrscheinlich sei das Opfer für ihn auch nicht sichtbar gewesen, weil es von den beiden Mittelpfosten auf der Insel in Straßenmitte verdeckt worden sei. Zudem habe das Opfer nicht den Fußgängerstreifen benützt. Unbestritten war aufgrund von Zeugenaussagen, dass das Opfer gesenkten Hauptes und ohne zu schauen die Fahrbahn in schnellem Schritttempo überquert hatte. Die interessierenden Fakten dieses Falles schienen verträglich und unwiderlegbar; der Autofahrer wurde denn auch in erster Instanz freigesprochen.
> Eine genauere Nachrechnung ergab aber Folgendes: Die Straße war an der fraglichen Stelle 7 m breit und hatte nach dem Fußgängerstreifen links eine

## 3. Daten analysieren

> Einmündung, aus welcher der Fußgänger vorher gekommen war. Auch diese Einmündung war überblickbar. Geht man von einer Geschwindigkeit des Fußgängers von höchstens 2 m/sec aus (entsprechend 7,6 km/h) und berücksichtigt man, dass er schon gut sichtbar gewesen wäre, als er von der Seitenstraße her kommend den dort 2 m breiten Gehsteig überquerte, dann brauchte er bis zum Kollisionspunkt mindestens drei Sekunden. Der Autofahrer, der pro Sekunde etwa 10 m zurücklegte (entsprechend 36 km/h), fuhr in dieser Zeit mindestens 30 m, hätte den Fußgänger also schon aus einer Distanz von mehr als 30 m sehen können. Von den Mittelpfosten war der Fußgänger höchstens Sekundenbruchteile verdeckt, weil er ja 2 m/sec zurücklegte. Der Autofahrer hätte ihn also rechtzeitig sehen und dann noch problemlos vor dem Fußgängerstreifen anhalten können. Tat er das nicht, war ihm mangelnde Aufmerksamkeit vorzuwerfen, und er wurde denn auch zweitinstanzlich verurteilt.

Solche Fälle sind vielgestaltig, bieten aber keine großen Schwierigkeiten: Das zuverlässigere Datum verdrängt das unzuverlässigere. Ist der Unterschied im Zuverlässigkeitsgrad jedoch gering, so ist selbstredend mit beiden Date2n weiter zu arbeiten. Solche nicht eindeutig entscheidbare Widersprüche folgen der ersten Maxime: Widersprechendes zu trennen und einander gegenüberzustellen, und bei dieser Konfrontation der Daten bleibt es dann eben vorläufig.

Schwierig ist es allerdings, Daten als falsch zu erkennen, die weder in sich widersprüchlich sind noch zu anderen, vorhandenen Daten im Widerspruch stehen und die auch nicht durch andere Überlegungen, zum Beispiel Berechnungen, widerlegt werden können. Es ist durchaus möglich, dass ein Zeuge etwas falsch gesehen hat, weil er seine tatsächliche lückenhafte Wahrnehmung später mit falschen Informationen aus anderer Quelle oder unzutreffenden eigenen Überlegungen ergänzt hat. Es ist auch möglich (wenn auch selten), dass etwas bei der Tatbestandsaufnahme falsch erfasst worden ist. Man wird dann versuchen müssen, den tatsächlichen Sachverhalt zu rekonstruieren. Es ist ohnehin nicht falsch, zentrale Daten mehrfach zu verifizieren; bei der wissenschaftlichen Tatbestandsaufnahme, etwa bei der Auswertung von Blutproben oder anderen Laborwerten, gehört das sogar zum Standard. Das ist keine Pedanterie, sondern Lehre aus schlechten Erfahrungen.

In diesem Zusammenhang ist auch an Daten (Spuren) zu denken, die jemand am Tatort ohne böse Absicht verändert hat. Der Tatort wurde nach dem Verbrechen oft als Erstes von Helfern betreten. Verletzte oder getötete Personen befinden sich praktisch nie mehr in der ursprünglichen Lage, wenn die Polizei eintrifft, weil Erste Hilfe geleistet wurde. Bei dieser Gelegenheit haben die Helfer möglicherweise auch Gegenstände angefasst oder etwas Ordnung gemacht, zum Beispiel eine halb offene Schublade geschlossen oder den noch laufenden Fernseher ausgeschaltet. Das ist aber den Ermittlungsorganen nicht bekannt oder es wurde ihnen trotz Nachfrage verschwiegen.

> In einem Mordfall behauptete der Täter, er habe die Nerven verloren, als während eines Streites mit seiner Ehefrau ihr Liebhaber angerufen und sie den Anruf auf dem Mobiltelefon angenommen habe. Er habe dann mit einem Hammer auf sie eingeschlagen. Das Telefon lag allerdings nicht in der Nähe der Leiche, sondern in einem andern Raum. Erst die Befragung des Rettungssanitäters ergab, dass er das Telefon aus dem Hosenbund der Toten genommen hatte, als er Erste Hilfe leistete, und dass er es später in einem andern Zimmer auf den Tisch gelegt habe.

In allen Büchern der Kriminalistik wird daher vor voreiligem Berühren von Sachen, Spurenmachen und Spurenverwischen gewarnt. Die Warnungen sind allerdings nutzlos. Es gibt auch heute noch Kapitalverbrechen, bei deren Aufklärung die Tatort-Fingerabdrücke eines Polizeibeamten ausgeschieden werden müssen. Besonders ärgerlich ist, wenn schließlich eine nicht identifizierte Spur übrig bleibt, die man dem Täter zuordnet, und sich nach Tagen herausstellt, dass sich auch ein im Rapport nicht erwähnter Beamter am Tatort aufgehalten und seine Fingerabdrücke hinterlassen hat. Heute ist das in Anbetracht der raschen, elektronischen Identifizierung der Fingerabdrücke und der Regel, im System auch die Abdrücke aller Beamten zu speichern, selten geworden. Das Problem stellt sich aber teilweise im Zusammenhang mit DNA-Spuren.

> Auf dem Mittelstreifen einer Autobahn wurde von einem Straßenarbeiter eine Waffe gefunden; er zeigte sie zuerst im Werkhof seinen Kollegen (von denen einige sie berührten) und brachte sie dann zur Polizei, wo weitere Beamte sie in die Hand nahmen, bis sich endlich herausstellte, dass es sich um die Tatwaffe eines vor wenigen Wochen in 30 km Entfernung begangenen Tötungsdeliktes handeln könnte, sodass man nun die Gebote des Spurenschutzes beachtete; es war dann tatsächlich die Tatwaffe. Der Verdächtige wurde schließlich gefasst. Bis in die dritte Instanz war das Hauptthema, dass eine von mehreren auf der Waffe gesicherten DNA-Spuren keinem Beamten und auch keinem Straßenwärter, der mutmaßlich Kontakt mit der Waffe hatte, zugeordnet werden konnte, sich aber anderseits auch keine DNA-Spur des Verdächtigen auf der Waffe befand. Ersteres war damit erklärbar, dass man keine vollständige Liste der Straßenarbeiter erstellen konnte, die mit der Waffe Kontakt hatten; Letzteres beruhte auf dem Umstand, dass der Verdächtige wohl Handschuhe getragen hatte. Der Verteidiger argu-

mentierte, die DNA-Spur müsse vom eigentlichen Täter stammen. Weil der Verdächtige seinen Aufenthalt am Tatort nicht vernünftig erklären konnte (er war nachweislich während der Tat zumindest in der Gegend, obwohl er einige 100 km entfernt wohnte), weil die Ehefrau des Opfers erklärte, sie habe ihn zur Tötung des Gatten angestiftet und weil weitere Indizien (zum Beispiel der Telefonverkehr zwischen der Ehefrau und dem Verdächtigen) für seine Täterschaft sprachen, wurde er schließlich doch verurteilt.

In einem besonders spektakulären (und peinlichen) Fall wurde aufgrund der DNA-Spuren nach einem Serientäter gefahndet, der bei Sexualdelikten, aber auch bei Vermögensdelikten in Deutschland seine Spur hinterlassen hatte, ohne dass zwischen den (schließlich über 40) Straftaten ein anderer Zusammenhang erkennbar war. Als Spurenverursacherin wurde schließlich eine Mitarbeiterin eines Produktionsbetriebes von Wattestäbchen identifiziert, die von der Polizei zum Abrieb von DNA-Spuren verwendet wurden. Sie hatte ihre DNA nicht an den Tatorten, sondern bereits bei der Produktion auf den Wattestäbchen hinterlassen.

### 3.4.3 Vorgetäuschte Daten erkennen

Ungemein interessant sind sodann die unrichtigen Daten aufgrund vorgetäuschter Delikte und Trugspuren. In diesem Zusammenhang ist auch auf die vorsätzliche Spurenbeseitigung und auf lügenhafte Auskünfte von Befragten hinzuweisen. Ferner ist an die Vortäuschung von Straftaten zu denken, um etwas anderes zu verdecken.

Die häufigsten Fälle der Vortäuschung von Spuren und Daten betreffen nach *H. Schneikert*:

- die Vortäuschung einer Straftat (z. B. eines Raubüberfalles, eines Diebstahls, einer fremden Brandstiftung usw.), um eine andere Tat (z. B. eine Veruntreuung) zu verdecken oder von der eigenen Täterschaft abzulenken (ein Mord aus Rache wird beispielsweise als Raubmord getarnt);
- die Vortäuschung einer Straftat (z. B. eines Einbruches, einer fremden Brandstiftung), um in den Besitz einer Versicherungssumme oder eines andern Vorteils zu gelangen;
- die Vortäuschung einer Straftat (z. B. einer Vergewaltigung) um einverständliche intime Beziehungen mit einer bestimmten Person zu verdecken, vor allem bei sehr jungen Frauen;
- mitunter wird keine Straftat, sondern ein Unfall vorgetäuscht, um z. B. eine vorsätzliche Tötung zu tarnen.

Bei der Sicherung der Spuren nach einem Einbruch in ein Kleidergeschäft fiel den Beamten auf, dass die Scherben des Glases der Eingangstür *außen*

## Zweiter Teil: Die Methode

> an der Tür lagen. Man erwog zunächst, der Täter habe einen Saugnapf verwendet, um die Scheibe mit einem Glasschneider sauber herauszutrennen, und sie sei dann trotzdem zu Boden gefallen. Das passte allerdings nicht zu den zackigen Bruchstellen am Rand der Scheibe. Schließlich meldete sich ein Zeuge, dem hinter dem Laden ein Lieferwagen aufgefallen war und der dann sah, wie die Eingangstür *von innen* eingeschlagen wurde, kurz bevor der Lieferwagen wegfuhr. Der Täter wurde aufgrund einer DNA-Spur an einer zurückgelassenen Pet-Flasche identifiziert und festgenommen. Er behauptete vorerst, einen normalen Einbruch verübt zu haben. Er gab erst zu, dass er vom Eigentümer des Kleidergeschäftes beauftragt worden war und auch einen Schlüssel des Hintereingangs erhalten hatte, als man ihm sagte, welchen Schaden der Ladeninhaber gegenüber der Versicherung geltend gemacht hatte – er merkte dann nämlich, dass er um einen angemessenen Anteil an der Beute geprellt worden war.

Ob eine Straftat vorgetäuscht wurde oder ob der Täter (oder ein anderer) Spuren zur Irreführung gelegt habe, kann oft nur im Hinblick auf alle Umstände beurteilt werden. Im Allgemeinen wird man sich folgende Fragen stellen müssen: Ist die Straftat kriminologisch erklärbar, handelt ein Mensch in der betreffenden Situation so? Ist die Ausführung der Tat der Erfahrung gemäß, wirkt sie echt oder zeigt sie, kriminalistisch gesehen, Fehler, insbesondere Übertreibungen? Wurde viel mehr „als nötig" Unordnung gemacht, unnötig Inventar zerbrochen? Ist dem in Frage kommenden Täter eine Täuschung zuzutrauen?

Vorgetäuschte Spuren sind, wenn man sie einmal als solche erkannt hat, fast immer aufschlussreich. Was wollte der Täter glauben machen? Von wem schob er so den Verdacht ab? Was wollte er verdecken? Warum wollte er das tarnen?

> Im Zeitalter ausführlicher Medienberichterstattung ist immer daran zu denken, dass jemand, der eine Straftat vortäuscht, möglicherweise unter Zugzwang gerät, weil die Medien über die Straftat berichten. In der Schweiz machte im November 2001 eine angebliche Entführung Schlagzeilen. Das „Opfer" war beim Joggen verschwunden. Die Polizei vermutete ein Verbrechen und startete eine groß angelegte Suchaktion, in die auch die Medien einbezogen wurden. Vier Tage später tauchte das Opfer wieder auf. Die Frau erzählte nicht nur der Polizei, sondern auch einer Boulevard-Zeitung, sie sei von zwei unbekannten Männern entführt und festgehalten worden. In Wirklichkeit waren ihr die persönlichen Probleme über den Kopf gewachsen, und deshalb war sie bei einem Kollegen untergetaucht, wagte dann aber vorerst nicht, sich zu melden, weil die Polizei mit großem Aufwand nach ihr suchte. Zwar hatten die Polizeibeamten schon kurz nach dem Auftauchen der Frau Zweifel an ihrer Version; weil aber die Boulevardzeitung während mehrerer Tage immer ausführlicher darüber berichtete, was das Opfer angeblich erlebt hatte, wurde die Geschichte für die Frau zum Selbstläufer.

> Erst eine Woche nach ihrem Auftauchen gab die „Entführte" zu, dass sie ihre Geschichte frei erfunden hatte – für die Boulevard-Zeitung Anlass zu mehreren weiteren Titelgeschichten, nun allerdings mit dem Opfer als boshafter Verleumderin.

Der ordentliche Besitzer eines Schlüsseldoppels wird, wenn er sich am anvertrauten Gut vergreift, die Kasse in aller Regel aufbrechen, obwohl er einen Schlüssel besitzt. Täte er es nicht, würde er also aufschließen und veruntreuen, so fiele der Verdacht sofort auf ihn als Schlüsselmitinhaber.

Oft richtet sich die Tat gegen ein bestimmtes Opfer, der Täter stellt sich aber selbst als weiteres Opfer dar, um den Verdacht von sich abzulenken. Besonders zu achten ist deshalb auf Umstände, welche bei der Ausdehnung der Tat auf weitere Opfer auffällig erscheinen.

> In einem abgelegenen Tal in der Ostschweiz ließ sich ein Arzt nieder, der mit einer afrikanischen Frau verheiratet war und Kinder hatte. Er erhielt bald Briefe, in denen er mit übelsten rassistischen Parolen aufgefordert wurde, das Tal zu verlassen. Die Presse griff den Fall auf, nachdem dem Arzt auch die Reifen seines Autos aufgeschlitzt worden waren. Ein Leserbriefschreiber, der sich für den Arzt einsetzte, erhielt ebenfalls Briefe mit üblen Beschimpfungen. Eine Patientin berichtete in der Folge, sie habe ebenfalls rassistische Briefe mit der Aufforderung, den Arzt zu meiden, erhalten, und es seien ihr gar die Radmuttern am Auto gelöst worden, nachdem sie die Praxis besucht habe. Nach aufwendigen Ermittlungen stellte sich heraus, dass diese Patientin selbst für die Briefe verantwortlich war; auch die Briefe an sich selbst, die sie der Polizei übergeben hatte, hatte sie selbst verfasst. Hätte man sich gefragt, wieso gerade die fragliche Frau (die sich ja anders als der Leserbriefschreiber nicht öffentlich exponiert hatte) auch Opfer der Angriffe geworden war, hätte man sie wohl früher genau überprüft.

Besonders schwierig zu erkennen sind bisweilen Selbstverletzungen, mit denen vermeintliche Opfer die Straftat eines Dritten vortäuschen oder andere Ziele erreichen wollen. Sie können nach *Lehner/ Wyler* in vier Kategorien unterteilt werden:

- Personen, die ein Alibi für heikle Situationen benötigen;
- Häftlinge, die den Zellentrakt verlassen wollen (die allerdings dann die Selbstverletzungen nicht als Fremdverletzungen ausgeben, sondern eher als unfall- oder krankheitsbedingt);
- psychisch kranke Menschen;
- Personen, welche Versicherungsleistungen erstreben.

> Besonders spektakulär, weil medienträchtig war der Fall einer brasilianischen Studentin, die 2009 in Zürich aufgefunden wurde und die an den Beinen hakenkreuzförmige Schnittverletzungen aufwies. Sie erklärte der

> Polizei, dass sie von Skinheads überfallen und schwer misshandelt worden sei; darauf habe sie auf der Bahnhoftoilette einen Spontanabort erlitten und ihre Zwillinge verloren. Der Fall wirbelte auch in Brasilien Staub auf und führte sogar zum Protest der brasilianischen Botschafterin in der Schweiz, die sich beklagte, dass die Polizei den Fall nicht ernst nehme und die Schweiz nicht genug zum Schutz von Ausländerinnen unternehme. Die beigezogenen Rechtsmediziner kamen allerdings rasch zum Schluss, dass sich die Frau die Verletzungen selbst zugefügt hatte. Auch ihre Schwangerschaft hatte sie frei erfunden, ihrem Freund aber sogar Ultraschall-Fotos der vermeintlichen gemeinsamen Kinder vorgelegt, die sie allerdings aus dem Internet heruntergeladen hatte. Die Verletzungen hatte sie sich selbst zugefügt und die Geschichte mit dem Überfall frei erfunden, um den angeblichen Abort zu erklären.

Für Selbstverletzungen, die als Fremdverletzung ausgegeben werden, charakteristisch sind nach *Lehner/Wyler* folgende Merkmale:

- Von sich selbst gut erreichbare Körperstellen (Gliedmaßen, Rumpfvorderseite);
- Aussparen von schmerzempfindlichen Körperstellen (Lippen, Augen, Brustwarzen, Genitalien);
- geometrische oder symmetrische Verletzungsmuster oder Symbole, die bei zu erwartender Gegenwehr nicht in dieser regelmäßigen Art entstehen könnten oder zumindest zu Abwehrverletzungen führen müssten;
- Absehbarkeit der Folgen, oberflächliche Verletzungen;
- Fehlen von Abwehrverletzungen;
- keine passenden Beschädigungen von Kleidungsstücken;
- Diskrepanz zwischen der dramatischen Schilderung des Tatablaufs und dem objektiv harmlosen Verletzungsmuster.

Für gewisse Deliktskategorien existieren kriminalistische Untersuchungen, die Hinweise darüber geben, worin sich vorgetäuschte und echte Straftaten in erster Linie unterscheiden. So haben *Burgheim* und *Friese* reale und vorgetäuschte Sexualdelikte untersucht und folgende signifikanten Unterschiede festgestellt:

- Vorgetäuschte Sexualdelikte sollen in der Regel von einem Täter begangen worden sein, der als einzige Tathandlung einen vollendeten Geschlechtsverkehr mit Ejakulation im Opfer begangen habe.
- Das angebliche Opfer will sich eher passiv verhalten haben; es versuchte zwar angeblich, sich zu wehren, konnte sich aber nicht durchsetzen, und versuchte selten, zu flüchten. Echte Opfer wehren sich stark und unternehmen häufiger Fluchten oder Fluchtversuche.

- Die Kleidung des angeblichen Opfers ist häufig nicht mehr verfügbar, echte Opfer bewahren die Kleider auf.
- Angebliche Opfer haben häufiger Verletzungen im Genitalbereich, dagegen weniger häufig andere Verletzungen, während tatsächliche Opfer meistens am ganzen Körper Verletzungen aufweisen.

Keine signifikanten Unterschiede ergaben sich in Bezug auf räumliche und zeitliche Muster oder auf das Anzeigeverhalten der Opfer; die lange Dauer vom Sexualdelikt bis zu dessen Anzeige spricht also statistisch gesehen weder für eine vorgetäuschte noch für eine reale Tat.

### 3.5 Der Ausschluss irrelevanter Daten

Der dritte Schritt beim kritischen Sichten der Daten ist der schwierigste und gefährlichste. Er besteht darin, irrelevante Daten zu verwerfen oder wenigstens beiseitezulegen.

Unter irrelevanten Daten sind jene Fakten und Angaben zu verstehen, die nur scheinbar Bezug zur Straftat haben, in Wahrheit aber örtlich oder zeitlich nur zufällig anlässlich der Straftat bestanden oder entstanden. Solche Daten sind nicht falsch, aber mitunter irreführend.

Um irrelevante Daten zu verwerfen, ist es nötig, Fakten zu erkennen, die nicht zum Tatgeschehen gehören, es nicht mitbestimmt haben. Klar ist, dass Spuren auf andere Weise als durch ein Verbrechen entstanden sein können. Sie können vor, bei dem Verbrechen oder nachher erzeugt worden sein und mit der Tat lediglich örtlich zusammenhängen. Übrigens: Auch irrelevante Spuren zählt man zu den Trugspuren, wenn sie irreführen können.

> In einem Mordfall an einem älteren Mann wurden die Randdaten des Mobiltelefons des Opfers eingeholt. Daraus ergab sich, dass ein Mann gleichen Alters ihn kurz vor der Tat mehrmals angerufen hatte, die Gespräche aber nur Sekunden dauerten. Der Mann wurde dem Staatsanwalt vorgeführt und befragt. Er räumte ein, das Opfer gekannt und auch mit ihm telefoniert zu haben, bestritt aber, dass er am Tattag mit dem Opfer Kontakt hatte. Er wurde deshalb in Untersuchungshaft versetzt. Anhand der Auswertung seines Handys und einer gründlichen Befragung konnte dann nachgewiesen werden, dass die Anrufe beim Opfer auf einer Fehlmanipulation beruhten: Der Verdächtige hatte erst kurz vorher ein neues Handy gekauft und beim Abspeichern der Telefonnummer des Opfers mehrmals aufgrund einer falschen Tasteneingabe unbemerkt eine Verbindung hergestellt

Bisweilen hat man es mit sogenannten Trittbrettfahrern zu tun. Sie verknüpfen bewusst Irrelevantes mit der eigentlichen Straftat. Sie benützen eine fremde Straftat, etwa eine laufende Entführung mit Erpressung, von der sie Kenntnis erhalten haben. Sie tun, als wären sie die Täter, um so das Geld zu erlangen, um das es geht, oder um Straftaten zu begehen, die dann dem ursprünglichen Täter zugerechnet werden.

> Nachdem in den USA die sogenannten Anthrax-Briefe aufgetaucht waren, verschickten auch in Deutschland und in der Schweiz zahlreiche Leute Briefe, allerdings mit harmlosem Pulver, um andere in Panik zu bringen. Allein im Kanton St. Gallen (mit etwa 470 000 Einwohnern) wurden in zwei Monaten über 20 solche Postsendungen (meist mit Zucker) sichergestellt, welche die Empfänger verunsichern sollten (und weitere 30, bei denen nur die vermeintlichen Opfer glaubten, es handle sich um Briefe mit gefährlichem Inhalt, während sie in Wirklichkeit, wie sich nach dem Öffnen zeigte, gar nichts Ungewöhnliches enthielten).

Die Tatrelevanz von Spuren ist mitunter Objekt von Bestreitungen. Der Verdächtige erklärt zum Beispiel, es sei zwar richtig, dass er die Geldkassette im Lohnbüro berührt habe, aus der an einem bestimmten Tag Geld gestohlen worden war. Das sei aber am Tag vor dem Diebstahl gewesen, als er Kleingeld für den Kaffeeautomaten benötigt und deshalb die Kasse geöffnet habe, um Geld zu wechseln.

Das Problem „Relevant oder nicht?" besteht jedoch nach wie vor. Wie erkennt man relevante und irrelevante Spuren? Die Antwort lautet: indem man bei jeder Tatsache die Möglichkeit eines rein zufälligen Zusammentreffens erwägt. Ist es denkbar, dass die Spur, die bekundete Tatsache gar nicht zum Verbrechensgeschehen gehört? Wie könnten die Daten zufällig mit der vermuteten Straftat zusammengetroffen sein? Gelingt es dabei, sich solche Zufälle vorzustellen, so gilt es, sie nacheinander zu widerlegen, bis man zum Schluss kommt: Es ist praktisch gar nicht anders möglich, als dass die relevante Tatsache (z. B. eine Spur) durch das Verbrechensgeschehen hervorgebracht worden ist und zu ihm gehört. Natürlich kann die Irrelevanz von Daten oft nur im Hinblick auf die Annahme eines bestimmten Tatherganges oder einer bestimmten Täterschaft erkannt werden, und eine andere Annahme kann sie relevant erscheinen lassen. Mitunter muss die Beantwortung der Relevanzfrage verschoben werden, weil ein Entscheid nicht möglich ist, zumindest nicht vorläufig. Dann ist eben mit allen Daten weiter zu arbeiten.

## 3.6 Die Suche in überflüssigen Daten

Im Computerzeitalter kommt es immer öfter vor, dass der Kriminalist mit Daten überschwemmt wird und deshalb gewissermaßen die Nadel im Heuhaufen finden sollte. Aus einer Fülle elektronisch gespeicherter Korrespondenz sollen diejenigen Dokumente ausgesondert werden, welche in Bezug auf einen aufzuklärenden Betrug beweisrelevant sind, oder bei einer Hausdurchsuchung wird eine große Sammlung selbst gebrannter Datenträger sichergestellt, die nach verbotener Pornografie zu durchforsten ist. Wie soll in solchen Fällen vorgegangen werden?

Im Falle von Textdokumenten hilft nur das elektronische Absuchen aufgrund von Schlüsselwörtern, das allerdings leider oft sehr unpräzise ist: Man weiß nie, welche Wörter in einschlägigen Dokumenten wirklich vorkommen müssten, und man findet sie jedenfalls dann nicht, wenn der Verfasser Synonyme verwendet hat.

Besonders anspruchsvoll ist die Analyse von Zahlungsflüssen, etwa in Geldwäschereifällen, wo Gelder oft über zahlreiche Konten bei verschiedenen Banken im In- und Ausland verschoben werden. Um passende Transaktionen einander zuordnen zu können, bleibt nichts anderes übrig, als alle Transaktionen in einer einzigen Datei zu erfassen, wobei alle Beträge in die gleiche Währung umgerechnet werden müssen. Wenn man die Transaktionen dann nach der Höhe der Beträge sortiert und bei ähnlich großen Beträgen die Kalenderdaten der Transaktionen vergleicht, dann lässt sich ein Geldfluss oft doch rekonstruieren.

Bei deliktrelevanten Bild-, Ton- oder Filmdateien, die unter großen Mengen legaler Daten versteckt sind, hilft oft die Überlegung weiter, dass auch der Täter die Daten auf eine Weise abgespeichert haben muss, die es ihm ermöglicht, sie auch wieder aufzufinden. Damit kann man sich vorerst auf die Suche nach Schlüsselbegriffen in den Dateinamen beschränken, die allerdings nicht weiterhilft, wenn der Täter bewusst unverfängliche, aber nur ihm bekannte Namen verwendet hat.

Mittlerweile existieren immerhin elektronische Systeme zur Auswertung von Bildern und Filmen, welche eine rasche Sichtung von umfangreichem Material ermöglichen. So arbeitet zum Beispiel das System MediAN (Medienanalyse) nach einem einfachen Prinzip: Ein Video oder eine Filmdatei wird durchsucht; in einem frei wählbaren Intervall werden Standbilder angelegt. Diese Standbilder können dann einzeln oder in Gruppen mit frei definierbarer Anzahl von Bildern auf dem Bildschirm angezeigt werden. Erscheinen also zum Beispiel auf dem Bildschirm sechs Reihen mit jeweils acht Standbildern, die im Abstand von 10 Sekunden gemacht wurden, hat man auf einen Blick einen Eindruck über eine Filmsequenz von 8 Minuten und kann sich so in weniger als einer Minuten einen Überblick über einen 90-minütigen Spielfilm verschaffen. Es werden mittlerweile sogar Programme entwickelt, welche gewisse Bilder selbstständig analysieren. PERKEO (das Programm zur Erkennung relevanter kinderpornografisch eindeutiger Objekte) ist in der Lage, Bilder digital zu analysieren und zu vergleichen; das Programm erkennt zwar kinderpornografische Bilder nicht von sich aus, ist aber in der Lage, von einem bereits gespeicherten einschlägigen Bild Kopien im Internet zu finden; damit wird zumindest die Weiterverbreitung solcher Bilder bekämpft. Das Programm benützt den sogenannten Hashwert, eine mathematische Funktion zur Abbildung elektronischer Dateien. Zwei Dateien mit dem gleichen Hashwert sind absolut identisch. Werden also auf einem Computer Dateien gefunden, die den gleichen Hashwert haben wie eine bekannte und in PERKEO gespeicherte kinderpornografische Datei (dort sind mittlerweile über 100 000 Dateien erfasst), dann handelt es sich mit Sicherheit um Kinderpornografie; insbesondere bei einer großen Zahl von Treffern erübrigt es sich damit, die einzelne Datei noch durch Öffnen des Bildes oder des Films zu überprüfen. Falsch-positive Ergebnisse sind praktisch ausgeschlossen; dagegen sind falsch-negative Ergebnisse ausgesprochen häufig: Nach einer Untersuchung aus dem Jahr 2007 wurden damals mit PERKEO im Durchschnitt 98 % der kinderpornografischen Daten auf einem Computer nicht als solche erkannt. Das liegt vor allem am ungenügenden Datenpool, also am Umstand, dass nicht die Hashwerte aller einmal als kinderpornografisch erkannten Daten in PERKEO gespeichert werden. Diese Erkenntnis ist vor allem deshalb alarmierend, weil Untersuchungen mittlerweile plausibilisiert haben, dass vor allem Konsumenten von Kinderpornografie, die ein eigentliches Suchtverhalten an den Tag legen, dazu neigen, ihre Fantasien auch in die Tat umzusetzen. Umgekehrt wird bei praktisch allen pädosexuellen Tätern auch kinderpornografisches Material gefunden.

Eine internationale Bilderdatenbank zur Bekämpfung der Kinderpornografie im Internet ist bei Interpol im Betrieb.

## 3.7 Der Ausschluss unwahrscheinlicher Daten

In manchen Fällen gibt es Daten, die mit den übrigen nicht recht im Einklang stehen und deshalb unwahrscheinlich anmuten; es kann auch ganze Datenkomplexe geben, die wenig überzeugend wirken. Man soll dabei nie vergessen, dass die Daten vornehmlich im Hinblick auf eine bestimmte Hypothese über den Tathergang wahrscheinlich oder unwahrscheinlich sind. Wird eine andere Hypothese gesetzt, lägen die Verhältnisse vielleicht anders. Daher darf man unwahrscheinliche Daten nie ganz beiseiteschieben; sie sollen vielmehr bei einer anderen Mutmaßung über den Tatverlauf sofort wieder verfügbar sein.

Was wahrscheinlich ist, kann man in günstig gelagerten Fällen genau berechnen. Meistens ist aber eine Berechnung nicht möglich; man muss dann die Wahrscheinlichkeit der Daten oder eines Datenkomplexes schätzen, aufgrund von Erfahrungen und zum Teil wohl auch gefühlsmäßig. Man argumentiert etwa, es sei aussagepsychologisch nicht zu verstehen, dass der Zeuge ein wichtiges Geschehen beobachtet, in der Folge jedoch niemandem davon erzählt habe. Er kann auch nicht erklären, warum er bisher schwieg. Wenn er daher erst heute mit der Erzählung kommt, scheint seine Darstellung doch recht unglaubhaft.

---

Eine junge Frau, die in finanziellen Schwierigkeiten war, erklärte ihrem Vermieter, sie werde von einem Kollegen ihres Exmannes erpresst und habe deshalb kein Geld übrig, um die Miete zu bezahlen. Als er nachfragte, erklärte sie, ihr Exmann sei im Drogenhandel tätig gewesen und habe nun wohl beim Erpresser Drogenschulden; dieser habe sie aufgefordert, die Schulden zu bezahlen, weil er sonst dem gemeinsamen Kind etwas antun werde. Der Vermieter schickte sie zur Polizei, wo sie vorerst nur widerwillig Aussagen machte, dann aber doch behauptete, den Erpresser achtmal am Bahnhof getroffen zu haben, wo sie ihm jeweils Geld übergeben habe. Die Daten dieser Vorfälle konnte sie anhand von Bancomat-Bezügen nennen. Sie wurde zum nächsten angeblichen Treffen geschickt, es erschien allerdings niemand, auch bei einem weiteren Treffen nicht.

Aus der Wahrscheinlichkeitslehre weiß man: Wenn sich ein Ereignis unter gegebenen Bedingungen bereits m-mal eingestellt hat und nur n-mal ausgeblieben ist, dann beträgt die Wahrscheinlichkeit p, dass es unter den gleichen Bedingungen wieder eintritt,

$$p = (m+1)/(m + n + 2)$$

setzt man die Zahlen für das obige Beispiel ein, nämlich $m = 8$ und $n = 0$ (im Moment der Anordnung der Überwachung), dann erhält man für p den Wert von $9/10$. Mit anderen Worten: Der Unbekannte hätte am ersten Überwachungstag mit einer Wahrscheinlichkeit von $9/10$ erscheinen sollen, wäh-

> rend die Wahrscheinlichkeit seines Wegbleibens nur ¹/₁₀ betrug. Dass sich das unwahrscheinliche Ereignis doch verwirklichte, musste daher stutzig machen. Man konnte vermuten, dass der Unbekannte trotz aller Vorsichtsmaßnahmen der Polizei Lunte gerochen habe oder dass er zufällig verhindert gewesen sei; das waren allerdings eher entfernte Möglichkeiten. Der Schlüssel zur Lösung des Falles war daher ziemlich sicher bei der Frau zu suchen. Es stellte sich schließlich heraus, dasls sie die Erpressungsgeschichte frei erfunden und das bezogene Geld jeweils verspielt hatte.

Wenn gesagt wurde, unwahrscheinliche Daten seien zu separieren, so ist ergänzend anzumerken: Es gibt leider Fälle, bei denen gleich zu Beginn der Ermittlungen überhaupt nur unwahrscheinliche oder zumindest fragwürdige Daten vorliegen. Ist dies der Fall, dann ist eben vorläufig mit diesem Material zu arbeiten. Auch suspekte Daten können zur Lösung führen, wenn durch eigene Arbeit gesicherte hinzukommen.

**Einige Merksätze:**

- Bei der Bearbeitung der Daten hilft die Unterscheidung von Daten, welche sich (1) auf die Tat oder (2) auf die Täterschaft beziehen, (3) die Würdigung von Beweisen erlauben oder (4) auf weitere Datenquellen hinweisen.

- In der ersten Phase der Untersuchung sollte man die vorhandenen Daten aus polizeilichen und andern nützlichen Datenbanken anreichern, um sie besser bewerten zu können. Es stellt sich allerdings immer die Frage, ob solche Daten ohne Weiteres für die Zwecke der Strafverfolgung verwertbar sind.

- Große Mengen von Daten lassen sich am besten mit Hilfe der EDV erfassen und auswerten. Sie lassen sich dann ordnen, worauf neue Querbeziehungen sichtbar werden. Das gilt zum Beispiel für Bewegungsprofile, die sich aus Daten verschiedenster Herkunft (Telefondaten, Bank- und Kreditkartendaten, Quittungen etc.) herstellen lassen.

- Systematisch gesammelte Daten lassen sich besser analysieren. Man erkennt Widersprüche zwischen Beweisergebnissen, kann allenfalls gewisse Daten als objektiv unrichtig erkennen und ausschließen.

- Kriminalistisch besonders interessant sind vorgetäuschte Daten. Sie kommen hauptsächlich in Form der Vortäuschung von Taten zur Verdeckung anderer, der Vortäuschung von Taten zum Betrug der Versicherung oder wegen eines andern Vorteils, zur Verdeckung eines moralisch fragwürdigen Verhaltens oder in Form der Vortäuschung von Fahrlässigkeit bei Vorsatz vor.

# 4. Hypothesen bilden

## 4.1 Grundsätzliche Überlegungen

Wenn die bisher gesammelten Daten kein klares Bild ergeben, wenn also insbesondere unklar ist, ob eine Straftat begangen wurde oder von einem nicht strafbaren Ereignis auszugehen ist, oder wenn aufgrund der vorhandenen Informationen mehrere Straftaten in Frage kommen, dann sind Überlegungen gefragt, die in ein besonders interessantes Gebiet des kriminalistischen Denkens, nämlich in den Bereich der Hypothesen führen. Es geht dabei nicht um Überlegungen zu Lösungen, die aufgrund der bisherigen Beweiserhebungen bereits begründet werden können. Hypothesen sollen die Beantwortung der Frage erleichtern, was geschehen sein könnte und wie dieses Geschehen strafrechtlich zu würdigen wäre. Solche Annahmen sind nach einem zu Recht eingeleiteten Verfahren (es ist z. B. ein Mord geschehen) bereits vor Entstehen eines Verdachtes gegenüber einer Person möglich; sie können sich auf Personen oder auf noch nicht geklärte Vorgänge beziehen.

Das Ziel besteht darin, beim Entwickeln einer Hypothese zu erkennen, welche Daten noch fehlen, um die Hypothese als richtig oder falsch zu erkennen. Die Hypothesenbildung dient also dazu, die Beweiserhebungen in eine bestimmte Richtung zu lenken, das Programm für diejenigen Umstände aufzustellen, die zu beweisen sind (oder von denen gesagt werden kann, sie könnten ausgeschlossen werden, oder allenfalls bloß, sie ließen sich nicht beweisen).

Es sei gleich einleitend auf ein Problem bei der Bearbeitung von Hypothesen hingewiesen: Jeder Kriminalist wird nach jedem Delikt, das nicht bereits geklärt ist, gewisse Annahmen darüber treffen müssen, was geschehen sein könnte. Danach richten sich seine weiteren Bemühungen, die Beweislage zu dieser Hypothese zu untersuchen und die Hypothese damit entweder zu verifizieren oder zu falsifizieren. Nur aufgrund der Annahme dazu, was geschehen sein könnte und was folglich zu beweisen wäre, lässt sich überhaupt das Programm dazu aufstellen, zu welchen Punkten Beweis zu führen sei. Es kann dabei vorkommen, dass eine Hypothese auch den Parteien, insbesondere dem Beschuldigten und seinem Verteidiger, offen gelegt werden muss, zum Beispiel wenn es um die Stellungnahme des Beschuldigten zu einem bestimmten denkbaren Tatablauf oder um die Erklärung geht, weshalb eine bestimmte Beweiserhebung sinnvoll scheint. Verteidiger versuchen in dieser Situation oft, dem Staatsanwalt Befangenheit vorzuwerfen, indem sie sagen, er verfolge das Ziel, einen bestimmten mutmaßlichen Tatablauf zu beweisen, obwohl die Beweislage einen dringenden Tatverdacht in Bezug auf diesen Tatablauf gerade nicht begründen könne, und er sei damit nicht mehr unbefangen. Gerichte haben die Tendenz, diesen Einwand ernst zu nehmen und insbesondere Äußerungen der fallführenden Personen, die sich auf solche Hypothesen beziehen, auf die Goldwaage zu legen.

Man muss dazu aus kriminalistischer Sicht mit jeder Deutlichkeit sagen: wer in unklaren Fällen nicht mit Hypothesen arbeitet, der weiß gar nicht, nach welchem Programm (zur Frage, was zu beweisen wäre) er arbeiten soll. Er stochert also ziellos im Nebel herum, und gerade dies ist für die Verfahrensrechte des Betroffenen erheblich heikler, als wenn der Ermittler genau weiß, was es zu beweisen gilt, um eine bestimmte Hypothese zu bestätigen oder zu verwerfen. Denn auf diese Weise wird er auch rasch zuverlässig erkennen, dass der Verdächtige nicht schuldig ist, weil sich seine Hypothese falsifizieren lässt, oder er wird zumindest rascher als der konzeptlos Untersuchende erkennen, dass sich seine Hypothese nicht erhärten lässt. Weil das Hypothesenbilden sich also nicht vermeiden lässt, kann auch die Äußerung einer bestimmten Hypothese offensichtlich noch keine Befangenheit begründen.

### 4.2 Ereignisversionen und Tathypothesen

Begrifflich sollte man die Hypothese von der Version unterscheiden:
- Versionen sind Varianten einer Erklärung für ein Ereignis, die sich als richtig oder falsch beweisen lassen (ob ein Toter durch Suizid gestorben ist, lässt sich bei guter Datenlage klären).
- Hypothesen gehen der Frage nach, wie es zum Ereignis gekommen sein könnte.

*Thomas Gundlach* hat deshalb richtigerweise vorgeschlagen, zur begrifflichen Klärung von Ereignisversionen und Tathypothesen zu sprechen. Es geht also darum, zuerst das Endergebnis der Straftat zu analysieren. Woran ist die Leiche gestorben? Wurde das offen stehende Fenster offen gelassen oder aufgebrochen? War das Auto, aus dem ein Laptop gestohlen wurde, abgeschlossen oder nicht? Beruht

## 4. Hypothesen bilden

der Einsturz des Hallendachs auf einem äußeren Ereignis (Schneelast, Vereisung, Erdbeben, Explosion, Bodensenkung) oder besteht eine innere Ursache (Materialbruch, Verspannung)? Erst wenn man diese Frage beantwortet hat (und man kann dies in der Regel mit mehr oder weniger Aufwand eindeutig tun), dann fragt sich, wie es zu diesem Ereignis gekommen ist.

Ziel der Bildung von Ereignisversionen wäre, eine der auf diese Weise erkannten Versionen als die wahrscheinlich richtige weiter zu verfolgen. Das wird zwar nicht immer gelingen. Das gedankliche Aufspüren aller Möglichkeiten hat aber für das kriminalistische Denken dennoch Sinn: Man setzt nacheinander jede erdachte Möglichkeit als zutreffend voraus, sieht, wohin sie führt, und versucht, ihre Konsequenzen zu verifizieren oder zu falsifizieren. Es wird sich dann oft zeigen, welche die einzig Richtige ist.

> In Bern erregte der Mordfall Zwahlen im Jahr 1985 großes Aufsehen. Christine Zwahlen wurde tot in der Tiefkühltruhe im Keller ihres Hauses gefunden; der Verdacht richtete sich sofort auf den Ehemann der Toten, der eine heimliche außereheliche Beziehung unterhielt. Die Spuren legten nahe, dass Christine Zwahlen mit einem Hammer im Ehebett schlafend erschlagen worden war. Der Ehemann bestritt die Tat, wurde dann aber doch zu einer lebenslänglichen Zuchthausstrafe verurteilt. Ein Journalist schrieb über den Fall ein erstes Buch, in dem er Zweifel an der Täterschaft des Ehemannes äußerte („Mord in Kehrsatz"). Weil ein anderer Ablauf als derjenige, dem das Urteil zugrunde lag, vorerst nicht ernsthaft zur Diskussion stand, ließ der Journalist ein zweites Buch folgen. Darin versuchte er nachzuweisen, dass auch denkbar sei, dass Christine Zwahlen bei einer Auseinandersetzung mit ihren Eltern (die im Haus nebenan wohnten) unglücklich gestürzt und gestorben sei, worauf die Eltern sie in die Kühltruhe gelegt hätten. Diese Version war aber für Kenner des Falles so weit hergeholt, dass diese sie nicht ernsthaft in Erwägung zogen; sie war zudem schon auf den ersten Blick mit einigen Beweisen nicht vereinbar.

Um sinnvolle Hypothesen zu finden, empfiehlt es sich, sich den Tatablauf genau vor Augen zu führen und dort, wo Daten noch fehlen, in Hypothesen zu denken, also in Gedanken alle durch die Tatsituation indizierten Tatverläufe und die sich daraus ergebenden Möglichkeiten der Täterschaft zu erfassen. Man hat in einem Tötungsfall vielleicht mit Grund angenommen, es handle sich entweder um ein Beziehungsdelikt oder dann um einen Raubmord. Die Annahme eines Beziehungsdeliktes führt dann zu bestimmten Folgerungen und neu zu entdeckenden Spuren im Geschehen, die Annahme eines Raubmordes zu anderen – und vielleicht kann man dann entscheiden, was wirklich vorliegt.

> Bei Brandstiftungen (also Bränden, bei denen Brandbeschleuniger eingesetzt wurden) geht man normalerweise davon aus, dass drei Möglichkeiten zu prüfen sind: Entweder hat der Geschädigte selbst Feuer gelegt, um die Versicherungssumme zu kassieren, oder jemand wollte dem Betroffenen schaden, z. B. um einen unliebsamen Konkurrenten auszuschalten oder um sich aus irgendeinem Grund an ihm zu rächen, oder es handelt sich um das Werk eines Pyromanen. Die Prüfung aller drei Varianten führt ins Leere, wenn der Täter sich im Objekt geirrt hat (was sehr selten vorkommt, aber nicht von vornherein ausgeschlossen ist).

### 4.3 Hypothesenbildung

#### 4.3.1 Der Weg zur Hypothese

Hypothesenbildung lässt sich auch in der Kriminalistik nicht auf mechanische Regeln zurückführen. *Henriette Haas* schreibt dazu, sie bleibe ein kreativer und letztlich unerklärbarer Prozess. Schon *Karl Popper* habe festgestellt, dass es eine logische, rational rekonstruierbare Methode, etwas Neues zu entdecken, nicht gebe. Die Fähigkeit, intuitiv richtige Lösungen zu finden, zeichnet aber alle erfolgreichen Kriminalisten aus. Wie ist das zu erklären? *Ernst Vitek* hat darauf hingewiesen, dass Menschen in Gefahrensituationen oft in Sekundenbruchteilen die richtige Entscheidung treffen müssen; sie haben keine Zeit zu gründlichen Überlegungen. Wenn man in dieser Situation auf die innere Stimme hört, ist man häufig gut beraten. Intuitive Prozesse sind also etwas zutiefst Natürliches, allerdings ist eben unser heutiges Leben zu wenig gefährlich, um solche Prozesse zu üben. Zum Glück beruht aber Intuition auch auf Erfahrung, die man durchaus erwerben kann.

Immerhin stehen bestimmte Methoden zur Verfügung, um einen kreativen, intuitiven Prozess etwas zu begünstigen. In einfachen Fällen geht es vorerst lediglich darum, sich nach einer bestimmten Straftat in die Situation des Täters zu versetzen und sich zu fragen: Aus welchen Gründen könnte ein bestimmtes Delikt begangen worden sein? Wie könnte sich der Täter verhalten haben? Welche Handlungsalternativen gab es für ihn?

Dieses Vorgehen scheint kaum strukturierbar zu sein. Es ist aber auch bei der Lösung anderer Probleme üblich. *Hans Walder* hat darauf hingewiesen, dass es beim Deuten von Zeichen, insbesondere beim heute (außer zum Knacken von Computer-Passwörtern) in Vergessenheit geratenen Dechiffrieren, um Folgendes geht:

- das Durchspielen aller Schlüssel beim benutzten Chiffrierverfahren;
- das Arbeiten mit den wahrscheinlichsten Klartext-Buchstaben oder -Wörtern eines chiffrierten Textteiles und
- intuitives Erraten des Klartextes eines Teiles des Chiffretextes.

Damit man zu brauchbaren Ideen, Einfällen und Annahmen gelangt, müssen meistens gewisse Bedingungen erfüllt sein. Man sollte sich zuerst klar machen, wie Annahmen strukturiert sein können und worauf sich die Einfälle beziehen dürfen. Annahmen haben in den meisten Fällen eine der folgenden Strukturen:

- Gewisse vorhandene Daten werden als wahr angesehen, bestimmte andere als falsch.
- Zwischen vorhandenen, als richtig angesehenen Daten werden bestimmte Beziehungen angenommen.
- Noch unbekannte Daten werden neben bereits vorhandenen, richtigen als gegeben betrachtet.
- Zwischen vorhandenen, richtigen Daten und bloß angenommenen werden bestimmte Beziehungen vorausgesetzt.

Fast alle Versionen und Hypothesen des kriminalistischen Denkens gehören einer der vier Gruppen oder Kombinationen der Gruppen an.

Weil Hypothesenbildung ein kreativer Prozess ist und mit Erfahrung zu tun hat, leistet eine Gruppe oft erheblich mehr als ein Einzelner; besteht die Gruppe aus Leuten mit unterschiedlichem Temperament und verschiedenem Erfahrungshintergrund, sind ihre Ergebnisse noch besser. Brainstormings sind ungleich ergiebiger, wenn sie in einer Gruppe erfolgen. Entscheidend ist allerdings, dass die zwei Phasen in der Arbeit mit Hypothesen, nämlich die Hypothesenbildung und deren kritische Überprüfung, strikte getrennt werden: Wer sich schon während des Brainstormings sagen lassen muss, seine Hypothese stehe in klarem Widerspruch zur bisherigen Aktenlage und sei deshalb nicht sinnvoll, der blockiert seine Kreativität und kann nicht mehr unbefangen mutmaßen. Denn wie neuere Forschungen (von *Daniel Kahneman* und *Shane Frederick*) zeigen, benützen Menschen zwei verschiedene Denkprozesse, die man als den intuitiven und den reflexiven bezeichnen kann und die sich wie folgt unterscheiden:

| **Intuitive Prozesse** sind: | **Reflexive Prozesse** sind: |
|---|---|
| automatisch | beherrscht |
| mühelos | anstrengend |
| assoziativ | deduktiv |
| schnell | langsam |
| parallel | seriell |
| unbewusst | bewusst |
| fähigkeitsgesteuert | regelgesteuert |

Man müsste also in der Phase des Brainstormings nur intuitive Prozesse zulassen, erst in der Phase der kritischen Überprüfung dann (auch) reflexive Prozesse.

Nach meiner Erfahrung ist allerdings die Gefahr, intuitive Prozesse zu blockieren, gerade in Gruppen von Kriminalisten besonders groß. Gute Kriminalisten zeichnen sich eben unter anderem dadurch aus, dass sie alle Fakten eines Kriminalfalles im Kopf haben, berücksichtigen können und deshalb rasch erkennen, in welche Richtung sich Ermittlungen lohnen und in welche Richtung nicht. Können sich solche Leute im kreativen Prozess des Brainstormings nicht mit Kritik an Hypothesen anderer zurückhalten, dann sabotieren sie diesen Prozess.

Eine einfache Überlegung kann aber auch solche Leute dazu führen, verrückte (nicht naheliegende) Ideen anderer zuzulassen, ohne sich sogleich dazu zu äußern: Man sollte sich daran erinnern, dass Straftäter oft (gerade bei schweren Straftaten) sehr irrational vorgehen; wenn es darum geht, sich zu überlegen, was ein solcher Täter getan haben könnte, dann ist der Filter der Vernunft in einem ersten Schritt deshalb gerade unerwünscht, und es sind auch abwegige Hypothesen zuzulassen, weil der Täter sich (sei es aufgrund seiner grundsätzlichen Denkstruktur, sei es aber auch, weil er wegen der begangenen Tat in Panik war) sehr unvernünftig oder taktisch unklug verhalten haben kann.

Es gibt eine einfache Technik, der Fantasie auf die Sprünge zu helfen: Die Unmittelbarkeit eines Augenscheines regt an. W. *Stieber* schrieb dazu: „Wenn dem Beamten die Entwicklung oder der Verlauf des Verbrechens unklar ist, so begebe sich derselbe an den Ort der Tat und denke er sich recht lebhaft in die Stelle des Verbrechers hinein." Es wird heute meist unterschätzt, wie wichtig die eigene Tatortkenntnis ist. Weil es unmöglich ist, von vornherein zu wissen,

## 4. Hypothesen bilden

welche Umstände später entscheidend sein werden, ist es auch unmöglich, Tatortkenntnis durch irgendeine Art der Dokumentation, sei es verbale Beschreibung oder Foto- oder Videografie, zu ersetzen. Vor allem aber beflügelt der Tatort die Fantasie des Kriminalisten.

> In einem Fall von vorsätzlicher Tötung, die nach einem Restaurantbesuch begangen wurde, behauptete die Täterin, die Tatwaffe sei ihr im Restaurant von ihrem Freund unter dem Tisch durchgereicht worden. Sie habe dabei gehört, wie er sie gesichert habe. Der Schuss habe sich später gegen ihren Willen gelöst. Dem Staatsanwalt, der nach der Tat das Restaurant nochmals aufsuchte, um sich selbst ein Bild von den örtlichen Verhältnissen zu machen, fiel auf, dass sehr laute Musik ab Band lief und die Täterin nach den Plänen vom Tatort an einem Tisch gesessen hatte, der unmittelbar unter einer Lautsprecherbox stand. Nur auf diese Weise kam er auf die Idee, in einer Tatrekonstruktion zu beweisen, dass das Sichern einer Waffe unmöglich hörbar gewesen wäre.

Besonders aufschlussreich und anregend ist (in entsprechenden Fällen) eine Rekonstruktion des Geschehens aufgrund der vorhandenen Daten und den sich aufdrängenden, aber noch unbelegten Ergänzungen. Man erkennt auch meistens rasch, welche Annahmen in erster Linie weiterverfolgt werden müssen.

Wenn man in Gruppen Hypothesen bildet und diskutiert, stellt man meistens fest, dass einige Leute auf Hypothesen kommen, welche anderen nie in den Sinn gekommen wären. Es kommt auch oft vor, dass man sich nicht einig darüber wird, welche der Hypothesen die plausibelste ist. Worin liegt das? *Henriette Haas* hat gezeigt, dass die vorliegenden Informationen von den Leuten unterschiedlich bewertet werden, und zwar in zweierlei Hinsicht:

- Es werden unterschiedliche Informationen als wichtig eingeschlossen.
- Es werden unterschiedliche Informationen als unwichtig ausgeschlossen.

Der Kapitalfehler dabei wäre, unpassende Indizien als unwichtig auszuschließen; man riskiert dann, die richtige Lösung zu übersehen. Man sollte sich vielmehr fragen, wieso diese Indizien unpassend sind. Vielleicht sind sie tatsächlich falsch, weil bei ihrer Erhebung ein Fehler passiert ist. Vielleicht sind sie aber der Schlüssel zur Lösung.

Dass im nächsten Schritt – aber eben klar getrennt vom Schritt der Hypothesenbildung – dann jede Hypothese auf die Vereinbarkeit mit den bereits bekannten Beweismitteln überprüft wird, ist selbstverständlich. Viele Hypothesen lassen sich dann rasch abhaken, weil sie mit der vorhandenen Realität nicht vereinbar sind. Immerhin sollte man an Folgendes denken: Wenn nur ein bestimmter Umstand (und vielleicht ein nicht sehr zentraler) sich mit einer Hypothese nicht vereinbaren lässt, müsste man überprüfen, ob bei der Erhebung der fraglichen Daten allenfalls ein Fehler passiert ist.

### 4.3.2 Der Gegenstand von Hypothesen

Ganz zu Beginn einer Untersuchung sollte man daran denken, dass es nicht nur Hypothesen gibt, die auf eine bestimmte Straftat weisen. Unter Umständen hat das untersuchte Ereignis gar keinen strafrechtlichen Hintergrund, sondern es handelt sich um einen natürlichen Ablauf. Vor allem in den praktisch häufigen Fällen, wo man zu einem außergewöhnlichen Todesfall gerufen wird, sind Hypothesen, die auf Straftaten weisen, in der Regel die am wenigsten wahrscheinlichen, es wäre aber fatal, wenn man gerade diese Möglichkeiten nicht erkennen würde.

In der Regel zeigt sich beim Prüfen der Ereignisversion schon, ob eine Straftat vorliegen könnte oder nicht. Es gibt aber in seltenen Fällen auch Konstellationen, wo selbst dann, wenn die Frage geklärt ist, welche Ereignisversion die richtige ist, noch offen bleibt, ob es um eine Straftat ging oder nicht.

> Die Polizei wurde zu einer Wohnung gerufen, weil der jüngere Mieter seit mehreren Tagen nicht mehr gesehen worden war. Die Polizei öffnete die verschlossene Wohnungstür (der Schlüssel steckte nicht von innen) und fand den Mann tot auf dem Sofa liegend. Weil er in der Drogenszene verkehrte, war eine Überdosis Drogen als Grund für das Versterben naheliegend. Tatsächlich stellte der Rechtsmediziner eine erhebliche Kokain-Überdosis fest.
>
> Die weiteren Ermittlungen ergaben Hinweise darauf, dass der Mann bei seinem Dealer erhebliche Schulden gehabt und von diesem unter Druck gesetzt worden war. Weil die Überdosis auffällig hoch war, schien die Annahme, sie basiere auf einem irrtümlichen Dosierungsfehler, nicht sehr naheliegend. Man musste in Erwägung ziehen, dass dem Mann die Überdosis beigebracht worden war oder dass er allenfalls gezwungen worden war, sich diese Dosis selbst zu applizieren. Verletzungen, insbesondere im Bereich von Einstichstellen oder an Orten, wo er hätte fixiert werden müssen, um ihm gegen seinen Willen eine Spritze zu setzen, wurden allerdings nicht gefunden.
>
> Schließlich musste das Verfahren nach langen Ermittlungen eingestellt werden, weil der Verdacht, der Mann könnte umgebracht worden sein, sich nicht konkretisieren ließ. Ebenso unwahrscheinlich blieb allerdings, dass er sich die Überdosis selbst beigebracht hatte.

Annahmen sind im Fahndungs- oder im Beweisbereich möglich, also bei der Suche nach dem noch unbekannten Täter über ein Täterprofil (Fahndungsbereich) oder bei der Rekonstruktion des Tatablaufes über eine Hypothese (Beweisbereich).

Üblich ist heute folgende Unterteilung:

- Allgemeine Ereignishypothesen dienen zur Prüfung der Frage, ob und welche Straftat in Frage kommt; spezielle Hypothesen betreffen den Tatablauf, die Tatzeit und den Tatort, den Modus Operandi, das Motiv oder die Tatbeteiligten. In diesem Bereich sind Ereignishypothesen und Tatversionen oft nicht mehr sauber zu trennen.
- Ermittlungshypothesen dienen zum Erkennen von noch zu ermittelnden Sachverhalten oder Tatkomplexen.
- Fahndungshypothesen beantworten die Frage, welche Fahndungsmaßnahmen Erfolg versprechend sind, indem z. B. gemutmaßt wird, in welcher Weise der Täter geflüchtet ist, aber auch, indem nach bestimmten Eigenschaften gefragt wird, die der Täter aufweisen muss.
- Prognostische Täterhypothesen gehen der Frage nach, welche Tathandlungen der mutmaßliche Täter vornehmen wird oder was er nach einer gewissen Tat unternehmen wird.

### 4.3.3 Erfahrung als Voraussetzung von Einfällen

Damit es zu Einfällen kommt, genügt es nicht immer, sich einfach klar zu machen, wie Annahmen strukturiert sind und worauf sie sich beziehen können. Viel hängt davon ab, was derjenige, welcher den Fall lösen soll, an Erfahrung, sonstigem Wissen und Fantasie mitbringt: Bei der Erfahrung geht es um die Zahl der Kriminalfälle, die man selbst bearbeitet hat oder aus aktenmäßigen Darstellungen kennt. Das Wissen muss vor allem zu den vorhandenen Beweismöglichkeiten und zum Stand der Kriminaltechnik umfassend sein. Schließlich ist eben eine rege, nicht von der Vernunft gebremste Fantasie erforderlich.

Weil Kriminalisten selten alle diese Eigenschaften aufweisen, bleibt nur, sich im Rahmen von Arbeitsgruppen über ungelöste Fälle auszutauschen. Man darf nicht vergessen, dass die Fantasie eines Menschen in individuellen Grenzen gefangen bleibt. Jeder hat seine höchstpersönlichen Assoziationsfäden; deshalb gelangt jemand unter Umständen nicht zu einem entscheidenden Einfall, während ein anderer rasch auf die Lösung stößt. Es bewährt sich daher fast immer, einen komplizierten Fall mit einem Kollegen zu besprechen. Bei schweren Verbrechen wird man ohnehin mit den Bearbeitern aus den verschiedenen Disziplinen regelmäßige Konferenzen abhalten, um alle über die neuesten Ergebnisse zu orientieren und Mutmaßungen hören und erörtern zu können. Denn es setzt sich mittlerweile die Erkenntnis durch, dass der geniale Einzelkämpfer von früher in einer Zeit, wo Erfahrung in verschiedensten Disziplinen erforderlich ist, ausgedient hat. Nur das Zusammenführen von Leuten mit unterschiedlichem Hintergrund hilft bei der Lösung komplizierterer kriminalistischer Fragen weiter. Jede kriminalistische Fallanalyse wird heute in einer Arbeitsgruppe entwickelt, weil offensichtlich ist, dass die Gruppe bessere Lösungen erarbeitet als ein Einzelner.

### 4.3.4 Rückschaufehler

Bei der Bewertung von Hypothesen sollte man darauf achten, dass man nicht dem Rückschaufehler unterliegt. *Baruch Fischhoff* beschreibt diesen in der Psychologie gut erforschten Fehler wie folgt: Menschen überschätzen in der Rückschau ständig, was vorhersehbar gewesen wäre. Sie betrachten nicht nur Geschehenes als unausweichlich, sondern meinen auch, man hätte es schon vor dem Geschehen als unausweichlich erkennen müssen. Im Bereich der Justiz gibt es dazu eine Studie von *Guthrie*, *Rachlinsky* und *Wistrich*, die Richtern ein erstinstanzliches Urteil vorlegten und sie fragten, wie sie die Erfolgsaussichten des Berufungsverfahrens gegen dieses Urteil einschätzen. Diejenigen, welche den (vermeintlichen) Ausgang kannten, hielten den betreffenden Entscheid des Obergerichtes für erheblich wahrscheinlicher als diejenigen, denen vor der Beurteilung nicht gesagt wurde, wie die obere Instanz entschieden hatte, und zwar unabhängig davon, welcher Ausgang des Berufungsverfahrens behauptet wurde.

Aus den gleichen Gründen neigt man dazu, eine einmal gefundene Hypothese, die das Geschehene erklärt, als die einzig richtige zu betrachten, auch wenn es ebenso plausible Alternativen gäbe. Soweit Wahrscheinlichkeiten eine Rolle spielen, deren Wert nicht errechnet werden kann, führt der Rückschaufehler dazu, die Wahrscheinlichkeit eher zu überschätzen: Wer aus dem letzten ähnlichen Fall weiß, dass ein Rammbock-Einbruch in ein Juweliergeschäft von einer ukrainischen Einbrecherbande begangen wurde, wird dies auch beim nächsten Einbruch für eine plausible Hypothese halten, auch wenn der Anteil von Ukrainern unter den Tätern solcher Einbrüche sehr tief ist.

Leider ist allerdings auch gut erforscht, dass die Warnung vor dem Rückschaufehler nur einen sehr geringen Effekt zeigt. Die einzige Erfolg versprechende Strategie ist, sich zu zwingen, Gründe dafür zu suchen, warum ein anderes Ergebnis als dasjenige, welches die Hypothese verspricht, möglich sein könnte.

### 4.4 Strukturiertes Analysieren

Der erfolgreichste Weg zu einer sinnvollen Hypothese läuft vom WAS über das WARUM zum WER. Es wird also zunächst analysiert, was genau geschehen ist. In einem zweiten Schritt wird geprüft, ob es eine plausible Erklärung dafür gibt, warum die Tat sich so abgespielt hat. Das führt schließlich zur Frage, wer einen Grund dafür hatte, die Tat genau in dieser Weise zu begehen.

Folgendes sollte man sich zur Vorgeschichte des Verbrechens überlegen: Wie gewann der Täter allenfalls Kenntnisse über die Deliktsmöglichkeit und die beste Art der Tatausführung? Hat er sich irgendwo über Dinge erkundigt oder über solche gesprochen, die mit der späteren Tat im Zusammenhang stehen? Wie und wo beschaffte er sich die Mittel zur Tat (Werkzeug-Kauf oder -Diebstahl, Transportmittel, etwa die Entwendung eines fremden Fahrzeuges zum Gebrauch, Waffen-Beschaffung, Tarnung, Mittäter, Gehilfen, Finanzierung der bevorstehenden Tat, Skizzen oder Notizen hinsichtlich des Tatortes und der Wege dorthin)? Weist etwas auf die Planung eines späteren Untertauchens hin oder was kann man diesbezüglich Nachprüfbares annehmen? Gab es im Vorfeld bereits ähnliche Taten? Welcher Zusammenhang dieser früheren Taten zum Täter könnte vorhanden sein? Könnten Bekanntschaften in einer Strafanstalt eine Rolle spielen, welche den Täter inspiriert haben dürften?

Darf man aufgrund der Tat und der Tatsituation irgendwelche weiteren Daten vermuten, die man nachprüfen sollte? Was lassen uns die Art der Straftat, die Tatausführung, Ort und Tatzeit, frühere ähnliche Straftaten über die bereits erhobenen Fakten hinaus annehmen?

War das Vorgehen des Täters laienhaft oder professionell, handelte es sich um einen bekannten Modus Operandi? Zu was für Überlegungen führen uns die am Tatort hinterlassenen Spuren oder Gegenstände? Echt oder vorgetäuscht? Zu welchen Vermutungen geben das Opfer, sein näheres Umfeld, seine Berufstätigkeit und seine Beziehungen, sein Vermögen Anlass (mögliches Beziehungsdelikt, bloße Bekanntschaft, keine Beziehung)? Kann das Opfer besondere, den Täter betreffende Hinweise geben? Zu welchen Gedanken führt die Art der Beute? Lässt sich die physische Konstitution des Täters (Kraft, Größe, Alter) erahnen? Was dürfte in Anbetracht der Tatausführung und der weiteren Umstände die psychische Konstitution des Täters sein? Von welchem Motiv kann man ausgehen? Stehen vielleicht andere, zur Tat parallele Vorgänge mit dem zu untersuchenden Geschehen im Zusammenhang? Etwa Ablenkungsmanöver? Gleichzeitige weitere Straftaten?

Kann man Annahmen über die Folgen der Tat machen? Über den Fluchtweg des Verbrechers? Über Verstecke? Über Orte, wo der Täter seine Beute absetzen wird? Über Ablenkungsmanöver? Lässt sich der Täter vielleicht durch diese oder jene Maßnahme aus dem Busch klopfen?

Auf alle diese Dinge und auf unzählige weitere sollen sich die Gedanken und Annahmen beziehen, indem man, wenn noch einiges unklar ist, wenigstens die aufgezählten Fragen immer wieder Revue passieren lässt, bis man auf eine interessante Möglichkeit stößt.

### 4.5 Von der operativen Fallanalyse zur Hypothesenbildung

In komplizierten Fällen muss man etwas gründlicher und systematischer vorgehen, um durch Bildung sinnvoller Hypothesen rascher zu guten Ergebnissen zu kommen.

Zu Beginn jeder anspruchsvolleren Hypothesenbildung steht deshalb die kriminalistische Fallanalyse, heute oft auch operative Fallanalyse (OFA) genannt. *Rolf Ackermann* beschreibt die Fallanalyse als Analyse des vorhandenen Beweismaterials, die dazu dient, Knotenpunkte oder Schlüsselfragen des Ermittlungsverfahrens zu erkennen. Die Technik wurde vom Bundeskriminalamt 1998 entwickelt. Es orientiert sich teilweise an ViCLAS, dem Violent Crime Linkage Analysis System, das von der Royal Canadian Mounted

## 4. Hypothesen bilden

Police entwickelt wurde (vgl. www.bka.de/kriminalwissenschaften/ofainter.html und www.rcmp-grc.gc.ca). Ausgangspunkt ist die genaue Rekonstruktion und Interpretation des Täterverhaltens. Durch logisches Schlussfolgern aus dem vorhandenen Material entsteht dann die Hypothese oder Version. Aus ihr kann abgeleitet werden, welche Ermittlungsaufgaben noch zu lösen sind, es können also die noch zu erledigenden Untersuchungsaufgaben geplant werden. Operative Fallanalysen werden in Deutschland mittlerweile durch spezialisierte Teams ausgebildeter Fachleute durchgeführt, die durch eine hochgradig systematisierte Analyse des Falles zu neuen Hypothesen und Ermittlungsansätzen kommen sollen.

Erster Schritt der OFA ist eine möglichst präzise Rekonstruktion der Tat anhand der objektiv feststellbaren Spuren. Sie umfasst insbesondere auch alle wesentlichen Details, auch (oder gerade) wenn sie nicht ganz ins Bild passen und ihre Bedeutung nicht klar ist. Ziel ist eine präzise, in möglichst kleine zeitliche Einheiten unterteilte Fallchronologie, welche ihrerseits Rückschlüsse auf die Falldynamik und die Täterentscheidungen ermöglicht. Zeugenaussagen spielen bei der Fallanalyse nur dann eine Rolle, wenn sie wirklich gut validiert sind; denn wenn schon die Rekonstruktion der Tat fehlerhaft ist, dann werden auch die darauf bauenden weiteren Schlüsse unzuverlässig sein. In diese Phase gehört auch die sorgfältige Analyse des Opferverhaltens, und zwar in Bezug auf die Tat, aber auch in Bezug auf die Alltagsroutinen; denn daraus lässt sich ableiten, wie der Täter bei der Opferauswahl vorgegangen sein könnte und wie sich sein Tatentschluss entwickelte.

Als Zweites wird nach den Täterzielen gefragt. Zentral ist dabei die Frage, welches Verhalten zwingend zur Tat gehört und wo die eigentliche Handschrift des Täters beginnt, also das Verhalten, das vom zur Tatbegehung absolut Notwendigen abweicht. Dabei sind die zwei folgenden Fragen zu beantworten:

- Was hat der Täter getan, was er nicht hätte tun müssen?
- Was hat der Täter nicht getan, was er hätte tun können?

Die Antwort auf diese beiden Fragen zeigt, wodurch sich der Täter von anderen, die ähnliche Delikte begehen, unterscheidet, welche Handschrift er hat. Es geht also um die Analyse von Umständen, die gerade nicht zentral zur Tat gehören. Auch in diesem Zusammenhang gilt: Es stellt sich die Frage nach der Abweichung von Modellen, eine sinnvolle Analyse der Handschrift des Täters ist also nur durch Leute möglich, die mit dem in Frage stehenden Deliktstyp große Erfahrung haben und deshalb wissen, was typisch wäre und was nicht.

Auch die Frage nach dem Motiv ermöglicht weitere Rückschlüsse. Es werden üblicherweise sieben Motivkategorien unterschieden (Sex, Bereicherung, Verdeckung, Beziehung, täterimmanentes Zerstörungsmotiv, Gruppendynamik, unklare Motivlage), die sich durchaus während der Tat entwickeln und ablösen können. Die Analyse der Motivlage ermöglicht es oft auch, eine Aussage darüber zu machen, ob die Tat möglicherweise ungeplant eskaliert ist.

Die Tat wird sodann als Ganzes analysiert und damit die Fallcharakteristik herausgearbeitet. Handelte es sich eher um eine Spontantat oder um eine geplante Tat, eine sogenannte Neigungstat, oder gab es vermischte Phasen? Welche Kriterien waren für die Auswahl des Opfers, die Tatzeit und den Tatort entscheidend? Gibt es Besonderheiten, wollte der Täter z. B. die Tat oder die Spuren vertuschen oder gar eine andere Tat oder ein anderes Motiv vortäuschen?

Liegen genügend Angaben vor, kann anschließend ein Täterprofil erstellt werden.

Bisweilen ergibt die OFA, dass es sich beim analysierten Delikt um eine Wiederholungstat handeln könnte; in solchen Fällen führt eine vergleichende Fallanalyse mit andern Fällen zu Hypothesen darüber, für welche Delikte allenfalls der gleiche Täter in Frage kommt. Werden mehrere Straftaten dem gleichen Täter zugeschrieben, kann eine geografische Fallanalyse (GEOFAS) zu Hypothesen über den Wohnort des Täters oder allenfalls über künftig besonders gefährdete Tatorte führen.

Das Arbeiten mit Hypothesen erfordert eine rollende Planung, die drei beschriebenen Phasen sind also nicht strikte zu trennen: Eine bestimmte Hypothese lässt erkennen, welche Beweiserhebungen im vorliegenden Fall zur Aufklärung führen könnten; jedes Mal, wenn ein Beweisergebnis vorliegt, das nicht mit der vorhandenen Hypothese zu vereinbaren ist, muss die Hypothese modifiziert oder zugunsten einer anderen Hypothese verworfen werden.

Die operative Fallanalyse mündet in Ermittlungshinweisen, soll also die weitere Ermittlung im analysierten Fall aufgrund rationaler Kriterien steuern und optimieren. Oft ergibt die Analyse, dass die Informationslage vervollständigt werden muss; das setzt voraus, dass die Analytiker die neusten Methoden der Spurensicherung kennen.

## 4. Hypothesen bilden

Oft führt die Analyse auch nur dazu, dass Ermittlungsrichtungen priorisiert werden, weil eine bestimmte Hypothese besonders plausibel scheint. Schließlich liefert die Analyse oft Hinweise auf eine bestimmte Rasterung, die im konkreten Fall zum Erfolg führen könnte.

Stehen mehrere Hypothesen zur Wahl, dann können zwei verschiedene Kriterien zum Entschluss führen, welche zuerst weiter zu verfolgen ist:

- Es soll in der Regel versucht werden, zuerst die wahrscheinlichere Hypothese zu beweisen oder auszuschließen.
- Es ist aber auch daran zu denken, dass sich gewisse Hypothesen mit sehr kleinem, andere aber nur mit ungleich größerem Aufwand beweisen oder widerlegen lassen. Dann sind vorerst die einfacheren Ermittlungen durchzuführen.

> Sind in einem Mordfall an einer älteren, vermögenden Dame die Hypothesen „Täterschaft des Alleinerben" und „Raubmord durch einen Unbekannten" zu überprüfen, wird zwar möglicherweise die erste Hypothese im konkreten Fall viel unwahrscheinlicher sein. Ist aber eine DNA-Spur vorhanden, die dem Täter zugeschrieben wird, lässt sich die erste Hypothese durch eine DNA-Analyse rasch und kostengünstig überprüfen.

Bedauerlicherweise wird die Methode der kriminalistischen Fallanalyse und Hypothesenbildung oft erst dann eingesetzt, wenn der Untersuchende an einem toten Punkt angelangt ist und feststellt, dass er bei der Lösung des Falles nicht weiterkommt. Es empfiehlt sich allerdings, mit methodischem Vorgehen nicht erst so spät einzusetzen; denn die Hypothesenbildung dient ja zum Erkennen von Beweislücken, die allerdings je schwieriger geschlossen werden können, desto länger die Tat zurück liegt. Bereits nach dem ersten Angriff sollten also die vorliegenden Fakten ein erstes Mal gründlich analysiert werden. Allerdings ist nicht zu bestreiten, dass es zeitaufwendig ist, alle vorhandenen Fakten systematisch zu erfassen und zu bewerten, und dass diese Zeit möglicherweise besser genutzt wird, indem möglichst rasch weitere Beweise erhoben werden. Der erfahrene Kriminalist zeichnet sich dadurch aus, dass er die richtige Balance zwischen Auswertung und Beweiserhebung findet.

Das Dilemma zeigt sich erstmals dann, wenn es darum geht, nach der vorläufigen Festnahme einen fristgebundenen Antrag auf Anordnung der Untersuchungshaft zu formulieren: Die Zeit dazu ist beschränkt, es können deshalb allenfalls nicht alle vorhandenen Akten bereits ausgewertet werden. Trotzdem ist es erforderlich, den dringenden Tatverdacht so deutlich zu belegen, dass der Richter Haft verfügt.

Operative Fallanalysen werden vor allem bei ungeklärten Tötungs- und schweren Sexualdelikten vorgenommen. Die Methode wird aber zunehmend auch bei Raubserien eingesetzt, was Erfolg versprechend ist, weil in der Regel zahlreiche und detaillierte Hinweise auf den Modus Operandi des Täters zur Verfügung stehen (z. B. Wahl des Zielobjektes, Wahl des Zeitpunktes (Wochentag, Tageszeit), Maskierung, Waffe, Blitzangriff oder Vertrauensaufbau, Art der Gewaltanwendung oder Drohung, Sicherungsmaßnahmen, Tatfahrzeug) und die operative Fallanalyse deshalb sehr spezifische Täterprofile hervorbringen kann.

### 4.6 Täterprofile

Soweit eine noch unbekannte Täterschaft in Frage steht, sind in jüngerer Zeit besondere Anstrengungen unternommen worden, um aus Tatsachen und Beziehungen des ganzen Tatvorganges, anhand verschiedener Erkenntnisse, Mutmaßungen zur Person des Täters zu treffen und diese zu einem Täterprofil zusammenzustellen. Eine solche Charakterisierung soll die Fahndung erleichtern. Das Erstellen von Täterprofilen nennt man Profiling und denjenigen, der dies tut, Profiler. Täterprofile sind Hypothesen zur Frage, welche Eigenschaften der Täter aufweisen könnte.

Was geschieht bei der Erstellung eines Täterprofils? Der Profiler geht von Daten der bisherigen Ermittlungen nach dem unbekannten Täter aus und leitet aus ihnen aufgrund kriminologischer, psychiatrischer, psychologischer und statistischer Erkenntnisse, auch aufgrund ähnlicher Fälle (Strafakten und psychiatrische Gutachten) und eigener Erfahrungen (z. B. aus der Befragung überführter Straftäter) Wahrheiten und Wahrscheinlichkeiten ab, die er zu einem hypothetischen Täterbild zusammenfügt. Dieses steht in erster Linie den Ermittlungsbehörden zur Verfügung, welche dann eine Hypothese dazu haben, wen sie suchen und überprüfen müssen. Mitunter werden solche Profile auch bei der Kontrolle und Vernehmung verdächtiger Personen verwendet.

*Caroline Meyer* beschreibt die Methode zur Erstellung von Täterprofilen wie folgt:

# 4. Hypothesen bilden

- Man geht davon aus, dass die Wahl ihrer Entscheidungen für eine Person charakteristisch ist (*behavior reflects personality*).
- Es wird sodann unterschieden zwischen dem Verhalten, das für die Begehung der Tat erforderlich ist (*Modus Operandi*), und der bedürfnisorientierten Handschrift (*signature*). Es wird davon ausgegangen, dass der Modus Operandi veränderlich ist, weil der Täter dazu lernt, während die Handschrift gleich bleibt, weil sie den wahren Beweggrund der Tat repräsentiert.
- Schließlich wird zwischen kontrolliertem (*organized nonsocial offender*), unkontrolliertem (*disorganized asocial offender*) und gemischtem (*mixed*) Täterverhalten unterschieden.

> Täterprofile sind nur dann nützlich, wenn sie die mögliche Täterschaft genug einschränken. Nach den Anschlägen vom 11. September 2001 galten zeitweise in den USA, aber zum Teil auch in Europa alle streng gläubigen Moslems aus Afghanistan, dem Iran und dem Irak grundsätzlich als verdächtig – die meisten von ihnen waren es offensichtlich nicht.

Tatsächlich sind in Fahndungsfällen Täterprofile erstellt und sogar publiziert worden, die für die Arbeit der Polizei und jedenfalls für die Mithilfe der Bevölkerung viel zu allgemein und daher praktisch nutzlos waren. Allgemein gehaltene Profile können in günstigen Fällen den Fahndungsorganen helfen, die Zahl der zu überprüfenden Personen zu verkleinern. Doch damit ist oft nicht gedient, weil immer noch viel zu viele mögliche Täter verbleiben. Auch ist es für die Polizei schwierig, Persönlichkeitsmerkmale, die nicht ohne Weiteres bestimmbar sind, rasch zu verifizieren. Sind aber noch zusätzliche konkrete Merkmale des Täters bekannt, z. B. seine am Tatort gefundene DNA, dann kann der Einsatz eines Profils von Nutzen sein. Um von der Bevölkerung brauchbare Hinweise zu erhalten, darf ein Profil aber nicht zu allgemein sein. Es führt sonst leicht zu falschen Verdächtigungen und schafft so böses Blut.

> Die Erkenntnisse, die im Zusammenhang mit der Erstellung von Täterprofilen anfallen, werden oft auch kriminalpolitisch bedeutsam: So wurde etwa in der Schweiz auf einen Deliktskatalog im DNA-Gesetz verzichtet, weil Kriminologen darauf hinwiesen, dass etwa Vergewaltiger sehr viel öfter wegen Vermögensdelikten vorbestraft sind als der Durchschnitt der Bevölkerung. Wolle man also eine DNA-Datenbank aufbauen, die für die Aufklärung von Sexualdelikten nützlich sei, dann sei es erforderlich, DNA-Proben auch den Vermögensdelinquenten abzunehmen.

Die andere Problematik besteht darin, Täterprofile viel zu konkret auszugestalten, so konkret und vielleicht falsch, dass man am wirklichen Täter vorbei mutmaßt. Man verfehlt dann nicht nur den Fahndungserfolg, sondern verstellt auch den Blick auf andere Fahndungsmöglichkeiten.

### 4.7 Beispiele für Hypothesen

Nach der abstrakten Darstellung über Wesen und Bedingungen der Hypothesenbildung soll dieses schwierige Thema mit Beispielen illustriert und verdeutlicht werden.

Wie bereits ausgeführt worden ist, besteht eine Form des Annehmens darin, gewisse vorhandene Daten als wahr anzusehen, bestimmte andere als falsch. In der kriminalistischen Praxis ist dieses Vorgehen gar nicht so selten. In allen Fällen, in denen es verschiedene, einander widersprechende Versionen über den Tathergang oder Hypothesen über die Täterschaft gibt, wird man versuchsweise einmal die eine Version als wahr setzen, dann die zweite und alle folgenden, um zu sehen, zu was jede führt.

> Eine Zeugin behauptete lange nach der angeblichen Tat (als Tatortspuren nicht mehr zu sichern waren), von einem bestimmten Mann vergewaltigt worden zu sein. Der Mann bestritt das. In dieser Situation wird man sich überlegen: Angenommen, die Frau sagt die Wahrheit und der Mann lügt, was folgt daraus? Vielleicht kann die Frau über besondere Merkmale des Mannes Auskunft geben, die sie nur kennt, weil sie eben mit diesem Mann sexuelle Kontakte hatte. Man wird also unter der Annahme, die Version der Frau sei richtig, nach solchen Merkmalen des Täters fragen und Angaben über den Verdächtigen durch einen Arzt überprüfen lassen.

Es ist sodann auf eine weitere Form der Annahme hingewiesen worden, die darin besteht, zwischen vorhandenen als richtig angesehenen Daten bestimmte Beziehungen vorauszusetzen. Man kann dies auch Kombinieren nennen; die Fähigkeit, leicht Zusammenhänge zu finden, wäre dann die Kombinationsgabe.

> Bei einem nächtlichen Einbruch wurde zum Abtransport der Beute ein Kleinlaster benützt. Ein solches Fahrzeug wurde jedenfalls zur kritischen Zeit in der Nähe des Tatortes gesehen. In den Tagen zuvor wurde ein Kleinlaster zum Gebrauch entwendet und nach dem Zeitpunkt der Tat an anderem Ort stehen gelassen. Die Kombination (Annahme), dieser Wagen sei wahrscheinlich von dem Einbrecher entwendet und zum Abtransport der Beute verwendet worden, lag nahe, gehört zur Routine und bewahrheitete sich auch: Man fand im Wagen Mikrospuren der gestohlenen Gegenstände.

## 4. Hypothesen bilden

> In einem Einfamilienhaus fand man die Leiche des erschossenen Eigentümers; als Tatort konnte das Schlafzimmer bestimmt werden. Die tschechische Ehefrau des Erschossenen befand sich angeblich zur Tatzeit in ihrer Heimat. Der Verstorbene hatte zwei Hunde, die immer bellten, wenn sich ein Fremder näherte. Zur Tatzeit hatte allerdings niemand die Hunde bellen gehört, obwohl jemand im Haus gewesen sein musste. Man konnte deshalb annehmen, die Hunde hätten den Täter gekannt. Es stellte sich schließlich heraus, dass die Ehefrau in der Heimat einen Mann angeheuert hatte, der ihren Mann umbringen sollte; sie war mit ihm an den Tatort gefahren und hatte die Hunde beruhigt, während er die Tat beging.

Auch eine negative Tatsache wie das fehlende Bellen des Hundes und anderes, das fehlt, kann also zu einer Kombination Anlass geben.

Ein typischer Fall des hypothetischen In-Beziehung-Setzens von (richtigen) Daten liegt auch der Rasterfahndung zugrunde. Aus verschiedenen Personen-Merkmalen, die Gegenstand getrennter Dateien sind, wird ein Merkmalskomplex (Raster) zusammengestellt, der zum möglichen Täter oder zu einer Gruppe möglicher Täter führen soll und all jene ausscheidet, welche diese Merkmale nicht aufweisen. Hängen bleibt der mutmaßliche Täter oder eine ganze Anzahl möglicher Täter, die näher überprüft werden müssen. Die Suche kann aber auch leer ausgehen. Die Erstellung eines Rasters erfordert einiges Geschick, besonders wenn der oder die Täter bisher vermutlich eher unauffällig gelebt haben und nur an wenigen amtlichen oder privaten Orten registriert worden sind. Gerade die Erfahrungen nach den Terroranschlägen vom 11. September haben aber gezeigt, dass solche Rasterfahndungen durchaus erfolgreich sein können, wenn nach genügend stark differenzierenden Kriterien gesucht werden kann.

Eine Annahme lässt sich ferner zur Vervollständigung bereits gegebener Tatsachen machen. Sie ist vor allem als Ergänzung des fehlenden Gliedes in der Kette der Ereignisse bekannt. Es gibt jedoch auch andere Fälle, in denen gegebene Daten durch Vermutungen geschickt vervollständigt werden können.

> Ein Mann hatte eine exklusive Uhr ertrogen. Man machte zu Recht die naheliegende, aber nicht zwingende Annahme, er werde die Uhr zu Geld machen wollen. Eine Überprüfungsmöglichkeit der Vermutung bestand darin, alle Uhrengeschäfte des in Frage kommenden Gebietes zu orientieren, damit sie berichten, wenn der Täter mit der betreffenden Uhr auftauchen sollte.

Im eben erwähnten Fall geht die Annahme von einem wahrscheinlichen Motiv des Täters aus, das, wenn es zutrifft, zu überprüfbaren Folgen führt. Es ist dies eine häufige und recht erfolgreiche Form des Mutmaßens. Die scheinbar zweck- und motivlose Straftat erschwert eben die Eruierung eines Verdächtigen. In Fällen vorsätzlicher Tötung beispielsweise, deren sofortige Aufklärung scheiterte, wird man daher immer wieder über das mögliche Täter-Motiv nachdenken müssen, gewisse Motive durchspielen und sehen, zu welchen Folgerungen und feststellbaren Folgen sie führen.

> Die Tötungsmotive sind dabei zahlreicher als man gemeinhin glaubt, und besonders schwer sind naturgemäß diejenigen zu erkennen, deren Zweck der Vernunft nicht zugänglich ist. Hier eine Liste von Varianten, die immer noch nicht vollständig ist:
> – Tötung des finanziellen Vorteils wegen: Raubmord, Mord in Verbindung mit Versicherungsbetrug, Mord zwecks Beförderung oder Änderung des Erbganges, Auftragsmord gegen Bezahlung.
> – Tötung, um die Freiheit zu bewahren bzw. wieder zu erlangen: Tötung der lästig gewordenen schwangeren Geliebten, des gehassten Ehegatten, der neuen Liebe wegen, des unerwünschten Neugeborenen oder Kindes, des despotischen oder gewalttätigen Familiengenossen wegen.
> – Tötung aus Angst vor erpresserischen oder nötigenden Handlungen einer Person, Tötung, um einer Verhaftung zu entgehen oder um zu entweichen, Tötung aus Angst vor gesellschaftlicher Schande, aus Angst vor Verrat oder Anzeige, zur Beseitigung des Zeugen.
> – Tötung, um ein anderes Verbrechen zu verdecken (z. B. um eine schwere Veruntreuung zu tarnen, um den Verdacht auf den Getöteten zu lenken).
> – Tötung, um einen Gegenspieler zu vernichten (z. B. einen Konkurrenten im Drogenmilieu).
> – Tötung, um die immaterielle Lage zu verbessern (vgl. den Fall der Krankenpflegerin, welche greise Patienten tötete, weil sie ihr lästig waren).
> – Tötung aus Eifersucht (Tötung der geliebten Person oder des Rivalen).
> – Tötung aus tiefer, langer Feindschaft, aus Jähzorn, um sich zu rächen, aber auch bei einer tätlichen Auseinandersetzung, im Zweikampf.
> – Tötung in Notwehr oder im Notstand.
> – Tötung aus politischem oder religiösem Fanatismus.
> – Tötung in Form der Euthanasie (Sterbehilfe), aus Mitleid, als erweiterter Selbstmord (Tötung der eigenen Kinder und Selbstmordversuch), Tötung auf Verlangen des Opfers.
> – Tötung aus perversen sexuellen Motiven: Lustmord, besondere sexuelle Praktiken.
> – Tötung, um Macht zu demonstrieren und zu genießen.
> – Tötung aus anderen pathologischen Motiven: aus Verfolgungswahn, aus Zwangsvorstellungen heraus, im Zustand einer Katatonie.
> – Gemeinsame Selbsttötung oder gegenseitige Tötung durch Personen, die sich in einschlägigen Foren im Internet kennengelernt haben.

## 4. Hypothesen bilden

Gescheite Überlegungen, nämlich die Annahme, gewisse Daten seien wahr, bestimmte andere falsch, sowie die Vermutung noch unbekannter Tatsachen, wurden in folgender Untersuchung angestellt.

> Ein Mann ist von einem Motorfahrzeug angefahren, verletzt und offenbar im Stich gelassen worden. Ein Autofahrer, der scheinbar kurz danach zur Unfallstelle gekommen ist, nahm sich des Verletzten an, brachte ihn zum nächsten Arzt und avisierte die Polizei. Der Täter blieb vorderhand unbekannt. Ein beigezogener Experte verlangte nun aber, dass am Auto des hilfsbereiten (!) Autofahrers ebenfalls nach etwaigen Unfallspuren gesucht werde. Und tatsächlich fand man solche. Das Verhalten des Hilfsbereiten, das ihn am Unfall unbeteiligt erscheinen ließ, war irreführend. Er selbst hatte das unglückliche Opfer angefahren und sich daraufhin als barmherzigen Samariter zu tarnen versucht.

Oft zeigt sich, dass ursprünglich für wahr gehaltene Daten sich nicht miteinander vereinbaren lassen. Erst die genaue Analyse lässt dann die Lösung des Falles erkennen:

> Es wurde in der Nacht in ein Kleidergeschäft eingebrochen. Ein Mann, der gegenüber wohnte und Geräusche gehört hatte, konnte den letzten Teil der Abtransportes der Beute beobachten; er stellte fest, wie zwei Männer Kleider in einen Kleintransporter verluden. Als die Beute sich im Auto befand, stieg einer der Männer nochmals aus und schlug die Ladentüre mit einem Hammer ein; anschließend fuhren die Täter weg. Der Inhaber des Kleidergeschäftes gab in der Folge an, es seien Kleider im Wert von Fr. 248 000,– gestohlen worden. Diese Deliktsgutliste schien angesichts der Größe des Ladens sehr lang. Es wurde deshalb ein typengleicher Kleintransporter beschafft; die Polizeibeamten begaben sich zum Laden, zählten zuerst die dort vorhandenen Kleider durch und luden dann probeweise einen Teil der Kleider ins Auto. Es stellte sich heraus, dass sich zum Zeitpunkt der Kontrolle gerade mal ein Viertel der Kleiderzahl, welche als gestohlen gemeldet worden war, im Laden befand. Als man Kleider im Wert von Fr. 20 000,– ins Auto geladen hatte, sah man, dass es unmöglich war, in einer Fahrt Kleider im Wert von Fr. 248 000,– mit diesem Auto wegzutransportieren. Die Hypothese lag nahe, dass es sich um einen Auftrags-Einbruch mit Versicherungsbetrug handelte, was auch erklärte, warum der Täter die Ladentüre erst zuletzt eingeschlagen hatte. Es gelang später, den mutmaßlichen Täter zu verhaften, nachdem er versucht hatte, einen Teil der Beute in einem andern Kleidergeschäft zu verkaufen. Er war zu einem Geständnis bereit, nachdem man ihm die Deliktsgutliste des Geschädigten vorgelegt hatte: Er hatte vom Ladeninhaber den Schlüssel erhalten; es war ihm versprochen worden, dass er neben dem Deliktsgut auch die Hälfte der Entschädigung der Versicherung erhalten würde; der Ladeninhaber drückte sich dann allerdings um die Zahlung dieses Barbetrages und behauptete, die Versicherung habe ihre Leistungspflicht abgelehnt.

Mitunter kann die Annahme eines bestimmten Motivs zur Erklärungshypothese eines ganzen Falles werden, etwa dann, wenn man davon ausgeht, die Tötung sei in Wahrheit zur „Beschleunigung des Erbganges" geschehen, jedoch als Raubmord getarnt worden.

In anderen Fällen setzt man eine Vortat oder eine bestimmte Tatsituation voraus und versucht das Geschehen aus ihr heraus zu erklären, beispielsweise wenn man annimmt, der Räuber habe sehr wahrscheinlich gesehen, wie sein Opfer in der Bank einen größeren Geldbetrag eingesteckt hatte. Man könnte dann Zeugen suchen, die schon in oder vor der Bank hilfreiche Beobachtungen machen konnten. Zu denken ist nicht nur an die Bankangestellten; weitere Zeugen könnten durch Auswertung der Videoüberwachung oder durch Nachfrage bei der Bank, welche Kunden sich zur gleichen Zeit wie das Opfer in der Bank befunden hätten, identifiziert werden.

> Im 5. Band seines Werkes „Merkwürdige Criminalfälle" berichtete *Ludwig Pfister* von einer Strafsache, in welcher nach dem Tod einer Frau und im Zusammenhang mit einem Testament, das diese angeblich hinterließ, verschiedene merkwürdige Tatsachen bekannt wurden: Eheversprechen des Gatten der Verstorbenen an eine Nachbarin, und zwar noch zu Lebzeiten der Gattin; Drohungen der Nachbarin, als der Mann sein Versprechen nicht einlösen wollte; Auffälligkeiten im Testament der Verstorbenen und weitere. All das konnte man nur in einen sinnvollen Zusammenhang bringen, wenn man annahm, der Mann und die Nachbarin hätten gemeinsame Sache gemacht.

Erklärungshypothesen zu finden, ist nicht immer leicht. Schwierigkeiten entstehen vor allem dann, wenn der Fall vom Üblichen abzuweichen scheint, sei es, dass er viel einfacher liegt, als man meint, sei es, dass die Ausgefallenheit verwirrt. Man darf aber davon ausgehen, dass es eine Erklärung geben muss. Man sucht mitunter nach ausgeklügelten Erklärungen (weil die bisherigen Fälle komplizierter waren), während die Dinge höchst einfach liegen. Man glaubt, so dumm könne der Täter doch nicht gewesen sein. Die Erfahrung zeigt, dass die Täter ab und zu wirklich so dumm sind, und es steckt nichts dahinter, das aufzudecken wäre. Die Tatausführung war einfach primitiv und plump.

Andererseits stößt man sich gelegentlich an der Ungewöhnlichkeit eines Begleitumstandes oder des ganzen Geschehens. Ungewöhnliche Umstände sind aber häufig gerade der Schlüssel zur Lösung, und sei es nur, dass sie Anzeichen einer missglückten Tat sind, etwa eines vom Täter während der Ausführung geänderten Planes, einer Störung, mit der der Täter nicht gerechnet hat.

## 4.8 Die Überprüfung von Hypothesen

Die Bildung von Hypothesen soll es wie gesagt dem Kriminalisten erleichtern, zu erkennen, welche Informationen ihm noch fehlen, denn die Hypothese hat ja einen Ereignisablauf zum Gegenstand, der noch nicht vollständig bewiesen ist. Im kriminalistischen Zyklus gibt es aber zwei Phasen der Überprüfung, die man sauber trennen sollte:

- In der hier behandelten dritten Phase der Überprüfung von Hypothesen geht es darum, die Hypothese nochmals an den vorhandenen Daten zu messen, um zu entscheiden, ob es sich lohnt, sie weiter zu verfolgen.
- In der später behandelten fünften Phase der Beschaffung fehlender Daten geht es dann darum, ausgehend von der Hypothese diejenigen Daten zu beschaffen, die zu ihrem Beweis noch fehlen. Damit sollte allerdings nicht begonnen werden, bevor man (in der vierten Phase) das materiellrechtliche Programm zu jeder Hypothese bestimmt hat.

Die hier besprochene Nachprüfung erfolgt in zweierlei Hinsicht:

- Erstens wird direkt oder indirekt (d. h. über Folgerungen oder Berechnungen) überprüft, ob die Annahme mit den zusammengetragenen Daten im Einklang steht.
- Zweitens wird hinterfragt, ob die in Frage stehende Annahme wirklich die einzige ist, welche das Geschehen widerspruchsfrei erklärt.

Eine Annahme kann so einschlagen, dass man die eben erwähnte doppelte Prüfung nicht für nötig hält. Das kann gefährlich sein, denn auch das sehr Wahrscheinliche darf, wenn es um einen strikten Beweis geht, nicht ohne Weiteres als sicher genommen werden.

Bei einem möglichen Tötungsdelikt muss gelegentlich mit drei sich ausschließenden Hypothesen gearbeitet werden: erstens vorsätzliche Tötung, d. h. Fremdtötung, zweitens Selbstmord oder drittens Unfall mit oder ohne Dritteinwirkung. Jede dieser Hypothesen führt zu anderen Nachprüfungen, und eine vielleicht zu einer Bestätigung. Bei der Annahme eines Tötungsdeliktes stellt sich vor allem die weitere Frage, ob es sich um ein Beziehungsdelikt handelt oder nicht. Bei Selbstmord ist nach Umständen zu suchen, die ein solches Verhalten erklären könnten, also danach, ob jemand von den Selbstmordgedanken Kenntnis gehabt oder den depressiven Zustand des Verstorbenen gekannt hat. Bei einem Unfall stellt sich die Frage, ob der Ablauf genau rekonstruiert werden kann, um Drittverschulden auszuschließen oder zu beweisen.

Eine besondere Art des Prüfens von Annahmen ist das apagogische Verfahren. Es besteht darin, eine Vermutung zu widerlegen. Man zeigt, dass eine bestimmte Annahme zu falschen oder widersinnigen Folgen führt. Es ist dies eine beliebte und mitunter durchschlagende Argumentationsform der Verteidigung: „Wollte man annehmen, der Angeklagte hätte wirklich die Absicht gehabt, wie sie ihm die Anklage zur Last legt, dann hätte sich das doch in einem bestimmten Verhalten zeigen müssen. Sie werden aber vergeblich nach einem solchen Verhalten des Angeklagten suchen. Man kann also nicht annehmen, mein Klient habe jene Absicht gehegt." Auch der Ankläger gebraucht mitunter eine entsprechende Widerlegungsform, etwa nach der Entlastungsbehauptung des Verteidigers, ein anderer als der Angeklagte (der große Unbekannte) könnte die Tat verübt haben. Er macht geltend: Für einen anderen als den Angeklagten habe es keine Gelegenheit und keinen Grund gegeben, unbeobachtet in das Haus zu gelangen und die Straftat zu begehen. Beide Arten der Argumentation sind gründlich zu hinterfragen; insbesondere muss daran gedacht werden, dass Straftäter eben nicht immer besonders vernünftige Motive haben, sondern in der Regel sogar besonders unvernünftige (indem sie ja eine Straftat begehen). Man darf also nicht davon ausgehen, dass sie dann wenigstens bei der Planung und Ausführung der Tat vernünftig sind.

Es muss nochmals darauf hingewiesen werden, dass selbst bei einer Bestätigung gewisser Konsequenzen eine Hypothese noch keineswegs eine gesicherte Wahrheit ist. Es gibt mitunter mehrere Hypothesen, die sich mit den vorhandenen Daten und gewissen Konsequenzen vertragen, vielleicht solche, die den Beschuldigten belasten, möglicherweise aber auch andere, die ihn entlasten. Eine Hypothese ist daher erst dann gesichert, wenn alle anderen Erklärungsmöglichkeiten ausgeschlossen sind.

Schließlich muss noch darauf hingewiesen werden, dass es bei der Überprüfung von Hypothesen zwei Gefahren gibt, die (wie Mark *Daniel Schweizer* nachgewiesen hat) wissenschaftlich breit untersucht und deshalb nicht theoretisch, sondern höchst real sind:

Zum einen haben viele Leute die Tendenz, ambivalente Informationen als Bestätigung ihrer Hypothese zu deuten; dies kommt wohl vorwiegend in der Form vor, dass ein bestimmtes Indiz als Bestätigung einer gewissen Hypothese interpretiert wird, obwohl es bei der Gegenhypothese fast ebenso häufig wäre.

> Wenn jemand aus einer gewalttätigen Gruppe von Fußball-Ultras als mutmaßlicher Randalierer festgenommen wird und darauf bei der Festnahme und der ersten Befragung aggressiv reagiert, wird man dies als Indiz für seine Schuld werten. Wahrscheinlich hätten allerdings auch die meisten Mitläufer gleich aggressiv reagiert, wenn sie verhaftet worden wären.

Zum andern werden Beweismittel, die für die eigene Hypothese sprechen, besser wahrgenommen als Beweismittel, die ihr widersprechen. Man hat die Tendenz, konträre Beweise entweder zu ignorieren oder schlicht umzudeuten, um die Hypothese zu bestätigen. Diese Tendenz wird noch durch den Umstand verstärkt, dass man früher erhobene Beweise stärker gewichtet als spätere, und zwar oft unabhängig von ihrer tatsächlichen Beweiskraft. Deshalb liegen die Auffassungen von Staatsanwaltschaft und Verteidigung zur Beweislage und damit zu den Prozessrisiken in heiklen Fällen oft so weit auseinander – nicht, weil eine der beiden Seiten (oder beide) unredlich wäre, sondern weil jede Seite diejenigen Beweise besser wahrnimmt, die für ihre Variante sprechen, und weil die Staatsanwaltschaft in der Regel zuerst belastende Indizien wahrnimmt (sonst würde sie ja kein Verfahren eröffnen), der Verteidiger dagegen oft zuerst entlastende (weswegen er dann die Verteidigung übernimmt). Erst der deutliche Hinweis auf eine alternative Hypothese kann diese Effekte stoppen. Man ist also gut beraten, wenn man sich stets frühzeitig überlegt, ob es für Beweise, die nicht ins Bild der ursprünglichen Hypothese passen, eine alternative Hypothese gibt, die mit diesen Beweisen in Einklang steht.

Es gibt übrigens auch Studien, die auf den höheren Wert der späteren Beweismittel hindeuten; *Mark Daniel Schweizer* hat darauf hingewiesen, dass es sich dabei wohl in erster Linie um ein Gedächtnisphänomen handelt: Wer (wie zum Beispiel der Richter in der Hauptverhandlung) in rascher Folge zahlreiche Informationen bekommt, die er dann verarbeiten muss, der wird sich eher an die letzten Informationen erinnern (und seine Hypothese auf diese Informationen abstützen).

**Einige Merksätze:**
- Die Bildung von Hypothesen aus den vorhandenen Daten dient dem Zweck, zu erkennen, welche Daten zum Beweis der Straftat noch fehlen.
- Ereignisversionen sind mögliche Erklärungen für ein statisches Ereignis, zumeist für das Ergebnis der Straftat. Tathypothesen erklären, wie es zu diesem Ereignis kommen konnte. Welche Ereignisversion die richtige ist, lässt sich in der Regel nach einiger Zeit objektiv beantworten; oft ist aber beim ersten Angriff mit verschiedenen Ereignisversionen zu arbeiten, um nicht unnötig Zeit zu verlieren.
- Die Bildung von Hypothesen ist ein kreativer Prozess, der am besten in der Gruppe gelingt. Wichtig ist, dass man sich nicht auf Hypothesen beschränkt, welche bei vernünftigem Verhalten des Täters realistisch wären, sondern auch unvernünftige Handlungsabläufe in Betracht zieht.
- Den kreativen Prozess kann man stützen, indem man vom WAS über das WARUM zum WER denkt.
- Kommt man nicht weiter, ist eine operative Fallanalyse angezeigt, die mit der präzisen Rekonstruktion der Tat beginnt. Dann wird nach den Täterzielen gefragt, wobei man sich vor allem mit den Fragen beschäftigen sollte, was der Täter getan hat, was er nicht hätte tun müssen, und was er nicht getan hat, was er hätte tun können.
- Täterprofile gehen von der Überlegung aus, dass die Wahl der Entscheidungen für die Person charakteristisch ist. Man analysiert deshalb, welches die Handschrift des Täters ist und wie weit er kontrolliert oder unkontrolliert vorging.

## 5. Das Programm bestimmen

### 5.1 Tatbestände bestimmen

Es war vor allem *Jürg-Beat Ackermann*, der in verschiedenen Publikationen und Vorträgen darauf hingewiesen hat, dass die materiellstrafrechtlichen Voraussetzungen für die Strafbarkeit bestimmen sollten, welche Beweise in einem Strafverfahren zulässigerweise (und auch sinnvollerweise) erhoben werden. Weil die Frage, was zu

## 5. Das Programm bestimmen

beweisen ist, immer in Bezug auf einen bestimmten Straftatbestand beantwortet werden muss, beginnt die Definition des von *Ackermann* so genannten materiellrechtlichen Programms immer mit der Frage, welcher Tatbestand bei einer bestimmten Hypothese überhaupt erfüllt ist. Das ist in den vielen Fällen relativ einfach zu beantworten: Wurde bei einem Auto in einer Tiefgarage eine Scheibe eingeschlagen und fehlt eine Aktenmappe aus dem Auto, dann geht es in den allermeisten Fällen um einen Diebstahl (der allerdings durch den Eigentümer fingiert worden sein könnte, sodass man auch an Betrug oder an Versicherungsmissbrauch denken müsste). In andern Fällen ist allerdings schon diese Frage alles andere als trivial: Gerade im Bereich der Vermögensdelikte gibt es relativ einfach zu beschreibende Sachverhalte, bei denen erst nach komplizierten dogmatischen Überlegungen entschieden werden kann, welche Tatbestände überhaupt in Frage kommen.

> Die Beschaffung von Geld durch Manipulation von Geldausgabegeräten wird immer komplizierter. In den letzten Jahren hatten die Täter jeweils auf dem Eingabeschlitz der Geldkarte ein Lesegerät und über der Tastatur eine Kamera montiert. Sie konnten damit Kopien der Karten mit identischen Daten herstellen und mit Hilfe der gefilmten Codes dann Geldbezüge tätigen. Seit die Hersteller der Geldausgabegeräte Maßnahmen getroffen haben, um solche Installationen zu verhindern, hat sich eine neue Masche verbreitet:
> Auf dem Geldausgabeschlitz wird eine Aluminiumleiste montiert, die innen mit einem Klebeband versehen ist. Wenn ein Kunde Geld beziehen will, wird er auf dem Display zwar aufgefordert, das Bargeld zu entnehmen, stellt dann aber fest, dass der Automat kein Geld ausgibt. Verlässt der Kunde den Ort, geht der Täter zum Ausgabegerät und nimmt die Aluleiste weg; dort klebt innen das Geld
> Schon die Frage, wer bei diesem Vorgang geschädigt ist (die Bank oder der Kunde?), ist nicht einfach zu beantworten. Aus diesem Grund fällt es dann auch nicht leicht, den Sachverhalt einem bestimmten Tatbestand zuzuordnen..

In vielen Fällen bedroht das Gesetz neben dem Grundtatbestand weitere (qualifizierte oder privilegierte) Tatbestände mit anderen Strafen. Es muss deshalb in solchen Konstellationen von Anfang an geprüft werden, ob der Täter die besonderen Eigenschaften besaß, ein spezielles Tatwerkzeug (z. B. eine Waffe) verwendete, in der umschriebenen Situation gehandelt hat oder ob eine bestimmte Folge (ein Erfolg) eingetreten ist, etwa eine leichte oder schwere Verletzung des Opfers. Es muss also nicht nur bewiesen werden, dass alle Merkmale einer bestimmten Tatbestandsvariante erfüllt sind, son-

Zweiter Teil: Die Methode

dern der Beweis muss auch den Nachweis umfassen, dass weder privilegierende noch qualifizierende Umstände gegeben sind.

Wichtig ist schon beim Festlegen des Programms die in Frage kommende Beteiligungsform. Gehilfen müssen nicht alle objektiven, aber sämtliche subjektiven Tatbestandselemente erfüllen. Ein Tatbestand kann auch in Form der versuchten Begehung erfüllt sein; dann müssen nicht alle objektiven Tatbestandselemente gegeben sein.

Es kann sich durchaus ergeben, dass zwei Hypothesen eines mutmaßlichen Tatablaufs materiellrechtlich die gleiche oder ähnliche Folgen haben können:

- Zwei Hypothesen können auf den gleichen äußeren Ablauf der Tat, aber auf zwei verschiedene Täter hinweisen. Die beiden Programme unterscheiden sich dann darin, wem die Verwirklichung bestimmter objektiver und der subjektiven Tatbestandselemente nachgewiesen werden muss.
- Zwei Hypothesen können auf einen ähnlichen Ablauf der Tat hinweisen, im einen Fall aber den Grundtatbestand, im andern eine privilegierte oder qualifizierte Variante betreffen. Das Programm ist für beide Hypothesen das gleiche, je nach Ergebnis der Prüfung (die privilegierenden oder qualifizierenden Merkmale können bewiesen werden oder nicht) ergibt sich aber eine andere Lösung. Man sollte überhaupt immer, wenn ein Tatbestand Varianten aufweist, sich schon bei der Bildung von Hypothesen fragen, ob der privilegierte oder der qualifizierte Tatbestand ernsthaft in Frage kommen.
- Zwei Hypothesen können zwei unterschiedliche Tatabläufe betreffen, die allerdings beide die Erfüllung des gleichen Tatbestandes zur Folge haben. Der Unterschied der beiden materiellrechtlichen Programme besteht dann nur in der Frage, in welcher Weise ein bestimmtes objektives Tatbestandsmerkmal durch den Verdächtigen erfüllt worden ist.

### 5.2 Der Umfang des Programms

Ist geklärt, welcher Tatbestand in Frage kommt, wenn man eine bestimmte Hypothese als richtig voraussetzt, dann sind für jeden Tatbestand gesondert die objektiven und subjektiven Tatbestandselemente aufzulisten. Man sieht dann allenfalls, dass sich einzelne

## 5. Das Programm bestimmen

Tatbestandsmerkmale überschneiden: Bei Diebstahl und bei Sachentziehung ist die Fremdheit der Sache von Bedeutung; bei allen Formen der Körperverletzung bis zur Tötung ist die Art der Verletzung des Opfers zu bestimmen. Die verschiedenen Hypothesen führen also nicht immer zu ganz unterschiedlichen Programmen, sondern einzelne Tatbestandsmerkmale, die bewiesen sind, können durchaus mehrere Hypothesen bestätigen.

Zusätzlich zu den objektiven und subjektiven Tatbestandsmerkmalen ist auch Beweis zum Ort und zur Zeit der Tat zu führen.

Das Ergebnis dieser Arbeit ist also eine Liste aller Beweisthemen. Wenn klar ist, was bewiesen werden muss, dann ergibt sich meistens auch relativ klar, wie dieser Umstand bewiesen werden kann. Das Programm führt also ohne Weiteres zu den konkreten Beweismaßnahmen. In einfachen Fällen kann es genügen, wenn man das Programm rein gedanklich im Kopf entwirft und sich dann an die Arbeit macht. In komplizierteren Fällen resultiert aus der Niederschrift des Programms ein eigentlicher Ermittlungsplan, denn in der Regel lässt sich, wenn man mal alle Beweisschritte aufgelistet hat, relativ rasch entscheiden, in welcher Reihenfolge man diese Schritte abarbeiten soll.

Selbstverständlich gibt es Konstellationen, wo es keinen Sinn macht, das Programm zu allen denkbaren Hypothesen gleichzeitig abzuarbeiten. Man wird sich dann dafür entscheiden müssen, welche Hypothese man zuerst verfolgt, und zwar nach zwei Kriterien:

- In der Regel wird man diejenigen Hypothesen zuerst verfolgen, die als wahrscheinlicher beurteilt werden.
- Es kann aber auch sein, dass man den entscheidenden Beweis für eine entfernte Hypothese mit einfachen Mitteln beschaffen kann; dann sollte man dies tun.

Der Vorteil davon, dass man sich zu allen denkbaren Hypothesen das damit verbundene materiellrechtliche Programm und die deshalb zu beschaffenden Beweise notiert, besteht darin, dass man leicht erkennt, welche Beweiserhebungen welche Hypothesen verifizieren oder falsifizieren können. Man sieht dann zum Beispiel, dass ein bestimmter Zeuge zu zwei verschiedenen Beweisthemen Aussagen machen und je nach seiner Aussage eine bestimmte Hypothese stärken und gleichzeitig eine andere eindeutig falsifizieren kann. Dann erübrigen sich alle andern Beweiserhebungen zur damit bereits falsifizierten Hypothese.

## 5.3 Ein Beispiel eines Programms

> Frau X. lässt durch Rechtsanwalt Y. eine Strafanzeige bei der Staatsanwaltschaft einreichen. Daraus ergibt sich im Wesentlichen Folgendes: Die Ehe von Herrn und Frau X. wurde vor drei Jahren geschieden, Herr X. wurde verpflichtet, an den Unterhalt seiner geschiedenen Frau und des gemeinsamen Kindes monatlich Fr. 1200.- zu leisten. Nach Angaben des Anwaltes sei er dieser Unterhaltspflicht allerdings seither nie nachgekommen, obwohl er dazu ohne Weiteres in der Lage gewesen wäre, habe er doch schon bei der Scheidung Fr. 4400.- monatlich verdient, wobei er zwischenzeitlich befördert worden sei. Auf Mahnungen von Frau X. habe er nicht reagiert. Erst auf ein Schreiben ihres Anwaltes habe er geantwortet, er sei nicht in der Lage, Unterhaltsbeiträge zu bezahlen, weil er mittlerweile in einer neuen Beziehung lebe und auch für das Kind seiner neuen Partnerin aufkommen müsse. Der Anwalt legt eine Kopie des Scheidungsurteils samt Rechtskraftbescheinigung und seiner Korrespondenz mit Herrn X. bei.

Man könnte bei dieser Ausgangslage im kriminalistischen Kreislauf an sich gleich vom Tatverdacht, der ohne Weiteres gegeben ist, zum Festlegen des Programms springen. Nützlich wäre aber vielleicht doch, die vorhandenen Daten vorher etwas anzureichern und zu analysieren. Es könnten zum Beispiel, falls dies zulässig ist, die Steuerakten von X. und seiner Ehefrau angefordert werden. Bei der Motorfahrzeugkontrolle könnte nachgefragt werden, ob und allenfalls welches Motorfahrzeug auf X. eingelöst ist. Die Einwohnerkontrolle könnte darüber Auskunft geben, wo X. lebt und wie lange er diese Wohnung schon hat; allenfalls ist sogar bekannt, mit wem er im gleichen Haushalt lebt. Auch ein Betreibungsregisterauszug würde ein besseres Bild über seine finanziellen Verhältnisse abgeben. Schließlich wäre es nie falsch, X. zu „googeln" und auch den gefundenen Link zu Facebook zu überprüfen, was allenfalls Aufschluss über sein Freizeitverhalten gäbe. Die Analyse dieser Daten würde dann wahrscheinlich ein besseres erstes Bild darüber geben, worum es gehen könnte, und sie wäre vielleicht auch Anlass zu ersten Hypothesen.

Der geschilderte Sachverhalt begründet ohne Weiteres einen Tatverdacht auf Vernachlässigung von Unterhaltspflichten im Sinne von Art. 217 Abs. 1 (des schweizerischen) StGB; andere Hypothesen zum Tatablauf sind vorerst nicht nötig. Der Artikel lautet:

> „Wer seine familienrechtlichen Unterhalts- und Unterstützungspflichten nicht erfüllt, obschon er über die Mittel dazu verfügt oder verfügen könnte, wird, auf Antrag, mit Gefängnis bestraft."

## 5. Das Programm bestimmen

Die entsprechende deutsche Strafbestimmung (§ 170 Abs. 1) lautet:

> „Wer sich einer gesetzlichen Unterhaltspflicht entzieht, so dass der Lebensbedarf des Unterhaltsberechtigten gefährdet ist oder ohne die Hilfe anderer gefährdet wäre, wird mit Freiheitsstrafe bis zu drei Jahren oder mit Geldstrafe bestraft."

Es handelt sich bei der zitierten (schweizerischen) Strafbestimmung um einen Unterlassungs- und Vorsatztatbestand, der einfach scheint und leicht zu einer summarischen Betrachtung verleitet, in Wahrheit aber eine differenzierte Beweisführung erfordert. Zu beweisen in objektiver Hinsicht wäre,

- wer familienrechtlich unterstützungsberechtigt und unterstützungsverpflichtet ist.
- wie die Pflicht betragsmäßig festgelegt wurde, ab wann sie galt und ob sie noch heute Geltung hat (oder allenfalls bereits gerichtlich an neue Verhältnisse angepasst wurde).
- dass der Beschuldigte dieser Pflicht nicht oder nicht voll nachgekommen ist. Dabei stellt sich natürlich das offensichtliche Problem des Beweises einer negativen Tatsache.
- dass der Beschuldigte die Beträge hätte zahlen können; das hängt wiederum davon ab,
  - was er in der kritischen Zeit verdient hat und über welches Vermögen er allenfalls verfügt,
  - was er in der kritischen Zeit für seinen Lebensunterhalt (und allenfalls für andere unterhaltsberechtigte Angehörige) unumgänglich ausgeben musste,
  - dass ein Aktivenüberschuss entstand, den er der berechtigten Person hätte zukommen lassen können (oder dass er sich sogar einen Eingriff in sein Existenzminimum gefallen lassen muss, weil dieser Eingriff bei der berechtigten Person noch höher ausfällt – hier wäre ein erster Blick auf die Gerichtspraxis nötig),
  - eventuell, dass er der Pflicht zur Nutzung seiner Arbeitskraft nicht nachgekommen ist.

In subjektiver Hinsicht ist zu beweisen,

- dass der Beschuldigte Art, Umfang und Zeitdauer der Unterstützungspflicht kannte,
- dass er um die fehlende Erfüllung wusste oder sie in Kauf nahm,
- Schließlich ist nach Schweizer Recht darzutun, dass ein Strafantrag der berechtigten Person (oder der Vormundschaftsbehörde, Art. 217 Abs. 2 StGB) vorliegt.

- Nach deutschem Recht wäre zusätzlich zu beweisen, dass der Lebensbedarf der berechtigten Person gefährdet ist oder ohne Hilfe anderer, insbesondere ohne öffentliche Hilfe, gefährdet wäre.

Nachdem man im vorliegenden Fall weiß, welche Einwände der Beschuldigte vorbringen wird, lohnt es sich, sich bereits damit auseinanderzusetzen und sich zu fragen, welche Bedeutung diese Einwände haben können. Das ergibt sich im vorliegenden Fall nicht schon aus dem Gesetzestext, sondern erst nach dem Studium der Literatur. Es geht also um folgende Rechtsfragen:

- Kann der Beschuldigte erfolgreich eine Veränderung der tatsächlichen Verhältnisse geltend machen? Wenn ja, wäre auch diese Veränderung zu beweisen. Nach Schweizer Recht ist allerdings das rechtskräftige Zivilurteil für den Strafrichter verbindlich, dieser Beweis ist also entbehrlich. Immerhin wäre zu fragen, ob der Beschuldigte allenfalls zureichende Gründe hatte anzunehmen, dass seine Unterhaltspflicht sich wegen der Veränderung der tatsächlichen Verhältnisse anpasse.
- Gilt das auch, wenn die Unterhaltspflicht gegenüber Exfrau und Kind aus erster Ehe mit der Unterhaltspflicht des leiblichen Kindes aus der neuen Partnerschaft konkurriert? Auch hier gilt die Bindung des Strafrichters an das Zivilurteil; der Beschuldigte hätte eine gerichtliche Anpassung der Unterhaltsverpflichtung verlangen müssen.

Man wird sich in einem nächsten Schritt überlegen müssen, wie man die fraglichen Umstände beweist. Das ergibt folgendes Schema:

| **Beweisthema** | **Beweismittel** |
| --- | --- |
| Familienrechtliche Verpflichtung: Berechtigte und Verpflichteter | Urteil (liegt schon vor) |
| Höhe der Verpflichtung, Beginn und Dauer | Urteil (liegt schon vor); allenfalls Nachfrage beim Gericht, ob das Urteil später abgeändert wurde. |
| Verpflichtung nicht erfüllt | Schreiben von X. an Anwalt, Befragung von X. |
| Verdienst und Vermögen von X. | Befragung von X.; Edition von Lohnausweisen, Steuerunterlagen, Bankauszügen von X. |
| Unumgängliche Lebenshaltungskosten | Befragung von X.; von ihm oder von Dritten zu edierende Unterlagen |

## 5. Das Programm bestimmen

| Beweisthema | Beweismittel |
|---|---|
| | über Miete, Krankenkasse etc.; Edition von Berechnungsunterlagen für das Existenzminimum z. B. bei Sozialämtern o. Ä. |
| Aktivenüberschuss | Eigene Berechnung, in der Befragung X. vorzuhalten |
| Ev. Nichtausschöpfen von Verdienstmöglichkeiten | Befragung von X., allenfalls arbeitsmarktliche Erhebungen |
| Kenntnis der Unterstützungspflicht | Nachweis der Urteilszustellung, Vorhalt an X. |
| Kenntnis der mangelnden Erfüllung | Schreiben von X. an Anwalt, Befragung von X. |
| Strafantrag | Akten |
| Gefährdung des Lebensbedarfs der Berechtigten | Umfassende Befragung von Frau X. über ihre finanziellen Verhältnisse, belegt durch Urkunden, Steuerunterlagen, Bankauszüge etc. |

Aus diesem Programm ergibt sich, dass einerseits die Befragung von X. erforderlich ist, andererseits aber auch gewisse Urkunden vorliegen müssen. Nach deutschem Recht wären auch noch Erhebungen über die finanzielle Situation des Opfers (mittels Befragung und Edition von Urkunden) erforderlich. Es käme jetzt folgendes Vorgehen in Frage: Man könnte X. in der Vorladung auffordern, die bei ihm vorhandenen Belege nach einer möglichst detaillierten Liste zur Befragung mitzubringen. Man könnte diese Unterlagen aber auch schon vor der Befragung bei Dritten edieren lassen.

Ob man, wenn man diese Liste abgearbeitet hat, bereits am Ziel ist, ist auch von den Aussagen des Beschuldigten abhängig. Er könnte zum Beispiel einwenden,

- das (ausländische) Urteil verstoße gegen den inländischen Ordre public; dann wären vertiefte Abklärungen zu dieser Frage nötig; oder
- er habe die Unterhaltszahlungen in bar geleistet, ohne sich Quittungen geben zu lassen; dann wäre Beweis darüber zu führen, ob dies zutrifft; oder
- er habe, als er die neue Partnerschaft eingegangen sei, mit seiner Exfrau vereinbart, dass sie einstweilen auf Unterhaltszahlungen verzichte.

Dieses Ergebnis der Beweiserhebungen würde dann zu einer neuen Verdachtslage führen, diese zu einer neuen Hypothese, und es wäre dann erneut zu bestimmen, welche Beweise nun noch erhoben werden müssen. Im Allgemeinen wird es sich empfehlen, schon beim Festlegen des Programmes mögliche Einwände im Sinn von Hypothesen zu berücksichtigen und die entsprechenden Beweiserhebungen von Anfang an einzuplanen. Man verhindert damit, Zeugen mehrfach befragen oder Editionsbegehren nachträglich ergänzen zu müssen. Auf der andern Seite riskiert man natürlich, vorsorglich über Umstände Beweis zu führen, die vom Beschuldigten ohnehin glaubhaft eingeräumt werden. Erfahrung in ähnlichen Straffällen lehrt, welches die richtige Strategie ist.

**Einige Merksätze:**

- Ausgangspunkt für die Erhebung von Beweisen ist das materiellrechtliche Programm. Für jede Hypothese ist zu bestimmen, welche Tatbestände erfüllt sind, wenn die Hypothese zutrifft. Dann sind für jeden Tatbestand die objektiven und subjektiven Tatbestandselemente aufzulisten.
- Aufgrund dieser Auflistung lässt sich dann für jedes unbewiesene Tatbestandselement bestimmen, welche Beweiserhebungen erforderlich sind, um das betreffende Element zu beweisen.
- In komplexen Fällen resultiert daraus ein Ermittlungsplan, der aufzeigt, welche Beweise zu erheben sind.
- Die Reihenfolge der Beweiserhebungen bestimmt sich einerseits danach, wie wahrscheinlich eine bestimmte Hypothese ist. Anderseits kann auch darauf abgestellt werden, dass wenig aufwendige Beweise zuerst zu erheben sind.

## 6. Daten beschaffen

### 6.1 Das Programm als Ausgangspunkt

Die Frage, welche Daten im konkreten Straffall erhoben werden sollen, lässt sich wie geschildert nur beantworten, wenn man sich zuerst ein materiellrechtliches Programm zurechtgelegt hat. Wer das nicht tut, begeht in zweierlei Hinsicht einen Fehler:

- Er sucht ungezielt nach Daten, von denen er später feststellen muss, dass sie ihm bei der Lösung der kriminalistischen Aufgabe gar nicht weiter helfen.
- Er greift aber bei diesem Vorgehen in die Grundrechte von Personen ein, ohne dafür einen strafprozessual legitimierten Grund zu haben. Er macht also nicht nur einen taktischen, sondern auch einen prozessualen Fehler.

Man unterscheidet üblicherweise zwei Wege, die zu Daten führen: Als Personalbeweise bezeichnet man die Vernehmung Beteiligter (also von Auskunftspersonen, Beschuldigten und Zeugen), die im Zusammenhang mit dem verdächtigen Vorgang etwas Bedeutsames zu sagen haben. Sachbeweise sind Feststellungen, etwa durch Spurensuche, -sicherung und -auswertung, durch Augenschein, durch Urkunden oder andere Beweisstücke. Bestimmte Tatbestandsmerkmale eines materiellrechtlichen Programms können einerseits durch Sachbeweis, anderseits auch durch Personalbeweis nachgewiesen werden. Je dichter der Beweis, desto besser, sodass man das eine tun und das andere nicht unterlassen sollte.

Entscheidend ist, dass man bei der Erhebung der Daten, also bei der Beweiserhebung, die gesetzlichen Rahmenbedingungen beachtet. Das schönste Geständnis des Beschuldigten nützt nichts, wenn er nicht zu Beginn der ersten Befragung darauf hingewiesen wurde, dass er die Aussage verweigern kann und sich nicht belasten muss. Erfahrungsgemäß schadet allerdings diese Belehrung auch nicht: Wer richtig belehrt, wird nicht weniger Informationen erhalten, als wenn er die Belehrung ganz unterlassen hätte.

Die Einhaltung der Rahmenbedingungen kann den erfahrenen Kriminalisten aber nicht darin behindern, erfolgreich zu ermitteln. Entschlossenes Handeln führt auch bei der kriminalistischen Arbeit eher zum Erfolg oder wenigstens zu Teilerfolgen als ängstliches Abwarten. Besonders wichtig ist dies in der ersten Phase nach der Straftat, wo Beweise noch erhoben werden können, die sich später verflüchtigen. Es ist erstaunlich, wie sonst gute Kriminalisten mitunter tagelang an einem verdächtigen Ereignis herumstudieren, ohne einen Weg zur Aufdeckung zu sehen oder begehen zu wollen, während eine sofortige Befragung eines Beteiligten oder des Verdächtigen rasch Klarheit gebracht hätte. Es gibt zwar Fälle, wo man Zurückhaltung üben sollte, wenn man sich nicht durch ein zu frühes Zugreifen die Beweislage verderben will; solche Fälle, die erkennbar ein Zuwarten nahe legen, sind jedoch eher selten. Wer vorgibt, aus taktischen Gründen bei Beweiserhebungen vorerst zuwarten zu wollen, tarnt oft nur die eigene Bequemlichkeit. Es gibt eigentlich nur zwei vernünftige Gründe, mit der Erhebung erhältlicher Beweismittel zuzuwarten: Entweder muss man die Beweiserhebung noch sorgfältiger vorbereiten, was sich oft lohnt, oder man kann aus taktischen Gründen bestimmte Beweise nicht erheben, weil noch verdeckt ermittelt wird und die Beschuldigten nicht zu früh gewarnt werden sollen.

Den guten Kriminalisten zeichnet anderseits aus, dass er erkennt, welche Beweiserhebungen am schnellsten zum Erfolg führen können; denn die Zeiten, wo alles abgeklärt werden kann, was abklärbar wäre, sind heute vorbei (wenn es sie je gegeben hat).

Wer sich ein materiellrechtliches Programm zurecht gelegt und überlegt hat, welche Beweiserhebungen erforderlich sind, um die einzelnen Programmpunkte abzuarbeiten, wird nicht das Risiko eingehen, ziellos zu ermitteln, wie man es bisweilen in der Praxis feststellt: Es macht keinen Sinn, einen mutmaßlichen Zeugen einfach mal kommen und erzählen zu lassen, um zu schauen, ob er etwas Relevantes festgestellt hat. Wenn man keine klare Vorstellung davon hat, welche Beobachtungen des Zeugen für eine bestimmte Hypothese des Tatablaufs beweismäßig wirklich relevant wären, dann kann man ihn auch nicht sinnvoll befragen. Das heißt natürlich nicht, dass man gleich mit der Türe ins Haus fallen und die entscheidenden Fragen stellen sollte, weil dann die seriöse Beurteilung der Glaubhaftigkeit einer Aussage nicht möglich ist. Es ist durchaus richtig, den Zeugen vorerst von sich aus erzählen zu lassen, was er wahrgenommen hat. Man muss aber eine klare Vorstellung davon haben, welche Teile seiner Aussage für den Beweis des in Frage kommenden Tatbestandes wirklich relevant sind. Sonst riskiert man, den Zeugen später nochmals befragen zu müssen, was erstens den Aufwand in der Untersuchung erhöht, zweitens (und vor allem) aber den Zeugen nicht gerade dazu motivieren wird, die Befragung wirklich ernst zu nehmen und möglichst vollständig auszusagen.

### 6.2 Die Reihenfolge der Erhebung von Daten

Es gibt kein allgemeingültiges Rezept dazu, in welcher Reihenfolge das materiellrechtliche Programm abgearbeitet werden soll. In

# 6. Daten beschaffen

Dutzendfällen wird das Verfahren durch die Vernehmung eines Geschädigten oder durch Beobachtungen der Polizei ausgelöst, und es braucht dann häufig nur noch eine Vernehmung des Beschuldigten und allenfalls einige weitere einfache Abklärungen, bis der Fall gelöst ist. In Fällen schwerer Kriminalität wird man sich vorerst darauf konzentrieren müssen, die wichtigsten Sachbeweise zu sichern, die sich sonst verflüchtigen, also in erster Linie für eine saubere Tatbestandsaufnahme mit Sicherung aller relevanten Spuren zu sorgen. Wird der mutmaßliche Täter nach einer schweren Straftat angehalten, dann muss er unverzüglich einvernommen werden, weil anschließend über die Haft zu entscheiden ist. Man ist also in der ersten Phase der Untersuchung häufig mehr oder weniger belastenden Sachzwängen ausgesetzt und kann nicht immer so vorgehen, wie es taktisch am klügsten wäre.

Immerhin kann doch gesagt werden: Soweit man Prioritäten setzen kann, wäre es in Fällen schwererer (oder schwieriger zu klärenden) Kriminalität angezeigt, vorerst möglichst vollständig alle Sachbeweise zu sichern, danach die Zeugen zu vernehmen und erst bei einigermaßen übersichtlicher Sachlage dann den Beschuldigten zu vernehmen.

Es kann sein, dass man zahlreiche Hypothesen dazu gebildet hat, was sich abgespielt haben könnte. Die mit jeder Hypothese verbundenen Programme sind dann so umfangreich, dass sie nicht vollständig erfasst und nachgeprüft werden können. In derartigen Situationen rechtfertigt es sich, wenigstens den wahrscheinlichen oder wahrscheinlichsten Möglichkeiten nachzugehen, etwa nach dem alten Fahndungsgrundsatz, dass derjenige am verdächtigsten ist, welcher aus dem Verbrechen den größten Nutzen gezogen hat oder noch ziehen wird. Viele dieser Wahrscheinlichkeiten (heuristischen Regeln) basieren auf kriminologischen oder kriminalstatistischen Erkenntnissen.

> Die meisten Tötungsdelikte sind Beziehungstaten. Es rechtfertigt sich deshalb, vorerst in erster Linie Beweise im Umfeld des Opfers zu erheben. Es entsteht allerdings das Problem, dass möglicherweise gerade kein Beziehungsdelikt vorliegt und die Beweise dafür flüchtiger sind als die Beweise einer Beziehungstat – der Zufallstäter kann eher untertauchen als der Beziehungstäter.

Die Frage nach der Wahrscheinlichkeit bringt auch statistische Daten ins Spiel, die bei der Beantwortung der Aufgabe helfen können, welche Hypothesen am naheliegendsten sind. So hat etwa *Stephan Harbort* geografische Verhaltensmuster bei Serien-Sexualmördern untersucht. Er fand heraus, dass drei Viertel der Täter den Kontakt mit dem Opfer in einer Distanz von weniger als 20 Kilometern zu einem ihrer Ankerpunkte (Wohnort, ehemaliger Wohnort, Arbeitsort, Wohnort der Primärfamilie, allenfalls Ferienhaus) aufnehmen. Dagegen spielt eine Sicherheitszone um den Ankerpunkt entgegen landläufiger Meinung keine Rolle; die Täter schrecken also mehrheitlich nicht davor zurück, auch sehr nahe an einem Ankerpunkt Kontakt mit Opfern aufzunehmen. Im Weiteren konnte nachgewiesen werden, dass es in Bezug auf die Ankerpunkte erheblich stärker auf den Ort des Erstkontaktes mit dem Opfer ankommt als auf den Ort der Leichenablage.

Nicht immer sollte die wahrscheinlichste Hypothese zuerst bearbeitet werden: Immer dann, wenn sich eine Hypothese durch eine einfache Abklärung bestätigen oder widerlegen lässt, sollte man das tun.

> In einem Einfamilienhaus wurde die Ehefrau getötet. Das Spurenbild weist darauf, dass ein Einbrecher von der Frau überrascht wurde und sie dann erschlagen hat. Nicht ganz ausgeschlossen ist, dass der Ehemann den Einbruch fingiert und die Frau getötet hat. Die Einbruchspuren enthalten auch DNA; die fernliegende Hypothese, dass der Ehemann der Täter gewesen sein könnte, lässt sich also durch eine einfache DNA-Analyse rasch bestätigen oder widerlegen.

In der kriminalistischen Praxis geht vieles Hand in Hand, und gerade bei nicht geständigen Tätern empfiehlt es sich, die zu beantwortenden Sachfragen nicht in der chronologischen Reihenfolge und die zu beantwortenden Rechtsfragen nicht in der dogmatisch richtigen Reihenfolge abzuarbeiten:

- Ein lügender Täter wird es ungleich schwerer haben, wenn er eine erfundene Geschichte nicht chronologisch, sondern bruchstückhaft erzählen und dabei darauf achten muss, dass die Bruchstücke am Schluss doch irgendwie zusammenpassen.
- Wer eine Tat abstreitet, wird sich nicht darauf berufen, dass er das vorgeworfene Verhalten nicht für strafbar gehalten habe. Dass kein Verbotsirrtum vorliegt und dass der Täter die vermutete Tat nicht für eine Bagatelle hält, lässt sich also in dieser Phase des Abstreitens leicht klären, obwohl sie dogmatisch erst später zu stellen wäre.

## 6.3 Grundsätzliches zu Vernehmungen

Vernehmungen sind immer die wichtigste Datenquelle einer erfolgreichen Strafuntersuchung. Ihre Ergebnisse sind zwar nicht gleich zuverlässig und reproduzierbar wie die Sachbeweise, weil es immer zu entscheiden gilt, ob die vernommene Person den Sachverhalt, den sie beschreibt, richtig wahrgenommen hat, ob sie ihn in ihrem Gedächtnis richtig gespeichert und ob sie ihn in der Einvernahme auch richtig wiedergegeben hat. Auch erfahrene Kriminalisten konzentrieren sich dabei meistens vor allem auf einen Teilaspekt der letzten Frage, nämlich auf Überlegungen dazu, ob die befragte Person die Wahrheit gesagt oder ob sie gelogen hat. Das ist zwar in der Tat oft die entscheidende Frage, aber nicht immer: Auch jemand, der die Wahrheit sagen möchte, kann sich täuschen. Es sollen deshalb einleitend einige Überlegungen in diesem Zusammenhang dargestellt werden.

### 6.3.1 Grenzen der Wahrnehmung

Wer Vernehmungen durchführt, sollte sich bewusst sein, dass die Befragten nur das wiedergeben können, was sie erstens wahrnehmen konnten und zweitens auch richtig in Erinnerung behalten haben. Das ist alles andere als selbstverständlich; das Auge des Zeugen ist keine Kamera und sein Gedächtnis keine Computerfestplatte. Im Grunde genommen ist der Mensch, wie *Martin Hussels* festgestellt hat, als Zeuge eine Fehlkonstruktion.

Das unbewaffnete Auge kann zwei Striche von $1/40$ Millimeter Abstand aus einer Entfernung von 10 Zentimetern gerade noch unterscheiden, bei einem kleineren Abstand nicht mehr. Es sieht nur elektromagnetische Wellen von 800 bis auf 390 millionstel Millimeter. Seine Leistungsfähigkeit hängt wesentlich von den Lichtverhältnissen ab; bei wenig Licht sieht es Farben nur noch undeutlich. Das Auge gewöhnt sich in Sekunden an Tageslicht, benötigt aber für die Umstellung auf Dunkelheit bis zu mehreren Minuten.

Das Gehör nimmt nur Geräusche oder Töne wahr, die über dem Schwellenwert liegen; es vermittelt nur akustische Wellen von ca. 15 bis ca. 16 000 Schwingungen pro Sekunde, tiefere oder höhere Töne verarbeitet es nicht mehr. Es registriert immerhin unter günstigen Bedingungen Intervalle von $1/100$ Sekunde. Interessant ist die hervorragende Filterfähigkeit des Ohrs; so kann man etwa Gespräche belauschen, die durch lautere Umgebungsgeräusche weitgehend verdeckt werden. Anderseits kann man die Distanz von Lärmquellen nur schlecht schätzen; laute Geräusche werden einfach als näher aufgenommen. Erhebliche Unterschiede gibt es bei der räumlichen Wahrnehmung. Geübte Leute hören relativ genau, aus welcher Richtung ein Geräusch kommt. Bereits kleine Störungen des Gehörs, wie sie beim Altern üblich sind, beeinträchtigen diese Fähigkeit wesentlich.

Der Wärmesinn des Menschen empfindet bestenfalls Temperaturunterschiede von ca. $1/5$ Grad Celsius. Ähnliche Begrenzungen gelten für den Tastsinn (z. B. hinsichtlich von Gewichtsunterschieden) sowie für den Geruch- und Geschmacksinn. Immerhin ist die Nase ein sehr feines Instrument, ein Analysator par excellence. Der Geruchsinn empfindet z. B. noch 0,0005 Gramm Merkaptan als Gestank. Alkohol vermag die Nase noch in einer 24000-fachen Verdünnung wahrzunehmen, nicht so die Zunge. Leider wird der Geruchsinn viel zu wenig eingesetzt und geübt; wer aber ab und zu außergewöhnliche Todesfälle begutachten muss, ist froh darüber.

Man sollte sich also vor jeder Vernehmung die Frage stellen, was die zu befragende Person in der konkreten Situation tatsächlich wahrgenommen haben kann. Insbesondere gilt es zu berücksichtigen, dass man sich auf ein Geschehen im Alltag in der Regel nur dann konzentriert, wenn es ungewöhnlich ist; ohne ein Minimum an Aufmerksamkeit lässt sich aber nichts wahrnehmen. Vorsicht ist deshalb am Platz, wenn der Unfallzeuge genau gesehen haben will, was vor dem Unfall geschehen ist, ohne dass er ihn kommen sah; die meisten Zufallszeugen eines Verkehrsunfalls schauen nämlich erst dann genau hin, wenn es geknallt hat (und werden deshalb etwas respektlos als Knallzeugen bezeichnet).

Schon bei der Wahrnehmung wird aber das Gesehene interpretiert, also intellektuell bearbeitet. Das hat *Hussels* anhand eines anschaulichen Selbsttests gezeigt:

> Ncah eienr Stidue der Cmabirdge Uinvrestiaet ist es eagl, in wlehcer Reiehnfogle die Bchustebaen in Woeretrn vokrmomen. Es ist nur withcig, dsas der etrse und letzte Bchusatbe an der richtgien Stlele snid. Der Rset knan toatl falcsh sien und man knan es onhe Porbelme leesn.

Auf der andern Seite können äußere Einflüsse die Wahrnehmung wesentlich einschränken. Im vorliegenden Zusammenhang von Bedeutung ist etwa der Waffenfokus, der in Angstsituationen entsteht:

Wer mit einer Waffe bedroht wird, sieht nur noch diese Waffe, aber nicht mehr den Menschen, der sie in der Hand hält. Er kann deshalb oft keine Personenbeschreibung, immerhin aber eine gute Beschreibung der Waffe abgeben.

### 6.3.2 Grenzen der Erinnerung

Kann der Zeuge etwas tatsächlich wahrgenommen haben, dann ist die nächste Frage, ob er es auch in der Erinnerung gespeichert hat. Das Gehirn arbeitet nach einem vorgegebenen Schema und besitzt drei einigermaßen klar getrennte Datenspeicher:
- das Langzeitgedächtnis, welches Wochen bis Jahre zurückreicht,
- das Kurzzeitgedächtnis, das Stunden bis Tage umfasst, sowie
- das Ultrakurzgedächtnis, welches unmittelbar Gelerntes höchstens für Minuten behalten kann.

Wenn etwas vom Ultrakurzgedächtnis ins Kurzzeitgedächtnis oder später ins Langzeitgedächtnis übertragen werden soll, muss es für die betreffende Person von einiger Bedeutung sein, und es muss deshalb verarbeitet worden sein. Mittlerweile ist klar, dass das Gedächtnis Sachverhalte nicht wie ein Film abspeichert, der später auf Kommando wieder abgespielt werden kann. Der Prozess des Erinnerns ist viel komplexer, er gleicht eher einem Rekonstruieren von Teilaspekten zu einem Ganzen und ist damit anfällig auf Störungen, weil nicht Erinnertes durch Plausibles (oder andernorts Gehörtes) ergänzt wird, ohne dass sich der Betroffene dessen bewusst ist.

Was wie lange behalten wird, hängt von der Beziehung der Person zum Inhalt des Gedächtnisses ab. Während etwa fremdsprachige Wörter, die nicht verwendet werden, eine Halbwertszeit von etwa fünf Jahren haben, gehen in dieser Zeit nur etwa 20 % der autobiografischen Ereignisse verloren. Wenn Zeugenaussagen sich auf wichtige autobiografische Sachverhalte beziehen, bleiben sie also gut im Gedächtnis. Wenn der Zeuge zum beobachteten Gegenstand allerdings nur einen schwachen emotionalen Bezug hat, wenn er also etwa einen für ihn praktisch bedeutungslosen Vorfall beobachtet hat, wird er ihn auch eher wieder vergessen.

Gedächtnisleistung setzt die Entwicklung gewisser Fähigkeiten voraus. Man weiß heute, dass ein Kind bis zum Alter von drei Jahren gar nicht in der Lage ist, Erinnerungen an Episoden so zu speichern, dass sie dann auch reproduziert werden können. Deshalb macht es keinen Sinn, Kinder unter drei Jahren überhaupt über Erlebtes zu befragen, auch wenn sie sprachlich bereits in der Lage sind, sich gut auszudrücken. Auf der andern Seite hat *Susanna Niehaus* darauf hingewiesen, dass Kinder erst mit vier Jahren lernen zu lügen; denn erst in diesem Alter kann sich ein Kind in andere Menschen hineinversetzen.

Es gibt individuelle Präferenzen, wie man Informationen speichert und wieder abruft. *Walter Simon* unterscheidet:

- Visuell orientierte Menschen, welche ihre Aufmerksamkeit dem Sichtbaren zuwenden. Sie schließen, wenn sie sich erinnern sollen, häufig die Augen. Ihnen hilft es, von Geschehnissen Skizzen anzufertigen.
- Auditiv orientierte Menschen, welche eher auf Geräusche achten. Sie können Klänge im Zusammenhang mit Ereignissen gut beschreiben.
- Kinästhetisch-taktil orientierte Menschen, welche sich vor allem von Empfindungen leiten lassen und sich daran auch besonders gut erinnern.

Viele Ermittler konzentrieren sich bei der Befragung vor allem auf visuelle Elemente; ihnen entgeht je nach der Präferenz des Zeugen viel an Information, weil sie nicht explizit danach fragen.

### 6.3.3 False Memory

Besonders schwer zu erkennen sind Personen, die unbewusst einem false memory, also einem falschen Gedächtnis unterliegen, indem sie entweder ein tatsächliches Erlebnis stark verzerren oder sogar ein fiktives Erlebnis schildern, ohne bewusst zu lügen. Das Phänomen ist – gerade weil es im Zusammenhang mit kindlichen Sexualopfern thematisiert wurde – stark umstritten; traumazentrierte Therapeuten sprechen vom „repressed memory syndrome", also von unterdrückten Erinnerungen, die dann durch spezielle „memory recovery techniques" wieder ins Gedächtnis zurückgeholt werden können, andere Autoren werfen diesen Techniken vor, „false memories" geradezu zu produzieren.

Worum geht es? Jeder weiß aus eigener Erfahrung, dass er schon Erinnerungen durcheinander gebracht, insbesondere Quellen verwechselt hat (Man meint, in einer lange nicht gesehenen Person seinen ehemaligen Fußballkollegen zu erkennen. In Wirklichkeit hat man vor Jahren mit ihm einen Ausbildungskurs absolviert); solche unbewussten Irrtümer sind oft einfach aufzuklären. In Strafverfahren hat man es aber öfter mit Personen zu tun, die (unabsichtlich) fabulieren, indem sie Ereignisse aus verschiedenen Quellen zu einem realen Erlebnis konstruieren. Besonders dramatisch ist dies, wenn solche Pseudo-Erinnerungen unter dem Einfluss anderer Personen entstehen, wie man dies leider bei kindlichen Opfern von Sexualtaten eine Zeit lang oft gesehen hat. Das Kind berichtete vielleicht von einer Handlung eines Erwachsenen, die es nicht verstanden hat oder deuten konnte; die Mutter, der Lehrer, allenfalls sogar der Therapeut fragen dann so lange nach und geben mögliche Abläufe vor, dass schließlich nicht mehr geklärt werden kann, was das Kind tatsächlich selbst erlebt hat und was ihm (wenn auch vielleicht unabsichtlich) nur „eingeredet" wurde.

> In einem Experiment an der Universität Trier wurde gezeigt, wie einfach false memories zu produzieren sind: Einer Studentengruppe wurden Bilder einer unaufgeräumten Studentenküche gezeigt. Sie mussten dann in Zweiergruppen aufzählen, welche Gegenstände sie gesehen hatten, wobei eine Person aus jeder Zweiergruppe ein Eingeweihter war, der dann einen Toaster aufzählte, welcher sich in Wirklichkeit nicht auf den Bildern befand. In einer zweiten Testreihe mussten dann die wirklichen Testpersonen nochmals allein aufzählen, was sie gesehen hatten, wobei über 50 % nun den Toaster nannten. Auf Rückfrage waren 80 % dieser Testpersonen der festen Überzeugung, den Toaster wirklich selbst gesehen zu haben. Einige konnten ihn beschreiben, auf Vorhalt wollten einige die Bilder nochmals sehen, weil sie nun wirklich selbst überzeugt waren, den Toaster gesehen zu haben. Nicht alle waren überzeugt, dass man ihnen nun nochmals die gleichen Bilder zeigte, als sie den Toaster nicht fanden.

Verschärft wird das Problem mit false memories dadurch, dass wiederholtes Erzählen von tatsächlich Erlebtem, aber eben auch von false memories, mit der Zeit zu mehr Klarheit führt, weil zwar einerseits das Gedächtnis bei mehrfachem Erzählen mehr Informationen abrufen kann, weil aber auch das soeben Erzählte dann wieder neu im Gedächtnis gespeichert wird und deshalb auch die Lückenfüllungen, die möglicherweise gar nicht dem Beobachteten entsprechen, sondern aus andern Quellen ergänzt wurden, sich immer klarer mit der Erinnerung verstricken und festigen.

Das Problem wurde in den letzten Jahren zunehmend erkannt, und die Fachpersonen, die mit Missbrauchsopfern zu tun haben, sind heute besser als noch vor zehn Jahren darin geschult, dass sie wirklich nur diejenigen Informationen beim Kind abholen, die den realen Erlebnissen entsprechen, ohne durch zu viel interpretierendes Nachfragen die Erinnerung des Kindes zu verfälschen.

False memories gibt es allerdings nicht nur bei Kindern, sondern auch bei Erwachsenen, und es gibt sie nicht nur bei Opfern, sondern (seltener) auch bei Tätern. Das hängt damit zusammen, dass die Gedächtnisleistung in Stresssituationen gestört ist; insbesondere können auch die kurz (wenige Sekunden bis wenige Minuten) vor einem Schockereignis und erst recht die während des Ereignisses wahrgenommenen Informationen nicht mehr in der sonst üblichen Gründlichkeit verarbeitet werden, sodass dem Betroffenen dann Einzelheiten fehlen, an die er sich sonst erinnern würde; man nennt dies retrograde Amnesie. In dieser Situation haben viele Leute dann ohne bösen Willen die Tendenz, das Fehlende durch plausible false memories zu ergänzen, an die sie sich in Wirklichkeit gar nicht erinnern. Sie glauben vorerst, so müsse es gewesen sein, und später dann (vor allem, wenn sie es mehrmals erzählt haben), so sei es gewesen.

> *Dietmar Heubrock* beschreibt in diesem Zusammenhang die jedem Kriminalisten bekannte Situation, dass das Opfer kurz vor dem Stockschlag noch einige kurze Worte mit dem Täter wechselte, sich daran aber nicht mehr erinnern kann, obwohl Zeugen der Tat den Wortwechsel beschreiben. Neurologisch ist dies damit zu erklären, dass die betreffende Information vom Opfer zwar schon codiert, aber noch nicht konsolidiert wurde und deshalb verloren geht.

Es ist schwierig, false memories zuverlässig zu erkennen. Tendenziell kann gesagt werden, dass *Kinder* mehr betroffen sind als Erwachsene, weil sie (vor allem bei Befragung durch Erwachsene) dazu neigen, die Erwartungen des Befragers erfüllen zu wollen, und deshalb mehr erzählen, als sie wirklich in Erinnerung haben. Im Weiteren sind Personen mit geringer Intelligenz (zumindest in Schocksituationen) eher betroffen, weil intelligente Leute auch unter Stress eher die Fähigkeit haben, das Erlebte problemorientiert zu speichern.

Um false memories nicht zu provozieren, sollte der Befrager nach dem Ratschlag von *Ludewig/Tavor/Baumer* nicht nach Nebenumständen fragen, die schlecht erinnert wurden, weil ihnen nicht genügend Aufmerksamkeit geschenkt wurde oder weil sie lange zurück liegen. Um solche Störungen nachträglich zu erkennen, ist es erforderlich, die Entstehung einer Aussage sorgfältig zu hinterfragen – die im Strafverfahren protokollierte Ersteinvernahme ist ja oft nicht wirklich die erste Aussage der befragten Person über die Ereignisse.

Es wäre also zu fragen, wem gegenüber die befragte Person erstmals vom Ereignis erzählt hat, in welcher Situation sie dazu veranlasst wurde und welche Einstellung und Erwartung der Empfänger dieser Erstaussage hatte.

### 6.3.4 Verbal Overshadowing

Eine besondere Form von false memories wurde bei der Untersuchung des Verhaltens von Augenzeugen bei Wiedererkennungsverfahren, also bei Gegenüberstellungen oder Wahllichtbildvorlagen, entdeckt. *Cornelia Dowling* und *Thomas Gundlach* haben den Verbal Overshadowing-Effekt, wie er in der amerikanischen Literatur beschrieben worden war, wie folgt zusammengefasst: Wenn jemand nachträglich in einer Befragung ein Ereignis beschreiben soll, dann besteht die Gefahr, dass er durch den Befrager mit Fehlinformationen konfrontiert wird. Es kann aber auch sein, dass hartnäckiges Nachfragen dazu führt, dass der Befragte mutmaßt und dann das Ergebnis dieser eigenen Vermutungen für richtig hält. Beides hat letztlich zum Effekt, dass unbemerkt falsche Informationen ins eigene Gedächtnis einbaut werden.

Im Zusammenhang mit der Wiedererkennung von Personen lässt sich zeigen, dass Befragte, die jemanden zuerst verbal beschreiben müssen, dann auf Vorlage von Fotografien oder bei Gegenüberstellungen öfter falsche Resultate produzieren, als wenn ihnen die Fotos oder die Personen ohne vorherige Beschreibung zur Auswahl vorgelegt worden wären. Eine denkbare Erklärung dafür lautet, dass derjenige, der eine Person zunächst verbal beschreiben muss, bei einer Wahllichtbildvorlage dann denjenigen heraussucht, der am ehesten seiner Beschreibung entspricht. Wenn ihm die Bilder direkt vorgelegt werden, dann greift er auf den Ursprung seiner Erinnerung zurück, und das ist eben nicht die Beschreibung, sondern das Bild des Beschriebenen selbst, wie es der Zeuge aus dem ursprünglichen Ereignis im Kopf hat.

Dieser Verbal Overshadowing-Effekt verschwindet zwar rasch, also innert etwa einer halben Stunde, wieder. Will man ihn in der Praxis vermeiden, sollte man aber doch die Empfehlung von *Dowling* und *Gundlach* beachten: Unmittelbar vor Gegenüberstellungen sollten die Zeugen keine Personenbeschreibung abgeben, sondern vielmehr dazu angehalten werden, sich das Bild, das sie von der gesuchten Person im Kopf haben, wieder in Erinnerung zu rufen.

### 6.3.5 Spuren von Befragungen vermeiden

Es gehört zum Grundwissen von Kriminalbeamten, dass man es bei der Spurensicherung unbedingt vermeiden sollte, vorhandene Spuren zu vernichten oder eigene, nicht als solche erkennbare Spuren zu hinterlassen. *Henriette Haas* und *Christoph Ill* haben darauf hingewiesen, dass diese Regel nicht nur für die Sicherung von Tatortspuren gilt, sondern auch für die Befragung von Personen, und zwar unabhängig von ihrer prozessualen Stellung.

Was ist damit gemeint? Derjenige Befrager, der den Befragten in eine bestimmte Richtung lenkt, weil er bestimmte Sachen hören will, riskiert offensichtlich, beim Befragten false memories zu produzieren. Noch heikler ist es, dem Befragten bestimmte Ermittlungsergebnisse ohne Not zu eröffnen: Wenn der Befragte vom Befrager erfährt, dass das Auto des Beschuldigten rot war, wird er in der nächsten Befragung möglicherweise von sich aus dieses Auto als rot beschreiben und – wenn er dies noch mehrfach wiederholen muss – zum Schluss überzeugt sein, wirklich ein rotes Auto gesehen zu haben.

Nun ist es allerdings prozessual unumgänglich, den Befragten bisweilen mit eigenen Ermittlungsergebnissen zu konfrontieren. Das fängt damit an, dass jeder Befragte (unabhängig von seiner prozessualen Stellung) zunächst über den Gegenstand der Befragung informiert werden muss; schon in dieser Phase kann der Befrager unter Umständen mehr Informationen preisgeben, als der Befragte selbst bereits hat. Das geht weiter damit, dass man den Befragten früher oder später mit Umständen konfrontieren muss, die seiner eigenen Darstellung widersprechen; spätestens zu diesem Zeitpunkt lässt sich die Beeinflussung des Befragten kaum mehr vermeiden. Man sollte aber, um das Beweisergebnis nicht zu verfälschen, möglichst spät im Verfahren solche Informationen in die Befragung einfließen lassen.

### 6.3.6 Die zuverlässige Wiedergabe des Erinnerten

Es geht also bei der Vernehmung darum, möglichst gute Voraussetzungen dafür zu schaffen, dass die vernommene Person Aussagen zu Protokoll geben kann, die dem tatsächlich Erlebten weitgehend entsprechen. Man wird deshalb zunächst davon ausgehen, dass die vernommene Person auch wirklich gewillt ist, wahrheitsgemäß auszusagen. Diese Arbeitshypothese kann sich zwar im Laufe der Vernehmung als falsch erweisen. Die Konzepte, die zu einer möglichst genauen und vollständigen Aussage einer gutwilligen Person führen, schaffen aber glücklicherweise auch gute Voraussetzungen dafür, dass Angaben, die nicht der Wahrheit entsprechen, auch wirklich erkannt werden. Es gibt auch aus diesem Gesichtspunkt deshalb keinen vernünftigen Grund, wieso man zunächst davon ausgehen sollte, dass man angelogen wird. Nur wer die Bedingungen dafür schafft, dass zu Beginn der Vernehmung eine angenehme Atmosphäre zum Vernommenen aufgebaut werden kann, wird den Befragten zum Reden bringen, und nur wer ihn zum Reden bringt, wird dann allenfalls auch genügende Informationen sammeln können, um die inhaltliche Richtigkeit der Aussage beurteilen zu können.

Die strafprozessualen Umstände erfordern es leider oft, dass der Vernehmende relativ schlecht vorbereitet in die Erstbefragung einsteigen muss; wenn es nämlich darum geht, Untersuchungshaft zu beantragen, dann sind oft Fristen einzuhalten, die es verunmöglichen, die vorhandenen Unterlagen gründlich zu lesen und zu analysieren, die Ergebnisse wichtiger kriminaltechnischer Untersuchungen abzuwarten oder sich eine genaue Strategie zurecht zu legen. Im Weiteren müssen oft organisatorische Probleme gelöst werden, welche eine optimale Vorbereitung der Vernehmung stören: Es muss z. B. eine Videoanlage zur Aufzeichnung der Vernehmung besorgt werden; ein geeigneter Dolmetscher und der Verteidiger des Verdächtigen sind aufzubieten, was einerseits Zeit benötigt, anderseits aber auch die Rücksicht auf deren Verfügbarkeit erfordert.

Es ist in solchen Fällen eine heikle Gratwanderung zwischen den strafprozessualen Anforderungen an das Verfahren und dem kriminalistisch und taktisch eigentlich gebotenen Vorgehen nötig. Der Vernehmende sollte immer daran denken, dass Chancen zur Aufklärung, die in der Erstvernehmung verpasst werden, später nie mehr in dieser Art vorhanden sein werden. Nur sorgfältige Organisation hilft, nicht wieder gut zu machende Fehler zu vermeiden. In diesem Sinne ist es jedenfalls zu empfehlen, zumindest bei schwierigeren Vernehmungen, die vorbereitet werden können, schon vor der Vernehmung die zu stellenden Fragen zu formulieren und niederzuschreiben.

Zwei Methoden, die sich in den letzten Jahren etabliert haben, sollen in diesem Zusammenhang besprochen werden:

### 6.3.6.1 Das PEACE-Modell

Eine gut geplante, richtig durchgeführte und sauber ausgewertete Vernehmung bringt meistens wichtige Erkenntnisse zur Aufklärung der Tat. Wenn man Zeit hat, sollte man nach dem in England entwickelten PEACE-Modell vorgehen:

- P steht für Planning and Preparation (Planung und Vorbereitung) und umfasst alles, was man sich vor der Vernehmung überlegen sollte. Dazu gehört einerseits, dass man sich über die prozessuale Stellung des Befragten im Klaren ist, damit man ihn richtig belehren kann. Anderseits sollte man auch eine Vorstellung über die mutmaßlich in Frage kommenden Tatbestände haben, damit man sich überlegen kann, zu welchen objektiven und subjektiven Tatbestandsmerkmalen Beweis zu führen ist und was der Befragte in diesem Zusammenhang beitragen kann.

- E meint Engage and Explain (Einvernehmen herstellen und erklären) und betrifft die Einleitung der Vernehmung; es geht darum, eine persönliche Beziehung zum Befragten herzustellen und ihm zu erklären, worum es geht und wer der Anwesenden welche Funktion hat. Dazu gehört auch die richtige Rechtsbelehrung, die so formuliert werden muss, dass sie den gesetzlichen Anforderungen genügt, aber auch so, dass sie vom Befragten wirklich verstanden wird. Gerade für einen aussagewilligen Befragten wirkt es nicht gerade motivierend, wenn man ihm schon in den ersten fünf Minuten des Kontaktes herunterleiert, welches seine Pflichten sind und mit welchen Sanktionen er zu rechnen hat, wenn er diese Pflichten verletzt. Die Herstellung einer persönlichen Beziehung erfordert eine gewisse körperliche Nähe – wer sich (wie in der nachfolgenden Vernehmung) schon bei der Begrüßung hinter dem Schreibtisch verschanzt und dafür sorgt, dass die Distanz zum Befragten nie unter zwei Meter sinkt, wird es schwerer haben, eine persönliche Beziehung aufzubauen, als wer bei der Begrüßung aufsteht, dem Befragten die Hand gibt und stehend noch einige persönliche Worte mit ihm wechselt.

- A steht für Account (also die Phase von Frage und Antwort). Dabei geht es zunächst darum, den Befragten zum Thema der Befragung frei erzählen zu lassen, ohne ihn zu unterbrechen. Dann geht es darum, durch Ergänzungsfragen mehr Informationen zu beschaffen, die für die Lösung des Falles nötig sind. Schließlich ist es allenfalls erforderlich, den Befragten auf Widersprüche hinzu-

weisen, die sich aus seiner Aussage oder aus ihrer Beziehung mit andern Aussagen oder Erkenntnissen ergeben.
- C betrifft die Closure (den Abschluss der Vernehmung) und sollte nicht vernachlässigt werden. Befragte, die mit einem guten Gefühl aus einer Vernehmung kommen, werden auch in der nächsten Vernehmung wichtige Informationen liefern. Wer dagegen das Gefühl hat, es sei ihm nicht zugehört worden und das Wesentliche habe er gar nicht erklären können, wird beim nächsten Mal zurückhaltend in seinen Aussagen sein. Das gilt gleichermaßen für Personen, welche die Wahrheit sagen möchten, und solche, die es nicht tun.
- E schließlich steht für Evaluation und betrifft die rasche und gründliche Auswertung der Vernehmung. Insbesondere sollte darauf geachtet werden, dass Aussagen des Vernommenen, die sich nicht schon in der Vernehmung klären ließen, nachträglich überprüft werden, und vor allem sollte rasch überlegt werden, ob die neu gewonnenen Informationen zu weiteren Beweismaßnahmen führen.

### 6.3.6.2 Das kognitive Interview

Während das PEACE-Modell eher die äußere Gestaltung der Vernehmung beschreibt, betrifft das Konzept des kognitiven Interviews die inhaltlichen Aspekte, wobei zum Teil ähnliche Überlegungen wegleitend sind. Worum geht es? Um in einer Vernehmung möglichst viele Informationen zu erhalten, die Erinnerungen des Befragten möglichst optimal verwerten zu können, aber auch um Lügensignale und falsche Erinnerungen entdecken zu können, hat sich die Technik des kognitiven Interviews bewährt, die von den Kognitionspsychologen *Ed Geiselman* und *Rod Fisher* entwickelt wurde. Sie unterteilen die Vernehmung in sieben strukturierte Phasen:
- Die Begrüßungsphase dient dazu, eine persönliche Beziehung zwischen Befrager und Befragtem herzustellen. Es wird empfohlen, mit neutralen Fragen zu beginnen, die positiv beantwortet werden können; man sollte also nicht fragen, ob der Vorgeladene den Ort der Vernehmung gut gefunden hat, wenn er außer Atem und zehn Minuten zu spät eintrifft.
- Die Zielvereinbarung dient dazu, den Vernehmungsprozess zu erläutern und zu erklären, was man von der befragten Person erwartet. Sie umfasst den Hinweis darauf, dass es allenfalls auch auf

unwichtige Details ankommt und dass der Befragte den Sachverhalt kennt und nicht der Befrager, sodass er von sich aus das Tempo der Befragung bestimmen soll. Man zerstreut damit auch den Eindruck, die Befragung finde unter Zeitdruck statt.

- Die Phase des freien Erinnerns beginnt damit, dass man den Befragten in den Kontext des Befragungsgegenstandes zurück versetzt; er soll sich also in die Umgebung des Tatortes hineinversetzen und sich an seine Gedanken und Gefühle erinnern und dann aus dieser Situation in freier Erzählung möglichst genau schildern, was aus seiner Sicht abgelaufen ist.
- Die Phase der Befragung soll weitere Details erschließen, über welche der Befragte nicht von sich aus gesprochen hat. Auch hier geht es darum, sich mental in die Situation zurück zu versetzen; der Befragte soll also etwa eine bestimmte Person nochmals vor seinem geistigen Auge erscheinen lassen und dann beschreiben.
- Die Phase der Variationen im Abruf soll es ermöglichen, zusätzliche Details zu erhalten, indem die Perspektive des Erinnerns gewechselt wird. Zum Beispiel kann die Chronologie verändert werden, indem der Vernommene danach gefragt wird, was das Prägnanteste oder was das Letzte sei, an das er sich erinnere. Von dort aus wird dann das zuvor oder danach Passierte erfragt. Dem Gedächtnis wird auf verschiedene Weise nachgeholfen, etwa wenn sich der Befragte nicht an einen Namen erinnert: War es ein deutscher oder ausländischer Name? War er kurz oder lang? Mit welchem Buchstaben begann er?
- Die Phase der Zusammenfassung dient dem Befrager und dem Befragten dazu, das Gehörte nochmals zu sammeln und auf diesem Weg allenfalls noch zusätzliche Informationen zu erhalten. Ein taktisch, aber auch rechtlich grober Fehler wäre es, erst jetzt mit der Protokollierung zu beginnen, weil die Informationen nun im besten Fall übersichtlich gebündelt werden können; denn Wahrheitskriterien und Lügensignale, aber auch false memories lassen sich nur bei Interpretation der gesamten Befragung bewerten.
- Auch das kognitive Interview legt Wert auf einen strukturierten Abschluss der Befragung. Der Abschluss soll vom Befragten in jedem Fall positiv empfunden werden; man kehrt also zu neutralen Themen zurück, bespricht allenfalls das weitere Vorgehen und beantwortet Fragen dazu, die für den Befragten noch offen sind.

Beachtet man die geschilderten Regeln, dann ist das Risiko relativ gering, dass man nicht zutreffende Aussagen zu Protokoll nimmt, obwohl der Befragte nicht bewusst lügen wollte. Bei der Beurteilung des Wahrheitsgehaltes ist aber trotzdem immer daran zu denken, dass jemand durchaus ohne Absicht falsche Angaben machen könnte: Weil er den Sachverhalt ohne bösen Willen falsch wahrgenommen hat, weil es während der Verarbeitung des Geschehenen zu Verfälschungen im Gedächtnis gekommen ist oder weil Befragter und Befrager sich aus irgendeinem Grund nicht richtig verstehen.

### 6.3.6.3 Die strukturierte Vernehmung

Eine gute Hilfe bei der Organisation und Durchführung von Befragungen bildet die Technik von *Frank Adler* und *Max Hermanutz*. Sie arbeiten mit insgesamt 28 Vernehmungskarten, welche dem Befrager Hinweise für die Vorbereitung der Vernehmung geben und ihn dann von der Belehrung über die Vernehmung zur Person und zur Sache bis zum Abschluss der Vernehmung führen. Sie nehmen Elemente des PEACE-Modells und des kognitiven Interviews auf, helfen aber insbesondere dabei, keine wichtigen Fragen zu vergessen. Die strukturierte Vernehmung mit Vernehmungskarten läuft wie folgt ab:

- Die Vernehmung beginnt mit der Belehrung des Befragten; *Adler* und *Hermanutz* schlagen dabei Formulierungen vor, die rechtlich korrekt, aber trotzdem für den durchschnittlichen Befragten sehr gut verständlich sind.

- Es folgen die Fragen zur Person; es werden dabei Formulierungen vorgeschlagen, die das Interesse des Befragers an der Person des Befragten sehr gut signalisieren und damit der Begrüßungsphase im kognitiven Interview entsprechen.

- Es wird vorgeschlagen, dann die Befragung zu einem nicht tatrelevanten Thema einzuleiten, das gemeinsam mit dem Befragten festgelegt werden kann. Es geht darum, eine Baseline zu schaffen, um wahre und unwahre Aussagen besser unterscheiden zu können. Diese Absicht ist zwar lobenswert; ob die Befragten in der Praxis darauf einsteigen, scheint mir allerdings zweifelhaft – niemand kommt gerne zu Vernehmungen, und wenn schon zu Beginn viel Zeit für Themen aufgewendet wird, die erklärtermaßen nichts mit dem konkreten Sachverhalt zu tun haben, dann dürfte das die wenigsten Befragten motivieren.

- Die Vernehmung zum Tatgeschehen folgt dann dem gleichen Schema. Es geht zunächst um einen freien Bericht, dann um eine erneute Aufforderung, den freien Bericht mit allen Einzelheiten, auch den unwichtigen, zu ergänzen.
- Dann folgt die Aufforderung, das Ganze in umgekehrter Reihenfolge zu erzählen. Auch hier ist der Sinn der Sache ohne Weiteres klar – unwahre Aussagen sind bei dieser Methode leichter zu erkennen. Ob der Befragte sich darauf einlässt und ob diese Technik in jedem Fall Sinn macht, darf allerdings bezweifelt werden.
- Es folgen die sehr wichtigen Präzisierungsfragen zum Ort des Tatgeschehens, zu den allenfalls anwesenden weiteren Personen und zu geführten Gesprächen, die möglichst genau wiedergegeben werden sollen.
- Der Befragte soll dann nach Widersprüchen und Lücken in seiner Aussage gefragt werden.
- Der Befrager wird dann daran erinnert, dass er alle Fragen zu allen objektiven und subjektiven Tatbestandselementen nachholen soll, die noch nicht beantwortet sind.
- Es folgen – richtigerweise erst jetzt – die konfrontierenden Fragen zu Aussagen anderer Personen und zu andern Ermittlungsergebnissen, die den Aussagen des Befragten widersprechen. Es soll auch darauf hingewiesen werden, dass weitere Untersuchungen möglich sind, und der Befragte kann zu den denkbaren Ergebnissen Stellung nehmen.
- Abschließend wird gefragt, ob der Vernommene etwas zu ergänzen hat.
- Der Abschluss der Vernehmung besteht darin, dass der Vernehmende den weiteren Verfahrensgang erläutert und der befragten Person eine Kontaktmöglichkeit nennt, falls sie etwas zu ergänzen hat.

### 6.3.7 Wahrheit und Lüge

Die entscheidende Frage von Strafverfolgern bei der Beurteilung von Aussagen ist in der Regel, ob sie wahr oder gelogen sind. Es ist in diesem Zusammenhang daran zu erinnern, dass es eine dritte, in der Praxis allerdings zum Glück relativ seltene Variante gibt: Der Befragte hält seine Aussage für wahr, obwohl sie es in Wirklichkeit gar nicht ist, weil er Opfer eines Wahrnehmungs- oder Erinnerungsfehlers geworden ist. Man sollte also nicht von jedem Befragten, der objektiv nicht die Wahrheit sagt, sofort annehmen, dass er bewusst lügt, sondern diese dritte Variante ebenfalls prüfen. Im Folgenden blenden wir diese Variante allerdings aus und beschäftigen uns mit der Frage, was wahre und (subjektiv) falsche Aussagen unterscheidet.

#### 6.3.7.1 Kriterien der Glaubhaftigkeit

Die Frage, wann ein Befragter lügt, ist für den erfahrenen Kriminalisten, der eine gründliche Vernehmung durchgeführt hat, oft relativ sicher zu beantworten, wenn er einmal den Trugschluss überwunden hat, es gehe um die Beurteilung der Glaubwürdigkeit der Person. In Wirklichkeit ist nämlich nur die Glaubhaftigkeit der Aussage entscheidend, denn es gilt die banale Weisheit, dass niemand immer lügt und niemand immer die Wahrheit sagt, sodass die Beurteilung der Person nur selten wirklich weiter hilft.

*Udo Undeutsch* hat nachgewiesen, dass wahre und unwahre Aussagen strukturell verschieden sind, und diese Strukturen sind zu untersuchen. Die entscheidende Frage ist, ob die aussagende Person unter Berücksichtigung der Umstände, der intellektuellen Leistungsfähigkeit und der Motivlage eine bestimmte Aussage auch ohne realen Erlebnishintergrund machen könnte oder nicht. Die meisten Leute sind schon rein intellektuell nicht in der Lage, eine erlogene Geschichte über längere Zeit überzeugend zu erzählen. Die Fachliteratur enthält dazu zahlreiche Hinweise.

In der Regel verwenden erfahrene Kriminalisten zwei Arten von Kriterien, um die Glaubhaftigkeit einer Aussage zu beurteilen:

Zu den Glaubhaftigkeitskriterien (oder Realkennzeichen) gehören

- die logische Konsistenz der Aussage trotz ungeordneter und nicht chronologischer Darstellung,
- der Detaillierungsgrad (insbesondere auch bezüglich nicht tatrelevanter Umstände, denn der Lügner wird sich nicht die Mühe machen, von sich aus Details zu erfinden, die mit dem Kerngeschehen eigentlich nichts zu tun haben),
- die Schilderung von Interaktionen, insbesondere die stimmige Wiedergabe von Gesprächen,
- die Schilderung der eigenen psychischen Befindlichkeit und der Befindlichkeit oder vermuteter Gefühle des Täters,

- die Verflechtung der Geschichte mit äußeren Umständen,
- die Schilderung von Nebensächlichkeiten (mit denen sich ein Lügner nicht aufhalten würde) und von unverstandenen Handlungselementen,
- Komplikationen im Handlungsablauf (die es bisweilen gibt, die aber niemand erfinden würde) und originelle Details, insbesondere auch hinsichtlich delikttypischer Besonderheiten, die allerdings dem Laien in der Regel nicht bekannt sind,
- das Eingeständnis von Erinnerungslücken,
- die Selbstbelastung und die Entlastung des Täters,
- Wenn jemand zweimal befragt wird, dann sollten die Aussagen relativ konstant sein. Wer aber zweimal genau dasselbe erzählt, ist entgegen landläufiger Meinung nicht besonders glaubhaft. Dagegen ist es für wahre Aussagen typisch, dass sie im Lauf der Zeit erweitert und um neue Details angereichert werden.

Zu den Lügensignalen gehören

- die Zurückhaltung bei der Aussage (es wird nur das erzählt, nach dem gezielt gefragt wird),
- die ausgeprägte Unterwürfigkeit oder Aggressivität des Befragten vor allem dann, wenn es um Fragen geht, die mit dem Kerngeschehen wenig zu tun haben,
- das Kargheitssignal (eine Aussage ist wenig originell und beschränkt sich spontan immer nur auf den Kernbereich der Straftat),
- das Strukturbruchsignal (harmlose Dinge werden ausführlich geschildert, die deliktrelevanten dagegen sehr knapp, was auf ein zum Teil wahres Geschehen hindeutet, das im relevanten Kernbereich erlogen ist; aber auch das Umgekehrte, wenn die Geschichte von A bis Z erfunden ist, der Lügende sich aber nur das genau zurechtgelegt hat, was mit dem Delikt in engem Zusammenhang steht);
- neuerdings das Fehlen einer räumlichen Vorstellung. Eine amerikanische Studie von *Leins* et. al. aus dem Jahr 2011 hat nämlich gezeigt, dass sich falsche Alibis oft aufdecken lassen, wenn man den Befragten eine Skizze von beschriebenen Örtlichkeiten erstellen lässt; der Mangel an räumlicher Vorstellungskraft führt dann oft zu bescheidenen Ergebnissen, die verdächtig sind.

Alle diese Kriterien sind inhaltsorientiert. In dieser Liste fehlen einige Kriterien, die nach landläufiger Meinung auf Lügen hinweisen (und die in früheren Auflagen dieses Buches noch enthalten waren) und nach der Terminologie von *Revital Ludewig* verhaltensbasiert sind, zum Beispiel das Erröten bei der Befragung oder das unruhige Hin- und Herrutschen auf dem Stuhl. Das liegt daran, dass mittlerweile von Psychologen und Statistikern darauf hingewiesen wurde, der Bezeichnung solcher Signale liege ein typischer Denkfehler zugrunde: Wenn jemand fünfmal von verschiedenen Personen angelogen wird und die Personen alle auf dem Stuhl hin und her rutschen, dann wird er davon ausgehen, dass dieses Herumrutschen eben ein Signal für die Lüge ist. Er lässt dabei unberücksichtigt, ob Leute, die ihm die Wahrheit sagen, in der gleichen Befragungssituation *nicht* auf ihrem Stuhl herumrutschen. Wer sorgfältig testet, wie Personen reagieren, denen der Befrager nicht glaubt, wird allerdings unschwer feststellen, dass auch viele derjenigen, die nicht lügen, auf dem Stuhl herumrutschen, weil sie nervös werden, wenn ihnen nicht geglaubt wird: Das Herumrutschen ist weniger ein Signal für die Lüge des Befragten als für die Ungeduld des Befragers.

*Saul Kassin* hat nachgewiesen, dass Befrager, die von der Schuld des Befragten überzeugt sind, aggressiver befragen und mehr Druck ausüben, vor allem bei (von ihnen nicht erkannten) Unschuldigen, was diese Fehlbeurteilung noch verstärkt. Das Erröten bei der Beantwortung einer Frage ist oft nicht ein Zeichen dafür, dass der Befragte lügt, sondern nur dafür, dass ihm schon die Frage peinlich ist. Statistiker drücken das etwas theoretischer wie folgt aus: Ein Indiz für eine bestimmte Hypothese (hier: der Befragte lügt) ist nur dann stark, wenn es im Zusammenhang mit der Hypothese meistens vorkommt, im Zusammenhang mit der Gegenhypothese (hier: der Befragte sagt die Wahrheit) dagegen selten. Weil weder das Herumrutschen auf dem Stuhl noch das Erröten diese Kriterien erfüllen, sind sie keine geeigneten Indizien für die Lüge, man nennt sie deshalb pseudodiagnostisch.

Geht man im konkreten Fall bei der Inhaltsanalyse die zutreffenden Glaubhaftigkeitskriterien und Lügensignale durch, dann findet man in der Regel ein relativ deutliches Überwiegen von Glaubhaftigkeitskriterien und das praktische Fehlen von Lügensignalen – oder eben genau das Umgekehrte, wenn der Vernommene lügt. Lügen sind also für den geübten Befrager verhältnismäßig leicht zu erkennen. Das liegt daran, dass derjenige, der bewusst lügt, sich auf zwei Dinge gleichzeitig konzentrieren muss: Er muss erstens die falschen Informationen konstruieren und diese Konstruktion (wenn er geschickt befragt wird) ständig erweitern, obwohl er nichts Entsprechendes erlebt hat; er muss sich zweitens gleichzeitig als glaubwürdig (oder eher als das, was er für glaubwürdig hält!) präsentieren, also keine Unsicherheit aufkommen lassen, keine Erinnerungslücken zu erkennen geben und die Geschichte immer gleich erzählen. Damit sind die meisten Leute überfordert.

Damit ist allerdings noch nichts gewonnen; denn der Befrager weiß nun nur, dass die Schilderung des Befragten wahrscheinlich gelogen ist, der Wahrheit ist er damit aber noch keinen Schritt näher. Man wird nun versuchen müssen, den Lügenden mit den vorhandenen Beweisergebnissen zu konfrontieren und ihm zu erklären, dass das Lügen deshalb aussichtslos ist. Die Zeiten, wo der Befragte dann unter der Last der Indizien „zusammenbricht" und nun die Wahrheit sagt, sind allerdings weitgehend vorbei. Zu rechnen ist eher damit, dass die erste Lügengeschichte durch eine zweite ersetzt wird, die sich besser mit den präsentierten Beweisen in Einklang bringen lässt. Der taktische Vorteil des Vernehmenden ist nur, dass der lügende Befragte nun weniger Zeit hat, um sich eine konsistente Geschichte einfallen zu lassen. Es empfiehlt sich deshalb, durch Befragung weiterer Details zu überprüfen, wie glaubhaft die neue Aussage ist.

### 6.3.7.2 Die Gründe für ein bestimmtes Aussageverhalten

Auf die prozessuale Stellung eines Befragten kommt es bei der Beurteilung, ob die Aussage wahrheitsgemäß ist oder nicht, zunächst nicht an. Die Glaubhaftigkeitskriterien gelten für Beschuldigte und Zeugen gleichermaßen. Teilweise unterschiedlich sind allerdings die Motive dieser beiden Gruppen von Befragten, wenn sie lügen. Zu beachten ist zudem, dass es außer der richtigen und der (bewusst) falschen Aussage noch zwei weitere Verhaltensweisen gibt, nämlich neben den (wegen eines Wahrnehmungs- oder Erinnerungsfehlers) unbewusst falschen Aussagen noch das oft anzutreffende Schweigen. Es sind also eigentlich vier Verhaltensweisen zu unterscheiden:

- Der Befragte sagt die Wahrheit.
- Der Befragte sagt nicht die Wahrheit, weil er einem Wahrnehmungs- oder Erinnerungsfehler unterliegt.

- Der Befragte sagt bewusst nicht die Wahrheit, er lügt also.
- Der Befragte verweigert die Aussage.

Die Gründe für diese Verhaltensweise decken sich zum Teil trotz unterschiedlicher prozessualer Stellung, zum Teil sind sie aber auch ganz unterschiedlich.

Opfer, Zeugen und Auskunftspersonen werden in der Regel die Wahrheit sagen. Wahrnehmungs- und Erinnerungsfehler schleichen sich vor allem dann ein, wenn der Befragte bei der Wahrnehmung unter großem Stress war oder bei der Befragung meint, unbedingt eine wichtige Aussage machen zu müssen, sodass er unbewusst tatsächlich Erlebtes mit dazu Konstruiertem mischt. Bewusste Verfälschungen sind dann möglich, wenn der Befragte ein eigenes Interesse am Ausgang des Strafverfahrens hat, also insbesondere möchte, dass der Täter möglichst streng bestraft wird. Seltener kommen solche Verfälschungen auch zugunsten des Täters vor, wenn der Befragte vor ihm Angst hat und deshalb Racheaktionen befürchtet. Die Verweigerung von Aussagen wird von solchen Personen fast immer mit ebendieser Angst begründet, diese Begründung wird aber in der Regel offen gelegt. Es kommt aber – wenn auch selten – vor, dass Opfer oder Zeugen sich vor eigener Strafverfolgung schützen wollen oder ein eigenes, zwar nicht strafbares, aber doch unehrenhaftes Verhalten nicht aufdecken wollen und deshalb schweigen. Zu denken ist etwa an den Ehemann oder Arbeitnehmer, der statt bei der Ehefrau oder am Arbeitsplatz bei der Geliebten ist, wenn er Zeuge einer Straftat wird.

Beschuldigte haben ein offensichtliches Interesse, nicht die Wahrheit zu sagen: Sie möchten die eigene Täterschaft verdecken. Das ist aber bei Weitem nicht der einzige Grund für lügenhaftes Verhalten, wie noch zu zeigen sein wird. Der Beschuldigte kann zum Beispiel unschuldig sein, aber vermuten, er könne das nicht beweisen; deshalb versucht er, durch unwahre Angaben seine Situation zu verbessern. Er kann durch Falschaussagen auch versuchen, die wirklich bestehende eigene Schuld auf andere abzuschieben.

Beschuldigte, die schweigen, wollen in der Regel abwarten, bis sie wissen, wie die Beweislage ist. Das gilt vor allem dann, wenn nicht klar ist, ob die Straftat beobachtet wurde oder ob Spuren vorliegen, häufig aber auch dann, wenn der Umfang der strafbaren Tätigkeit nicht klar ist: Der Drogenhändler oder der Serienbetrüger wird zu Beginn der Untersuchung wissen wollen, ob man den gesamten Umfang seiner Tätigkeit schon aufgedeckt oder nur einen Teil der Sachverhalte abgeklärt hat; er riskiert sonst, bei einem Geständnis mehr zuzugeben, als ihm ohnehin hätte nachgewiesen werden können.

Insgesamt gibt es also viele Gründe, nicht die Wahrheit zu sagen; das Verdecken der eigenen Schuld ist nur einer dieser Gründe, wenn auch der praktisch am häufigsten vorkommende.

### 6.4 Besonderheiten der Vernehmung nach prozessualer Stellung

#### 6.4.1 Die Vernehmung des Anzeigeerstatters

Die meisten Straffälle werden den Behörden durch Anzeigenerstatter bekannt. Dabei ergeben sich typischerweise folgende Probleme:

Es ist für den Strafverfolger selbstverständlich, dass die Personalien des Anzeigenden sowie Ort und Zeit der Anzeigeerstattung festgehalten werden; für den Anzeigeerstatter ist dies allerdings oft eine Überraschung, weil er anonym bleiben möchte, um sich nicht irgendeiner Gefahr auszusetzen. Man sollte in dieser Situation vorerst nicht auf der Preisgabe der Personalien beharren, aber immerhin festhalten, aus welchen Gründen der Anzeigeerstatter seinen Namen nicht nennen will und woher er sein angebliches Wissen hat. Ergibt sich aus der Schilderung dagegen die Vermutung, die Person sei am angezeigten Delikt strafbar beteiligt oder wolle eine falsche Beschuldigung erheben, dann wird man die Strategie ändern müssen.

Kann die Anonymität nicht garantiert werden, sei es aus tatsächlichen Gründen, sei es aus rechtlichen, so muss man dies dem Anzeigeerstatter sagen. Leider kommt es oft vor, dass Anzeigern vorschnell Anonymität zugesichert wird, obwohl unter Einhaltung rechtsstaatlicher Verfahrensgrundsätze die Wahrung der Anonymität gar nicht möglich ist. Jedes Beweismittel, das im Strafverfahren verwendet wird, muss früher oder später dem Beschuldigten vorgelegt werden. Es kann zwar prozessual zulässig sein, die Personalien von Anzeigeerstattern geheim zu halten; in Deutschland sind die Voraussetzungen dafür in § 68 StPO geregelt, in Österreich in § 162 StPO, in der Schweiz ist nach Art. 150 StPO für die Anonymitätszusage die Zustimmung des Zwangsmaßnahmengerichtes erforderlich. Die Anonymität hilft aber in vielen Fällen nicht weiter, weil der Beschuldigte, wenn er Einsicht in ein anonymisiertes Protokoll erhält, ohnehin wissen wird, von wem die Information stammen muss. Im

Grunde genommen ist eine Anonymitätszusage nur dann auch faktisch sinnvoll, wenn es um einen Zufallszeugen der Tat geht, den der Beschuldigte nicht bemerkt hat oder nachträglich nicht identifizieren kann.

Geht es um eine bedeutende Straftat und weigert sich der Anzeigeerstatter, seine Personalien zu nennen, so darf seine Identität, wenn dies die Prozessordnung erlaubt, über eine körperliche Durchsuchung oder andere Abklärungen festgestellt werden. Voraussetzung ist, dass ein Deliktsverdacht entstanden ist. Auch anonyme, schriftliche oder telefonische Anzeigen und solche per E-Mail können durchaus verwertbare Daten enthalten; man sollte aber versuchen, durch geeignete technische oder Spuren sichernde Maßnahmen die Herkunft der Informationen zu ermitteln.

Der Anzeigeerstatter erscheint in der Regel freiwillig bei der Polizei und ist deshalb zu vollständigen Aussagen bereit. Man wird ihn also reden lassen können und sollte ihn auch dann nicht unterbrechen, wenn er die für ihn wesentlichen Einzelheiten der Tat schildert, die kriminalistisch vielleicht vorerst gar nicht von Bedeutung sind. Viele Anzeiger erzählen über ihre Betroffenheit und insbesondere ausführlich darüber, was sie selbst sich bei der Tat gedacht haben; das hilft vielleicht bei der Aufklärung wenig weiter, man löst aber allenfalls Unmut aus, wenn man solche Aussagen einfach übergeht oder abzukürzen sucht. Wer sich (gerade im Schock nach einer Straftat) nicht ernst genommen fühlt, wird bei anderer Gelegenheit nicht mehr bereit sein, die Strafverfolgungsbehörden bei der Aufklärung von Straftaten zu unterstützen.

Der Anzeigende soll alles bekannt geben, was er über die angebliche Straftat weiß. Dabei ist der Satz: „Wer hat was, wo, wann, wie, womit, mit wem und warum getan?" als erster Hinweis auf die zu ermittelnden Fakten anzusehen. Darüber hinaus soll gefragt werden, was der Anzeigende sonst über die beteiligten Personen, also über den Täter, das Opfer und andere Beteiligte, aussagen kann. Kennt er sie? Woher? Was geschah vor dem kritischen Ereignis? Was nachher? Wo hat sich der Anzeigeerstatter selbst vor, während und nach der angezeigten Tat aufgehalten? Was weiß er vom Tatort, der Beute des Täters? Besteht zwischen dem Zeitpunkt der Tat und demjenigen der Anzeige eine große Zeitspanne, so soll geklärt werden, warum dies so ist. Hat der Anzeigeerstatter bereits mit anderen Personen über seine Wahrnehmungen gesprochen? Mit wem? Wer kommt nach seiner Meinung als Täter in Frage? Warum? Wer kann sonst noch über das Geschehen Auskunft geben?

Für bestimmte Kategorien von Straftaten gibt es mittlerweile erprobte Fragenkataloge, die es ermöglichen, das Opfer in einem Umgang zu allen möglichen Details zu befragen, die bei der Untersuchung der Tat von Bedeutung sein können. Es geht dabei darum, dass Täterverhalten möglichst genau zu erfragen und insbesondere auch wichtige Umstände zu erheben, die mit dem Kerngeschehen eigentlich nichts zu tun haben, aber Hinweise auf die Handschrift des Täters geben. Als Beispiel diene der von *Uwe Füllgrabe* vorgeschlagene Fragenkatalog für Opfer von Vergewaltigungen, der sich ungefähr mit dem noch umfangreicheren Katalog nach ViCLAS (Violent Crime Linking Analysis System) deckt:

- Gab es ungewöhnliche Ereignisse im Vorfeld der Tat? (Anrufe, Einbrüche, Voyeure?)
- Welche Methode benutzte der Täter bei der Annäherung? (Täuschung, Blitzangriff, Überraschungsangriff?)
- Wie kontrollierte der Täter sein Opfer? (Anwesenheit, sprachliche Drohung, Waffendrohung, körperliche Gewalt?)
- Wie reagierte der Täter auf Widerstand?
- Zeigte der Täter sexuelle Störungen während der Tat?
- Wie waren die Art und Abfolge sexueller Handlungen während des Angriffs?
- Was sagte der Vergewaltiger?
- Welche sprachlichen Äußerungen verlangte er vom Opfer?
- Veränderte sich die Haltung des Täters während des Angriffs plötzlich?
- Nahm der Täter Gegenstände mit?

Man sieht an dieser Aufzählung sofort, dass die meisten Fragen nicht das Kerngeschehen betreffen, aber für die Aufklärung der Straftat trotzdem wichtig sein können. Sich nach Sexualstraftaten auf die Befragung des Kerngeschehens zu beschränken, ist aus zwei Gründen falsch: Einerseits fehlen dann gerade diejenigen Informationen, welche für die Typisierung des Täters besonders wichtig sind (im Kerngeschehen unterscheiden sich Vergewaltiger gerade nicht besonders stark). Anderseits ist es für das Opfer meist einfacher und weniger unangenehm, Fragen zu beantworten, die sich nicht auf das Kerngeschehen beziehen.

## 6.4.2 Die Vernehmung von weiteren Auskunftspersonen und von Zeugen

Personen, die neben dem Anzeigeerstatter im betreffenden Fall Dinge oder Vorgänge beobachtet haben und zur Sache Auskunft erteilen können, sind Auskunftspersonen und Zeugen. Sie melden sich im besten Fall spontan, sodass davon auszugehen ist, dass sie aussagewillig sind. Oft lassen sie sich erst mit Hilfe der Angaben des Anzeigeerstatters identifizieren oder können aufgrund der Umstände des Falles gesucht und ermittelt werden. Die Straftat wurde z. B. in einem Hause verübt, sodass man die Hausbewohner, den Hauswart und die Nachbarn als mögliche Informanten befragt. Auch regelmäßige Besucher des Hauses (Briefträger und Zeitungsverträger, Babysitter, Reinigungspersonal, externe Hausverwalter) können allenfalls nützliche Informationen liefern. Von solchen Zeugen ist häufig nicht zu erwarten, dass sie erfreut darüber sind, in einem Strafverfahren von der Staatsanwaltschaft und allenfalls sogar vom Gericht vorgeladen zu werden. Insbesondere befürchten viele Tatzeugen (wie die Statistik zeigt, zu Unrecht), dass sie vom Beschuldigten unter Druck gesetzt werden könnten, wenn dieser aufgrund ihrer Angaben verurteilt wird. Es hilft dann wenig weiter, wenn man sie darüber belehrt, dass sie als Zeugen zur Aussage verpflichtet sind. Vielmehr müsste man ihre Bedenken ernst nehmen, aber zu zerstreuen versuchen.

Auskunftspersonen und Zeugen sind grundsätzlich über all das anzuhören, was schon bei der Befragung des Anzeigeerstatters als wichtig eingestuft wurde. Allerdings haben sie oft nur einen Teil des Deliktsablaufes, des Vorausgegangenen oder des Nachspiels wahrgenommen. Es ist deshalb immer wichtig, sich zu vergegenwärtigen, was die betreffende Person tatsächlich aus eigener Wahrnehmung wissen kann und was sie allenfalls bloß von Dritten gehört hat. Bei der Protokollierung der Aussagen muss unbedingt darauf geachtet werden, dass dieser Unterschied auch erkennbar wird.

Auch Zeugen des bloßen Hörensagens sind von Bedeutung, auch wenn ihre Informationen einen eingeschränkten Beweiswert haben. Sind bis dahin keine Personen bekannt geworden, die dem Geschehen nahe standen, so wendet man sich auch an das Servierpersonal von Lokalen in der Nähe des Tatortes, an Eigentümer und Angestellte benachbarter Läden und Büros, an Straßenarbeiter, die in der fraglichen Gegend gearbeitet haben, an Angestellte der Verkehrsbetriebe, welche den interessierenden Bezirk zu befahren pflegen, an Taxi-Zentralen, welche zur Tatzeit jemanden durch einen ihrer Fahrer an die betreffende Straße oder Nachbarstraße gebracht oder von dort abgeholt haben, an das Sanitätspersonal, das Verletzte nach Straftaten ins Spital brachte, und an die dort behandelnden Ärzte (soweit sie zur Aussage bereit und verpflichtet sind).

### 6.4.3 Die Vernehmung des Verdächtigen

#### 6.4.3.1 Die Vorbereitung der Erstvernehmung

Man sollte den Verdächtigen idealerweise erst dann das erste Mal einvernehmen, wenn man sich eine Übersicht über die vorhandenen Daten verschafft hat. In der Praxis besteht der wesentlichste Mangel von Erstvernehmungen oft darin, dass der Vernehmende die vorhandenen Daten noch nicht erhoben oder nicht ausreichend analysiert hat. Man verbaut sich damit wichtige taktische Varianten, denn gerade die Erstvernehmung bietet oft die beste Chance, den Verdächtigen zu einem Geständnis zu bringen. Allerdings kann die taktische oder rechtliche Lage es erfordern, dass man die Erstvernehmung nicht erst nach ausreichender Vorbereitung durchführen kann: In Haftfällen wird der Zeitpunkt der Festnahme oft von äußeren Umständen beeinflusst, und ist der Beschuldigte erst einmal festgenommen, dann muss er auch rasch befragt und es muss ihm insbesondere auch eröffnet werden, was Gegenstand des Verfahrens ist.

> Im Kanton St. Gallen verschwand eines Abends eine Ehefrau und Mutter von drei kleinen Kindern. Am nächsten Tag wurde ihr Auto in der Nähe des Bodensees gefunden. Erste Ermittlungen der Polizei zeigten rasch, dass das Ehepaar zerstritten und kurz vor der Trennung war. Als realistische Arbeitshypothesen galten ein Suizid, das bewusste Abtauchen der Frau, um etwas Ruhe zu finden, oder ein Verbrechen, als dessen Täter am ehesten der Ehemann sowie der Freund der Frau in Betracht kamen. Über die Medien wurde ein Zeugenaufruf verbreitet, der zu wenig interessanten Informationen führte.
>
> Eine kriminalistische Fallanalyse führte zur Vermutung, der Leichnam der Frau könnte in der Nähe des Einfamilienhauses versteckt sein; die Konsultation der Baupläne zeigte unter anderem, dass es in unmittelbarer Nähe des Hauses einen nicht mehr benützten Abwasserschacht gab. Dieser Schacht wurde durch Kanalarbeiter, unter der sich ein Polizeibeamter gemischt hatte, knapp 14 Tage nach dem Verschwinden der Frau an einem frühen Nachmittag geöffnet, und es konnte eine Hand entdeckt werden. Man entschied

> sich, den Deckel vorerst wieder zu schließen und den Ehemann sofort festzunehmen, was gegen 16 Uhr in der Nähe des Wohnortes gelang. Der Mann zeigte sich überrascht über die Festnahme, konnte aber nicht feststellen, dass die Polizei bereits den Abwasserschacht geöffnet hatte. Anschließend barg man die Leiche, was im Einfamilienhausviertel natürlich nicht verborgen blieb, sodass noch am frühen Abend Medienvertreter vor Ort waren.
>
> Der zuständige Staatsanwalt entschied sich, die Erstvernehmung sorgfältig vorzubereiten. Er wollte die ersten gerichtsmedizinischen Ergebnisse abwarten, musste einen Strafverteidiger organisieren und die technischen Geräte für die Videoaufzeichnung der Ersteinvernahme besorgen und in seinem Büro installieren. Der Einvernahmetermin wurde auf den nächsten Morgen festgelegt. Zu diesem Zeitpunkt wusste der Strafverteidiger schon aus den Medien, dass der Leichnam gefunden worden war, und er teilte dies seinem Mandanten natürlich in der Erstberatung, die noch vor der Einvernahme stattfand, mit. Der Mann legte darauf ein Geständnis ab, das allerdings nicht in allen Teilen überzeugend war.
>
> Wäre die Ersteinvernahme am Vorabend durchgeführt worden, dann hätte der Verteidiger nur aus den Internet-Medien bereits wissen können, dass der Leichnam gefunden worden war. Der Beschuldigte hätte – wie bei der Anhaltung – die Tat möglicherweise vorerst abgestritten, was ganz andere taktische Varianten ermöglicht hätte als das sofortige Geständnis.

Selbstverständlich spielt es einvernahmetaktisch eine wesentliche Rolle, ob man es in einer Vernehmung mit einem geständigen oder mit einem lügenden Beschuldigten zu tun hat. Das lässt sich je nach Sachlage vielleicht rasch entscheiden, vielleicht bleibt es aber bis zum Schluss der Strafuntersuchung offen.

In Deutschland regeln die § 136 ff. der StPO, wie bei der ersten Vernehmung des Beschuldigten vorzugehen ist. Natürlich müssen die formalen Vorschriften eingehalten werden; der Beschuldigte ist insbesondere über das Schweigerecht und den Anspruch auf Beistand einer Verteidigung und allenfalls einer Übersetzung zu belehren, und er hat ein Recht zu erfahren, worum es in der Befragung geht. Hinweise, welche den Aufbau der Vernehmung regeln, fehlen allerdings; sie finden sich nur in § 69, welcher die Vernehmung des Zeugen betrifft, aber ohne Weiteres auch für die Befragung des Beschuldigten übernommen werden können.

Art. 143 und 157 ff. der Schweizer StPO präzisiert diese Grundsätze und schreibt vor, wie bei der Vernehmung des Beschuldigten vorzugehen ist. Im Einklang mit diesen prozessualen Regeln ist taktisch kluges Vorgehen meistens gleich aufgebaut:

- Zu Beginn der Vernehmung steht immer die Belehrung über die Rechte des Beschuldigten und über den Gegenstand der Vernehmung. Diese Phase bietet die Gelegenheit, eine Beziehung zur vernommenen Person aufzubauen, die nicht verpasst werden sollte. Mit der Eröffnung der prozessualen Spielregeln kann man dem Vernommenen ja auch gleich klar machen, dass das Verfahren fair und nach den Regeln der Vernunft ablaufen soll und dass der Verdächtige nicht nur Pflichten, sondern auch Rechte hat.

- Der Beschuldigte sollte dann zuerst eine zusammenhängende Darstellung des Sachverhaltes aus seiner Sicht geben. Das bedeutet vor allem, dass man ihn reden lässt, ohne ständig zu unterbrechen, auch wenn die Darstellung zunächst vielleicht unstrukturiert und unklar oder sogar offensichtlich falsch ist. Leider sieht man in der Praxis oft, dass die Phase des freien Erinnerns und Erzählens viel zu früh unterbrochen wird, und zwar in der Regel, weil der Befragte Widersprüche zu seinen eigenen Erkenntnissen feststellt und deshalb nachfragen will. Das unterbricht zum einen den Fluss der Befragung, ist aber zum Andern ein schwerer taktischer Fehler; falsche Aussagen lassen sich viel leichter entlarven, wenn man den Befragten zunächst reden lässt.
- Im Anschluss daran soll der Befragende versuchen, vorhandene Unklarheiten in den Aussagen des Beschuldigten, die sich aus der Aussage selbst ergeben, zu bereinigen, indem er die richtigen Präzisierungsfragen stellt. Es geht also um die interne Validierung der Aussage. Sie ermöglicht es insbesondere auch, Missverständnisse zwischen Befrager und Befragtem aufzudecken.
- Dann kann der Beschuldigte mit allenfalls vorhandenen Beweismitteln konfrontiert werden, welche seiner Darstellung entgegenstehen.

Diese Strategie gilt insbesondere auch dann, wenn man eine Aussage für gelogen hält. Taktisch geht es vorerst darum, dem Beschuldigten Wege abzuschneiden, welche er zur Rechtfertigung seiner falschen Angaben gehen könnte. Es ist deshalb ein grober, allerdings oft beobachtbarer taktischer Fehler, den Befragten schon nach der ersten Lüge mit den vorhandenen Beweismitteln zu konfrontieren. Besser wäre folgende Taktik, die eigentlich mit der Taktik bei geständigen Tätern weitgehend übereinstimmt:

- Der Beschuldigte soll vorerst eine zusammenhängende eigene Darstellung des relevanten Sachverhaltes geben, die vorerst unwidersprochen bleibt, auch wenn sie sich in keiner Weise mit der Beweislage vereinbaren lässt.

- Im Anschluss daran wird versucht, vorhandene Unklarheiten (die sich aus der Aussage selbst – nicht aus der Beweislage! – ergeben) oder Oberflächlichkeiten in der Darstellung des Beschuldigten präzisieren zu lassen. Es geht also zunächst um die interne Validität der Aussage. Dabei werden zwei Ziele verfolgt: Erstens sollen gerade diejenigen Details der Geschichte, die mit der Beweislage in offenem Widerspruch stehen, präzisiert werden, damit der Befragte später nicht erklären kann, er sei falsch verstanden worden, und damit er die Differenz zur Beweislage weiter vergrößert. Der Befrager muss sich dabei vom Ziel leiten lassen, denkbare Ausreden abzuschneiden. Zweitens zeichnen sich erfundene Geschichten zu Straftaten dadurch aus, dass der Befragte sich nur diejenigen Aussagen zurechtlegen wird, die mit dem Kernsachverhalt etwas zu tun haben, während er sich zu Nebenumständen, die mit der eigentlichen Geschichte nichts zu tun haben, keine Überlegungen macht. Befragt man ihn trotzdem zu diesen Nebenumständen, wird er improvisieren müssen, statt die Geschichte, die er sich zurechtgelegt hat, wiedergeben zu können. Das ist bedeutend anspruchsvoller, als wenn er sich aufs Kerngeschehen konzentrieren könnte. Der Beschuldigte wird also in dieser Situation die Differenz zwischen der Wirklichkeit und seiner eigenen Aussage dazu weiter vergrößern müssen, was es erleichtert, Lügen aufzudecken.

> Ein schwer vorbestrafter Zuhälter hatte mit seinem Auto frühmorgens einen Selbstunfall verursacht und entschied sich zur Führerflucht, weil ihm erstens der Führerschein entzogen worden war und er zweitens erheblich Alkohol getrunken hatte. Er veranlasste in der Folge eine seiner Angestellten, sich bei der Polizei zu melden und zu sagen, sie habe den Wagen gefahren. Weil seit dem Unfall mehrere Stunden vergangen waren, sollte sie erzählen, sie habe vorerst wegen der Höhe des Schadens die Nerven verloren und sei aus Verzweiflung geflüchtet. In der Befragung gab sie an, sie habe am Morgen mit dem Eigentümer des Autos gefrühstückt und ihn dann gebeten, dass er ihr das Auto ausleihe, weil sie habe einkaufen wollen; das hatte sie mit ihm so abgesprochen. Sie wurde gefragt, was sie gefrühstückt habe, und wurde dabei sehr unsicher, weil sie sich mit ihrem Auftraggeber zu diesem Nebenpunkt natürlich nichts zurechtgelegt hatte. Als der Polizeibeamte dann noch auf die Idee kam, sie genau beschreiben zu lassen, wie sie das Auto gestartet habe, stellte sich heraus, dass sie nicht wusste, ob es sich um ein Fahrzeug mit Handschaltung oder mit automatischem Getriebe handelte. Sie musste dann zugeben, dass ihre Geschichte erfunden war.

- In einem nächsten Schritt wird man den Befragten vorerst mit Beweismitteln konfrontieren, die mit dem Kernsachverhalt wenig

zu tun haben, um die Reaktion zu testen und den Druck auf den Befragten schrittweise erhöhen zu können.
- Erst dann sollte man dazu übergehen, auch zentrale Beweismittel vorzulegen.

Manchmal stellt sich die Frage, ob man dem Beschuldigten zu Beginn der Vernehmung eröffnen soll, dass er festgenommen sei; das ist in der Regel nicht nur taktisch unklug (weil der Beschuldigte möglicherweise „mauern" wird, weil er davon ausgeht, dass seine Aussage am Umstand der Festnahme ohnehin nichts mehr ändert), sondern auch nicht erforderlich, weil man ja in der Erstvernehmung zuerst abzuklären hat, ob der Beschuldigte sofort Umstände nennen kann, die den Tatverdacht gegen ihn beseitigen. Bevor er zur Sache befragt wird, kann man also eigentlich gar nicht entscheiden, ob eine Festnahme erforderlich ist oder nicht.

### 6.4.3.2 Bedingungen für ein Geständnis

Es lohnt sich deshalb, sich vorerst einige Überlegungen dazu zu machen, welche Grundvoraussetzungen erfüllt sein müssen, damit ein Straftäter ein Geständnis ablegt. Es handelt sich um folgende Voraussetzungen:

- Der Täter weiß, dass er mit seinem Verhalten eine Straftat begangen oder versucht hat – das scheint selbstverständlich, braucht aber beim Fahrlässigkeitsdelikt nicht der Fall zu sein. Wer z. B. beim Verlassen des Arbeitsplatzes in einer Werkstatt einen Lötkolben hat brennen lassen, weiß unter Umständen noch gar nicht, dass er einen Brand ausgelöst hat, wenn er erstmals dazu befragt wird. Solche Konstellationen sind allerdings in der Praxis sehr selten. Wer nicht weiß, was er mit seinem Verhalten verursacht hat, wäre in der Regel bereit, über die tatsächlichen Abläufe wahrheitsgemäß auszusagen; dem steht allerdings entgegen, dass der Verdächtige bei der ersten Vernehmung darauf aufmerksam zu machen ist, in welcher prozessualen Stellung (eben als Beschuldigter) er einvernommen wird, was der Gegenstand der Befragung ist und dass er das Recht hat zu schweigen. Es ist zu beachten, dass der nichts ahnende Täter, wenn ihm diese Umstände eröffnet werden, oft in eine psychische Ausnahmesituation geraten wird, die nicht ausgenützt werden darf.
- Der Täter erkennt, dass er ein Problem hat, dass also sein Verhalten auch subjektiv schuldhaft war. Das ist zwar die Regel, oft wer-

den aber strafbare Handlungen vom Täter verharmlost, oder er versucht, sofort andern, insbesondere dem Opfer, eine Mitschuld an der Tat zu geben. Das geschieht oft nicht einmal in schlechter Absicht, sondern entspringt dem Versuch, eigenes Verhalten (auch sich selbst gegenüber) sinnvoll zu erklären. Zu denken ist auch an die Konstellation, dass der Täter sein Verhalten für erlaubt hält (weil er sich im Rechtsirrtum bzw. Verbotsirrtum befindet).

- Der Täter will die Tat gestehen oder erkennt mindestens, dass es keinen Sinn macht, die Tat abzustreiten, weil sie auch ohne seine Aussage bewiesen werden kann. Das kann auch der Fall sein, wenn man ihm erklärt, er könne mit einer milderen Bestrafung rechnen, wenn er von sich aus aussage; man spricht ihn also auf der Vernunftebene an. Es kann aber auch sein, dass der Täter froh ist, dass die Tat entdeckt wurde und dass er deshalb sein Gewissen entlasten kann.

Erst wenn der Täter diese drei Hürden genommen hat, wird er die eigene Tatbeteiligung und auch die eigene Schuld einräumen. Er überschreitet damit den Rubikon und kann danach kaum mehr zurück. Es ist deshalb wichtig, bei der Erstvernehmung jedenfalls genügend Zeit einzukalkulieren, um ein grundsätzliches Geständnis möglichst breit präzisieren zu lassen. Denn nur das Geständnis, das durch Details abgesichert ist, die nur der Täter kennen kann, hilft später weiter, wenn es darum geht, die Glaubhaftigkeit zu beurteilen. Wer also seine Vernehmung sorgfältig und taktisch geschickt aufbaut, durch Nachfragen insistiert, den Vernommenen mit den Widersprüchen seiner Aussage und mit ihren Widersprüchen zu den andern vorhandenen Beweismitteln konfrontiert, ihm erklärt, was er mit einer Falschaussage riskiert und mit welchem Gewinn ein Geständnis verbunden wäre, wer den Vernommenen auf diese Weise schließlich zum Satz bringt: „Also gut, ich gebe es ja zu, ich bin es gewesen!", und wer sich dann zufrieden zurücklehnt und die Vernehmung abschließt, der hat einen sehr groben taktischen Fehler begangen.

Auch gute Kriminalisten gehen in der Regel davon aus, der Beschuldigte sage nur deshalb die Unwahrheit, weil er die eigene Täterschaft verdecken wolle. Das kann im Wesentlichen drei Gründe haben:

- Der Beschuldigte schämt sich für die Tat und will sie deshalb verdecken. Er leidet deshalb selbst darunter, dass er die Tat began-

gen hat, und ihm wird man deshalb möglicherweise erklären können, dass er mit dieser Schuld und der Gefahr, wieder in ähnliche Situationen zu kommen, nur dann fertig wird, wenn er professionelle Hilfe bekommt. Das setzt allerdings voraus, dass er die Tat zugibt.
- Der Beschuldigte hat Angst vor der Strafe. Bei Ersttätern kann man diese Angst in der Regel schon dadurch relativieren, dass man darauf hinweist, es komme ohnehin nur eine bedingt vollziehbare Strafe in Frage. Bei schweren Straftaten hilft manchmal die Erkenntnis, dass man mit der Verbüßung der Strafe auch die Schuld gewissermaßen hinter sich lassen und ein neues Leben beginnen kann.
- Der Beschuldigte hat Angst vor den weiteren Folgen des Verfahrens, insbesondere vor der finanziellen Belastung, die mit der Regelung des Schadens verbunden ist. Oft ist diese Angst unbegründet, weil ohnehin eine Versicherung zahlt oder zumindest das Opfer vorläufig befriedigt, was den Beschuldigten allenfalls beruhigen kann. Ohnehin ist nach schweren Delikten oft eine umfassende Schuldensanierung notwendig, die dann auch Schulden umfasst, welche mit dem Delikt nichts zu tun haben, den Beschuldigten aber trotzdem seit Längerem belasten. Eine in Aussicht stehende Bereinigung dieser Situation kann den Beschuldigten beruhigen.

Das Verdecken der eigenen Täterschaft ist aber bei Weitem nicht der einzige Grund für lügenhaftes Verhalten. *Christoph Ill* hat folgende Gründe aufgelistet:
- Der Beschuldigte ist tatsächlich unschuldig, vermutet aber, er könne das nicht beweisen, weil auch für ihn nachvollziehbar ist, wieso man ihn für verdächtig hält. Deshalb versucht er, durch unwahre Angaben seine Situation zu verbessern. Erfahrene Befrager spüren es in der Regel, wenn eine solche Situation vorliegen könnte. Es geht dann darum, dem Beschuldigten zu erklären, dass er sich den Weg zur Entlastung selbst verbaut, wenn er teilweise die Unwahrheit sagt, weil man dann vermuten wird, das gelte auch für den Kernbereich seiner Aussage.
- Der Beschuldigte lügt, weil er in früheren Verfahren damit gute Erfahrungen gemacht hat. Solchen Beschuldigten sollte man, wenn es denn zutrifft, klar machen, dass im vorliegenden Verfahren die Ausgangslage für ihn eine andere ist als in früheren Verfahren.

- Der Beschuldigte lügt, weil er in einem früheren Verfahren mit einem Geständnis schlechte Erfahrungen gemacht hat. Dann müsste man überprüfen, wieso das so war und wieso die Ausgangslage im vorliegenden Verfahren in dieser Hinsicht anders ist.
- Der Beschuldigte lügt, um eine schwerere Straftat als diejenige, die ihm vorgeworfen wird, zu verdecken. Diese Situation ist nur schwer erkennbar; sie zeichnet sich oft dadurch aus, dass man nicht recht versteht, wieso der Beschuldigte trotz klarer Indizien eine relativ harmlose Tat nicht zugibt. Wenn man aber erkennt, dass sich dahinter eine schwerere Straftat verbergen könnte, dann ist man der Lösung oft einen großen Schritt näher, denn man kann dann versuchen, Beweise oder Indizien für diese Straftat zu finden.
- Der Beschuldigte lügt, um Mittäter oder Eingeweihte zu decken. Es kann sein, dass er dies aus echter Loyalität tut, häufiger ist allerdings der Grund darin zu suchen, dass er Angst vor der Rache der Mittäter oder wenigstens davor hat, dass er als Versager gilt, wenn er als Einziger die Wahrheit sagt und damit die Aufklärung der Tat ermöglicht. In einer solchen Situation kann man dem Beschuldigten klarmachen, dass er es auch seinen Mittätern zu verdanken hat, dass er in einer unangenehmen Situation ist; Loyalität ist also nicht angezeigt. Die Angst vor Rache ist bei den meisten Täterkategorien schon rein statistisch unbegründet, denn schwere Übergriffe auf Personen, die andere verraten haben, sind sehr selten. Man wird dem Beschuldigten erklären können, dass die Zeit Wunden heilt: Die Mittäter werden ihren Zorn auf den Komplizen, der die Wahrheit gesagt hat, mit der Zeit überwinden oder durch den Zorn auf den urteilenden Richter, den Staatsanwalt, den Ermittlungsbeamten, den Anwalt oder irgendeine andere Person, die sie für mitverantwortlich halten, ersetzen. Dabei verschwimmen dann die Vorstellungen darüber, wer der Hauptverantwortliche sei, und es würde dann aufwendig, an allen Rache zu nehmen, die man für mitverantwortlich hält.
- Der Beschuldigte lügt, weil er sich vor der Reaktion von Angehörigen fürchtet, die nicht eingeweiht sind. Das stellt man häufig bei jüngeren Beschuldigten aus Kulturen mit rigiden Moralvorstellungen fest. Sie wollen in erster Linie vermeiden, gegenüber ihrer Sippe das Gesicht zu verlieren, indem sie eine besonders verwerfliche Straftat zugeben. Solche Situationen kann man entschärfen, indem man mit den wichtigsten Angehörigen (in vielen Fällen der

Vater des Beschuldigten) spricht und ihnen erklärt, der Beschuldigte habe große Probleme, weil er wahrscheinlich eine schwere Straftat begangen habe und nun wohl fürchte, von seiner Familie verstoßen zu werden. Es sei deshalb wichtig, dass man ihm signalisiere, dass man zwar die Tat nicht billige, ihn aber weiterhin unterstützen werde. Gerade in Kulturen mit strengen moralischen Ansprüchen sind letztlich die Familienbande sehr tragfähig, und ich habe es schon mehrfach erlebt, dass Väter in dieser Situation ihre Söhne zu einem Geständnis bringen, das den Familienfrieden wieder herstellt.

Der Königsweg zum Geständnis besteht darin, dass im Täter die Einsicht reift, es sei für ihn am vorteilhaftesten, wenn er die Tat gesteht. Diesen Prozess kann man unterstützen, indem man dem Beschuldigten zugesteht, dass er die Vor- und Nachteile eines Geständnisses abwägt und sich überlegt, was für ihn (und nicht für den Ermittler) das Beste ist. Dieser Weg lohnt sich, denn es gibt in Wirklichkeit gute Gründe, ein Geständnis abzulegen:

- Man setzt sich nicht dem moralischen Vorwurf aus, gelogen und den Versuch unternommen zu haben, sich seiner Verantwortung zu entziehen; man muss im Nachhinein auch nicht erklären, wieso man sich lügenhaft verhalten hat.
- Man kann erklären, wieso man die Tat begangen hat. Man kann damit die Tat verarbeiten, was nur gelingt, wenn man über sie reden kann. Man wird dabei einen Teil seines schlechten Gewissens los und kann insbesondere auch die Umstände der Tat schildern, welche die Schuld mindern. Nicht zuletzt handelt man sich schon durch das Geständnis selbst eine Strafminderung ein und erreicht, dass die Vertreter der Justiz einem mehr Verständnis entgegenbringen.

> Weniger für Beschuldigte als für ihre Verteidiger ist mit dieser Situation ein praktisch häufiges Dilemma verbunden: Der Verteidiger nimmt an, dass der Beschuldigte an einer psychischen Störung leide, was ihm im Fall einer Verurteilung eine Strafmilderung eintragen könnte. Wenn der Beschuldigte aber auf Freispruch plädieren will, schwächt die Verteidigung diese Position, wenn sie die Begutachtung des (angeblich unschuldigen) Beschuldigten verlangt.

- Man kann in irgendeiner Form Wiedergutmachung leisten und so etwas von der Schuld, die auf einem lastet, ausgleichen.
- Wenn die Tat Ausfluss einer psychischen Störung ist (und das ist sie bei schweren Straftaten fast immer, mindestens in der Form

eines dissozialen Verhaltens), dann kann diese Störung nur erfolgreich behandelt werden, wenn sie erkannt wurde, weil die Tat in ihren Einzelheiten aufgeklärt werden konnte. Wenn sie aber nicht behandelt wird, riskiert man, weiter straffällig zu werden und sich den damit verbundenen Schwierigkeiten auszusetzen.
- Mit dem Geständnis verkürzt man das Verfahren. Man wird eher aus der Haft entlassen, nicht weiterhin zu Konfrontationen aufgeboten, bei denen man lügen muss und riskiert, doch entlarvt zu werden. Man muss keine weiteren Zwangsmittel befürchten. Man riskiert nicht, aufgrund eines dummen Zufalls auch Jahre nach der Tat noch aufzufliegen.

Zu beachten ist allerdings, dass es auch weniger gute Gründe für ein Geständnis gibt:
- Gewisse Straftäter sind stolz auf ihre Straftat. Das kann gute Gründe haben (der Whistleblower verletzt bewusst das Amtsgeheimnis, um einen Missstand in seiner Behörde aufzudecken), aber auch weniger gute (Der Raser, der den Film seiner Raserfahrt bereits in Youtube gestellt hat, will sich mit seiner Tat brüsten).

> Die wohl extremste Version dieses Antriebs zum Geständnis findet sich bei Anders Breivik, der in Norwegen im Juli 2011 zuerst im Regierungsviertel von Oslo eine Autobombe zur Explosion brachte und dann auf der Insel Utoya wahllos auf die Teilnehmer eines sozialdemokratischen Zeltlagers schoss und 77 Menschen tötete. Er ließ sich widerstandslos festnehmen und gestand nicht nur die Taten, sondern erklärte, er habe eigentlich geplant, noch mehr Menschen umzubringen.

- Selten ist ein Geständnis falsch, weil der Geständige dafür bezahlt wurde oder sich andere Vorteile erhofft. In noch selteneren Fällen wird der Geständige vom wirklichen Täter unter Druck gesetzt und gezwungen, die Schuld auf sich zu nehmen. Allen diesen Konstellationen ist gemeinsam, dass der Geständige das Gestandene selbst nicht erlebt hat; die Prüfung nach den Kriterien der Glaubhaftigkeit ergibt dann zumindest, dass etwas nicht stimmen kann.

Der Befragende, der will, dass der Beschuldigte all Vorteile eines Geständnisses (und die Nachteile des Abstreitens der Tat) für sich erkennt, muss allerdings in der Lage sein, eine persönliche Beziehung zum Beschuldigten aufzubauen und dessen Angebote, eine solche Beziehung aufzubauen, zu erkennen und anzunehmen. Das verträgt sich schlecht mit der in der Praxis oft geübten Strategie, als „bad guy" möglichst viel Druck auf den Beschuldigten auszuüben. Es verträgt sich oft auch schlecht mit eigenen Auffassungen: Man muss einem Beschuldigten, den man für zutiefst schlecht und unmoralisch hält, Empathie und Verständnis entgegenbringen, was manchmal sehr schwer fällt. Bei dieser Konstellation heiligt der Zweck allerdings die Mittel.

### 6.4.3.3 Die Rolle von Rechtsanwälten

Viele Strafverfolger sehen in Rechtsanwältinnen und Rechtsanwälten vor allem Personen, die ihnen auf dem Weg zur Wahrheitsfindung Hindernisse in den Weg legen. Bei der Revision vieler Prozessordnungen wehrten sie sich in den letzten fünfzig Jahren deshalb besonders gegen den sogenannten Anwalt der ersten Stunde, also gegen das Recht von Beschuldigten, schon vor der Erstvernehmung einen Anwalt konsultieren zu können. Es wurde befürchtet, das werde die Aufklärung von Straftaten erheblich behindern.

Bei nüchterner Betrachtungsweise ist diese Befürchtung allerdings unbegründet, wie die Erfahrungen bei der Einführung von Prozessordnungen, die den Anwalt der ersten Stunde zuließen, mittlerweile gezeigt haben – die Quote der Freisprüche oder Verfahrenseinstellungen ist nicht signifikant gestiegen. Die Aufgabe des Anwaltes bei der Erstberatung des Beschuldigten ist ohnehin weit schwieriger, als es sich anwaltskritische Strafverfolger vorstellen. Die meisten Beschuldigten, die sich entscheiden, Polizei und Staatsanwaltschaft anzulügen, werden auch dem Verteidiger nicht die Wahrheit (oder zumindest nicht die ganze Wahrheit) erzählen. Die Erfahrung zeigt denn auch, dass die Strategien von Anwälten bei der Beratung von Beschuldigten ausgesprochen unterschiedlich sind. Während die einen Anwälte konsequent zum Schweigen raten, bis die Staatsanwaltschaft Akteneinsicht erteilt hat, raten andere dem Beschuldigten in solchen Situationen häufig zur Aussage, und zwar leider oft, weil sie zu bequem sind, sofort zur Vernehmung zu erscheinen, aber trotzdem nicht riskieren möchten, dass der Befragte vorläufig festgenommen oder inhaftiert wird, nur weil er den Sachverhalt nicht sofort klären will.

Was macht die Aufgabe des Anwaltes so schwierig? Zunächst ist der Klient, der wie im Krimi dem Anwalt reinen Wein einschenkt, um den Kriminalbeamten oder Staatsanwalt dann anzulügen, in der Praxis äußerst selten; der Klient müsste ja in einen Anwalt stärkeres Vertrauen haben als in die Behörden, obwohl er den Anwalt in vielen Fällen erst kennenlernt, wenn er schon festgenommen oder zu einer Erstvernehmung vorgeladen wurde. Viele Beschuldigte, insbesondere ausländische, vermuten ohnehin, Anwälte steckten mit Strafverfolgern unter einer Decke. Jeder Strafverteidiger weiß deshalb, dass er den ersten Angaben seines Klienten ebenso wenig trauen kann, wie dies der Staatsanwalt tun würde.

Der Anwalt weiß aber zu Beginn des Mandates nicht nur weniger als der Klient, er weiß auch weniger als die Strafverfolgungsbehörden: Er erhält weder von der Staatsanwaltschaft noch von der Polizei sofort umfassende Informationen darüber, was gegen seinen Klienten vorliegt und wie die Beweislage ist.

Die Zwickmühle des Strafverteidigers besteht darin, dass er zu Beginn des Mandates nicht weiß, ob sein Klient schuldig ist oder nicht, dass er aber auch nicht beurteilen kann, ob die Strafverfolgungsbehörden in der Lage sein werden, dem Klienten dessen Schuld auch nachzuweisen, wenn dieser keine Aussagen macht oder die Tat abstreitet. Wenn die Strafverfolgungsbehörden zum Zeitpunkt der Ersteinvernahme bereits umfangreiche Beweise gesichert haben, zahlt sich weder Schweigen noch Lügen aus, weil beides die Untersuchung und (bei schweren Delikten) die Untersuchungshaft erheblich verlängern kann und weil der Beschuldigte sich um die Möglichkeit bringt, aufgrund seines Geständnisses von einer Strafminderung zu profitieren. Wenn die Strafverfolgungsbehörden wenig Informationen haben, kann Schweigen oder Lügen dazu führen, dass der Beschuldigte freigesprochen oder das Verfahren eingestellt wird, obwohl er der Täter ist. Redet er in dieser Situation zu viel, riskiert er, mehr zuzugeben, als ihm nachgewiesen werden könnte. Anders als die Strafverfolger hat der Strafverteidiger zu Beginn der Untersuchung aber nicht die Chance, durch eigene Befragung seines Mandanten einigermaßen zuverlässig herauszufinden, ob dieser ihn anlügt oder nicht, weil er vorerst nur vom Mandanten erfährt, worum es gehen könnte, die Beweislage aber nicht kennt. Er hat in der Regel auch nicht genügend Zeit, um das Aussageverhalten seines Mandanten ihm gegenüber durch geschickte Befragung beurteilen zu können.

Bei dieser Situation wird der Verteidiger dem Klienten vielleicht raten, vorerst zu schweigen; er wird ihm aber kaum sagen, er solle vorerst lügen, weil das die schlechteste Strategie wäre. Noch etwas wird der Anwalt kaum tun: Wenn der Klient ihm überzeugend erklärt, wieso er nicht der Täter ist, wird er ihm nicht raten, dies im Verfahren vorerst zu verheimlichen und zu schweigen. Ohnehin wird aber auch der Befragte selbst, wenn er von seiner Nichtschuld überzeugt ist, sich nicht davon überzeugen lassen, dass er vorerst gar nichts sagen soll, und zwar jedenfalls dann nicht, wenn er sich in Untersuchungshaft befindet.

Was lässt sich daraus schließen? Der verteidigte Beschuldigte, der schweigt, wird zumindest keine überzeugenden Argumente dafür haben, wieso er unschuldig ist. Der lügende Beschuldigte dürfte auch den Anwalt angelogen haben. Die eigentliche Herausforderung bleibt der schweigende Beschuldigte, der zunächst wissen möchte (und auch einen Anspruch darauf hat, dies zu wissen), wie gut die Beweislage gegen ihn ist.

#### 6.4.3.4 Daten vom geständigen Täter

Schon vor dem Geständnis ist wichtig, dass dem Beschuldigten einige spezifische Tatumstände, z. B. die genaue Bekleidung des Opfers, die Stückelung des Diebesgutes, die verwendeten Tatmittel, die allgemein unbekannt geblieben sind, nicht mitgeteilt oder vorgehalten werden. Denn wenn der Befragte schließlich ein Geständnis ablegt, dann kann man ihn ausführlich zu diesen Umständen befragen und damit beurteilen, ob das Geständnis wirklich echt ist, weil der Geständige Einzelheiten über die Tat kennt, die er nur kennen kann, wenn er wirklich beteiligt war. Der Beschuldigte wird so sein Geständnis kaum wirksam widerrufen können.

Es geht bei der Vernehmung zur Sache auch beim Geständigen natürlich vor allem darum, möglichst genau zu erfragen, was er vom Geschehen wahrgenommen hat; es soll also der objektive Sachverhalt geklärt werden. Der Umstand, dass ein Befragter von allem Anfang an ein Geständnis abgibt, darf nicht dazu führen, dass er weniger genau befragt wird, als wenn er abstreiten würde. Man vergisst sodann bisweilen, dass es nicht mit der Abklärung der objektiven Tatumstände getan ist. Auch Informationen zum subjektiven Sachverhalt dürfen nicht vergessen werden, und natürlich sind auch noch die anderen Verbrechenselemente wenn möglich bereits in der Erstvernehmung zu klären, wie allfällige Rechtfertigungsgründe, Schuldaufhebungsgründe oder persönliche Verhältnisse, welche die Strafzumessung beeinflussen.

Wenn man den Beschuldigten gerade erst zu einem Geständnis gebracht hat, wird er sich in der Regel schämen. Es empfiehlt sich deshalb, die Fragen dann zuerst nicht auf das Kerngeschehen zu fokussieren, sondern eher auf Tatumstände, die mit der eigentlichen Tatausführung nichts zu tun hatten. Es fällt dem Beschuldigten dann leicht, diese Fragen zu beantworten, weil er froh ist, dass er zunächst nicht gezwungen ist, über das Kerngeschehen zu berichten. Das schafft auch Vertrauen zwischen dem Vernehmenden und dem Geständigen. Erst wenn diese Umstände aus dem Umfeld der Tat vollständig erfragt sind, kann man sich dem eigentlich zentralen Punkt nähern und dazu Einzelheiten erfragen. Erst zum Schluss wird man die häufig moralisch heikelste Frage, diejenige nach dem Motiv, ansprechen können.

Waren mehrere Täter an einer Straftat beteiligt, dann stellt sich die taktische Frage, wann und wie diese Umstände abgeklärt werden sollen. Es gibt im Grund genommen zwei Konstellationen, die unterschiedliches Vorgehen erfordern: Die einen Beschuldigten werden froh sein, wenn sie die Hauptschuld auf einen Mittäter abschieben können. In solchen Fällen ist es durchaus richtig, wenn man den Beschuldigten zunächst ausführlich erzählen lässt, was die andern zur Tat beigetragen haben. Im Nachhinein lässt sich auch daraus in der Regel relativ zuverlässig ableiten, was der Anteil des Befragten war. Andere Beschuldigte wollen ihre Mittäter nicht belasten, sei es aus Angst vor Rache oder weil eine enge Freundschaft sie mit ihnen verbindet. In solchen Fällen macht es Sinn, den Vernommenen zuerst ausführlich erklären zu lassen, was sein eigener Tatbeitrag war; ist diese Schilderung vollständig, dann wird sich daraus ebenfalls ableiten lassen, was die andern zur Tat beigetragen haben. Wer seine Mittäter nicht identifizieren will, den sollte man wenigstens dazu veranlassen, sie zu unterscheiden, um die einzelnen Tatbeiträge doch zuordnen zu können. Man kann den Befragten etwa auffordern, die Leute mit Spitznamen zu versehen oder sie nach besonderen Eigenschaften zu benennen („Der Kleine", „der Brillenträger"), um sie unterscheiden zu können.

Auf den ersten Blick hat die Vernehmung des Beschuldigten zu seinen persönlichen Verhältnissen mit dem kriminalistischen Denken wenig zu tun. Das trifft jedoch nicht zu. Zwar beziehen sich die vom Beschuldigten gemachten Angaben in diesem Zusammenhang zur Hauptsache auf seinen Lebenslauf und Lebensverhältnisse, nicht auf die ihm zur Last gelegte Straftat.

Je nach Art der verfolgten Straftat können auch Aussagen zur Person für den Beweis von Tat und Täterschaft wichtig sein. So setzt etwa der Vorwurf der Fahrlässigkeit beim Wissen des Täters um die Gefährlichkeit eines bestimmten Verhaltens an, und dieses Wissen hängt unter anderem davon ab, welche Schulen der Geständige besucht hat, welche Berufskenntnisse er sich wann und wo erworben hat und ob er sich nach der Grundausbildung noch weitergebildet hat. Der Lebenslauf gibt allenfalls Aufschluss über Motive zu bestimmten Taten: Die hohe Verschuldung kann ein Vermögensdelikt, eine belastende Scheidung ein Beziehungsdelikt, das Aufwachsen unter schwierigen Verhältnissen die Neigung zu Gewalttaten erklären.

Straftäter, die in ein fremdes Land eingeschleust werden, oder kriminelle Asylbewerber verwenden häufig zur (vermeintlich guten) Tarnung einen falschen Lebenslauf. Als scheinbar Geständige geben sie dann in einer Vernehmung zur Person nur Erlerntes, nicht Erlebtes wieder, ohne dass es der Befrager erkennt, weil er mit den Verhältnissen im angeblichen Herkunftsland des Befragten nicht vertraut ist. Allerdings sind bei gründlicher Betrachtung fast immer Mängel erkennbar, die keine Kenntnisse über das Herkunftsland benötigen, sondern sich aus der Struktur der Aussagen ergeben. Jeder Mensch besitzt zahlreiche Beziehungen zu anderen Menschen, von frühester Jugend an bis ins hohe Alter. Diese Beziehungen pflegt er regelmäßig über Jahre hinweg mehr oder weniger intensiv. Bei einer Legende dürfen aber selbstredend keine Beziehungen zu noch Lebenden bestehen; die Legende ließe sich sonst rasch widerlegen. Ebenso wenig sind Leute mit einer fingierten Biografie in der Lage, über Besonderheiten aus ihrem ersten oder zweiten Lebensjahrzehnt und über genauere geografische Begebenheiten am Ort, wo sie ihre Jugend verbracht haben wollen, zu berichten, oder sie lügen dazu – oft widerlegbar, weil geografische Daten über das Internet in großer Menge vorhanden sind, sodass die Überprüfung der Angaben zur Person einfach ist. Allein die Frage nach dem Namen der besuchten Grundschule bringt solche Leute in Verlegenheit und dann allenfalls zu einer Aussage, die mit einer Internetrecherche von wenigen Sekunden widerlegt werden kann.

Mit dem Beweis, dass die Angaben zur Person des Befragten nicht richtig sind, ist allerdings noch nicht viel gewonnen; man weiß dann ja immer noch nicht, woher er denn wirklich kommt. Am einfachsten ist es oft, durch Ermittlung der Telefonbucheinträge oder Verbindungsdaten des Mobiltelefons solcher Personen festzustellen, in welche Länder sie Kontakte pflegen; das Herkunftsland lässt sich auf diese Weise meistens bestimmen.

> Im Kanton St. Gallen werden seit Mitte 2004 systematisch Aufkäufe im Kokain-Kleinhandel durchgeführt. Die Verhafteten geben in der Regel an, aus Liberia, Mali, Sierra Leone oder Gambia zu stammen, weil dort bürgerkriegsähnliche Zustände herrschen. Eine Kontrolle der Verbindungsdaten und Telefonbucheinträge der benützten Mobiltelefone ergibt in den meisten Fällen, dass die Betroffenen nur Auslandkontakte nach Nigeria unterhielten. Der Grund, wieso dieses Herkunftsland verschwiegen wird, ist offensichtlich: Asylanträge von Nigerianern haben in der Schweiz kaum eine Chance, und die Papiere für die Rückschaffung können meistens – wenn auch nur mit erheblichem Zeitaufwand – beschafft werden.

### 6.4.3.5 Daten vom nicht geständigen Verdächtigen

Selbstverständlich geht es bei der Sammlung von Daten über ein verdächtiges Ereignis auch um die Befragung des nicht geständigen Verdächtigen. Klar ist, dass der Befragte sich nicht äußern muss, wenn er nicht will; ebenso klar ist, dass er zu Beginn jeder Vernehmung (oder zumindest zu Beginn der ersten Vernehmung) über das Recht zu schweigen belehrt werden muss. Erklärt er dann, er mache von seinem Aussageverweigerungsrecht Gebrauch, dann heißt das aber nicht, dass die Vernehmung abgebrochen werden muss, und zwar aus zwei ganz unterschiedlichen Gründen:

- Zum einen verlangt der Anspruch auf rechtliches Gehör, dass der Beschuldigte darüber informiert wird, welche belastenden Umstände gegen ihn vorliegen, auch wenn er von vornherein erklärt, dazu keine Stellung nehmen zu wollen.
- Zum andern zeigt die Erfahrung, dass kaum jemand konsequent schweigen wird, wenn ihm die belastenden Umstände in taktisch kluger Weise vorgehalten werden. In der Mehrzahl der Fälle gelingt es, auch vom Nicht-Geständigen relevante Daten zu erhalten. Der Lügner wird zwar dem Vernehmenden falsche Daten anzugeben versuchen; er wird insbesondere bestreiten. Allerdings können auch Lügen aufschlussreich sein, auch wenn es nur um die Erkenntnis geht, dass der Verdächtige geschickt oder weniger geschickt ausweichen will.

*Christoph Ill* hat darauf hingewiesen, dass der Strafverfolger unklare Angaben des Beschuldigten nach drei Gesichtspunkten analysieren sollte:

## Zweiter Teil: Die Methode

- Zunächst ist festzustellen, wie sich der Beschuldigte verhält. Ob er lügt oder die Wahrheit sagt oder je nach Frage zwischen diesen Möglichkeiten pendelt, ist ja nicht immer auf Anhieb zuverlässig abzuschätzen. Schweigende Beschuldigte geben bisweilen selektiv Antworten und schweigen nur zu gewissen Punkten; zu welchen, ist sorgfältig zu analysieren. Wichtig ist auch die Beurteilung, ob der Beschuldigte von sich aus redet oder nur auf Fragen antwortet, ob er angepasst und freundlich oder eher aggressiv und ungeduldig ist, ob er prozessgewohnt ist. Nicht zuletzt kommt es darauf an, ob er rein sprachliche Schwierigkeiten hat, die gestellten Fragen zu verstehen (was oft vorkommt, wenn Juristen fragen!) und zu beantworten.
- Danach stellt sich die Frage, wieso sich der Beschuldigte so verhält. Er lügt beispielsweise, weil er damit früher gute Erfahrungen oder mit einem Geständnis schlechte Erfahrungen gemacht hat, weil er zunächst die Beweislage kennen möchte, weil ihm der Verteidiger zu einem bestimmten Verhalten geraten hat, weil er grundsätzlich gegenüber Polizei oder Staatsanwaltschaft oder auch nur gegenüber dem Befrager misstrauisch ist, weil er Angst vor Dritten oder vor Personen hat, die er belasten müsste, weil er etwas ganz anderes als den Tatbestand, den man ihm vorwirft, verheimlichen möchte, weil er von der Situation, von der Belastung durch die Tat oder durch das Verfahren überfordert ist. Es gibt also viele, auch gute Gründe, die Wahrheit zu verschweigen.
- Erst wenn einigermaßen klar ist, wieso der Beschuldigte nicht oder falsch aussagt, kann darauf richtig reagiert werden, indem man auf die Ängste oder Befürchtungen eingeht und dem Beschuldigten klar macht, was er riskiert, wenn er sich weiter so verhält.

Ist abzusehen, dass der Beschuldigte Angaben zur Sache verweigern wird, dann kann er zuerst zur Person befragt werden. Wer geschickt vorgeht, entwickelt so in der Regel rasch ein vernünftiges Gespräch. Er fragt zum Beispiel nach Geburtsdatum, Geburtsort und Beruf; der Befragte wird die Auskunft dazu kaum verweigern, und wenn der Befrager dann Interesse am Geburtsort oder am Beruf zeigt, wird er auch den schwer zugänglichen Beschuldigten oft rasch in ein Gespräch verwickeln können. Durch Fragen, die (vorerst) vom konkreten Fall losgelöst sind, kann man sich dann zu zunächst unverfänglichen Fragen im Zusammenhang zum abzuklärenden Sachverhalt vortasten.

Lügende Verdächtige sind für viele Befragende besonders mühsam, weil sie ein Hindernis auf dem Weg zur Lösung des Falles sind. Man ist dann geneigt, zu konfrontativen Vernehmungsmethoden zu greifen. In den USA wurden dazu sogar eine eigene Theorie und die dazu passende Technik (die Reid-Technik) entwickelt. Solche Methoden können in bestimmten Situationen wirksam sein, sind es aber weit seltener (und bei „moderner" Kundschaft noch viel seltener als früher), als man meinen würde, wenn man sich vergewissert, wie oft konfrontative Methoden erfolglos eingesetzt werden. Wer ständig angebrüllt, wer pausenlos und laut auf die Widersprüche seiner Aussagen mit den vorhandenen Beweismitteln hingewiesen wird, wer vom Befragenden konsequent geduzt wird, der wird mit Sicherheit gar keine Lust mehr haben, überhaupt noch etwas zu sagen. Einwürfe des Befragenden im Sinn von „Auf so einen Mist falle ich sicher nicht herein." oder „Ich führe jetzt seit zwanzig Jahren Strafuntersuchungen und habe so etwas wie Sie trotzdem noch nie erlebt!" oder „Anerkennen Sie, dass dieses Verhalten äußerst verwerflich ist?" motivieren den Befragten sicher nicht dazu, auf weiteres Lügen zu verzichten und sofort die Wahrheit zu sagen. Dazu kommt aber, dass solche Techniken nach der in Europa vorherrschenden Rechtsauffassung ohnehin prozessual gar nicht zulässig sind.

> *Ortwin Ennigkeit* hat in einem Buch eindrücklich geschildert, wie der Entführer Markus Gäfgen nach dem Verschwinden des kleinen Jakob von Metzler einvernommen wurde. Man ging von der (in dieser Situation wichtigsten) Hypothese aus, dass Gäfgen, den man nach dem Abholen des Lösegeldes festgenommen hatte, das Opfer noch irgendwo versteckt hielt. Man wollte Jakob von Metzler möglichst rasch finden, um zu vermeiden, dass er ohne Betreuung verstarb, während der mutmaßliche Täter in Polizeigewahrsam war. Man konzentrierte sich darauf, Gäfgen klar zu machen, er selbst werde später nicht mit der Last leben können, dass er sein Opfer hätte retten können, wenn er mit der Polizei kooperiert hätte. Dabei duzte man ihn offenbar konsequent und erhöhte den Druck stufenweise. Die Bemühungen gipfelten darin, dass man Gäfgen androhte, ihm Schmerzen zuzufügen.
>
> Dass er nicht schon vorher aussagte, hatte wohl einerseits damit zu tun, dass Gäfgen wusste, dass sein Opfer längst tot und damit von ihm nicht mehr zu retten war. Der gute Grund zu einem Geständnis, den man ihm vorgab (er solle nicht alles noch schlimmer machen), war also zum vornherein nicht gegeben. Zu einer Verhärtung dürfte anderseits beigetragen haben, dass Gäfgen, der von der eigenen Großartigkeit überzeugt und emotionell kaum zugänglich war, keine Beziehung zu Polizisten aufbauen konnte, die ihn duzten und damit den Eindruck erweckten, sie hielten ihn ohnehin für ein minderwertiges Gegenüber.

## Zweiter Teil: Die Methode

Mittlerweile hat sich deshalb die Erkenntnis durchgesetzt, dass kooperative Methoden in der Regel zu besseren Resultaten führen. Zu konfrontativen Methoden sollte man nur greifen, wenn Widersprüche oder Falschaussagen klar erkannt sind. Man sollte dann so reagieren, dass bei einer Eskalation des Gesprächs jederzeit wieder auf die zu Beginn der Vernehmung intakte Beziehung zwischen Vernehmendem und Befragtem zurückgekommen werden kann.

Der einzige sichere Weg, um in diesem Zusammenhang zuverlässig zu erkennen, wie man in Vernehmungen wirkt und was man besser machen könnte, ist die Aufnahme der Vernehmung auf Video, die in modernen Prozessgesetzen bei bestimmten Sachverhalten ohnehin vorgesehen ist, die aber vor allem auch in der Ausbildung eine wichtige Rolle spielen sollte. Denn Vieles, was zu beachten ist, lässt sich erlernen; wie man selbst wirkt, erkennt man aber nur, wenn man sich Videoaufzeichnungen eigener Vernehmungen ansieht.

> Ich musste bei der Ergänzung der 8. Auflage dieses Werkes erkennen, dass ich zwar in meiner Berufslaufbahn wohl einige hundert Vernehmungen durchgeführt hatte, wovon zumindest einige auch auf Video aufgezeichnet worden waren; selbst angeschaut hatte ich mir bisher aber keine einzige. Mittlerweile habe ich das nachgeholt und weiß: Beschuldigte warten oft eine halbe Ewigkeit, bis ich das von ihnen Gesagte ins Protokoll getippt habe (wie fast überall in der Schweiz werden auch in St. Gallen nur selten Protokollführer beigezogen); meine Fragen sind zum Teil so umständlich, dass die Befragten gar nicht verstehen, worauf ich hinaus will; offenbar strahle ich aber so viel Autorität aus, dass sich die meisten dann doch nicht wagen zu protestieren, wenn sie eine Frage nicht verstanden haben. Wenn ich einer Aussage keinen Glauben schenke, dann lege ich das zwar in der Regel nicht sofort offen. Wer meinen Gesichtsausdruck genau beobachtet (und der Beschuldigte hat genug Zeit dafür), erkennt aber meistens mühelos, dass ich eine Falschaussage entdeckt haben will, auch wenn ich das eigentlich verbergen möchte.

Wenn man auch in schwierigen Vernehmungen etwas Positives erreichen will, dann sollte man versuchen, dem lügenden Beschuldigten in einem ersten Schritt klar zu machen, dass seine Geschichte nicht stimmt und dass und warum niemand ihm sie glauben wird. Man darf sich dabei ohne Weiteres auf die Position des neutralen Beobachters zurückziehen, etwa indem man dem Beschuldigten erklärt, der Richter werde wohl Mühe haben, seine Schilderung für wahr zu halten. Man kann ihm auch die Frage stellen: „Würden Sie das an meiner Stelle für wahr halten, wenn es Ihnen jemand erzählen würde?" Man kann den Beschuldigten auch in ruhigem Ton darauf hinweisen, dass zwischen seiner Schilderung und den objektiven Beweisergebnissen, z. B. den vorhandenen Spuren, ein Widerspruch besteht, den der Befragte nicht auf Anhieb auflösen kann, und ihn fragen, ob er dazu eine nähere Erklärung habe. Der Befragte wird dann eventuell eine neue Version zu Protokoll geben (die immer noch nicht zu stimmen braucht, in der Regel aber der Wahrheit schon etwas näher ist).

In einem zweiten Schritt wird man versuchen können, den Beschuldigten auf der Vernunftebene anzusprechen und ihm die bereits geschilderten guten Gründe für ein Geständnis näher zu bringen. Reagiert er darauf nicht, wäre abzuklären, ob das vernünftige Gründe haben könnte.

Erst in einem dritten Schritt wird man sich überlegen müssen, ob man mit einer Zermürbungstaktik weiter kommt. Wer immer wieder das Gleiche gefragt wird, wer wiederholt auf die Widersprüche seiner Aussagen aufmerksam gemacht wird, ohne dass er dazu eine vernünftige Erklärung geben kann, wer mit Beweismitteln konfrontiert wird, die er nicht widerlegen kann, wird möglicherweise irgendwann seine Aussagestrategie ändern.

Im Folgenden sind einige Fragen zusammengestellt, die einem Nichtgeständigen vorgelegt werden sollten, wenn er nicht einfach zu allem schweigt oder nach einer gewissen Zeit nichts mehr sagen will. Die Fragen wurden etwas geordnet, doch ist klar, dass man aus vernehmungstechnischen Gründen und im Hinblick auf den zu klärenden Sachverhalt normalerweise eine ganz andere Reihenfolge wählen muss.

Das geschieht etwa durch folgende Fragen:

> Was hat der Nicht-Geständige von dem zu klärenden Ereignis schon gehört oder gelesen? Welche Einzelheiten sind ihm so über Art der Straftat, Ort, Zeit, Opfer, Beute, Ausführung der Tat, Tatmittel, Mittäter oder sonstige Beteiligte, Anmarsch- bzw. Fluchtweg des Täters bekannt geworden? Wie, wann, wo und von wem erfuhr er von diesen Einzelheiten? Hat er schon von ähnlichen Straftaten gehört, die in der betreffenden Gegend verübt wurden?

> Wo befand sich der Befragte vor, während und nach der vermuteten Straftat? Wer begleitete ihn, traf ihn, sah ihn möglicherweise? Besitzt der Beschuldigte vielleicht noch die Belege für diese Aufenthalte, die vorhanden sein müssten? Es ist auf detaillierte Angaben zu dringen, auf genaue Orts- und Zeitangaben, benutzte Transportmittel (und gelöste Fahrscheine mit Angabe des Preises und der Abfahrtszeiten), auf die Personalien und Ad-

Zweiter Teil: Die Methode

ressen angeblich begleitender oder angetroffener Personen, auf Angabe des Zweckes der Ortsveränderungen. War der Aufenthalt an den betreffenden Orten für den Befragten außergewöhnlich oder pflegte er sich dort oft aufzuhalten?

Was sagt der Beschuldigte zu (allfälligen) Aussagen von Zeugen, die ihn am Tatort oder in dessen Nähe gesehen haben wollen?

Was weiß der Befragte selbst vom Tatort? War er auch schon dort? Wann und weshalb? War er wenigstens schon einmal in der Nähe des Tatortes? Wo genau, wann, mit wem und warum?

Was weiß der Nicht-Geständige von der Möglichkeit oder Gelegenheit, am Tatort eine entsprechende Straftat zu begehen? Fällt dem Verdächtigen in Bezug auf den Tatort oder an der Tatzeit etwas auf?

Welche Beziehungen bestehen zwischen dem Befragten und dem Opfer, der Beute und den Tatmitteln? Kennt er das Opfer, z. B. das missbrauchte Kind, den Toten, die gestohlenen Sachen? Weiß er von solchen Beziehungen anderer Personen? Von welchen Personen? Kennt er Freunde oder Feinde des Opfers? Kennt er vielleicht sogar den Täter? Hegt er einen Verdacht? Wen verdächtigt er und weshalb? Wer kommt seines Erachtens als möglicher Täter in Frage? (Schuldige neigen dazu, den Kreis der Verdächtigen zu erweitern!) Wie steht er zu den verdächtigten Personen? Passt das vorhandene Signalement des Täters auf eine dieser Personen? Auf welche? Auf ihn selbst? Hat sich der Befragte kürzlich vor oder nach der fraglichen Straftat äußerlich verändert (z. B. den Bart abrasiert, die Haare gefärbt)?

Was weiß der Befragte von den gegen ihn vorliegenden Verdachtsmomenten? Was sagt er zu diesen? Hat der Verdächtige die körperlichen und psychischen Voraussetzungen zur Begehung der in Frage stehenden Tat? Weshalb nicht?

Zu welchen Vorteilen (z. B. Vermögenszuwachs durch Erbschaft oder Auszahlung einer Versicherungssumme, berufliche Beförderung, Befreiung von einer Last) ist der Befragte durch die in Frage stehende Straftat gekommen oder kann er noch kommen? Welche (allfällige) Befriedigung zieht er aus der Tat? Wenn tatsächlich Vorteile entstanden sind oder in Aussicht stehen: Anerkennt der Beschuldigte, dass diese ein Tatmotiv gewesen sein könnten? Wenn nein, warum nicht?

Hat er schon eine ähnliche Tat begangen? Wenn ja, wo, wann, wie, warum, womit und mit wem geschah diese? Wurde er schon einmal von einem Gericht wegen einer ähnlichen Tat verurteilt? Wann? War er damals geständig? Stand der Befragte schon einmal wegen einer gleichartigen Straftat in Strafuntersuchung? Bei welcher Amtsstelle und wann?

Besitzt oder besaß der Befragte Mittel, wie sie zur Ausführung der Tat benützt wurden, z. B. eine Pistole 9 mm, ein Brecheisen etc.? Besitzt oder besaß er ganz allgemein Dinge (z. B. Kleidungsstücke, Genussmittel, Transportmittel) wie sie der Täter verwendet haben muss? Wenn ja, wie kamen sie in seinen Besitz? Wo befinden sie sich heute? Bis wann waren sie, wenn sie der Beschuldigte nicht mehr besitzt, noch in seiner Verfügungsmacht?

Wie erklärt sich der Verdächtige (wenn dem so ist) den Besitz von Sachen bzw. das Vorhandensein von Spuren (Beuteteile, Kratzer, eine Wunde,

Schmauchspuren an der Hand u.s.w.), die von der in Frage stehenden Tat herrühren können? Wie erklärt er sich (allfällige) Spuren von ihm oder aus seinem Besitz (Fingerabdrücke, DNA-Spuren, Sohlenabdrücke, Blut, Haare, Fasern, ein Schriftstück u.s.w.), die am Tatort sichergestellt wurden?

Hat der Befragte Erkundigungen eingezogen, die mit der Straftat in Beziehung stehen? Hat er sich irgendwo für gleiche Tatmittel interessiert? Bei wem?

Weshalb zeigte der Beschuldigte (wenn dies der Fall ist) vor oder nach dem verbrechensverdächtigen Ereignis starke Nervosität? Hatte der Befragte mit irgendwelchen Vorbereitungshandlungen zum fraglichen Verbrechen zu tun (Waffenbeschaffung, Bereitstellung von Werkzeugen oder Transportmitteln)? Worin bestand sein (allfälliger) Beitrag? Wusste er um was es geht oder war er ahnungslos? Hat er für das Delikt (vielleicht) Pläne, Skizzen oder mündliche Beschreibungen geliefert?

Warum hat sich der Beschuldigte nach der Straftat (wenn dem so ist) versteckt, warum ist er verreist? Weshalb traf er (vielleicht) Anstalten zu einer Flucht oder ist er geflohen? Weshalb verwischte er (allenfalls) Spuren? Aus welchen Gründen ging er nicht zur Polizei, nachdem er (den Umständen entsprechend) wichtige Beobachtungen gemacht haben dürfte? Warum zeigt er bei seiner Befragung Lügensignale (ausweichende Antworten, Kargheit der Aussage, Strukturbrüche)? Warum versteckte er gewisse für die Ermittlungen bedeutsame Gegenstände oder hielt relevante Informationen zurück? Warum verdächtigt er zu Unrecht einen andern? Warum wehrte er sich (wenn dem, so war) bei der Verhaftung? Warum fragte er (allenfalls) nicht, weshalb er verhaftet werde? Aus welchem Grunde verwendete er (wenn das der Fall war) falsche Personalien bzw. einen falschen Ausweis? Warum versuchte er (allenfalls), eine andere Person zu falschen Aussagen zu veranlassen?

Welche Wohnräume stehen dem Befragten zur Verfügung? Darf er noch andere Räume an anderen Orten benützen, z. B. Lagerräume oder eine Garage? Über welche Schlüssel verfügt er, zu welchen Räumen passen sie?

Hat der Beschuldigte Feinde? Freunde? Wer sind diese?

Wer ist immer noch ratlos, mit welchen Fragen der Nicht-Geständige konfrontiert werden kann?

### 6.4.3.6 Daten zum subjektiven Tatbestand

Bei den Tatsachen, die zum subjektiven Tatbestand zu zählen sind, interessiert in erster Linie, ob der Beschuldigte die Tatbestandsmerkmale vorsätzlich, also mit Wissen und Willen, verwirklicht habe, ob er dies nur fahrlässig, also aus pflichtwidriger Unvorsicht getan habe oder ob keiner dieser Fälle gegeben sei. Darüber hinaus kennen einzelne Strafbestimmungen besondere subjektive Merkmale, etwa die Gewinnsucht oder die Arglist.

Daten zum subjektiven Tatbestand lassen sich beim Verdächtigen vor allem auf zwei Weisen erheben:
- Durch direkte Befragung des Beschuldigten sowie durch Erhebungen über Äußerungen des Beschuldigten (gegenüber Dritten oder in Schriftsachen).
- Durch Beobachtung und Deutung von Ausdrucksbewegungen, von psychophysischen Erscheinungen, die in der Regel auf einen bestimmten psychischen Zustand hinweisen.

Dabei ist erstens zu beachten, dass man sich wirklich auf Signale konzentriert, die in Bezug auf die subjektive Haltung etwas aussagen, indem sie dann meistens vorkommen, wenn der Befragte diese Haltung hat, und dann meistens nicht, wenn er sie nicht hat. So deuten etwa Tränenausbrüche in gewissen Situationen auf „aufrichtige Reue", oder die emotionslose Aussage zu gröbsten Brutalitäten ist ein Indiz für „besondere Grausamkeit". Viele Ausdrucksbewegungen sind aber entgegen landläufiger Ansicht weit weniger differenzierend, weil auch Personen, welche diese besondere subjektive Haltung im entsprechenden Moment nicht aufweisen, sich gleich verhalten könnten. Man sollte deshalb aufpassen, dass man nicht einer Fehldeutung unterliegt.

Zweitens müssen diese Wahrnehmungen aktenkundig gemacht werden, damit sie vom Gericht nachvollzogen werden können. Deshalb kann es sich vor allem bei schweren Delikten rechtfertigen, die Erstbefragung oder weitere Befragungen, in denen wesentliche neue Beweismittel vorgehalten werden, auf Video aufzuzeichnen.

Subjektive Tatbestandsmerkmale können nie mit Sicherheit bewiesen werden. Seelisches ist eben einer direkten Beobachtung nicht zugänglich, weder bei einer Befragung noch bei der Beobachtung von Ausdrucksbewegungen. Es ist immer eine Deutung notwendig; sie ist nur aufgrund weiterer Umstände und des Inhaltes der Aussagen möglich.

Der Beschuldigte kann oder könnte am ehesten darüber Aufschluss geben, was er vor, während und nach der Tat gedacht oder nicht bedacht, gewusst oder irrig angenommen, gefühlt oder verdrängt, gebilligt oder vermieden, in Kauf genommen oder abgelehnt, gewollt oder nicht beabsichtigt hat. Man darf die Fähigkeit zur Selbsterkenntnis und die Ehrlichkeit der Menschen jedoch nicht überschätzen, und zwar gerade nicht bei Personen, die gerade eine Straftat begangen haben und sich dann unbewusst die Wahrheit so zurecht legen, dass sie das Geschehene auch sich selbst gegenüber verantworten oder erklären können.

Zudem gibt es wirklich unüberlegtes, ja nahezu gedankenloses Verhalten und stark unbewusst motiviertes Tun oder Unterlassen. Es sind Tötungsdelikte dokumentiert, zu denen der Täter durch einen weitgehend unbewussten Hass gegenüber dem Opfer getrieben worden ist. Das Opfer kann sogar infolge einer äußeren Ähnlichkeit Ersatz für die wirklich gehasste Person sein, was natürlich den Vorsatz nicht ausschließt, aber Teile der Motivation im Dunkeln lässt. Auch Verdrängungen nach der Tat können die wirkliche Motivlage bei der Tat aus dem Bewusstsein des Täters beseitigen; der Affekttäter zum Beispiel wird nicht nur dem Befrager, sondern vor allem sich selbst erklären müssen, wie es zur Tat kommen konnte. Vor allem ist aber daran zu denken, dass der Befragte eine taktisch begründete, unrichtige Darstellung seiner psychischen Verfassung, seiner Motive und Gedanken bei seiner Tat zu Protokoll geben kann.

Entscheidend ist in diesem Zusammenhang, dass die Angaben des Beschuldigten über den subjektiven Tatbestand objektiviert werden. Der exakte Nachweis des tatsächlichen Verhaltens macht oft klar, dass die Angaben des Beschuldigten über seine subjektiven Vorstellungen falsch sind. Wer behauptet, ein Tötungsdelikt im Affekt begangen zu haben, wird Mühe haben, mit seiner Darstellung durchzudringen, wenn sich beweisen lässt, dass er die Tatwaffe vorher unter einer falschen Identität beschaffte und dass er unmittelbar nach Begehen der Tat sorgfältig Spuren am Tatort verwischte, bevor er die Flucht ergriff. Wer eine unechte Urkunde anfertigt und zu diesem Zweck nicht seinen eigenen Computer verwendet, sondern z. B. ein Internet-Café aufsucht, der kann sich kaum damit herausreden, er habe nur spielerisch und ohne böse Absicht ein falsches Schreiben erstellen wollen. Die Erfahrung zeigt, dass aus dem objektiven äußeren Ablauf der Tat sehr oft zuverlässig auf die innere Verfassung des Täters geschlossen werden kann.

Die große Gefahr bei diesem Vorgehen besteht darin, dass man unkritisch von sich auf andere Menschen schließt, dass man also voraussetzt, ein anderer habe unter bestimmten Umständen dieselben Gedanken, Triebe, Wünsche und Tendenzen oder fasse die gleichen Entschlüsse. Kriminalisten unterschieben anderen oft allzu leicht unlautere Gedanken und Motive. Am deutlichsten kommt das vielleicht im Spruch zum Ausdruck, der Mensch habe immer zwei Gründe für sein Tun, einen guten und einen wirklichen. Anderseits neigen einige Richter (aber nur wenige Strafverfolger) dazu, allzu leicht zu entschuldigen, etwas als Versehen zu deuten, obwohl böse Absicht vorlag. Schließlich sollte man nicht vergessen, dass eine Handlung mehreren Absichten entspringen kann.

Auch bei Fahrlässigkeitsdelikten ist die Erforschung der Psyche des Beschuldigten kriminalistisch bedeutsam, bildet doch ein bestimmter seelischer „Sachverhalt" Grundlage des Schuldbeweises. Wie bereits erwähnt, ist zu beweisen, dass der Täter die objektive Tatbestandsverwirklichung hätte voraussehen können (und sollen), dass er ferner hätte erkennen können (und sollen), was richtigerweise zu tun sei. Zu zeigen ist auch, dass das Verhalten des Täters nicht einer unverschuldeten Erregung oder Übermüdung entsprang und der Beschuldigte auch nicht gezwungen war, sich in einer bestimmten Situation gefährlich zu verhalten. Kurz, es geht darum, das Intelligenzniveau des Beschuldigten zu erforschen, sein allfälliges spezielles Wissen um bestimmte Gefahren und sein affektives Verhalten in bestimmten Situationen zu klären. Es muss bewiesen werden, dass der Täter bei seinem Wissen, seiner Erfahrung und seinen Fähigkeiten sich richtig hätte verhalten können. Die betreffenden psychischen Tatsachen können (in seltenen Fällen) allerdings so sehr von der Norm abweichen oder die Umstände so außergewöhnlich sein, dass eine Schuld entfällt. Wer weiß schon heute noch, dass er durch Läuten an einer Wohnung, vor der es nach Gas riecht, eine Explosion auslösen kann? Oder wie vielen Leuten ist bekannt, dass man brennendes Öl nicht mit Wasser löschen sollte?

Auch andere Dinge spielen beim subjektiven Tatbestand der Fahrlässigkeit eine Rolle: unverschuldete Erregbarkeit des Täters, der sich deshalb fehlerhaft verhalten hat, oder der Konflikt, in welchem sich der Täter bei Arbeitsunfällen fast regelmäßig befand, sich entweder gefährlich zu verhalten oder die Ansprüche des Arbeitgebers nicht zu erfüllen. Besondere psychische Zustände dieser Art sind zu erfragen und müssen aufgrund der Umstände bestätigt oder widerlegt werden.

## 6. Daten beschaffen

**Einige Merksätze:**

- Das materiellrechtliche Programm bestimmt, welche Beweise zu erheben sind.
- Wenn immer möglich, sollten zuerst Sachbeweise und dann Zeugenbeweise abgenommen werden, bevor man Beschuldigte einvernimmt.
- Vernehmungen sollten gründlich vorbereitet werden. Dabei lohnen sich Überlegungen zur Frage, was der Befragte vernünftigerweise wahrgenommen haben kann und ob (insbesondere wegen des false memory syndrome) Fehler bei der Verarbeitung der Erinnerung aufgetreten sein könnten. Es erleichtert die Wiedergabe des Erinnerten, wenn man gute Rahmenbedingungen dafür schafft, insbesondere durch Anwendung des kognitiven Interviews.
- Die Glaubhaftigkeit einer Aussage lässt sich anhand von Glaubhaftigkeitskriterien und von Lügensignalen beurteilen.
- Das Aussageverhalten kann zwischen Wahrheit, bewusster Lüge, unbewusstem Wahrnehmungs- oder Erinnerungsfehler und Schweigen pendeln. Für jede dieser Verhaltensweisen gibt es verschiedenste Gründe. Will man den Befragten zur wahrheitsgemäßen Aussage führen, muss man erkennen, worin der Grund besteht, dass der Befragte nicht die Wahrheit sagt oder schweigt.
- Rechtsanwälte können das Aussageverhalten ihrer Klienten weit weniger beeinflussen, als Strafverfolger oft annehmen. Insbesondere werden sie kaum zur Lüge raten; unschuldige Beschuldigte werden sie nicht zum Schweigen bringen.
- Die Befragung des Geständigen soll auf Umstände fokussieren, die sich objektivieren lassen, damit das Geständnis überprüft werden kann.
- Das Verhalten von Nichtgeständigen sollte nach drei Gesichtspunkten analysiert werden: Zunächst ist zu prüfen, wie der Beschuldigte aussagt (lügt er wirklich, gibt er nur selektiv Auskunft, ist er angepasst oder aggressiv etc.?); dann ist zu ergründen, wieso er das tut (hat er Angst, schämt er sich, ist er misstrauisch etc.?), erst dann kann die Strategie entwickelt werden, wie der Nichtgeständige zur wahrheitsgemäßen Aussage gebracht werden kann. Dabei helfen kooperative Einvernahmetechniken eher als konfrontative.
- Ein Geständnis ist am ehesten zu erreichen, wenn der Täter einsieht, dass dies für ihn auch Vorteile hat: Er braucht nicht mehr zu lügen; er kann auch entlastende Umstände schildern; man kann

> Wiedergutmachung leisten, man kann sich mit der Tat offen auseinandersetzen und damit verhindern, dass sie wieder passiert; man verkürzt das Verfahren und kann sich eine Strafminderung einhandeln.
> - Nicht vergessen sollte man, auch die subjektiven Tatbestandselemente sauber zu klären. Dabei hilft einerseits die Befragung, andererseits aber die möglichst genaue Rekonstruktion der Tatumstände, welche klare Indizien für das Vorliegen der subjektiven Elemente liefern kann.

## 7. Zu wenig Daten

Die gesammelten Daten können zu dürftig sein, um die heuristische oder syllogistische Aufgabe zu lösen, auch wenn die Erhebungen mit Umsicht geführt wurden. Es sind verschiedene Konstellationen denkbar:

- Das vorhandene Material ist insofern ungenügend, als es nicht nur fahndungsmäßig oder beweistechnisch unzureichend ist, sondern auch keine neuen Informationsquellen oder Wege zu solchen andeutet.
- Der Ablauf der Ereignisse ist zwar klar. Man besitzt aber noch keine Beweise oder Indizien in Bezug auf die Identität des Täters.
- Wer allenfalls als Täter angesehen werden muss, ist evident, doch steht nicht fest, was sich genau abgespielt hat. Der Täter behauptet etwa, das Opfer in Notwehr getötet zu haben, was vielleicht nicht glaubhaft klingt, aber vorderhand nicht widerlegt werden kann.
- Es besteht Unklarheit über das Geschehen *und* die Täterschaft.

Was ist in solchen Fällen zu tun? Wie hat man die kriminalistische Aufgabe aufgrund unvollständiger Daten zu lösen?

### 7.1 Grundsätzliche Überlegungen

Aufgaben ohne hinreichende Daten werden auch in anderen Wissensgebieten gestellt, nicht nur in der Kriminalistik. Eine eindeutig lösbare Aufgabe ist in der Mathematik etwa die Gleichung „7 + x = 12". Ihre Lösung findet man durch Raten (durch Annahmen und ihre Nachprüfung) oder aufgrund des bekannten Verfahrens, die Unbekannte auf einer Seite der Gleichung zu isolieren: „x = 12 – 7" also: „x = 5". Die Gleichung „x + y = 12" kennt demgegenüber zahlreiche Lösungen, z. B. „x = 3 und y = 9". Als Lösungen sind aber nicht beliebige Zahlenpaare denkbar, sondern nur ganz bestimmte. Die Gleichung, die eine Art Daten in einer Beziehung darstellt, schränkt somit den Bereich der Lösungsmöglichkeiten ein.

Kann man in der Kriminalistik aufgrund der Daten keine eindeutige Lösung finden, so sollte man den Bereich der Lösungen so weit einengen, als dies aufgrund der (unvollständigen) Daten durchführbar ist. Es geschieht dies ganz im Sinne der Ausführungen *Descartes* in seinen „Regeln zur Leitung des Geistes", XIII. Regel: „Wenn gleich nun bei jedem Problem etwas Unbekanntes vorhanden sein muss – denn sonst hätte es keinen Sinn zu fragen –, so muss doch eben dies durch bestimmte Bedingungen derart bezeichnet sein, dass man sich angewiesen sieht, eins eher als das andere zu erforschen. Diese Bedingungen sind es, mit deren Untersuchung man sich, wie gesagt, sogleich von Anfang an beschäftigen muss. Und das geschieht, wenn wir den Geist darauf richten, das Einzelne in distinkter Intuition zu erfassen und sorgfältig zu untersuchen, inwieweit deren jede das von uns gesuchte Unbekannte einschränkt."

In der kriminalistischen Arbeit, die sich in manchen Fällen vorläufig mit unvollständigem Material begnügen muss, ist es ähnlich. Hat man beispielsweise einen Betrüger zu suchen, von dem man unter anderem Folgendes weiß: Der Mann, ca. 45 Jahre alt, zeigte gute medizinische Kenntnisse; er hatte ein gewandtes Auftreten und konnte gut reden. Lässt sich damit der Kreis der möglichen Täter einengen? Gewiss. Medizinische Kenntnisse haben Ärzte, Spitalangestellte, Krankenpfleger, allenfalls Apotheker, Angestellte solcher Unternehmungen, Vertreter für medizinische Apparate und Pharmazeutika. Gewandtes Auftreten und gutes Reden findet man vor allen bei Kaufleuten, Vertretern und bei ähnlichen Berufen. Die Kreise überlappen sich in Vertretern von medizinischen Apparaten und Pharmazeutika. Allerdings kommt auch ein früherer Student in Frage, der in seinem Studium gescheitert ist. Es ist nicht sinnlos, sich (auch) in diesen Kreisen nach dem Täter umzusehen.

## Zweiter Teil: Die Methode

> In einem Fall fand man das Tötungsopfer, einen Bankier aus Genf, in merkwürdiger Aufmachung erdrosselt in seinem Appartement. Er trug nur einen Gummianzug, was auf gewisse sexuelle Praktiken hindeutete. Die Fahndung nach dem unbekannten Täter bzw. der Täterin richtete sich natürlich vor allem auf diejenigen, die in dieser Szene („Sado-Maso") verkehrten. Sie sind bei Weitem nicht so zahlreich wie Leute mit üblichen sexuellen Präferenzen; in dieser Szene war nach Personen zu suchen, die mit dem Banker Kontakt hatten. Die Verdächtige war denn auch rasch gefunden und legte schließlich ein Geständnis ab.

Die Arbeit eines Einbrechers lässt mitunter gleich erkennen, dass es sich um einen Könner handelt, und demgemäß wird man ihn unter den Vorbestraften mit gleichem Tatvorgehen suchen. Die ganze Fahndung nach dem Modus-Operandi-Register ist nichts anderes als ein Suchen aufgrund unvollständigen Materials, aber mit ständiger Einengung des Kreises möglicher Täter. Jedes zusätzliche Modus-Operandi-Merkmal schließt wieder eine bestimmte Zahl von Möglichkeiten aus. Bei der Rasterfahndung wird das besonders deutlich.

Die Einengung der Möglichkeiten kann zu einer Lösung führen, aber sie muss nicht. Zwar rückt die Lösung mit jedem weiteren Merkmal näher. Sie kann aber immer noch so weit entfernt sein, dass die Daten nicht ausreichen. Was dann? Es bestehen im Wesentlichen fünf Wege, zu weiteren Daten zu kommen:

- Man kann abwarten und auf weitere Erkenntnisse hoffen; das ist zwar vorerst das Einfachste, bewährt sich aber nur, wenn neue Erkenntnisse zu erwarten sind.
- Man kann die Öffentlichkeit in die Fahndung einbeziehen.
- Man kann verdeckt ermitteln oder fahnden, und zwar im Wesentlichen
  - durch Überwachungen des Fernmeldeverkehrs (TÜ) oder durch Einsatz technischer Überwachungsgeräte,
  - durch den Einsatz von Informanten (Infos), Vertrauenspersonen (VP), nicht offen ermittelnden Polizeibeamten (noeP) und durch verdeckte Ermittler (VE),
  - mittels kontrollierter Lieferungen.
- Man kann Ziel-, Raster- oder Schleppnetzfahndungen einsetzen.
- Man kann versuchen, den Täter zu unüberlegten Handlungen zu provozieren, die seine Identifizierung oder Überführung ermöglichen.

## 7.2 Abwarten und hoffen

Man kann erstens abwarten und auf neue Fakten hoffen. Man begnügt sich vorerst mit der Aufzeichnung der gesammelten Daten, der registermäßigen Erfassung und der polizeilichen Ausschreibung des Falles, und geht davon aus, dass früher oder später eine neue Information eingeht, über die Register zum abgelegten Fall führt und dann vielleicht eine Lösung ermöglicht.

Viele Fälle, in denen es zu wenig Daten gibt und die einen größeren Einsatz kaum rechtfertigen, werden daher auf Eis gelegt, vorläufig wird nicht weiter ermittelt. Die Strafverfolgungsbehörden sprechen in diesem Zusammenhang von allgemeiner Fahndung (im Gegensatz zur speziellen) oder vom Fahndungsarchiv. Früher wurde mit diesen Dateien bisweilen zu wenig gearbeitet. Im Zeitalter elektronischer Datenerfassung ist es zumindest einfacher, dafür zu sorgen, dass ältere Daten nicht vergessen gehen. So wird beispielsweise bei der Registrierung einer DNA-Spur sofort geprüft, ob sie einer bekannten Person zugeordnet werden kann. Ist das nicht der Fall, dann ist erfahrungsgemäß noch nichts verloren, denn wird der Täter mit der passenden DNA-Struktur später erfasst, dann wird der sogenannte DNA-Hit sofort zuverlässig erkannt. Nachdem die DNA-Datenbanken überall noch im Aufbau sind, sind solche nachträglichen Täter-Hits sogar relativ häufig, und es können auf diese Weise oft noch nach Jahren Delikte aufgeklärt werden, bei denen es sonst keinen Fahndungsansatz mehr gegeben hätte. Man kann sich also heute mit etwas besserem Gewissen als früher aufs Abwarten beschränken, wenn Spuren vorhanden sind, die sich vorerst nicht zuordnen lassen.

Es ist zu beachten, dass die gesetzliche Regelung des Datenschutzes Grenzen zieht. Die Regeln betreffen aber meistens nur die personengebundenen Daten und nicht die Sachfahndung. Immerhin schreibt das neue schweizerische DNA-Profil-Gesetz vor, dass auch Spuren von Straftaten (mit Ausnahme von Tatortspuren von unverjährbaren Straftaten) nach 30 Jahren gelöscht werden müssen.

Ein anderer Mangel liegt darin, dass die Menschen, welche in einem nicht geklärten Kapitalverbrechen eine Rolle gespielt haben oder tatverdächtig waren, nicht oder nicht genügend im Auge behalten werden, wenn der Fall vorläufig abgelegt werden musste. Wie viele neue Informationen würde man schon aus öffentlichen Quellen erhalten und welche Zusammenhänge ließen sich erstellen, wenn man weiterhin wichtige Lebensdaten (neue Beschäftigung dieser Personen, Heirat, Scheidung, finanzielle Entwicklung) registrieren dürfte. Es fragt sich allerdings, ob die Welt dadurch besser würde oder ob es nicht Sinn macht, wenn auch Straftäter damit rechnen dürfen, dass man sich an ihre Taten nach einer gewissen Zeit nicht mehr erinnert.

> Dass ein Straftäter unter Umständen aufgrund äußerer Umstände unter Zugzwang geraten kann, zeigt das Beispiel des Oetker-Entführers Dieter Zlof. Er hatte 1976 den Industriellensohn gekidnappt und 21 Millionen Mark Lösegeld kassiert. Anfangs 1979 wurde er gefasst und zu einer Freiheitsstrafe von 15 Jahren verurteilt. Er behauptete immer, nicht zu wissen, wo das Lösegeld sei. Nach seiner Haftentlassung hielt die Polizei offensichtlich weiterhin ein Auge auf ihn; jedenfalls wurde er 1997 in London gefasst, als er rund 12,5 Millionen Mark umtauschen wollte. Dass er unter Druck geriet, dürfte damit im Zusammenhang gewesen sein, dass die Einführung des Euro bevorstand und Zlof deshalb wusste, dass er die Mark-Scheine vorher noch umtauschen musste.

### 7.3 Fahnden in der Öffentlichkeit

Neben dem Hoffen auf weitere Fakten gibt es ein aktives Verhalten: die Veröffentlichung des Falles oder gewisser Daten in den Medien und die Aufforderung an die Bürger, allfällige bedeutsame Beobachtungen oder Kenntnisse den Strafbehörden mitzuteilen, gelegentlich verbunden mit einer in Aussicht gestellten Belohnung.

Es gibt für dieses Vorgehen allerdings zwei Problemkreise:

- Der Öffentlichkeit müssen gewisse Informationen gegeben werden. Das ist taktisch immer bedenklich, weil damit auch der Täter einiges über den Stand der Ermittlung erfährt. Im Weiteren lassen sich Geständnisse von Tatverdächtigen je schlechter überprüfen, je mehr Details über die Tat in der Öffentlichkeit bekannt werden. Es kommt dann bisweilen vor, dass ein Geständiger nachträglich sein Geständnis widerruft und erklärt, er habe sein Wissen über die Tat ausschließlich aus den Medien gehabt. In solchen Fällen fällt es oft schwer, im Nachhinein zu entscheiden, was vom Geständnis wirklich zu halten war.

## 7. Zu wenig Daten

> Im Frühling 2009 wurden auf dem Bahnhof Kreuzlingen zwei Passanten von drei Schläger-Typen grundlos angegriffen und übel zusammengeschlagen. Die Tat wurde aus relativ großer Entfernung von einer Überwachungskamera gefilmt; weil die Täter anschließend zufällig auf die Kamera zugingen, konnten sie auch von so nahe aufgenommen werden, dass sie problemlos erkennbar waren. Weil die Täter polizeilich nicht identifiziert werden konnten, entschloss sich die Polizei, den gesamten Film ins Internet zu stellen. Tatsächlich konnten die Verdächtigen innert Stunden identifiziert und festgenommen werden. Datenschutzrechtlich, aber auch taktisch war die Publikation des ganzen Filmes bedenklich: Sie führte nicht nur zur Identifikation der Verdächtigen, sondern auch dazu, dass diese bei der Festnahme bereits wussten, was auf dem Film über die Tat zu sehen war.

- Die Öffentlichkeitsfahndung macht nur Sinn, wenn es weitere Personen gibt, die überhaupt in der Lage sind, bisher unbekannte Informationen über die Straftat zu geben. Dafür gibt es eigentlich nur drei Gründe: Entweder geht man davon aus, dass es möglicherweise noch Zeugen der Tat gibt, die sich bisher nicht gemeldet haben, weil sie nicht wussten, dass ihre Beobachtungen für die Aufklärung des Deliktes von Bedeutung sind. Oder man hofft, dass jemand, der sich bisher absichtlich nicht gemeldet habe, sich nachträglich doch zur Aussage entscheiden werde. Bei dieser Konstellation ist allerdings Vorsicht am Platz, denn wer ohne sachfremde Motive an der Aufklärung der Straftat ein Interesse hätte, würde sich wahrscheinlich auch ohne öffentlichen Aufruf melden, und wer sich dann erst aufgrund eines Fahndungsaufrufs (und insbesondere der damit verbundenen Belohnung) meldet, dessen Aussagen werden möglicherweise nur eine eingeschränkte Glaubhaftigkeit für sich beanspruchen dürfen. Die dritte Konstellation wird immer häufiger und ist unproblematisch: Von der Tat und den mutmaßlichen Tätern liegen Bilder vor, anhand derer es allerdings der Polizei nicht gelingt, die Täter zu identifizieren. Mit der Öffentlichkeitsfahndung erwartet man Hinweise auf die Identität der gesuchten Personen, und die Wahrscheinlichkeit, dass man damit zum Ziel kommt, ist bei guter Qualität der Bilder hoch.

> In der Schweiz werden regelmäßig Bilder von randalierenden Fussball-Besuchern ins Internet gestellt. In der Regel melden sich 10 bis 20 % der Abgebildeten selbst, weil sie nicht wollen, dass ihre Bilder weiterhin öffentlich abgerufen werden können; weitere 20 bis 40 % (je nach Qualität der Bilder) können von Dritten identifiziert werden.

## 7.4 Verdeckte Beweiserhebungen

Bei verdeckten Beweiserhebungen geht es um den Versuch, die Tat selbst oder zumindest den Tatort, den Zugangs- und Fluchtweg, das Versteck der Beute, der Waffen oder Werkzeuge im Geheimen zu beobachten, um den Täter zu überführen. Vielleicht führt eine polizeiliche Beobachtung der Teilnehmer am Begräbnis des Opfers weiter; bekannt ist auch, dass gewisse Täter von Schwerverbrechen am Jahrestag an den Tatort zurückkehren. *Stephan Harbort* hat herausgefunden, dass 45,5 % der Serienmörder wieder an den Tatort zurückkehren, und zwar aus unterschiedlichen Motiven: Die bloße Nähe kann erregend sein. Allenfalls vergeht sich der Täter nochmals an der Leiche, allenfalls will er auch nur den Tod sicherstellen. Spuren werden beseitigt oder Ermittlungen beobachtet. Gibt es einen Verdächtigen, so drängt sich also eine Observation auf.

Verdeckte Untersuchungshandlungen sind vor allem dann besonders erfolgsträchtig, wenn davon ausgegangen wird, die beobachtete Täterschaft werde ihr strafbares Verhalten fortsetzen; die Überwachung dient dann nicht so sehr der Aufklärung bereits begangener Delikte, sondern der Aufklärung der in der nächsten Zeit stattfindenden. Es ist beispielsweise bei der Ermittlung im Bereich der organisierten Kriminalität, insbesondere des Drogenhandels, des Waffenhandels und der Delikte im Bereich von Prostitution und Menschenhandel zumeist nur möglich, die ab Beginn der Untersuchung begangenen Delikte aufzuklären, während der Verdacht im Bezug auf die vermuteten Straftaten, welche den konkreten Tatverdacht begründeten, sich im Nachhinein oft nicht weiter konkretisieren lässt.

Besonders heikel sind solche Untersuchungen dann, wenn man aus Beweisgründen erst nach längerer Zeit der verdeckten Ermittlung einschreitet und den Beobachteten sozusagen unter den Augen der Polizei Straftaten begehen lässt, ohne sofort einzuschreiten. Das ist in der Regel nur dann zu verantworten, wenn es um opferlose Delikte geht, z. B. um Drogen- oder Waffenhandel. Anders kann man allerdings gerade im Bereich der organisierten Kriminalität kaum erfolgreich Verbrechen aufklären.

Verdeckte Ermittlungen greifen tief in die Privatsphäre des Betroffenen ein; es wird ja nicht nur sein Verhalten im Bezug zu Straftaten dokumentiert, sondern oft auch alle seine andern sozialen Kontakte.

Zum Teil wird direkt die Willensbildung der Zielperson beeinflusst (beim Einsatz von Vertrauenspersonen, nicht offen ermittelnden Polizeibeamten und verdeckten Ermittlern), zum Teil können die Aussagefreiheit oder das Zeugnisverweigerungsrecht unterlaufen werden (wenn Gespräche des Beschuldigten über Straftaten aufgezeichnet werden, allenfalls sogar Gespräche seiner Angehörigen darüber, oder wenn der verdeckte Ermittler die Zielperson aktiv aushorcht, also zu Gesprächen über vergangene Straftaten provoziert). Es ist deshalb unbedingt darauf zu achten, dass die engen gesetzlichen Schranken für solche Maßnahmen peinlichst genau eingehalten werden und dass der Einsatz aktenmäßig möglichst genau dokumentiert wird. Macht man beim Einsatz verdeckter Beweiserhebungen Fehler, dann ist mit einem Beweisverwertungsverbot zu rechnen.

### 7.4.1 Die Überwachung des Fernmeldeverkehrs

In der heutigen Kommunikationsgesellschaft ist die Überwachung des Post-, Telefon-, SMS- oder Internetverkehrs die wichtigste Methode der verdeckten Fahndung. Praktisch von vorwiegendem Interesse ist die Überwachung des Telefonverkehrs (in Deutschland mit TÜ, in der Schweiz mit TK abgekürzt), und zwar meistens des Verkehrs mit Mobiltelefonen.

Eine solche Überwachung zeitigt nicht selten wertvollere Resultate als ein rasches Zugreifen bei noch unzureichender Beweislage. Gerade im Bereich der organisierten Kriminalität, zum Beispiel im Drogenhandel, ist die rasche Zusammenarbeit verschiedener Straftäter über größere Distanz erforderlich, sodass die Benützung von modernen Kommunikationsmitteln zur Organisation der Straftaten beinahe unumgänglich ist. Es ist deshalb zu erwarten, dass eine TÜ verwertbare Beweismittel bringt.

Es bestehen heute klare gesetzliche Grundlagen, welche solche Überwachungen nur unter eng definierten Voraussetzungen zulassen. In Deutschland regeln die § 100a ff. StPO die Voraussetzungen und das Verfahren; die Fernmeldeverkehr-Überwachungs-Verordnung (FÜV) beschreibt die praktische Umsetzung. In der Schweiz gelten Art. 269 ff. StPO. In beiden Ländern regelt ein Deliktskatalog, für die Aufklärung welcher Straftaten die Maßnahme überhaupt zur Verfügung steht.

Schwierig ist die Auswertung der Überwachung immer dann, wenn der Beschuldigte bestreitet, das überwachte Telefon überhaupt benützt zu haben. Zur Beweisführung ist deshalb Folgendes wesentlich:

- Die Gesprächspartner müssen laufend identifiziert werden; sie können nach Aufnahme offener Ermittlungen dazu befragt werden, mit wem sie gesprochen haben.
- Oft kann der Beweis auch geführt werden, indem nachgewiesen wird, mit welchen Angehörigen Gespräche geführt wurden, denn das limitiert offensichtlich den Kreis der möglichen Benutzer des überwachten Telefons. Auch wenn Gespräche mit Angehörigen inhaltlich meistens belanglos für die Untersuchung sind, sind sie in dieser Hinsicht eben doch beweisrelevant.
- Es ist darauf zu achten, dass das überwachte Mobiltelefon sich beim Benutzer befindet, wenn er verhaftet wird; es soll jeweils sorgfältig dokumentiert werden, wo und in welchem Betriebszustand sich das Gerät in diesem Zeitpunkt befand.
- Schwierig ist die Personenidentifikation anhand der Stimme. Es ist zwar möglich, aus der Kombination einer rein technischen Analyse (bei welcher die Signale in einem Oszillogramm dargestellt und verglichen werden) mit einer linguistischen Analyse (bei der Sprechtempo, Dialekt, Sprechstörungen etc. analysiert werden) zu recht hohen Wahrscheinlichkeiten der Identifizierung zu kommen. Allerdings bewegen sich diese Wahrscheinlichkeiten jedenfalls in einem Bereich, wo vom Ausschluss vernünftiger Zweifel an der Urheberschaft noch nicht gesprochen werden kann. Nur in Kombination mit andern Indizien, die auf den Verdächtigen hinweisen, kann also mit Stimmanalysen der Beweis der Urheberschaft erbracht werden. Das wichtigste zusätzliche Indiz ist natürlich die Identität des Gesprächspartners.

Neben der laufenden (aktiven) Überwachung von Fernmeldegesprächen helfen oft auch die Daten über den vergangenen Fernmeldeverkehr weiter; diese Daten weisen aus, wann, mit wem, wie lange und (bei Mobiltelefonen) wo eine Person Telefongespräche führte. Diese in Deutschland „Nutzungsdaten" oder „Rahmendaten" und in der Schweiz „rückwirkende Randdaten" oder „Verkehrsdaten" genannten Informationen stehen in der Regel während sechs Monaten rückwirkend zur Verfügung und können (in Deutschland im vereinfachten polizeilichen Verfahren nach § 90 TKG, in der Schweiz in einer Überwachungsverfügung Art. 273 StPO bei Verdacht auf Verbrechen oder Vergehen) abgerufen werden.

Die Telefonüberwachung ist taktisch von großer Bedeutung, weil sich nicht nur gewisse Straftaten sauber aufklären lassen, sondern weil schon vor der Verhaftung zahlreiche weitere Informationen über den Betroffenen bekannt werden. Man lernt ihn kennen, was hilfreiche Hinweise über den richtigen Aufbau der offenen Untersuchung liefert.

### 7.4.2 Der Einsatz technischer Überwachungsgeräte

Rechtlich besonders heikel ist der Einsatz technischer Überwachungsgeräte. Grundsätzlich wären heute folgende Formen solcher Einsätze denkbar:

- Es können optische Aufzeichnungsgeräte (Kameras) montiert werden, um interessante Orte zu überwachen. Unproblematisch ist dies, wenn in öffentlich zugänglichen Bereichen aus präventiven Gründen überwacht und diese Überwachung nicht besonders getarnt, sondern sogar deklariert wird. Das gilt etwa für Orte, an denen Delikte vermutet werden, wie Einkaufszentren, Banken, Poststellen, Geldausgabegeräte, aber auch Parkhäuser und Bahnhöfe. Anderseits kann es auch notwendig sein, bekannte Treffpunkte von Delinquenten wie z. B. Szenelokale zu überwachen, um Kontakte zu dokumentieren. Unproblematisch sind solche Kameras dann, wenn der Berechtigte (oder die Polizei mit Zustimmung des Berechtigten) sie auf eigenem Grund aufstellt, um sich vor Delikten zu schützen, wie dies in Einkaufszentren oder Banken der Fall ist. Die Ergebnisse solcher Überwachungen können in der Regel auch im Strafverfahren verwertet werden. Wenn im Rahmen von Strafverfahren ohne Wissen der Beteiligten an nicht öffentlich zugänglichen Orten mit Videos überwacht wird, dann sind die strafprozessualen Regeln zu beachten.
- Es können akustische Aufzeichnungsgeräte (Mikrofone, Wanzen) montiert werden. Hier ist zu unterscheiden zwischen dem geheimen Einsatz solcher Geräte im Strafverfahren, der eine Bewilligung erfordert, und dem bewilligungsfreien Einsatz mit Einwilligung aller Betroffenen, die (wohl) auch stillschweigend erfolgen kann, wenn z. B. deklariert wird, dass eine Mikrophonüberwachung installiert ist oder etwa ein Fernmeldegespräch aufgezeichnet wird (wie dies bisweilen bei Anrufen bei Banken der Fall ist).
- Durch Einsatz von Satellitennavigationsgeräten (GPS-Ortung) kann die Position eines Gegenstandes (meist eines Fahrzeuges)

festgestellt werden; auch in diesem Zusammenhang gilt, dass nur der Einsatz solcher Überwachungen ohne Wissen des davon Betroffenen problematisch ist.
- Mittels besonderer Software (sog. Government Software oder GovWare) werden elektronische Geräte, insbesondere Computer und Mobiltelefone oder Smartphones, ohne Wissen der Benutzer überwacht. Das klappt nur dann, wenn die Daten ausgeleitet werden können, ohne dass der Benutzer dies bemerkt. Bei Mobiltelefonen kann dies daran scheitern, dass dafür erhebliche Energie erforderlich ist und der Akku sich deshalb rasch leert; aber auch bei Computern liegt das Problem häufig darin, dass (z. B. bei einer Online-Durchsuchung) so viele Daten ausgeleitet werden müssen, dass der normale Datenverkehr des Benutzers gestört wird. Die Überwachung mittels GovWare ist zur Zeit vor allem dann erforderlich, wenn Daten mit End-zu-End-Verschlüsselung übermittelt werden, wenn also die Daten vor dem Senden auf dem Gerät des Absenders verschlüsselt und erst auf dem Gerät des Empfängers wieder entschlüsselt werden. Das ist etwa bei Internet-Telefonie über Skype oder Viber oder bei Nachrichtenverkehr über WhatsApp der Fall. In solchen Fällen dient die GovWare dazu, eine unverschlüsselte Kopie der Mitteilungen abzugreifen und unbemerkt vom Benutzer an eine zweite Adresse zu schicken, auf welche dann die Polizei Zugriff hat.

Aus kriminalistischer Sicht wären solche Maßnahmen in der Regel sehr ergiebig, es ergeben sich allerdings eine Reihe technischer Probleme, die oft kaum lösbar sind. Insbesondere sind akustische Überwachungen in Räumen mit etwas höherem Lärmpegel, etwa in Gaststätten oder privaten Klublokalen, aber auch in andern Räumen, wo sich größere Zahlen von Personen treffen, kaum möglich, weil das gesprochene Wort nur noch sehr schwer verständlich ist, was schon die Identifikation der Sprechenden oft praktisch verunmöglicht. Navigationsgeräte brauchen relativ viel Energie und sind auf eine Stromspeisung angewiesen, sodass entweder (mit entsprechenden praktischen Schwierigkeiten) regelmäßig die Batterien ersetzt werden müssen oder die Bordspannung des Fahrzeugs angezapft werden muss, was einen hohen Installationsaufwand verursacht, der verdeckt, also ohne Wissen des Fahrzeugbesitzers, oft kaum zu leisten ist. Der Einsatz von GovWare setzt entweder einen physischen Zugriff auf das Gerät voraus, oder die GovWare muss über Internet installiert werden, wobei sie am Virenscanner des Benutzers vorbeigeschleust werden muss. Weil solche Virenscanner heute zum Teil verhaltensbasiert sind, also nicht nur die in ihnen programmierten Viren erkennen, sondern auch solche Programme, die sich ähnlich verhalten, wird dies immer schwieriger.

Zur rechtlichen Zulässigkeit solcher Maßnahmen muss auf die umfangreiche Spezialliteratur verwiesen werden, weil die Maßnahmen stark umstritten sind. Zur aktuellen rechtlichen Situation nur kurz Folgendes:

- In Deutschland wird unter dem Titel „Großer Lauschangriff" die akustische Wohnraumüberwachung diskutiert. 1998 wurde die Unverletzlichkeit der Wohnung nach Art. 13 des Grundgesetzes eingeschränkt, um solche Wohnraumüberwachungen unter sehr eingeschränkten Bedingungen und mit richterlicher Genehmigung durchführen zu können. Die §§ 100c und 100d StPO regeln nun den Einsatz dieser Maßnahmen. Es gilt ein Deliktskatalog. Die Maßnahme muss auf Antrag der Staatsanwaltschaft vom Gericht angeordnet werden.

- In der Schweiz wird die Frage des Einsatzes aller technischen Überwachungsgeräte (also nicht nur akustische, sondern auch optische Überwachungen) dagegen kaum öffentlich diskutiert; das dürfte damit zusammenhängen, dass solche Einsätze äußerst selten sind. Der Einsatz ist mittlerweile in Art. 280 ff. StPO geregelt. Die Anordnung erfolgt durch die Staatsanwaltschaft, das Gericht hat die Maßnahme zu bewilligen.

### 7.4.3 Der Einsatz von Informanten

Unter Informanten versteht man Personen, die der Polizei ohne konkreten Auftrag Informationen über Straftäter oder Straftaten liefern. In der Regel wird ihnen Anonymität zugesichert, was meistens bedeutet, dass die gelieferten Informationen nicht direkt als Beweismittel ins Strafverfahren einfließen können, sondern lediglich als Ansatz für weitere Ermittlungen dienen. Deshalb geht man davon aus, dass der Einsatz von Informanten keine gesetzliche Grundlage benötigt.

Es ist oft schwer zu beurteilen, wieso sich Informanten bei der Polizei melden; wenn sie gute Informationen liefern, bedeutet dies ja meistens, dass sie sich selbst in einem kriminellen Milieu bewegen. Es muss deshalb besonders genau geprüft werden, was von den In-

formationen zu halten ist. Dabei hat sich das sog. 4×4-System bewährt, das durchaus auch auf Bewertung anderer Informationen im Strafverfahren, z. B. auf die Beurteilung von Zeugenaussagen, angewendet werden kann. Es beruht auf der Einteilung unter zwei Gesichtspunkten:
- Die Informationsquelle, also der Informant, wird als zuverlässig (A), meistens zuverlässig (B) oder unzuverlässig (C) bewertet oder es fehlt die Erfahrung, um überhaupt eine Bewertung vorzunehmen (X).
- Die Information gilt als sicher (1), wenn sie aus eigener Wahrnehmung des Informanten stammt; sie stammt aus sicherer Quelle (2), wenn der Informant Zugang zur Quelle hatte, welche die Information direkt wahrnahm. Sie gilt als bestätigt (3), wenn die Information vom Hörensagen sich durch bereits bestehende Informationen bestätigen lässt. Sie ist unsicher (4), wenn sie zwar vom Hörensagen stammt, sich aber nicht durch weitere Informationen bestätigen lässt.

Informationen vom Typ A1, B1, A2 und B2 gelten in diesem System als wertvoll; dagegen sollte auf Informationen der anderen Typen (z. B. C1, X2, B3 etc.) nicht abgestellt werden, wenn sie sich nicht später doch verifizieren lassen.

### 7.4.4 Der Einsatz von Vertrauenspersonen

Wird ein Informant gezielt eingesetzt, indem er von der Polizei beauftragt wird, gewisse Informationen aktiv einzuholen, dann spricht man von einer Vertrauensperson (VP). Die Vertrauensperson hat oft schon Kontakte in die Kreise von Tatverdächtigen (und verdient aus diesem Grund eigentlich gerade kein Vertrauen der Strafverfolgungsbehörden, genießt aber immerhin das Vertrauen der Tätergruppe). Die VP kann aus unterschiedlichen Gründen bereit sein, den Strafverfolgungsbehörden gewisse Informationen zu geben, welche die Aufklärung von Straftaten ermöglichen. Voraussetzung dafür ist normalerweise nur, dass diese Informationen nicht aktenkundig werden. Im Unterschied zu Informanten erhalten Vertrauenspersonen von ihren polizeilichen Führungspersonen konkrete Aufträge dazu, welche Informationen sie beschaffen sollen; weil die VP aus diesen Aufträgen schließen kann, in welche Richtung die Polizei ermittelt, muss sie besonders vertrauenswürdig in dem Sinn sein, dass die Erwartung bestehen muss, sie werde die Informationen weder an die Zielperson weitergeben noch für eigene Zwecke ausnützen.

In Deutschland wie in der Schweiz ist umstritten, unter welchen Rahmenbedingungen der Einsatz von Vertrauenspersonen zulässig ist. Rechtsstaatlich heikel sind solche Einsätze, weil die Gefahr besteht, dass die Vertrauensperson das deliktische Geschehen selbst beeinflusst, wenn sie Informationen abschöpft. Jedenfalls darf die Grenze zur verdeckten Ermittlung (die bewilligungspflichtig ist) nicht überschritten werden.

Es handelt sich auch taktisch um ein äußerst schwierig zu handhabendes Instrument. Insbesondere gilt es zu verhindern, dass die Vertrauensperson im Strafverfahren enttarnt wird, was oft mit dem Wunsch in Konflikt gerät, die Erkenntnisse der Vertrauensperson als Beweise ins Strafverfahren einzuführen. Problematisch ist häufig auch die genaue Kontrolle der Tätigkeit der Vertrauensperson; es besteht immer die Gefahr, dass sie auch eigene Interessen verfolgt, die im krassen Gegensatz zu den Interessen der Strafverfolgung stehen. Das kann im Extremfall dazu führen, dass die Vertrauensperson ihre Zielperson zu Straftaten anstiftet, welche diese sonst nicht begangen hätte.

Um Erfahrungen möglichst breit auszutauschen, wurde eine internationale Arbeitsgruppe ins Leben gerufen (ICHISWG – International Covert Human Intelligence Source Working Group), in der die Spezialisten aus mehreren Ländern ihre Erfahrungen austauschen. Das führt dazu, dieses Instrument international gleich anwenden zu wollen. Es gelten aber die gesetzlichen Grundlagen am Einsatzort, sodass besonders darauf zu achten ist, dass die Führungspersonen sich nicht nur an den internationalen Standards orientieren, sondern die Rechtslage am Einsatzort kennen und einhalten.

Taktisch geht es meistens darum, durch die Informationsgewinnung über die VP weitere Ermittlungsansätze zu finden, welche die Aufklärung von Straftaten erleichtern.

### 7.4.5 Der Einsatz nicht offen ermittelnder Polizeibeamter

Weder in Deutschland noch in der Schweiz ist der Einsatz nicht offen ermittelnder Polizeibeamter („noeP" oder nach Schweizer Terminologie als verdeckte Fahnder bezeichnet) gesetzlich geregelt. Der Begriff ist nur im Zusammenhang mit demjenigen des verdeckten Ermittlers zu verstehen. Der noeP ist ein Beamter, der bloß für kurze Zeit verdeckt eingesetzt wird, um mit einem Straftäter in Kontakt zu treten, der ihn nicht als Polizeibeamten erkennen, sondern für einen Partner in illegalen Geschäften halten soll.

Der Einsatz des noeP ist nicht auf Dauer angelegt ist, sondern beschränkt sich in der Regel auf einen einzigen oder zumindest einige wenige Kontakte mit der tatbereiten Zielperson. Die Gefahr der Beeinflussung, die in eine Anstiftung umschlagen könnte, ist also bei solchen Einsätzen gering. Es wird nicht aktiv eine Scheinidentität aufgebaut, sondern der noeP gibt sich bloß nicht als Polizeibeamter zu erkennen, wobei sich die Tarnung auf falsche Angaben beschränkt und nicht mit einer Legende untermauert ist.

Deshalb geht man in Deutschland davon aus, dass nicht die engen gesetzlichen Voraussetzungen für den Einsatz eines verdeckten Ermittlers gelten. Der noeP wird sich allerdings nach dem Einsatz nicht auf die Schutzmaßnahmen berufen können, die für den verdeckten Ermittler gelten; insbesondere wird er in der Regel im Strafverfahren nicht anonym bleiben können. In der Schweiz kam das Bundesgericht in einem Entscheid aus dem Jahr 2008 zum Schluss, dass immer dann, wenn ein Polizeibeamter unter Täuschung seiner wahren Identität mit einem Verdächtigen in Kontakt tritt, eine verdeckte Ermittlung vorliegt, die nur nach den gesetzlichen Regeln zulässig ist. Es muss also um eine Katalogtat gehen, und der Einsatz ist richterlich zu bewilligen.

> Konkret ging es darum, dass ein Polizeibeamter sich in einem Teenager-Chat als 13-jähriges Mädchen ausgab und dann auf das Angebot eines Pädophilen, sich zwecks sexueller Kontakte zu treffen, einging. Das Bundesgericht hielt dies für eine verdeckte Ermittlung, obwohl auch ihm klar war, dass die meisten Benutzer von Chat-Rooms ihre richtige Identität nicht offen legen. Seit diesem Entscheid ist die Unsicherheit von Polizeipraktikern groß, inwieweit der Einsatz von noeP überhaupt noch möglich ist.

Mit einer Revision der Strafprozessordnung soll der Einsatz von verdeckten Fahndern in Art. 298a ff. StPO ausdrücklich geregelt werden, um solche Einsätze wieder zu ermöglichen; diese Revision dürfte etwa 2013 in Kraft treten.

Der Einsatz eines noeP ist dann angezeigt, wenn rasch zum Schein auf ein Angebot eines Verdächtigen zum Abschluss eines illegalen Geschäftes reagiert werden soll. Wenn das Geschäft (für die Strafverfolgung) erfolgreich verläuft und der Verdächtige in flagranti erwischt wird, dann bleibt der Verteidigung wegen der klaren Beweislage meistens nichts anderes übrig, als die Zulässigkeit der Maßnahme in Frage zu stellen, insbesondere also zu behaupten, es habe sich in Wirklichkeit um eine verdeckte Ermittlung gehandelt, eine richterliche Bewilligung liege aber nicht vor, sodass ein Beweisverwertungsverbot zu beachten sei. Es gilt deshalb, den Einsatz des noeP zumindest sauber zu dokumentieren und im Zweifel doch um die nötige richterliche Bewilligung zu ersuchen, falls sich der Einsatz in die Länge zieht.

NoeP werden heute vorwiegend für Aufkäufe im Drogen-Kleinhandel eingesetzt. In Deutschland führt der noeP jeweils im Abstand von Tagen mehrere Aufkäufe durch, beim letzten Geschäft wird die Zielperson dann verhaftet; es geht darum, qualifizierten Drogenhandel beweisen zu können. In der Schweiz wird meistens unmittelbar nach dem ersten Aufkauf zugegriffen, weil dort für das Erreichen des qualifizierten Falles sehr zahlreiche Aufkäufe bei der gleichen Person nötig wären, sodass man sich darauf beschränkt, ein Einzelgeschäft zu beweisen und zu bestrafen. In der Regel kauft der noeP eine Portion Drogen und bezahlt mit markierten Noten; Sekunden nach dem Geschäft wird der Verkäufer polizeilich festgenommen. Der Aufkäufer verfügt dann über die verkaufte Ware, der Verkäufer über das markierte Geld; bestehen spurenmäßig Zweifel, dann ist es insbesondere im Kokainhandel, wo die Drogenportionen vom Verkäufer meistens in kleinen Kugeln im Mund mitgeführt werden, in der Regel möglich, DNA-Spuren des Verkäufers auf den Drogenportionen nachzuweisen. Seit Mitte 2004 bis Ende 2008 wurden mit dieser Strategie in Zürich etwa 3000 und in St. Gallen etwa 400 Verkäufer überführt und einer raschen Bestrafung zugeführt, der Erfolg der Maßnahme nützte sich allerdings ab, weil die Händler vorsichtiger werden. Wegen der Änderung der Gerichtspraxis im Jahr 2008 gälten solche Einsätze mittlerweile als verdeckte Ermittlungen und wären (weil der Deliktskatalog sehr eng ist) nicht bewilligungsfähig. Solche Einsätze werden deshalb in der Schweiz nicht mehr durchgeführt.

### 7.4.6 Der Einsatz verdeckter Ermittler

Die schwierigste und anspruchsvollste Art der verdeckten Beweiserhebung ist das Einschleusen eines Polizeibeamten, eines so genannten Verdeckten Ermittlers (VE), in eine mutmaßlich verbrecherische Gruppe.

Rechtsstaatlich besonders heikel ist der Einsatz verdeckter Ermittler, weil diese mit der Zielperson in Kontakt treten und sie allenfalls bei der Begehung von Straftaten beeinflussen, indem sie Tatort und Tatzeit, aber auch den Umfang der Geschäfte mitbestimmen. Es handelt sich um die einzige Form der Beweiserhebung, mit welcher der Beweisgegenstand direkt beeinflusst wird (Diese Gefahr besteht zwar auch beim Einsatz von Vertrauenspersonen und nicht offen ermittelnden Polizeibeamten, bei verdeckter Ermittlung gehört dieser Umstand aber zum System). Damit besteht die Gefahr, dass der Beschuldigte zu Straftaten angestiftet wird, die er ohne Einsatz des verdeckten Ermittlers gar nicht begangen hätte. Der Einsatz muss deshalb auf einem vorbestehenden Tatverdacht beruhen, und der verdeckte Ermittler darf die Tatbereitschaft der Zielperson nicht wecken, sondern muss sich darauf beschränken, tatkonkretisierend zu wirken, indem er auf die Angebote der Zielperson zum Schein eingeht.

In welchen Konstellationen ist der Einsatz des verdeckten Ermittlers möglich und zulässig? Es kommen in der Praxis drei Fallgruppen vor:

- Der VE tritt als Opfer auf; er interessiert sich zum Beispiel für ein Geldanlagemodell, das als betrügerisch verdächtigt wird, oder für nicht als solche deklarierte Hehlerware oder für gefälschte Waren, die angeblich echt sind. Solche Einsätze sind in der Regel unproblematisch, weil nur in seltenen Konstellationen nachträglich behauptet werden kann, der Täter sei vom Opfer zur Tat provoziert worden.

- Der VE tritt als Abnehmer bei „Verwertungsdelikten" auf; er kauft also Drogen oder gestohlene Vermögenswerte (mit Wissen um die Herkunft) an. Solche Einsätze sind dann unproblematisch, wenn bewiesen werden kann, dass die Zielperson schon über die Ware verfügte, bevor der VE ins Spiel kam, oder dass die Zielperson auch mit Dritten Geschäfte in der gleichen Größenordnung abgeschlossen hat. Bei beiden Konstellationen wird die Zielperson nicht erfolgreich behaupten können, der VE habe sie zur De-

linquenz angestiftet. Die Beweisführung soll sich also in solchen Verfahren nicht nur auf das Geschäft mit dem VE konzentrieren, sondern es muss unbedingt versucht werden, auch Geschäfte mit Dritten abzuklären und den Nachweis zu erbringen, dass die Ware schon für die Zielperson verfügbar war, bevor der verdeckte Ermittler ins Spiel kam.
- Der VE tritt als Lieferant bei „Verwertungsdelikten" auf; er verkauft also Drogen oder andere illegalen Waren. Auf solche Einsätze soll auf jeden Fall verzichtet werden; es geht nicht an, dass der Staat die Zielperson auf diese Weise zur Delinquenz bringt, auch wenn sie dazu ohne Weiteres bereit wäre. Diese Art von VE-Einsätzen ist denn auch in Deutschland und der Schweiz verpönt, während sie etwa in den USA immer noch bisweilen praktiziert wird.

Der Einsatz verdeckter Ermittler ist in Deutschland in § 110a ff. StPO und in der Schweiz in Art. 286 ff. StPO geregelt. Der verdeckte Ermittler ist ein Beamter des Polizeidienstes, der unter einer auf Dauer angelegten veränderten Identität, die mit fiktiven Urkunden gestützt werden darf, in das kriminelle Milieu eindringt, um Straftaten aufzuklären. Die Identität kann auch nach der Beendigung des Einsatzes geheim gehalten werden. Es gilt in Deutschland wie in der Schweiz ein Deliktskatalog, der sich auf schwere Straftaten beschränkt. Für den Einsatz des VE ist eine richterliche Genehmigung erforderlich, wenn dieser gegen bestimmte Beschuldigte ermittelt (oder in Deutschland auch, wenn er fremde Wohnungen betritt).

Das Instrument der verdeckten Ermittlung ist schwierig zu handhaben. Insbesondere muss dafür gesorgt werden, dass die Identität des verdeckten Ermittlers nicht aufgedeckt wird, die seine Sicherheit garantiert. Das erfordert es, den verdeckten Ermittler so in eine kriminelle Gruppe einzuführen, dass die überführten Täter auch im Nachhinein nicht herausfinden können, wer ihn vorgestellt hat. Die früher oft praktizierte Strategie, verdeckte Ermittler durch Informanten einzuschleusen, wurde deshalb aufgegeben, um die Informanten zu schützen. Man schaltet bei solchen Konstellationen mittlerweile zwei bis drei verdeckt arbeitende Polizeibeamte dazwischen, die jeweils nur ganz kurz mit der Zielperson verhandeln und dann eine weitere Person ins Spiel bringen. Auf diese Weise ist nach Abschluss der Aktion von der Zielperson kaum mehr erkennbar, wer den verdeckten Ermittler letztlich eingeführt hat. Zusätzlich

## Zweiter Teil: Die Methode

werden verdeckte Ermittler oft international ausgetauscht und zur Verfügung gestellt, um die Spuren zur Herkunft der Information zu verschleiern. Es gibt zu diesem Zweck eine Arbeitsgruppe, die IWG (International Working Group on Undercover Police Activities).

> Der Aufbau einer Legende eines verdeckten Ermittlers kann ausgesprochen aufwändig und schwierig sein; die Enttarnung führt deshalb schon finanziell zu enormen Schäden. Im Zusammenhang mit den Ermittlungen gegen einen Schweizer Bankier wegen Geldwäscherei wurde 2003 ein verdeckter Ermittler aus Deutschland eingesetzt, der über Jahre mit einer (scheinbar) perfekten Legende im Bereich von Finanzgeschäften ausgestattet worden war. Er konnte im Rahmen des Schweizer Einsatzes von der Presse enttarnt werden. Der Schaden, der dadurch entstand, wird auf etwa eine halbe Million € geschätzt.
>
> Im gleichen Verfahren wurde auch die Vertrauensperson, die den verdeckten Ermittler eingeführt hatte, von der Presse enttarnt. Es handelte sich um einen in den USA vorbestraften südamerikanischen Drogenhändler, der nach seiner Strafverbüßung von den amerikanischen Behörden an die Bundesanwaltschaft vermittelt und von dort an die Bundeskriminalpolizei weitergereicht worden war, weil er angab, Kenntnisse über das Schweizer Geldwäschermilieu zu besitzen. Nach seiner Enttarnung entwickelte sich in der Schweiz ein Skandal, der zunächst zum Rücktritt des Bundesanwaltes und später mittelbar auch zur Abwahl des Justizministers führte.

Während der Dauer der verdeckten Ermittlung ist besonders darauf zu achten, dass der VE nicht übermäßig auf den Verdächtigen einwirkt, ihn also nicht zu Taten veranlasst, welche der Verdächtige von sich aus nicht begangen hätte. Nach Art. 293 der Schweizer StPO dürfen die VE „keine allgemeine Tatbereitschaft wecken und die Tatbereitschaft nicht auf schwerere Straftaten lenken. Sie haben sich auf die Konkretisierung eines bereits vorhandenen Tatentschlusses zu beschränken." Das dürfte auch in Deutschland gelten. Aus diesem Grund ist es besonders wichtig, dass der Einsatz des VE genau dokumentiert wird, und zwar durch Amtsberichte seiner Führungsperson, welche für die Instruktion und Führung des VE verantwortlich ist und sicherstellt, dass die Grenzen des Zulässigen nicht überschritten werden. Dabei sind nach *Harald Hans Körner* (Kriminalistik 2002 S. 449) vor allem folgende Regeln zu beachten:

- Voraussetzung des Einsatzes ist ein schon bestehender Tatverdacht gegen die Zielperson. Unverdächtige Personen dürfen nicht in VE-Geschäfte verwickelt werden.

- Die Zielperson soll zu keinen Geschäften geführt werden, die sie nicht selbst in dieser Art und in diesem Umfang geplant hat. Es darf also beispielsweise nicht darauf gedrängt werden, dass der

## 7. Zu wenig Daten

VE größere Mengen Betäubungsmittel kauft, als die Zielperson anbietet.

- Die Zielperson soll nicht durch intensives Drängen oder durch Anbieten unüblicher Bedingungen oder gar durch Drohungen zu einem Geschäft gedrängt werden; das heißt insbesondere, dass nur szeneübliche Preise (oder eher weniger) angeboten werden dürfen. Die Schwierigkeit in diesem Zusammenhang kann auf zwei Fragen reduziert werden: Welche Hürde zur Tatbegehung ist der verdeckte Ermittler bereit zu bauen? Welche Hürde ist der Täter bereit zu überwinden? Je höher diese Hürde ist, desto weniger Schwierigkeiten ergeben sich in diesem Zusammenhang.
- Der Zielperson sollen nicht Tatmittel zur Verfügung gestellt oder Tathindernisse beseitigt werden, ohne welche die Tat nicht möglich wäre. Es sollen also z. B. dem Täter weder Geldmittel vorgestreckt noch Schmuggelbehältnisse, Fahrzeuge oder auch Ausweise bzw. Visa beschafft werden, ohne die er einen Drogentransport gar nicht organisieren könnte.

Der erfolgreiche Einsatz verdeckter Ermittler endet im besten Fall mit der Verhaftung der Zielperson in flagranti. Das bedeutet, dass im Nachhinein am Sachverhalt nicht mehr zu rütteln ist und die einzige Verteidigungsstrategie des Überführten noch darin bestehen kann, Verfahrensmängel zu rügen. Deshalb ist es entscheidend wichtig, die verdeckte Ermittlung korrekt anzuordnen und durchzuführen und dies auch sauber zu dokumentieren. Besonders gefährlich ist in diesem Zusammenhang die leider übliche Art der Berichterstattung: Nach Abschluss der Aktion wird ein Amtsbericht über den Verlauf der Ermittlung erstellt, der den Ablauf der Maßnahme schildert, sich aber immer am Endresultat orientiert. Besser wäre es, über sämtliche Treffen des VE mit der Zielperson einen kurzen Amtsbericht zu erstellen, damit auch im Nachhinein die Entwicklung der verdeckten Ermittlung sauber zu dokumentieren ist und insbesondere der Beweis darüber geführt werden kann, dass das Endresultat den ursprünglichen Absichten entsprach oder – falls dies, wie es häufig vorkommt, nicht der Fall ist – der verdeckte Ermittler sauber über die Ausweitung des Auftrags instruiert wurde und die nötigen richterlichen Bewilligungen auch dafür vorliegen.

Es gibt immer wieder Einsätze von verdeckten Ermittlern, die abgebrochen werden müssen, bevor sich ein Erfolg einstellt. Das kann daran liegen, dass es dem verdeckten Ermittler nicht gelingt, überhaupt genügend tief in ein kriminelles Milieu einzudringen. Allenfalls kann es aber auch zu Situationen kommen, wo der Ermittler riskiert, enttarnt zu werden. In solchen Fällen ist ein kontrollierter Rückzug unumgänglich, um die Legende des Ermittlers nicht zu gefährden. Im Weiteren muss der Einsatz des verdeckten Ermittlers, der im Rahmen eines Strafverfahrens stattfand, allenfalls nachträglich dem Beschuldigten eröffnet werden. Insbesondere in der Schweiz ist klar, dass der Verzicht auf eine Mitteilung an den Beschuldigten nur in ganz bestimmten Fällen möglich ist und nicht mit dem bloßen Umstand begründet werden darf, die Legende des verdeckten Ermittlers sei bei Offenlegung des Einsatzes gefährdet. Daran sollte schon bei der Planung des Einsatzes gedacht werden, indem in den Bewilligungsgesuchen dem Gericht nur diejenigen Umstände offengelegt werden, die nicht zu einem allzu großen Schaden führen, wenn der Einsatz nachträglich mitgeteilt werden muss.

Die amerikanische Praxis kennt eine weitere Form der verdeckten Ermittlung, den Undercover Agent (UCA), also den Beamten, der langfristig, ohne konkreten Ermittlungsauftrag in eine kriminelle Szene eingeschleust wird und allenfalls sogar Straftaten begehen darf. Weil der Einsatz eines UCA weder einen konkreten Tatverdacht voraussetzt noch eng durch eine Führungsperson begleitet wird, ist er nach der bei uns geltenden Auffassung unzulässig.

### 7.4.7 Kontrollierte Lieferungen

Wurde der Transport verbotener Waren aufgedeckt, dann freute man sich früher in der Regel über den Erfolg, beschlagnahmte die Ware und verhaftete den Transporteur. Allerdings blieb das Ergebnis immer dann unbefriedigend, wenn der Verhaftete über die Umstände des Transportes nur sehr wenig wusste (oder zu wissen vorgab), wenn es sich also um einen bloßen Kurier handelte, der die Ware von einem ihm möglicherweise unbekannten Lieferanten erhalten hatte (was allerdings noch heute die Ausnahme ist) und sie einem ihm nicht näher bekannten Abnehmer ausliefern musste (was sehr oft vorkommt). Nicht selten konnten solche Kuriere sogar erfolgreich behaupten, sie wüssten überhaupt nicht, was sie transportiert hätten. Der Fahndungserfolg beschränkte sich in solchen Fällen darauf, dass man für die Statistik eine Sicherstellung verbuchen und einen für das fragliche Geschäft eher unbedeutenden Beteiligten zur Verantwortung ziehen konnte.

Um wirklich die Hintergründe solcher Transporte aufdecken und die Hinterleute überführen zu können, ist man deshalb mittlerweile dazu übergegangen, bei günstigen Umständen nicht sofort beim Entdecken der verbotenen Ware zur Beschlagnahme und Verhaftung zu schreiten, sondern eine kontrollierte Lieferung bis zu deren Bestimmungsort durchzuführen, falls sich dies kurzfristig organisieren lässt. Das ist heute eine realistische taktische Option, wenn an Flughäfen oder an Zöllen Betäubungsmittel entdeckt werden; kontrollierte Lieferungen sind aber auch bei allen andern Arten von verbotenen Waren, z. B. bei größeren Mengen von Falschgeld oder gefälschten Wertpapieren, bei illegal gehandelten Waffen oder bei geschmuggelten Waren wie Zigaretten denkbar.

In der Praxis hat man es mit drei verschiedenen Konstellationen zu tun:

- Illegal im Frachtverkehr transportiere Ware wird entdeckt; der Zoll stellt also z. B. in einem Paket aus Kolumbien Kokain fest, das in einen Kunstgegenstand verarbeitet wurde. Aus den Frachtpapieren ergibt sich, an wen die Ware zugestellt werden soll. Beschlagnahmt man sie und befragt man anschließend den Empfänger, dann wird er (oft unwiderlegbar) behaupten, er habe gar nicht gewusst, dass ihm ein Paket zugestellt werden solle, und er kenne den Absender nicht. Mit der kontrollierten Lieferung wird in solchen Fällen erreicht, dass der Empfänger die Ware in Empfang nimmt und auspackt. Wenn sich zusätzlich – zum Beispiel durch eine Telefonüberwachung – nachweisen lässt, dass der Empfänger Vorbereitungen zum Absatz der Ware trifft, sind die Beweisprobleme beseitigt. Solche Aktionen sind in der Regel Erfolg versprechend, wenn man den Zeitplan beeinflussen kann (was bei der Postzustellung von Paketen zutrifft, dagegen bei der Zustellung durch private Kurierdienste eher schwierig ist, weil weniger zeitlicher Spielraum besteht und es heikel sein kann, den Kurierdienst überhaupt in die Sache einzuweihen). Ein gewisses Risiko darf allerdings in Kauf genommen werden, weil sich sonst der polizeiliche Erfolg meistens auf die Sicherstellung der Ware beschränkt und der Abnehmer nicht überführt werden kann.

- Die illegale Ware wird entdeckt, ohne dass der Kurier es überhaupt merkt; man stellt also zum Beispiel bei der Gepäckkontrolle in einem Koffer einen doppelten Boden fest, in den Kokain versteckt wurde. In solchen Fällen kann man sich darauf konzentrieren, den Kurier zu überwachen, bis er die Ware übergibt. Das ist allerdings ausgesprochen aufwändig und taktisch anspruchsvoll, weil nicht abzusehen ist, wo und wann der Kurier den Abnehmer der Ware treffen wird, sodass sehr rasche Reaktionen auf vorher nicht bekannte Entwicklungen der Geschichte erforderlich sind. Dazu kommt, dass die Übergabe der Ware oft im Verborgenen erfolgt; der Kurier begibt sich zum Beispiel in ein Hotel, wo lückenlos überwacht werden muss, wo er sich aufhält und mit wem er sich trifft. Schließlich besteht die Gefahr, dass der Kurier sich (allenfalls samt Ware) der Kontrolle entziehen kann. Diese Gefahr besteht vor allem darum, weil im Grunde genommen mehrere Observationen gleichzeitig erforderlich sind: es müssen zum Ersten der Kurier, zum Zweiten die Ware (sobald sich der Kurier von ihr trennt, also zum Beispiel das Hotelzimmer verlässt, ohne die Ware mitzunehmen) und zum Dritten allenfalls Kontaktpersonen observiert werden, solange nicht klar ist, ob die Ware übergeben wurde. Solche Aktionen sind nur Erfolg versprechend, wenn es sich um Ware von einigem Volumen handelt, also etwa um größere Mengen von Betäubungsmitteln, deren Übergabe leichter zu erkennen ist, weil der Empfänger der Ware sie sichtbar mit sich führen muss.

- Der Kurier wird bei der Kontrolle entdeckt und kann dann zur Kooperation veranlasst werden. Diese taktische Variante setzt voraus, dass der kontrollierende Beamte sofort reagiert, weil schon eine geringe Zeitverzögerung möglicherweise auffallen wird. Stellt die Polizei am Flughafen beispielsweise einen Drogenkurier fest, der die Kokainpakete am Körper trägt (oder in kleinen Portionen verpackt verschluckt hat, was heute bei Kokain, das von Afrikanern nach Europa transportiert wird, häufig vorkommt), dann wird eine kontrollierte Lieferung schon dann schwierig, wenn der Kurier nicht mit den andern Passagieren des gleichen Flugzeugs das Flughafengelände verlassen kann. Denn es kommt vor allem bei größeren Lieferungen vor, dass der Kurier vom Empfänger der Ware offen oder verdeckt schon am Flughafen beobachtet wird. Entscheidet man sich zur kontrollierten Lieferung, dann hat man zwar taktisch etwas mehr Spielraum, als wenn der Kurier nicht weiß, dass er entdeckt wurde. Man kann ihn also veranlassen, den Empfänger der Ware etwas später anzurufen als geplant, wenn man ihm eine plausiblen Ausrede vorgibt, oder er kann allenfalls sogar den Übergabeort selbst bestimmen oder den ihm vorgeschlagenen Übergabeort ablehnen und einen für die Polizei günstigeren vorschlagen. Auf der andern Seite besteht immer das Risiko, dass es dem Kurier nicht nur gelingt, den Abnehmer verdeckt zu warnen, sondern dass er sich der polizeilichen Kontrolle sogar entziehen kann, im schlimmsten Fall unter Mitnahme des Deliktsgutes. Ertappte Kuriere werden nämlich mittlerweile bereits instruiert, wie sie auf das Angebot einer kontrollierten Lieferung zum Schein reagieren sollen. Die verdeckte Warnung des Abnehmers ist (durch Vereinbarung unverfänglicher Codeworte oder bestimmter Verhaltensweisen) relativ einfach zu organisieren, und dem Kurier bleibt immerhin die Chance, dass er sich der Verhaftung doch noch entziehen kann, wenn er einer kontrollierten Lieferung zustimmt. Es ist also immer damit zu rechnen, dass der Kurier einer solchen verdeckten Lieferung nur zum Schein kooperieren und die erste Chance zur Flucht ergreifen wird.

Bei allen drei Konstellationen ist zu prüfen, ob geeignete Maßnahmen zur Sicherung der verbotenen Ware möglich sind. Am sichersten ist es, die verbotene Ware zu beschlagnahmen und einen Ersatzstoff in das Transportbehältnis einzubauen. Das Kokain wird also zum Beispiel durch Traubenzucker ersetzt, der mit einer Substanz vermengt ist, welche die Finger markiert, sodass sie entweder direkt schwarz werden oder zumindest unter einer Speziallampe gefärbt erscheinen. Auf diese Weise kann später der Beweis erbracht werden, dass der Empfänger die Ware wirklich auspackte. Das setzt allerdings voraus, dass genügend Zeit vorhanden ist, vermeidet aber anderseits das Risiko, dass die verbotene Ware, die sich ja schon unter Kontrolle der Polizei befand, dann doch wieder verloren geht und in Umlauf kommt. Wenn mit Ersatzstoff gearbeitet wird, kann also ein etwas höheres Risiko der Aktion in Kauf genommen werden.

Weniger zeitaufwendig ist es, die Ware mit einem Peilsender zu versehen; das setzt allerdings ein gewisses Volumen und die Möglichkeit voraus, den Sender verstecken zu können, kommt also bei größeren Mengen von Betäubungsmitteln eher in Frage als bei Falschgeld.

Falls ein Kurier im Spiel ist, muss sichergestellt werden, dass nicht nur die Ware, sondern auch der Kurier selbst unter Kontrolle bleibt. Bei der zweiten Konstellation (der Kurier weiß nicht, dass er entdeckt wurde) muss er durchgehend observiert werden, allenfalls sind auch sehr kurzfristig Telefonüberwachungen zu schalten, wenn der Kurier sich z. B. in ein Hotel begibt. Die dritte Variante eröffnet neuerdings die taktische Möglichkeit, dass der Kurier mit einem Peilsender versehen wird, wie er beim Electronic Monitoring als Form des Strafvollzugs verwendet wird.

In rechtlicher Hinsicht sind kontrollierte Lieferungen auch über Landesgrenzen heutzutage kein Problem mehr: Schon das Europäische Übereinkommen über die Rechtshilfe in Strafsachen vom 20. April 1959 schloss sie zumindest nicht aus (vgl. Art. 15 Ziff. 4). Das zweite Zusatzprotokoll zu diesem Übereinkommen vom 8. November 2001 sieht nun in Art. 18 kontrollierte Lieferungen ausdrücklich vor. Zu beachten ist, dass der Empfängerstaat über die kontrollierte Lieferung entscheidet; er kann sie also ohne Weiteres ablehnen oder die Modalitäten im Detail festlegen.

### 7.5 Die Provokation zu unüberlegten Handlungen

Gegenüber diesen modernen Mitteln der verdeckten Beweiserhebung ist das Stellen von Fallen etwas in Vergessenheit geraten, obwohl es bedeutend weniger Aufwand verursacht, rechtlich meist unproblematisch ist und auch bei eher geringfügiger Delinquenz eingesetzt werden kann. Zu denken ist vorab an Diebesfallen: Wenn irgendwo wiederholt gestohlen wird und die Täterschaft vernünftig eingegrenzt werden kann, kann man mögliches Deliktsgut markieren. Gegenstände werden also mit chemischen Stoffen versehen, die auf den Händen des Täters unsichtbare oder nicht entfernbare Spuren verursachen. Bei Geldscheinen werden die Seriennummern aufgeschrieben. Verschwindet der Gegenstand oder das Geld, können alle Personen überprüft werden, welche als Täter in Frage kommen. Der Einsatz solcher Mittel ist allerdings nur zulässig, wenn man den Täter nicht geradezu zur Tat verführt.

> In Schweizer Großstädten wurde erwogen, Fahrräder mit Peilsendern auszustatten, um sie als Diebesfallen zu verwenden. Dort, wo Fahrradentwendungen häufig sind, etwa an Bahnhöfen oder bei Schulen, können solche Fahrräder deponiert und dann geortet werden, wenn sie verschwinden. Rechtlich ist dies unproblematisch, wenn es sich um durchschnittliche Fahrräder handelt, die mit üblichen Diebstahlsicherungen versehen sind; heikel wäre es, wenn man ein Luxusrad so präparieren und ungesichert am Fahrradstand eines Bahnhofs abstellen würde.

Ein je nach Situation taugliches Mittel, um zu weiteren Daten zu gelangen, besteht darin, den Täter im Rahmen des Erlaubten zu provozieren, ihn aus dem Busch zu klopfen. In der Schweiz wird regelmäßig mit Internet-Fahndungen nach gewalttätigen Hooligans gesucht, von denen zwar Bilder vorhanden sind, die aber nicht identifiziert werden konnten. Es zeigt sich, dass bereits die Ankündigung, man werde solche Bilder aus dem Umfeld eines bestimmten Fußballspiels publizieren, gewisse Leute dazu führt, sich als Verursacher von Beschädigungen zu melden, und zwar oft, ohne dass überhaupt Bilder dieser Personen vorhanden sind. Die Aussicht, als gewalttätig bezeichnet zu werden (und damit vor allem mit seinem Arbeitgeber Probleme zu kriegen), genügt bereits, damit sich solche Personen stellen. Erfolgreich sind oft auch Pressemeldungen über Funde von Bunkern mit Diebesgut oder Drogen. Wenn man solche Verstecke längere Zeit überwacht hat, ohne dass jemand dort erscheint, hilft manchmal die Medienmitteilung, die den Täter veranlassen kann, nachzuschauen, ob es sich um seinen Bunker handelt, der ausgehoben wurde.

Besonders erfolgreich ist es, während der Dauer von verdeckten Beweiserhebungen Störungen einzubauen, um den Verdächtigen zu unüberlegten Handlungen zu provozieren, wenn sich auf andere Weise keine konkreten Erkenntnisse gewinnen lassen. Der unter Telefonüberwachung stehende Drogenhändler, der ein Straßenverkehrsdelikt begangen hat, kann ohne Angabe von Gründen zur Vernehmung vorgeladen werden; er wird dann möglicherweise am Telefon mit Kollegen darüber spekulieren, worum es gehen könnte. Es kann jemand im Umfeld des Verdächtigen als Auskunftsperson vorgeladen werden, den man am Rand auch zur Person und zur Tätigkeit des Verdächtigen befragt. Vor und nach der Vernehmung wird sich der Befragte möglicherweise am (überwachten) Telefon mit dem Verdächtigten darüber unterhalten, worum es gehen könnte bzw. worum es tatsächlich gegangen ist und wieso sich die Strafverfolgungsbehörden für bestimmte Informationen interessieren. Wenn Telefonüberwachungen von Observationen begleitet werden und die Observanten auffallen, dann stellt sich oft im Nachhinein heraus, dass der Schaden gering war; am Telefon wird dann nämlich oft darüber spekuliert, weswegen man den Verdächtigen auf der Spur sei. Alle diese Maßnahmen sind zulässig, wenn nicht mit falschen Informationen gearbeitet wird. Unzulässig wäre etwa die falsche Pressemeldung, man habe nach einer Entführung einen Teil des Lösegeldes sichergestellt, um den Verdächtigen zu provozieren, im Versteck nachzusehen, ob wirklich ein Teil des Geldes weg sei. Zulässig scheint mir dagegen, einen tatsächlich erfolgten Drogenfund in der Presse zu melden, gleichzeitig aber Verdächtige zu observieren, die nachschauen wollen, ob es sich um ihre Drogen handelt.

Bisweilen kann es zum Erfolg führen, über die Medien einen gewissen Druck auf den Täter aufzubauen; dieses Vorgehen birgt allerdings erhebliche Risiken, weil man nie weiß, wie der Täter darauf reagieren wird.

> Der österreichische Briefbomber Franz Fuchs, der zwischen Dezember 1993 und Dezember 1996 bei Bombenanschlägen vier Menschen tötete und 15 zum Teil schwer verletzte, wurde erheblich verunsichert, nachdem der Kriminalpsychologe *Müller* ein weitestgehend zutreffendes Täterprofil publiziert hatte. Er geriet unter einen derartigen psychischen Druck, dass er bei einer Routinekontrolle der Polizei im Oktober 1997 die Nerven verlor und eine Bombe zündete, die ihm beide Hände abriss.

### 7.6 Besondere Fahndungsmaßnahmen

Die aktivsten Versuche, zu neuen Fakten zu gelangen, sind schließlich die besonderen Fahndungsmaßnahmen, bei denen mit großem Zeit- oder EDV-Aufwand nach Verdächtigen gesucht wird.

#### 7.6.1 Zielfahndung

Die Zielfahndung hat zum Zweck, durch Bildung eines Sonderkommandos besonders intensiv nach zur Festnahme gesuchten, besonders gefährlichen Straftätern zu fahnden. Zu diesem Zweck werden alle verfügbaren Informationen über die Person gesammelt und ausgewertet; das Umfeld dieser Personen wird durchleuchtet, allenfalls wird mit verdeckten Ermittlungen, insbesondere mit Telefonüberwachungen, versucht, die Zielperson zu lokalisieren.

Zielfahndungen haben sich in Deutschland breit etabliert; in der Schweiz scheut man oft den personellen Aufwand, der mit solchen Maßnahmen verbunden ist. Eine besondere gesetzliche Grundlage ist nicht erforderlich, wenn keine Informationsgewinnung nötig ist, die über das normale Maß der Beweiserhebung hinausgeht.

#### 7.6.2 Schleppnetzfahndung

Um was es bei der Schleppnetzfahndung geht, lässt sich am besten an einem Beispiel darstellen:

> Bei einer Entführung in Deutschland stellte man fest, dass die bisherigen Mitteilungen und Ultimaten der Täter alle in Paris zur Post gebracht worden waren, während sich die Verbrecher, wie sich aus anderen Umständen ergab, höchstwahrscheinlich in Deutschland aufhielten. Man ging daher davon aus, die Briefe würden jeweils per Kurier nach Paris gebracht. Infolgedessen ließ die zuständige Polizeistelle an der Grenze die Namen aller 25-35 Jahre alten Reisenden des Nachtschnellzuges Köln-Paris feststellen, vor allem diejenigen unmittelbar vor einer Briefaufgabe in Paris. Unter rund 3000 Namen von Reisenden fand man so denjenigen des Kuriers der Bande.

Es werden also bestimmte Daten, die bei Personenkontrollen der Polizei an der Grenze oder an Kontrollstellen (vgl. § 111 StPO) erhoben werden, computergestützt ausgewertet. Diese Maßnahme gewinnt an Bedeutung, seit Pässe und Personalausweise maschinell gelesen werden können. Sie wird möglicherweise noch bedeutsamer werden, wenn Systeme zur automatischen Identifikation und Wiedererkennung von Gesichtern (biometrische Daten) sich durchsetzen, womit in den nächsten zehn Jahren zu rechnen ist.

Die Schleppnetzfahndung ist in Deutschland in § 163d StPO geregelt, durch einen Deliktskatalog beschränkt und bedarf einer richterlichen Bewilligung, weil es um die Verwendung von Daten geht, die nicht zu Zwecken der Strafverfolgung bei einer Vielzahl unverdächtiger Personen erhoben wurden. In der Schweiz ist die Schleppnetzfahndung nicht gesetzlich geregelt und auch nicht üblich.

### 7.6.3 Rasterfahndung

Bei der Rasterfahndung werden nicht Daten von polizeilichen Kontrollen, sondern personenbezogene Daten aus Dateien, die für andere Zwecke als zur Strafverfolgung geführt werden, mittels EDV miteinander verglichen. Es geht um den Abgleich von täterspezifischen Merkmalen, die für sich allein völlig unverdächtig sind und keinen konkreten Bezug zur aufzuklärenden Straftat aufweisen; es werden beispielsweise die Daten der Straßenverkehrsämter und der Einwohnermeldeämter gerastert, wenn bekannt ist, dass der Verdächtige ein Fahrzeug einer bestimmten Marke fährt und in den letzten zwei Jahren dreimal den Wohnsitz gewechselt hat. Die Maßnahme ist darum besonders problematisch, weil oft eine große Zahl von Personen gerastert wird und dann auch völlig unverdächtige Personen im Raster hängen bleiben, die in der Folge auf die konkrete Straftat hin näher überprüft werden müssen.

Die Rasterfahndung ist in § 98a und b der deutschen StPO geregelt, durch einen Deliktskatalog beschränkt und erfordert eine richterliche Bewilligung. In der Schweiz fehlt eine gesetzliche Grundlage; systematische Rasterfahndungen unter Einbezug einer großen Zahl von Personen werden denn auch nicht durchgeführt.

> Nur eine besondere Art der Ermittlung, die man als Rasterfahndung bezeichnen könnte, wird in der Schweiz ab und zu vorgenommen. Es haben in den letzten Jahren zahlreiche Cannabiskonsumenten begonnen, in kleinem Stil in Kellern oder Lagerräumen Hanf anzubauen und dann teilweise auch weiter zu verkaufen. Weil die Produktion von Indoor-Hanf starke Lampen und eine künstliche Bewässerung erfordert, fallen solche Kleinproduzenten auf, weil sie plötzlich unerklärlich viel Strom beziehen. Die Nachfrage bei Elektrizitätswerken, welche Kleinverbraucher in den letzten Monaten einen sprunghaften Anstieg des Stromverbrauchs aufwiesen und ihre Rechnungen trotzdem ohne Rückfrage bezahlten, führt in solchen Fällen zum Erfolg.

**Einige Merksätze:**

- Abwarten lohnt sich in Strafverfahren nur dann, wenn der Straffall so erfasst wird, dass nachträgliche Erkenntnisse wirklich dem Fall zugeordnet werden können. Das setzt voraus, dass man die Spuren erfasst und in die entsprechenden Datenbanken einspeist.
- Die Öffentlichkeitsfahndung ist riskant, weil sie mit Informationen über den Fall verbunden sein muss, die man möglicherweise geheim halten sollte. Sie macht nur Sinn, wenn ernsthaft damit zu rechnen ist, dass sich nachträglich noch Personen mit nützlichen Informationen melden werden.
- Die Überwachung des Fernmeldeverkehrs ist die am meisten Erfolg versprechende verdeckte Beweiserhebung. Sie ist allerdings an strenge prozessuale Voraussetzungen geknüpft. Oft hilft auch die Erhebung bloßer Nutzungsdaten weiter.
- Technische Überwachungsgeräte liefern oft qualitativ schlechte Ergebnisse, stellen aber einen erheblichen Eingriff in die Rechte der Betroffenen dar. Ihr Einsatz sollte deshalb sorgfältig abgewogen werden.
- Beim Einsatz von Informanten ist insbesondere eine sorgfältige Prüfung der Informationsquelle erforderlich.
- Vertrauenspersonen genießen das Vertrauen von Straftätern; deshalb sollten die Strafverfolger bei ihrem Einsatz besonders sorgfältig und zurückhaltend vorgehen.

- Der Einsatz nicht offen ermittelnder Polizeibeamter ist Erfolg versprechend, wenn Kurzeinsätze möglich sind und die Grenzen verdeckter Ermittlung nicht erreicht werden müssen. Solche Einsätze müssen sehr sorgfältig dokumentiert werden, weil zu erwarten ist, dass im Hauptverfahren die Zulässigkeit von erfolgreichen Einsätzen bestritten wird.
- Noch anspruchsvoller ist der Einsatz von verdeckten Ermittlern, weil sie in der Lage sind, den Tatablauf direkt zu beeinflussen. Sie sollten nur in der Rolle als Opfer oder als Abnehmer bei Verwertungsdelikten auftreten, nicht aber als Anbieter verbotener Waren. Jede Beeinflussung des Beschuldigten muss vermieden werden; gegen ihn muss deshalb ein vorbestehender Tatverdacht vorhanden sein, er darf bei der Planung der Tat nicht beeinflusst werden. Der verdeckte Ermittler darf nicht zum Geschäft drängen oder unübliche Bedingungen anbieten, und er darf keine Tatmittel anbieten.
- Kontrollierte Lieferungen sind bei grenzüberschreitendem Verkehr mit verbotenen Waren möglich. Wichtig ist die Sicherung der verbotenen Ware, wenn immer möglich soll sie mit einem Ersatzstoff ausgetauscht werden.
- Besondere Fahndungsmaßnahmen, nämlich Zielfahndungen, Schleppnetzfahndungen und Rasterfahndungen, rechtfertigen sich nur im Bereich der Schwerstkriminalität, wenn die erforderlichen Ausgangsdaten vorhanden sind.

# Dritter Teil:
# Das Ergebnis

## 1. Der strafprozessuale Beweis

### 1.1 Das Programm der Beweisführung

In seiner „Wissenschaftslehre" gibt *Bernhard Bolzano* folgende Definition: „Wir pflegen ... jedes beliebige Etwas, von dem wir uns vorstellen, dass jemand sich desselben bedienen könnte, um durch die Lenkung der Aufmerksamkeit eines denkenden Wesens auf dasselbe in dem Gemüte des Letzteren ein Urteil M zu erzeugen, das er bisher entweder noch gar nicht, oder doch nicht mit so hohem Grade der Zuversicht gefällt hätte, einen Beweis (im zweiten Fall besonders eine Bestätigung) des Satzes M zu nennen." In einem engeren, streng wissenschaftstheoretischen Sinne versteht man unter beweisen, aus der vorausgesetzten Wahrheit von (anerkannten) Ausgangssätzen, und nur aus diesen, nach Sätzen und Regeln der Logik die Wahrheit eines anderen Satzes (des Folgesatzes) darzutun.

Der strafprozessuale Beweis steht zwischen diesen beiden Umschreibungen. Er beruht darauf, den Richter mit prozessualen Beweismitteln vom Vorliegen aller für seine Entscheidung erheblichen Tatsachen und Beziehungen zu überzeugen.

Was alles zu beweisen ist, wurde bereits dargestellt. Kurz wiederholt gilt es folgende Umstände zu belegen:

- den Sachverhalt, der den objektiven Tatbestand (in allen seinen Merkmalen) erfüllt,
- die Täterschaft,
- Tatort und Tatzeit,
- die Erfüllung der subjektiven Tatbestandsmerkmale durch den Täter,
- das Fehlen von Rechtfertigungsgründen (soweit sie in Frage kommen),
- das Fehlen von Schuldaufhebungsgründen (soweit sie in Frage kommen),
- Tatsachen, welche die Schuld erhöhen oder mindern,
- die Strafbarkeitsbedingungen und Prozessvoraussetzungen.

In der Praxis des Strafprozesses kann man allerdings davon ausgehen, dass nicht alle diese Umstände zu beweisen sind, weil es Tatsachen gibt, für die eine natürliche Vermutung spricht; sie sind so lange nicht beweisbedürftig, als sie nicht in Zweifel gezogen werden. Die Fragen 5 und 6 sind deshalb nur beweisbedürftig, soweit man sie in Frage gestellt hat und prüfen muss. Solche natürlichen Vermutungen sind – streng beweistechnisch gesehen – eher Schönheitsfehler. Man tut deshalb gut daran, auch bei Tatsachen, die im Moment noch nicht beweisbedürftig scheinen, an die Möglichkeiten entsprechender Beweisführung zu denken oder gar Beweise zur Hand zu haben, denn Zweifel können noch in einer späten Phase des Prozesses auftauchen, und die Beweisführung wird dann allenfalls erheblich schwieriger.

## 1.2 Schritte der Beweisführung

Wenn man sich noch etwas eingehender der Beweisführung zuwenden will, dann sind vor allem folgende Schritte herauszuheben:

### 1.2.1 Die beweisformalistische Säuberung des Ausgangsmaterials

Strafprozessuale Beweise können nur mit strafprozessualen Mitteln geführt werden. Alles, was nicht durch justizförmig erhobene Beweismittel belegt ist, muss ausgeschieden oder durch solche Mittel noch belegt werden. Die Aussage einer Person muss entweder als Beschuldigten- oder Zeugenaussage erhoben sein oder noch als solche erhoben werden. Eine Feststellung, Folgerung oder Berechnung, die sachverständiges Wissen voraussetzt, ist in Form eines Gutachtens vorzulegen. Der Beweisformalismus im Hinblick auf gesetzliche Regeln der Beweiswürdigung ist zwar modernen Strafprozessordnungen fremd; dagegen müssen die gesetzlichen Regeln der Beweiserhebung unbedingt beachtet werden.

Die Entwicklung des modernen Strafprozessrechts hat es mit sich gebracht, dass im Bezug auf eine steigende Zahl von Beweismitteln strenge formalistische Beweisregeln gelten. Zum Beispiel ist Folgendes zu beachten:

- Vernehmungen müssen, wenn sie im Prozess verwertbar sein sollen, unter bestimmten Umständen zustande gekommen sein. Bloße Aktennotizen darüber, was eine Person beobachtet oder gesagt habe, reichen in der Regel nicht. Beschuldigter und Zeuge müssen vom zuständigen Beamten zu Protokoll einvernommen worden sein; der Vernehmung muss eine meist gesetzlich im Detail geregelte Belehrung über Rechte und Pflichten vorangestellt werden. Insbesondere muss man den Beschuldigten auf das Schweigerecht und den Zeugen auf ein bestehendes Zeugnisverweigerungsrecht aufmerksam gemacht haben. Dem Beschuldigten muss Gelegenheit gegeben werden, jedem Belastungszeugen mindestens einmal Ergänzungsfragen zu stellen; die Wahrnehmung dieses Anspruchs setzt wiederum voraus, dass der Beschuldigte die Aussagen des Belastungszeugen vor der Konfrontation kennt.

- Bestimmte Beweiserhebungen dürfen nur von der Staatsanwaltschaft angeordnet werden. Beweiserhebungen, die mit erheblichen Grundrechtseingriffen verbunden sind, erfordern teilweise sogar die Zustimmung eines Richters. Wurden die gesetzlichen Vorschriften nicht eingehalten, fragt sich, ob die erforderliche Genehmigung nachgeholt werden darf oder ob im Gegenteil die Verwertung der mangelhaft erhobenen Beweise verboten und dieses Verbot allenfalls sogar mit Fernwirkung belegt ist.

In einigen Fällen ist es möglich, ursprünglich mangelhafte Beweise nachträglich noch in zulässiger Form zu erheben; Aussagen von Zeugen, die nur in Aktennotizen niedergelegt oder nur polizeilich befragt wurden, können nachträglich noch durch formelle Vernehmung zum Beweismittel erhoben werden. In andern Fällen kann der ursprüngliche Mangel nachträglich nicht mehr geheilt werden; das gilt etwa für Telefonüberwachungen, für welche die Bewilligung nicht nachträglich eingeholt werden darf. Immer mehr diskutiert wird zudem die Frage, ob nicht nur unzulässig erhobene Beweise, sondern auch die auf sie aufbauenden, ihrerseits an sich korrekt erhobenen Beweise nicht verwertbar sind. Die unter dem Titel „Fruit of the poisonous tree" geführte Diskussion gründet darauf, dass den Strafverfolgungsbehörden nur dann wirkungsvoll vorgeschrieben werden kann, gewisse Beweise nur unter bestimmten Formalien zu erheben, wenn als Sanktion die ganze Beweisführung in sich zusammenfällt, die auf unzulässig erhobenen Beweisen basiert.

Nach schweizerischem Recht sind Zufallsfunde aus Telefonüberwachungen (also Funde, die andere Delikte betreffen als diejenigen, die in der Anordnung der Überwachung genannt wurden) nur unter sehr einschränkenden Bedingungen verwertbar. Sind diese Bedingungen nicht erfüllt, dann sind nicht nur die Zufallsfunde nicht verwertbar, sondern auch alle Beweise, die

> auf ihnen basieren. Das gilt etwa für das Geständnis, das der Täter zu Protokoll gegeben hat, nachdem ihm ein ihn belastendes, aber als Zufallsfund nicht verwertbares Telefongespräch vorgespielt wurde.

Wichtig ist in diesem Zusammenhang zunächst, dass die Staatsanwaltschaft zu erwartende Probleme überhaupt erkennt. Sie muss dann eine Risikoabschätzung vornehmen und sich überlegen, welche Beweise allenfalls bei einer strikten Handhabung eines Verwertungsverbotes durch das Gericht fehlen und ob sie durch andere Beweise ersetzt werden können. Wenn dies der Fall ist, müssten diese andern Beweise noch vor der Anklageerhebung gesichert werden.

### 1.2.2 Die materielle Säuberung des Ausgangsmaterials

Bei diesem zweiten Schritt gewinnen alle jene Regeln nochmals Bedeutung, die schon beim Bestimmen des materiellrechtlichen Programms angewendet wurden. Es ist also nochmals die Frage zu stellen, ob alle in Frage kommenden Tatbestände auf ihre Anwendbarkeit im vorliegenden Fall überprüft wurden. Zu jedem Tatbestand ist nochmals zu prüfen, ob alle objektiven und subjektiven Tatbestandsmerkmale mit Sicherheit beweisbar sind und welche Beweismittel dazu jeweils angerufen werden müssen. Tatzeit und Tatort müssen genügend genau bestimmt sein. Schließlich sollen die zur Strafzumessung erforderlichen Informationen vorhanden sein.

## 1.3 Der Indizienbeweis

Der Indizienbeweis ist ein indirekter Beweis: Aus bestimmten sicheren oder wahrscheinlichen Tatsachen, die nicht unmittelbar rechtserheblich sind, wird das zu Beweisende gefolgert, also logisch abgeleitet oder berechnet. Das Resultat kann dabei sicher sein, wie etwa die physikalische Berechnung der Geschwindigkeiten zweier Autos unmittelbar vor einem Frontalzusammenstoß, wenn alle erheblichen Daten berücksichtigt wurden. Das Ergebnis kann aber auch (nur) wahrscheinlich sein, wie etwa bei der wahrscheinlichkeitstheoretischen Bewertung einer Anzahl Indizien.

Ein Beweis, der sich nur auf Indizien stützt, scheint auf den ersten Blick in jedem Falle schwächer zu sein als ein direkter Beweis. Der Schein trügt allerdings: Ein Beweis aufgrund eines Geständnisses des Beschuldigten oder mittels Zeugenaussagen ist allenfalls mit Unsicherheiten behaftet, eine Indizien-Beweiskette kann zu einem praktisch sicheren Ergebnis führen.

Die Tatsachen, von denen man im Indizienbeweis ausgeht, sind nicht unmittelbar rechtserheblich, beweisen also nicht direkt Tatbestandsmerkmale. Es sind Fakten anderer Art, die jedoch auf rechtserhebliche Tatsachen hinweisen, mit ihnen zusammenhängen. Indizien sind Dinge, Eigenschaften, Umstände und Ereignisse, die häufig mit anderen Dingen, Eigenschaften, Umständen und Ereignissen zusammenhängen und deshalb, wenn sie vorliegen, auf diese anderen Umstände hinweisen. Sie können die Tat, deren Einzelheiten oder die Täterschaft betreffen.

Indizien gehören zum täglichen Leben. So pflegt man aus der Tatsache, dass ein Kollege die Türe zu seinem Büro zuknallt, aus Erfahrung auf seine schlechte Laune zu schließen (wenn ein bloßer Luft-Durchzug und ein versehentliches Verlieren der Türklinke außer Betracht fallen). Oder: Man kommt ins Büro und es heißt, ein Herr habe vorgesprochen, sei aber wieder gegangen, ohne seinen Namen zu nennen oder eine Nachricht zu hinterlassen. Die Frage, wie er ausgesehen habe, ja schon wenige Merkmale erlauben dann vielleicht die sichere Feststellung, um wen es sich gehandelt hat. Beim King of Pop, der sich seine Haut bleichen und die Nase operieren ließ, handelt es sich offensichtlich um Michael Jackson. Das zeigt, dass man eine Person oder eine Sache durch Aufzählung ganz weniger Eigenschaften unter Umständen eindeutig bestimmen kann. Jeder kennt die Fragespiele aus dem Fernsehen, in denen es darum geht, durch Erfragen von Eigenschaften und Beziehungen mit zehn nur durch ja und nein zu beantwortenden Fragen eine bestimmte Person, einen Gegenstand, einen Beruf herauszufinden. Das Wesen des Indizienbeweises ist ähnlich: Es geht um die Bestimmung einer Person oder eines Vorganges durch mehrere Tatsachen, Merkmale, Beziehungen, kurz durch Anzeichen oder Hinweise.

Aus Tatsachen allein folgt (logisch) jedoch nichts. Zu den Tatsachen müssen allgemeine Erkenntnisse, etwa Lebenserfahrung oder allgemeines Wissen hinzukommen, damit Tatsachen zu Indizien werden. Das knurrende Gebell eines Hundes sagt für sich betrachtet kaum etwas. Erst die Erfahrung, dass er auf diese Weise in aller Regel einen ihm fremden Vorgang meldet, macht seinen Lärm zum Indiz. Die Dinge liegen gleich wie beim Verdacht: Tatsachen sind erst dann verdächtig, wenn mit ihnen allgemeine kriminalistische Erkenntnisse verbunden werden können.

### 1.3.1 Belastungsindizien

Was sind nun strafrechtlich bedeutsame Belastungsindizien? Einige Beispiele sollen das verdeutlichen:

- Die Ankündigung einer Person, eine bestimmte Gewalttat begehen zu wollen, ist dann ein Hinweis auf ihre Täterschaft, wenn in der Folge ein solches Verbrechen verübt wird.
- Kratzspuren am Beschuldigten und zerrissene Kleider einer Geschädigten sind Indiz für einen nicht einverständlichen Geschlechtsverkehr; das ist verbreitete Erfahrung aus Vergewaltigungsfällen.
- Fehlende Schmauchspuren an den Kleidern des Opfers (nahe der Einschussstelle) weisen darauf hin, dass der tödliche Schuss nicht im Handgemenge und in Notwehr gefallen ist, wie das vielleicht behauptet wird. Ein Schuss aus geringer Distanz hinterlässt Schmauchspuren am Opfer; das weiß jeder Kriminaltechniker.
- Die Tatsache, dass der Verdächtige unmittelbar nach einem blutigen Mord seine Kleider und sein Auto eigenhändig wusch, während er die Kleider sonst in die Reinigung und das Auto in die Waschanlage brachte, ist ein Indiz dafür, dass er wohl Spuren beseitigen wollte.
- Der Besitz von Diebesgut, über dessen Herkunft der Beschuldigte keine Auskunft geben will, weist daraufhin, er könnte Dieb oder Hehler der Sachen sein. Ehrliche Besitzer sagen, woher ihr Besitz stammt.
- Die Flucht vor den Polizeiorganen anlässlich einer nächtlichen Straßenkontrolle deutet an, dass der Betreffende etwas verbergen will; entweder wird nach ihm gesucht, oder er hat verdächtige Gegenstände auf sich.
- Der Modus Operandi weist auf die Täterschaft einer bestimmten Person hin, wenn diese nach der entsprechenden Datei der Polizei so vorzugehen pflegte.
- Der Versuch des Verdächtigen, einen Zeugen zu einer falschen Aussage zu veranlassen, zeigt Angst vor der Wahrheit an, denn ein Unschuldiger tut das in der Regel nicht, es sei denn, er wolle einen andern Tatbestand oder ein moralisch verwerfliches Verhalten verdecken.

Dritter Teil: Das Ergebnis

> Ein Motorradhalter, dessen Motorrad nachts mit weit überhöhter Geschwindigkeit in eine Radarkontrolle geraten war, versuchte anschließend, einen Kollegen zu veranlassen, der Polizei zu erzählen, er habe das Motorrad am Vortag ausgeliehen und dann irrtümlich den Zündungsschlüssel stecken lassen. Damit sollte erklärt werden, ein Unbekannter habe das Motorrad zur Tatzeit zum Gebrauch entwendet und dann wieder zurück gestellt. Das Gericht ging zu Recht davon aus, wer so vorgehe, setze sich dem Verdacht aus, die eigene Täterschaft verdecken zu wollen. Im Weiteren sei es praktisch ausgeschlossen, dass jemand, der aus einer privaten Tiefgarage ein Motorrad entwende und dann in einen Radar gerate (was er zumindest nachts bemerke, weil mit Blitzlicht fotografiert werde), das Motorrad anschließend wieder dorthin zurück stelle, wo er es genommen habe.

### 1.3.2 Entlastungsindizien

Neben Belastungs- gibt es natürlich auch Entlastungsindizien. So ist das Fehlen eines plausiblen Motivs oft entlastend, da erfahrungsgemäß aus einfühlbaren Triebfedern heraus gehandelt wird, vor allem bei Verübung eines Verbrechens. Die Tatsache sodann, dass eine Straftatserie mit gleichem Modus Operandi fortgesetzt wird, obwohl der vermeintliche Täter inzwischen verhaftet worden ist, spricht gegen die Täterschaft des Verhafteten (auch) in den früheren Fällen. Immerhin könnte aber ein noch nicht verhafteter Mittäter seinen Freund durch die neue Tat entlasten wollen, oder ein anderer hat die inzwischen bekannt gewordene Art des Vorgehens übernommen. Die Aufzählung von entlastenden Fakten ließe sich beliebig fortsetzen.

Entlastungsindizien werden mitunter raffiniert gefälscht:

> Ein Täter steckte den Schlagring, den er im Raufhandel verwendet hatte, beim Herannahen der Polizei heimlich einem Beteiligten in die Tasche. Er schuf so in Bezug auf den anderen ein falsches Belastungsindiz und für sich einen Entlastungshinweis.

> Ein Händler mit falschen (nachgeprägten) Goldstücken suchte eine Bank auf und fragte am Schalter, ob die betreffenden Goldstücke echt seien. Der Bankangestellte sah sich die Münzen genau an und verneinte die Frage. Der Händler ging daher zu weiteren Banken, bis er einen Dummen fand, der seine Frage nach der Echtheit bejahte. Daraufhin verkaufte der Schwindler die Goldstücke einem Privaten, und als dieser schließlich erkannte, betrogen worden zu sein und Strafanzeige erstattete, berief sich der Täter auf die Auskunft des letzten Bankangestellten und natürlich nur auf diesen.

### 1.3.3 Von den Indizien zum Beweis

Alle Indizien der Art, wie sie eben aufgezählt worden sind, weisen also für sich genommen nur mit geringerer oder größerer Wahrscheinlichkeit auf eine bestimmte andere Tatsache hin. Beweisen tun sie diese anderen Fakten in aller Regel nicht. Wie kann aber unter solchen Umständen überhaupt etwas Sicheres, ein Beweis, entstehen, der den Richter zu überzeugen vermag?

In einem Kriminalfall treffen (zum Glück des Kriminalisten) meistens mehrere Indizien zusammen, die einen weisen auf die Täterschaft hin, andere auf den Tatvorgang, wieder andere auf andere Tatsachen. Indizien, die auf dasselbe hinweisen, darf man nun nach den Regeln der Wahrscheinlichkeitsrechnung miteinander auf bestimmte Weise in Beziehung setzen, wenn sie voneinander unabhängig sind. Sie weisen zusammen nämlich mit größerem Gewicht auf das Angezeigte hin, dieses wird wahrscheinlicher. Dabei spielt nicht nur die Anzahl der zusammentreffenden Indizien eine Rolle, sondern auch ihr unterschiedliches Gewicht.

Bekannt ist das Vorgehen der Polizei bei Unfallflucht im Straßenverkehr. Die Fahnder sammeln Spuren am Tatort, z. B. Scherben von Scheinwerfern des Täterautos. Finden sie in der Folge ein beschädigtes Fahrzeug, so werden sie versuchen, die Scherben in die zerbrochenen Gläser einzusetzen, die noch am Auto haften. Passen sie genau, so besteht kein Zweifel: Das ist das Tatfahrzeug. Unzählige Merkmale kommen zusammen, damit ein Bruch zu einem anderen passt, und die Wahrscheinlichkeit, die Scherben könnten auch anderswo passen, ist in aller Regel praktisch bei null. Sie liegt je nach Größe des Bruchstückes (oder deren Teile) bei eins zu vielen Milliarden. Die Beweiskraft von Werkzeugspuren am Tatort im Vergleich zum Werkzeug im Besitz des Täters, von Geschossen im Körper des Opfers und solchen, die aus der Waffe des Verdächtigen verfeuert worden sind, wird ähnlich berechnet. Spezifische Spuren, Rissspuren, entstehen auch an einem Abfallsack, wenn er von der Rolle getrennt wird, von Streichhölzern, die aus einem Heftchen gebrochen werden. Das heißt, dass man feststellen kann, woher das abgetrennte Stück stammt. Selbst Verbrecher glauben an diese eindeutige Zuordnung, wenn sie eine Banknote zerreißen und einem Beteiligten davon eine Hälfte geben. Der Berechtigte oder Bevollmächtigte weist sich später mit der genau passenden Hälfte aus, wenn es ums Geldabholen bei solchen geht, die ihn nicht kennen.

Der Fingerabdruck ist ein instruktives Beispiel, wie die Zahl der gefundenen Merkmale die Beweiskraft erhöht. Legt man über einen Fingerabdruck ein Netz von 100 Quadrätchen, so tauchen in vielen folgende Merkmale auf: Endung einer Papillarlinie nach oben, Endung nach unten, Gabelung nach oben, Gabelung nach unten (und andere Besonderheiten). Die genannten Merkmale sind etwa gleich häufig und voneinander unabhängig. Die Wahrscheinlichkeit des Auftretens eines Merkmales in einem Quadrätchen beträgt ca. ¼. Man darf daher ihre Werte miteinander multiplizieren. Das geschieht nach dem gleichen System wie beim Würfeln: Ist die Wahrscheinlichkeit, mit einem Würfel eine Sechs zu werfen, ⅙, dann ist die Wahrscheinlichkeit, mit zwei Würfeln zwei Sechsen zu werfen, ⅙ × ⅙ oder ¹⁄₃₆. Bei Feststellung von zwei übereinstimmenden Merkmalen (etwa eine Endung der Papillarlinie nach oben und eine Gabelung nach unten) in bestimmten Quadrätchen erhält man eine Wahrscheinlichkeit von ¹⁄₁₆ (¼ × ¼). Im Durchschnitt zeigt also noch jeder 16. Finger die beiden Merkmale an den betreffenden Stellen. Bei 12 Merkmalen gibt es unter 16-17 Millionen Fingern nur noch etwa einen mit dieser Merkmalskombination. (Auf der Welt gibt es aber fast 7 Milliarden Menschen mit je zehn Fingern.) In der kriminalistischen Praxis in Deutschland und der Schweiz gelten (minimal) 12 Merkmale im Allgemeinen als hinreichender Identitätsbeweis. Ein Abdruck mit entsprechend vielen Merkmalen beweist, wenn echt, aber nur, dass höchstwahrscheinlich ein ganz bestimmter Mensch den Abdruck auf dem Gegenstand hinterlassen hat. Er beweist nicht ohne Weiteres die Täterschaft beim Delikt; Letztere muss durch zusätzliche Feststellungen erhärtet werden, z. B. durch den Beweis, dass der Fingerabdruck zur Tatzeit, nicht vorher und nicht nachher, entstanden ist.

Wie steht es mit einem ganzen Bündel von untereinander unabhängigen Indizien?

> Es ist in eine Wohnung eines Mehrfamilien-Hauses in einer Schweizer Stadt (500 000 Einwohner) eingebrochen worden. Die Mieter der betreffenden Wohnung weilten in den Ferien und kamen erst zwei Tage später zurück. Dem Täter gelang es, mit bloßer Körpergewalt die Wohnungstüre einzudrücken. Dann wuchtete er im Wohnzimmer eine Schublade mit einem in der Wohnungsküche behändigten großen Messer auf. Der Schublade entnahm er zwei Hundertfranken-Banknoten (Schweizer Währung) sowie 12 € in Münzgeld. Fingerabdrücke wurden vorerst keine gefunden. Der Täter scheint all das, was er berührt hat, fein säuberlich blank gewischt zu haben. Erst eine zweite Inspektion ergab ein Fingerabdruck-Fragment, of-

fenbar vom linken Daumen des Täters am Sekretär, auf den sich der Dieb beim Aufwuchten des Möbels abgestützt haben dürfte. Der Abdruck wurde beim Sauberwischen des Möbels durch den Täter nur teilweise erfasst. Sieben Merkmale des Abdruckes waren erkennbar. Auf dem Parkettboden der Wohnung konnte ferner der Abdruck eines Schuhes mit bestimmter Profilsohle (ohne individuelle Merkmale) gefunden werden, ein Abdruck, den der Täter hinterlassen haben musste, denn die Bewohner der Wohnung besitzen keine Schuhe mit solchen Sohlen. – Der mutmaßliche Täter wurde vier Tage später gestellt und verhaftet, als er nachts mit seinem Fahrrad ohne Licht in der fraglichen Stadt fuhr und sich einer polizeilichen Kontrolle entziehen wollte. Er hatte eine Hundertfranken-Note, Schweizer Münzgeld in der Höhe von Fr. 8,– und Euro 12,– Münzgeld auf sich; ferner trug er Schuhe mit der gleichen Profilsohle, wie sie im erstgenannten Fall als Spur gesichert worden war. Sein linker Daumen zeigte die nämlichen sieben Merkmale wie das am Sekretär gefundene Fragment. Wie viel spricht dafür, dass er den oben geschilderten, von ihm aber bestrittenen Einbruch und Diebstahl begangen hat?

Betrachtet man das Fingerabdruck-Fragment mit den sieben Merkmalen, so errechnet sich die Wahrscheinlichkeit, dass eine Person am (linken) Daumen diese sieben Merkmale besitze auf 1 : 4 hoch 7 = ca. 1 : 16 000, d.h. im Durchschnitt zeigt also nur jeder 16 000. (linke) Daumen eine solche Merkmalskombination. Für eine Verurteilung würde das, wenn nichts anderes hinzukommt, natürlich nicht ausreichen. Doch es gibt noch weitere Fakten: Der indizielle Wert des Schuhabdruckes ist ohne „kleine Statistik" über die Verteilung des fraglichen Sohlenprofils in der Bevölkerung kaum abzuschätzen. Geht man aber zurückhaltend davon aus, dass nur jede dreißigste Person Schuhe mit dem festgestellten Profil (in dieser Größe) benütze, so kann die Rechnung weitergeführt werden. Die Wahrscheinlichkeiten von Fragment und Profilsohle lassen sich nämlich, da sie voneinander unabhängig sind, miteinander multiplizieren: $1/16\,000 \times 1/30$ = knapp $1/500\,000$. Weiter ist zu berücksichtigen, dass der Verdächtige Geld in spezifischer Stückelung bei sich trug. Vor allem das Euro-Münzgeld ist bei einem Diebstahl in der Schweiz mit ihrer Frankenwährung sehr indizierend. Man darf – ganz vorsichtig geschätzt – davon ausgehen, dass bestenfalls jede hundertste Person eine solche Stückelung (genau 12 Euro) auf sich trägt. Das ergibt $1/50\,000 \times 1/100$ = $1/50\,000\,000$. Mit anderen Worten: Nur noch bei jedem Fünfzigmillionsten (im Durchschnitt) würde man die betreffenden Indizien zusammen vorfinden. Diese Indizien und die Tatsache, dass der Täter in einem Vorort der Stadt wohnt, dürften genügen, den Beschuldigten zu verurteilen. (Die Tatsache, dass sich der Verdächtige einer Polizeikontrolle entziehen wollte, bleibt außer Betracht.)

Man kann die Rechnung auch in umgekehrter Richtung durchführen, was vielleicht besser zu durchschauen ist. Geht man von 50 Millionen möglichen Tätern aus und berücksichtigt man zuerst den indiziellen Wert des Schuhsohlen-Abdruckes ($1/30$), so fallen sofort ca. 48 400 000 Personen außer Betracht, weil sie keine solchen Schuhe besitzen. Es bleiben aber immerhin rund 1 600 000 mit solchen Schuhen. Von denen hat nur jeder 16 000. die sieben Merkmale am linken Daumen. Es bleiben noch hundert Verdächtige. Da sodann von den verbleibenden 100 Personen durchschnittlich nur jede

> Hundertste die entsprechende Geldstückelung in der Tasche hat, gibt es nur noch eine Person, die sowohl die Schuhe mit den betreffenden Profilsohlen, die Daumen-Merkmale und die 12 Euro besitzt – eben der Täter.

Es ist möglich, dass diese Rechnung einem Richter als Verurteilungsgrundlage genügt. Immerhin gelangt man zum Ergebnis, dass im Durchschnitt nur bei jedem 50 Millionsten Menschen die in Frage stehende Merkmalskombination zu finden ist. Doch da liegt der Hund begraben. Wenn wir nämlich am Anfang von einer Bevölkerung von 100 Millionen möglichen Tätern ausgegangen wären, dann gäbe es im Durchschnitt zwei Personen, die diese Merkmale aufweisen, bei zusätzlicher Erweiterung auf eine Milliarde schon zwanzig Personen. Darf man da trotzdem verurteilen, oder von welchem Bevölkerungskreis ist auszugehen?

Bleiben wir bei einer Beurteilung der Täterschaft! Je weiter weg vom Tatort sich ein Mensch um die Tatzeit herum aufgehalten hat, seinen Beruf ausübt oder einfach dort lebt, desto weniger kommt er als Täter in Frage. Die begründete Annahme, dass der ernstlich in Frage Kommende in einer gewissen Tatortnähe lebte und lebt, darf zu einer Einschränkung in Bezug auf den Kreis der möglichen Täter führen. Diese Tatortnähe bestimmt sich nach Art, Bedeutung und Ausführung der Straftat, nach der Bevölkerungsdichte der Gegend, die schweren oder leichten Verkehrswege zum Tatort, allgemein bekannte Kenntnisse in Bezug auf den Tatort. Weit weg Lebende kommen kaum als Täter in Frage; sie hätten alle überzeugende Alibis. Große Bevölkerungsdichte muss andererseits die Zahl der in Betracht zu Ziehenden erhöhen. Die Annahme einer Population von 50 Millionen möglichen Tätern bei einer Stadt von 500 000 Einwohnern und einem größeren Einzugsgebiet, wie bei dem geschilderten Einbruchdiebstahl und Rechenbeispiel, ist daher durchaus begründet. Man ist auf der sicheren Seite, wenn man Annahmen trifft, die gegenüber der Realität eher zugunsten des Täters ausfallen.

Man könnte einwenden, dass diese Überlegung im Hinblick auf die in den letzten Jahren zunehmend international operierenden Verbrecherbanden nicht überzeugt. Tatsächlich ist es so, dass Rammbock-Einbrüche vorwiegend von Kriminaltouristen aus Rumänien begangen werden und viele gestohlene Autos nach Polen verschwinden. Das heißt aber nicht, dass man zum Beispiel alle Bürger der Europäischen Union als Grundpopulation in Betracht ziehen müsste, wenn es um solche Wahrscheinlichkeitsüberlegungen geht. Denn je weiter weg die Täter vom Tatort wohnen, desto weniger von ihnen kommen als Täter ernsthaft in Frage, weil eben der Anteil derjenigen an der Gesamtbevölkerung, die für spontane Delikte in Frage kommen, zwar relativ hoch sein kann, nicht aber der Anteil derjenigen, die Delikte sorgfältig planen und zu deren Begehung dann lange Reisen ausführen. Oder anders gesagt: Für einen Autoaufbruch in Berlin kommen relativ viele Berliner in Frage, die bei guter Gelegenheit ein solches Delikt begehen würden, aber nur wenige Rumänen, die bereit sind, zu diesem Zweck nach Berlin zu reisen.

Neben den Belastungsindizien sollte man natürlich auch den Entlastungsindizien nachgehen. Solche können sich daraus ergeben, dass bestimmte Tatsachen, die bereits beim Belastungsbeweis verwendet worden sind, mit anderen allgemeinen Wahrheiten, durchaus entlastend sein können. Vor allem aber gibt es andere, noch nicht berücksichtigte Tatsachen, die den Täter entlasten dürften: Der Verdächtige erklärt etwa, er habe es nicht nötig zu stehlen; sein reicher Onkel gebe ihm immer Geld, wenn er es nötig habe. Das kann den Verdächtigen entlasten, wenn der Onkel dies bestätigt. Die Bestreitung der Tat (etwa des geschilderten Einbruches) enthält regelmäßig eine Alibi-Behauptung, die, wenn sie nicht widerlegt werden kann, ein Entlastungsindiz darstellt. Es muss also jedes nicht widerlegte Entlastungsindiz berücksichtigt werden. Und es ist zu prüfen, zu welchem Ergebnis das ganze Bündel der Entlastungshinweise führt. Schließlich muss eine Gegenüberstellung des Belastungs- und des Entlastungsbeweises Klarheit schaffen.

Selbstverständlich gibt es keine zahlenmäßig festgesetzte Belastungs- bzw. Entlastungswahrscheinlichkeit, bei welcher ein Richter zu verurteilen hat oder nicht überzeugt sein darf und freisprechen muss. Ein und derselbe Indizienbeweis könnte in der Praxis von verschiedenen Gerichten verschieden beurteilt werden. Mitunter hängt dies von durchaus beweisfremden Umständen ab, etwa davon, wie schwarz ein Verteidiger die Gefahren eines falschen Indizienbeweises ausmalen konnte. Die richterliche Überzeugungsbildung kann auch dadurch beeinflusst werden, dass es vor dem Urteil eine öffentliche Polemik des Inhalts gegeben hat, es werde zu häufig und zu leicht verurteilt oder freigesprochen.

Verteidiger brechen bisweilen geschickt einzelne Indizien aus der Beweisführung der Anklage heraus; sie argumentieren etwa, man könne ihrem Klienten den Diebstahl nicht anlasten, weil er Schuhe mit einer bestimmten Profilsohle besitze, weil dies auf Tausende anderer Menschen auch zutreffe. Indizien sind aber eben nur zusammen beweisend; einzeln betrachtet lassen sie andere Schlüsse offen. Auch das Argument, wenn ein bestimmtes Indiz nicht sicher feststehe oder wegfalle, sei die Kette der Beweisführung unterbrochen, stimmt in der Regel nicht. Indizien (von bedingten abgesehen) bilden keine Kette, sondern weisen meistens parallel und unabhängig voneinander auf das zu Beweisende hin. In einem reich dotierten Indizienbeweis können sehr wohl Indizien ohne Schaden für die Beweisführung entfallen, wenn der Rest noch genügend Gewicht besitzt.

Es ist in Fällen eines Indizienbeweises mit vielen Indizien unterschiedlichen Charakters und Wertes immer nützlich, die Beweisführung, soweit möglich, wahrscheinlichkeitstheoretisch zu durchdenken. Dazu gehört,

- die Beweisthemen oder Hinweise der einzelnen Indizien zu bestimmen und sie entsprechend zu gruppieren. Welche Tatsachen und welche allgemeinen Erkenntnisse führen zu den betreffenden Indizien? Auf was weist jedes Indiz hin? Auf die Täterschaft des Verdächtigen? Auf die Erfüllung eines bestimmten Tatbestandsmerkmales? Auf etwas anderes, z. B. auf ein anderes Indiz? (Ein Indiz kann übrigens auf die Erfüllung eines bestimmten Tatbestandes und auf die Täterschaft hinweisen, z. B. das Indiz aufgrund des Modus Operandi.)

- Sodann sind die einzelnen Indizien in ihrem Gewicht zu bewerten. Das ist leider nicht immer genau möglich, doch sollte man mindestens eine (zurückhaltende) Schätzung versuchen. Vielleicht gibt es geeignete Statistiken, welche dies erleichtern.

- Zur Konstituierung des Beweises oder seiner Analyse gehört ferner die Prüfung, ob die einzelnen Indizien einer Gruppe gegenseitig unabhängig sind, denn je nachdem ist die Berechnung des ganzen Beweises eine andere. (Das, was der Verdächtige unseres Beispiels an Münzgeld mit sich führte, ist unabhängig davon, welche Schuhe mit welchen Sohlen er trug. Ein Abdruck der rechten Profilsohle und ein gleichartiger der linken sind jedoch extrem voneinander abhängig; man trägt normalerweise rechts und links Schuhsohlen vom gleichen Muster, die nur spiegelbildlich verschieden sind.

- Dann ist eine Gesamtberechnung der in einer Gruppe zusammengefassten Indizien vorzunehmen, um auszumachen, was der

Beweis wert ist, ob sein Wert wenigstens in die Nähe anderer errechneter und als überzeugend geltender Indizienbeweise herankomme.
- Entscheidend ist schließlich, von welcher Grundgesamtheit (z. B. Bevölkerungskreis „möglicher Täter" bzw. Tatvorgängen) man ausgehen darf oder muss.

Selbstredend soll eine Anklage- oder Urteilsbegründung nicht zur bloßen Rechenübung werden, anderseits sind richtig durchgeführte Wahrscheinlichkeitsrechnungen unumstößlich, auch wenn sie von Gerichten bisweilen nicht durchschaut werden; dann ist notfalls eine Expertise durch einen Mathematiker erforderlich. Es gehört jedenfalls zur kriminalistischen Sorgfalt, die erwähnte Konstitution bzw. Analyse des Beweises zumindest für sich vorzunehmen. Bei manchen Indizienbeweisen ist dies schwierig, wenn kaum verwertbare Indizien mitspielen. Dennoch wird ein solches Verfahren, auch wenn das eine oder andere Indiz auf einer bloßen, aber zurückhaltenden Schätzung beruht, häufig zu einer besseren Anklage- bzw. Urteilsbegründung führen, und zu einer rationalen, nachvollziehbaren Begründung seiner erreichten oder nicht erreichten Überzeugung sind der Kriminalist und der Richter ja allemal verpflichtet. Auch der Beschuldigte, der die Tat bisher bestritten hat, kann oft den ihn belastenden Indizienbeweis beurteilen und wird dann vielleicht einsichtig ein glaubhaftes Geständnis ablegen.

## 1.4 Alternativanklagen und Alternativbeweise

Unter Umständen lässt sich in einem Fall nicht genau feststellen, was vorgefallen ist, aber es lässt sich vielleicht beweisen, dass nur zwei (oder drei) Möglichkeiten des Herganges denkbar sind und beide (bzw. alle drei) Straftatbestände erfüllen. Was dann?

> In Zusammenhang mit der Sicherstellung eines gestohlenen Laptops erzählte der Verdächtige (wenig glaubhaft), er habe das betreffende Gerät, das er benützte, nicht gestohlen, sondern von einem Unbekannten am Hauptbahnhof für 400 Euro gekauft. Nachdem auf dem Laptop Programme installiert waren, die auf eine andere Person registriert waren, und nachdem er auch fremde Daten enthielt, musste der Käufer den Verdacht haben, der Unbekannte habe den Laptop gestohlen. Weder der eine noch der andere Sachverhalt war jedoch sicher beweisbar, wohl aber, dass entweder ein Diebstahl oder eine Hehlerei vorliege.

Das genügt bei vergleichbaren Straftaten: Das Gericht fällt ein Alternativurteil, ein Urteil mit einer Wahlfeststellung. Steht jedoch beispielsweise fest, dass der Täter entweder einen Abtreibungseingriff vorgenommen oder der Frau einen solchen nur vorgetäuscht hat, um zu Geld zu kommen, so kann kein Alternativurteil ergehen. Die beiden Straftaten, Abtreibung (oder Versuch dazu) und Betrug sind zu verschieden.

> Innerhalb desselben Tatbestandes können zwei Sachverhaltsvarianten möglich sein. Ein Autofahrer hatte nachts einen Fußgänger, der korrekt am Straßenrand marschierte, angefahren und verletzt. Stoppspuren fehlten. Durch die Untersuchung ließ sich nicht klären, ob (a) der Fahrer (er hatte kurz vor der Kollision die Lichter seines Fahrzeuges abblenden müssen) zu rasch gefahren war, sodass er, als sein Opfer im abgeblendeten Licht auftauchte, nicht mehr rechtzeitig ausweichen oder bremsen konnte, oder ob (b) er zwar eine angemessene Geschwindigkeit eingehalten hatte, jedoch unaufmerksam war und den Fußgänger übersah. So oder so hat der Autofahrer jedoch fahrlässig gehandelt, und das genügt für seine Verurteilung.

Beweisführungen, die dem einen zwingend scheinen, brauchen einen anderen nicht unbedingt zu überzeugen. Erfahrene Kriminalisten wissen gewöhnlich von haarsträubenden Freisprüchen zu berichten, von Freisprüchen gegenüber Angeklagten, die zweifellos schuldig gewesen seien. Genau besehen liegt das Problem allerdings in solchen Fällen in der Regel im Umstand begründet, dass es nicht gelang, sämtliche Zweifel des Richters zu zerstreuen, und dies kann nur zwei Gründe haben: Entweder ist es der Anklage nicht gelungen, mit den zur Verfügung stehenden Mitteln nachzuweisen, dass Zweifel nicht angebracht sind; oder die Zweifel sind eben doch berechtigt, weil sie sich auf Umstände beziehen, welche für die Frage der Schuld von Bedeutung sind.

Tatsächlich erlebt man immer wieder Überraschungen, auch in Fällen, die scheinbar eindeutig liegen. Man tut daher gut daran, nicht nur einen Beweis zu erbringen, sondern, wenn dies geht, die Tat gewissermaßen von zwei Seiten her zu beweisen. Beweisstützend sind mitunter Darlegungen über die Motive des Täters, die ja nicht immer zum Tatbestand gehören, dessen Erfüllung bewiesen werden muss. Man sollte daher in entsprechenden Fällen versuchen, auch die Triebfedern des Täters ausführlich und eindeutig darzulegen. Ebenso stärkt eine genaue zeitliche und räumliche Einbettung der Tat in andere Ereignisse den Beweis. Wenn die Tat nur im Zusammenhang mit andern Vorfällen zu verstehen ist, dann müssen auch diese Vorfälle beleuchtet werden, auch wenn die Tatbestandsmerkmale der zu beweisenden Tat nicht betroffen sind.

> Das vor dem Haus abgestellte Fahrzeug einer geschiedenen Frau wurde immer wieder beschädigt. In einem Fall gab es eine vage Beschreibung des Täters, in einem andern Fall ein Fingerabdruckfragment, das allerdings nicht genügend Merkmale für eine beweiskräftige Aussage aufwies. Als der Täter schließlich das Auto mit dem Schriftzug „Schlampe" versah, wurde beim Exmann eine Hausdurchsuchung durchgeführt. Man fand eine Spraydose, die der Mann allerdings nachweislich für Reparaturarbeiten in seinem Haus verwendet hatte. Die Vorgeschichte zeigte, dass der Ehemann schon während der Ehe krankhaft eifersüchtig gewesen war und seine Frau oft geschlagen hatte. Das spielte zwar direkt für den Beweis der Sachbeschädigung keine Rolle, das Gericht kam aber schließlich doch zum Schluss, dass alle vorhandenen Beweise (das Signalement, das Dakty-Fragment, die Spraydose) auf den Ehemann als Täter hinwiesen, der ein Motiv habe und sich schon früher ähnlich verhalten habe, während überhaupt keine Hinweise auf eine Dritttäterschaft vorhanden seien. Das reichte zur Verurteilung.

**Einige Merksätze:**

- Ausgangspunkt der Beweisführung ist das materiellrechtliche Programm.
- Es empfiehlt sich, die vorhandenen Beweismittel vor der Erhebung der Anklage nochmals darauf zu überprüfen, ob sie prozessual korrekt erhoben wurden und ob sie auch materiell zum Beweis geeignet sind.
- Beim Indizienbeweis geht es darum, dass aus nicht unmittelbar beweiserheblichen Tatsachen Folgerungen gezogen werden, die den Beweis einer Tatsache ermöglichen. Es geht in der Regel um logische oder wahrscheinlichkeitstheoretische Verknüpfungen.
- Zu beachten ist, dass es neben Belastungsindizien auch Entlastungsindizien gibt.
- Indizien bilden in der Regel keine Kette, sondern weisen unabhängig voneinander auf den zu beweisenden Gegenstand hin.
- In seltenen Fällen kann nicht eindeutig entschieden werden, welcher von zwei denkbaren strafbaren Sachverhalten erfüllt ist. Wenn aber klar ist, dass keine dritte Möglichkeit in Betracht kommt, kann eine Alternativanklage erhoben werden.

## 2. Der Zweifel

Wenn man glaubt, nach Sammlung aller relevanten Daten die Lösung eines Falles gefunden zu haben, dann wäre der nächste Schritt, Anklage beim Gericht zu erheben. Verantwortungsbewusster und kritischer wäre es allerdings, die Lösung vorerst nochmals kritisch zu überprüfen. Eine Feststellung, an der nie gezweifelt wurde, kann nicht als unanfechtbar und gesichert angesehen werden. Auch die durch kriminalistisches Denken gefundene Lösung sollte einmal kritisch überdacht worden sein. Macht man das nicht selbst, wird zumindest die Verteidigung diese Rolle im Gerichtsverfahren übernehmen. Es ist deshalb keine schlechte Strategie, die Lösung des Falles nochmals aus Sicht der Verteidigung durchzudenken und sich zu fragen, wie man sie in dieser Rolle kritisieren würde.

Im kontradiktorischen Verfahren nach amerikanischer Tradition ist es Aufgabe der Verteidigung, die Feststellungen der Anklage anzuzweifeln. Man müsste gewisse Strafverfolger daran erinnern, dass in Westeuropa eine andere Tradition gilt: Die Strafverfolgungsbehörden sind der Objektivität verpflichtet, sie haben belastenden und entlastenden Umständen mit der gleichen Sorgfalt nachzugehen. Sie erfüllen also ihre Aufgabe nicht (werden aber von guten Verteidigern sofort daran erinnert), wenn sie nicht von sich aus das Beweisergebnis einer kritischen Würdigung unterziehen, bevor sie sich ihre definitive Meinung bilden.

### 2.1 Gegenstand des Zweifels

Kritik am Ergebnis der Strafuntersuchung ist auf zwei Ebenen möglich:
- Zum einen kann das Beweisergebnis als solches in Zweifel gezogen werden.
- Zum andern kann behauptet werden, das Verfahren leide an prozessualen Fehlern, welche die erhobenen Beweise (oder einen Teil davon) unverwertbar machen.

Die zweite, prozessuale Ebene ist insofern die heiklere, als begangene Fehler unter Umständen überhaupt nicht mehr korrigiert werden können, und zwar vor allem dann, wenn man Beweisverbote mit Fernwirkung nicht beachtet hat. Allerdings wird im mitteleuro-

## 2. Der Zweifel

päischen Rechtsraum nur in ganz extremen Fällen angenommen, dass Beweisverbote diese Fernwirkung hätten; die Anforderungen an die Rechtmäßigkeit der Beweiserhebung sind immerhin in den letzten Jahrzehnten insgesamt eher strenger geworden.

> Im bereits zitierten Entführungsfall Jakob von Metzler ging es um ein erstes Geständnis des Entführers Markus Gäfgen, das unter dem Eindruck der Androhung von Gewalt zustande gekommen sein soll. Die Gerichte nahmen zwar an, dass dieses erste Geständnis nicht verwertbar sei. Weil Gäfgen aber auch später (und insbesondere nochmals vor Gericht) die Entführung und Tötung des Opfers zugegeben hatte, hatte der Schuldspruch selbst vor dem Europäischen Gerichtshof für Menschenrechte Bestand.

Selbst in Fällen, wo keine Fernwirkung von Beweisverboten angenommen wird, lässt sich aber allenfalls die Erhebung von prozessual mangelhaft erhobenen Beweisen nicht einfach wiederholen. Das kann daran liegen, dass Sachbeweise flüchtig sind; eine Blutprobe, die unter Zwang abgenommen wurde, ohne dass die dafür geltenden Rahmenbedingungen eingehalten wurden, lässt sich zwei Jahre später nicht nochmals sichern. Häufiger kommt es vor, dass Personalbeweise nicht mehr erhoben werden können, weil die betreffenden Personen, die beispielsweise nicht auf ein vorhandenes Zeugnisverweigerungsrecht hingewiesen wurden, verstorben sind oder den Strafverfolgungsbehörden nicht mehr zur Verfügung stehen, weil sie sich mittlerweile im Ausland befinden und ihre Adresse unbekannt ist.

Fehler auf der ersten Ebene sind allerdings oft ebenso ärgerlich, wenn sie einen Bereich betreffen, wo der Beweis nicht anders erhoben werden kann. Auch diese Fehler lassen sich unter den gleichen Umständen allenfalls nachträglich nicht mehr korrigieren. Die Blutprobe, die auf das Vorhandensein eines bestimmten Medikamentes nicht untersucht wurde, ist möglicherweise in der Zwischenzeit vernichtet worden oder wurde schon bei der Analyse vollständig aufgebraucht (was allerdings beim heutigen Stand der Technik kaum mehr vorkommt). Der Zeuge, von dem sich nachträglich erweist, dass er objektiv falsch ausgesagt hat, kann nicht einfach durch einen andern Zeugen ersetzt werden.

Es kann grundsätzlich alles angezweifelt werden, was zur Lösung geführt hat:

- die Sachbeweise, weil sie in technischer Hinsicht falsch erhoben oder ausgewertet wurden,

Dritter Teil: Das Ergebnis

- die Aussagen bestimmter Personen, weil sie nicht glaubhaft sind,
- die Erfahrungssätze, die wissenschaftlichen oder experimentellen Erkenntnisse, weil sie nicht dem aktuellen Stand der Wissenschaft entsprechen,
- die Deduktionen, die Annahmen mit ihren Nachprüfungen, weil sie nicht haltbar sind.

Nur die Sätze der Logik sind unantastbar; allerdings spielen sie bei der Beweiswürdigung oft nur eine untergeordnete Rolle.

Der methodisch orientierte Zweifler wird also nacheinander alle Daten verneinen, um sehen zu können, ob man wirklich verpflichtet ist, sie als wahr gelten zu lassen. Was, wenn gewisse Ausgangsdaten falsch waren? Was, wenn sich ein Zeuge geirrt oder wenn er gelogen hat? Was, wenn etwas unrichtig gemessen wurde? Was, wenn sich der Gutachter geirrt hat, weil er von einem falschen Sachverhalt ausging? Könnten die eigenen Schlüsse falsch sein? Sind es vielleicht die benützten experimentellen Erkenntnisse? Eine Lösung ist daher einige Male von Neuem durchzudenken.

> Ein nach einem außergewöhnlichen Todesfall in einem Spital im Jahr 1998 (dem berühmten Methylenblau-Fall – ein Arzt hatte einer Patientin mit Darmgeschwüren den Bauchraum mit Methylenblau gespült, um Verwachsungen zu verhindern; diese Anwendung war erst an Ratten erprobt) zugezogener Gerichtsmediziner verrechnete sich bei der Bestimmung der Methylenblau-Konzentration um eine Zehnerpotenz („Kommafehler"). Der Fehler wäre bei kritischer Durchsicht des Gutachtens ohne Weiteres erkennbar gewesen, auch der Mitautor dieses Buches hat die Berechnung allerdings nicht überprüft. Glücklicherweise wurden weitere Expertisen zugezogen, und ein anderer Arzt bemerkte den Rechnungsfehler.

Es ist schon früher darauf hingewiesen worden, dass man bei der Lösung der kriminalistischen Aufgabe nicht nur nach Beweisen suchen, sondern wenn möglich auch Hilfstatsachen erheben muss, die über die Güte eines Beweismittels Auskunft geben, z. B. über die Glaubhaftigkeit einer Zeugenaussage, über die Genauigkeit einer wissenschaftlichen Untersuchungsmethode. Nur so lässt sich einem später auftauchenden eigenen oder fremden Zweifel an der Güte eines Beweismittels begegnen. Wie notwendig solche Hilfstatsachen sein können, zeigt das folgende Beispiel:

> Nach einem Fußballspiel gab es ausgedehnte Ausschreitungen zwischen Fangruppen und der Polizei. Einer der Festgenommenen wurde gemäß Bericht der Polizei auf den Polizeiposten gebracht, weil zwei Polizeibeamte ihn am Rand gewalttätiger Ausschreitungen kontrollieren wollten, worauf

er zuerst verbal aggressiv reagiert habe und dann gewalttätig geworden sei und den Polizisten Faustschläge und Fußtritte verpasst habe, als man ihm eröffnet habe, er müsse auf den Polizeiposten mitkommen, bis seine Identität abgeklärt sei. Er war einer von insgesamt über 50 eingebrachten Personen. Die beiden Polizisten begleiteten ihn nicht auf den Posten, sondern verfrachteten ihn zusammen mit andern festgenommenen Personen in ein Polizeifahrzeug und blieben dann weiter vor dem Fußballstadion.

Der Festgenommene behauptete nachträglich, er habe sich gar nicht in der gewalttätigen Gruppe befunden, sondern die Auseinandersetzungen zwischen Fans und Polizei aus einer gewissen Distanz beobachtet. Er sei von der Polizei nur kontrolliert worden, weil er mit seinem Handy gefilmt habe. Bei der Festnahme habe er sich allerdings überhaupt nicht gewehrt. Eine Rückfrage bei der Polizei ergab, dass der Festgenommene tatsächlich vor der Kontrolle mit dem Handy gefilmt habe; vorher habe er sich allerdings in der gewalttätigen Gruppe befunden und sich erst wenige Sekunden vor der Kontrolle aus dieser Gruppe gelöst. Der Handyfilm sei nicht gesichert, sondern noch vor Ort gelöscht worden.

Als es (erst zwei Jahre später) zur Gerichtsverhandlung kam, wurden die beiden Polizeibeamten als Zeugen vorgeladen. Sie schilderten den Vorfall gleich wie in ihrem Rapport und in dessen Ergänzung, konnten aber beide vor Gericht nicht mehr mit Sicherheit sagen, ob der anwesende Beschuldigte derjenige sei, den sie damals kontrolliert und auf den Posten verbracht hätten.

Der Anwalt plädierte erfolgreich, es könne sich genauso gut um eine Personenverwechslung handeln: Allenfalls sei ein anderer der 50 festgenommenen Personen gegen die Polizeibeamten aggressiv geworden. Das Gericht übernahm die Argumentation und ergänzte, es halte zwar die Schilderung der Polizisten für glaubhaft, weil sie sich deckten, aber es könne nicht zweifelsfrei ausgeschlossen werden, dass diese Schilderungen einen andern Festgenommenen beträfen.

der Handyfilm gesichert worden oder hätte man auch nur daran gedacht, die Polizisten und den Beschuldigten selbst zu fragen, ob denn noch andere Personen mit dem Handy gefilmt hätten, wäre dieser Argumentation wohl der Boden entzogen gewesen.

Im Übrigen hätte eine Wahrscheinlichkeitsberechnung, die aber vor Gericht nicht mehr möglich war, wohl zum gleichen Ergebnis geführt: Zwar gab es drei oder vier weitere Personen, die von den gleichen beiden Polizisten angehalten und in den Polizeitransporter verbracht wurden; ihnen wurden aber andere Tatbestände vorgeworfen, und ein Vergleich der Bilder dieser Personen mit dem Beschuldigten hätte gezeigt, dass keine Verwechslung vorliegen konnte.

## 2.2 Überwundene Zweifel

Ob ein Beweis als erbracht oder ob er als nicht erbracht anzusehen ist, ob also Zweifel nicht überwunden werden können, ist im Laufe der Geschichte auf zwei verschiedene Weisen festgelegt worden:

Dritter Teil: Das Ergebnis

- durch Aufstellen gesetzlicher Bestimmungen darüber, was unter bestimmten Umständen als bewiesen betrachtet werden müsse, also durch den Erlass von Beweisregeln. Ein berühmtes Beispiel einer Beweisregel war die Bestimmung: „Aus zweier Zeugen Mund wird stets die Wahrheit kund";
- durch die Anordnung, dass das als bewiesen anzusehen sei, von dem der Richter in freier Würdigung der Beweise überzeugt sei.

Die Schöpfer moderner Strafprozessordnungen haben sich aus praktischen Erwägungen für die zweite Lösung entschieden. Es ist nämlich unmöglich, Beweisregeln aufzustellen, die in jedem Fall zu einer gerechten Entscheidung führen. Man denke nur an die Feinheiten der Aussagepsychologie, die kaum in allgemeine Bewertungsregeln umzugießen sind. Es könnte sich ein Beweis als ganz unzureichend erweisen, der formal die Bedingungen eines vollgültigen Beweises erfüllen, also den gesetzlichen Beweisregeln entsprechen würde. Der Richter müsste dann gegen seine Überzeugung verurteilen. Zu einem wirklich gerechten Urteil kann er nur kommen, wenn er sein Urteil nach seiner freien, aus der ganzen Verhandlung geschöpften Überzeugung fällen darf und muss. Er hat zu verurteilen, wenn er vom Vorliegen aller für einen Schuldspruch notwendigen Voraussetzungen überzeugt ist; er hat freizusprechen, wenn er diese Überzeugung nicht gewinnen konnte.

Überzeugt sein heißt nichts anderes, als etwas für wahr halten, ohne zu zweifeln, oder nachdem vorhandene Zweifel mit guten Gründen überwunden werden konnten. Wenn unüberwindbare Zweifel auftauchen, kann man nicht überzeugt sein, und ein Richter, der an der Schuld des Angeklagten zweifelt, muss mangels Überzeugung freisprechen: in dubio pro reo.

Mit Zweifeln im Sinne der gemachten Ausführungen sind aber nicht jene entfernten Möglichkeiten des Andersseins gemeint, an die ein extremer Skeptiker denkt oder die ein überverantwortungsbewusster Wissenschaftler erwägt. Die Zweifel, die in diesem Zusammenhang eine Rolle spielen, müssen im praktischen Leben ins Gewicht fallen. Sie müssen in jedem gesunden und kritischen Menschen auftauchen. Man hat daher immer wieder zu Recht erklärt, es gehe im Strafprozess nicht um den Nachweis absoluter Wahrheiten, es genüge, wenn etwas als „über jeden vernünftigen Zweifel erhaben" sei (Die in der amerikanischen Literatur verwendete Formulierung „beyond reasonable doubt" scheint mir noch treffender). Man soll

## 2. Der Zweifel

sich auch bewusst sein, dass die meisten strafprozessualen Beweise objektiv betrachtet nur sehr hohe Wahrscheinlichkeiten darstellen, ob es sich nun um direkte oder um Indizienbeweise handelt. Ein Geständnis und Zeugenaussagen können übereinstimmen und doch in sehr seltenen Fällen falsch sein, wenn sich die Befragten abgesprochen haben oder dem gleichen Irrtum unterliegen.

Dass der Indizienbeweis (im engeren Sinne) manchmal lediglich eine sehr hohe Wahrscheinlichkeit liefert, ist bereits ausgeführt worden. In günstig gelagerten Fällen kann man die Wahrscheinlichkeit sogar berechnen. Auch eine sehr hohe Wahrscheinlichkeit kann aber überzeugen, wenn sie im Leben als praktisch sichere Wahrheit betrachtet und verwendet wird. Genauso darf der Richter von etwas überzeugt sein und darauf sein Urteil gründen, wenn diesem Beweis streng genommen nur eine sehr hohe Wahrscheinlichkeit zukommt. Das deutsche Reichsgericht hat das einmal wie folgt umschrieben (BGSt 61, 206; siehe auch BGHSt 10, 209):

> „Ein absolut sicheres Wissen – demgegenüber das Vorliegen eines gegenteiligen Tatbestandes ‚absolut ausgeschlossen‘ wäre – ist der menschlichen Erkenntnis bei ihrer Unvollkommenheit überhaupt verschlossen. Wollte man eine Sicherheit so hohen Grades verlangen, so wäre eine Rechtsprechung so gut wie unmöglich. Wie es allgemein im Verkehr ist, so muss auch der Richter sich mit einem so hohen Grad von Wahrscheinlichkeit begnügen, wie er bei möglichst erschöpfender und gewissenhafter Anwendung der vorhandenen Mittel der Erkenntnis entsteht. Ein solcher Grad von Wahrscheinlichkeit gilt als Wahrheit, und das Bewusstsein des Erkennenden von dem Vorliegen einer so ermittelten hohen Wahrscheinlichkeit als Überzeugung von der Wahrheit."

Anwälte versuchen immer wieder, die Beweisführung der Anklage in einzelnen Punkten in Zweifel zu ziehen, und Gerichte beschäftigen sich dann mit diesen Zweifeln ausführlich, ohne sich die naheliegende Frage zu stellen, welche andere Variante es denn gebe, wenn die Variante der Anklage tatsächlich falsch ist.

Es ist erlaubt, diese Frage zu stellen, und wenn ein Gericht eine Sachverhaltsvariante verwirft, müsste es sich zumindest überlegen, ob eine andere Variante denkbar ist, die sich mit den vorhandenen Beweisen in Einklang bringen lässt. Oft ist es denn auch so, dass der Beschuldigte der Variante der Anklage keine eigene Variante entgegenhalten kann, die nicht bereits widerlegt wurde. Es widerspricht den Regeln des Argumentierens, wenn man diesen Umstand überhaupt nicht berücksichtigt. Diesem wissenschaftlichen Ansatz steht auch die Regel nicht entgegen, dass nicht der Beschuldigte seine Unschuld beweisen muss, sondern die Anklage seine Schuld – denn wenn es nur eine Variante des Tatablaufs gibt, die mit allen Beweisen in Einklang ist, dann ist das Argument, irgendein untergeordnetes Mosaiksteinchen in der Beweisführung sei nicht mit jeder Sicherheit erwiesen, nicht zielführend.

> Im bereits erwähnten Mordfall Zwahlen in Kehrsatz (Die Ehefrau wurde tot im Tiefkühler im Keller des eigenen Einfamilienhauses gefunden. Blutspuren im Ehebett deuteten darauf hin, dass sie dort getötet worden war. Der Ehemann hatte eine außereheliche Beziehung. Indizien deuteten darauf, dass er nach dem Tod der Ehefrau versuchte, Spuren zu beseitigen) konzentrierten sich die oberen Instanzen ausschließlich auf die Frage, ob vernünftige Zweifel an der Täterschaft des Ehemannes berechtigt waren. Diese Frage wurde schließlich mit Blick auf Beweiserhebungen, deren Beweiswert nicht sicher war, verneint. Es finden sich in den Urteilen keine Erwägungen zur Frage, wer denn sonst ernsthaft als Täter in Frage käme.

Verteidiger konzentrieren sich in der Regel auf die Prüfung der Frage, ob der Sachverhalt sich so abgespielt habe, wie die Anklage behauptet. Sie ziehen Sachbeweise in Zweifel oder begründen ausführlich, wieso sie die belastenden Aussagen von Dritten für unglaubhaft halten. Auch in diesem Zusammenhang wäre die Frage zu stellen (die dann oft zu verneinen ist): Setzt der Beschuldigte der angezweifelten Variante eine eigene, plausible Erklärung der Dinge gegenüber? In diesem Zusammenhang darf zwar durchaus darauf hingewiesen werden, dass die Anklage die Täterschaft des Beschuldigten zu beweisen habe und nicht der Beschuldigte seine Unschuld. Wenn er selbst aber gelogen und dann auf Vorhalt der Beweise immer neue Varianten über das Geschehene zu Protokoll gegeben hat, dann kann dies jedenfalls die Variante der Anklage nicht ernsthaft erschüttern, denn derjenige, dem eine Tat vorgeworfen wird, die er nicht begangen hat, wird in der Regel alles Interesse daran haben, von Anfang an zu sagen, wie sich die Sache in Wirklichkeit abgespielt hat, und er wird sich dabei kaum in Widersprüche verwickeln, wenn er nicht aus irgendeinem andern (allenfalls strafrechtlich nicht relevanten) Grund lügt.

> Im Mordfall Zwahlen verschwieg der Täter vorerst seine außereheliche Beziehung, was allerdings auch dann erklärbar gewesen wäre, wenn er nicht der Täter gewesen wäre, weil er natürlich so oder so wusste, dass er sich damit verdächtig machte. Für andere falsche Aussagen gab es aber keine ebenso überzeugende Erklärung. Immerhin hätte man an die Hypothese denken müssen, dass er den wirklichen Täter kannte, aber nicht ans Messer liefern wollte.

## 2. Der Zweifel

Wenn nach dem Gesagten letztlich die Überzeugung des Richters maßgebend ist, ob ein Beweis erbracht sei oder nicht, so entzieht sich dieses Geschehen bis zu einem gewissen Grad der Nachprüfung. Ein Korrektiv besteht indessen darin, dass der Richter (von wenigen Ausnahmen abgesehen) verpflichtet ist, seine Überzeugung oder das Fehlen einer solchen zu begründen. Damit wird ihm eine Aufgabe überbunden, die derjenigen des Kriminalisten durchaus analog ist. In seiner Begründung soll sich der Richter nicht allein auf seine Subjektivität berufen. Es wäre willkürlich, wenn er bloß argumentieren würde, er halte den Angeklagten für schuldig, weil er ihm die Tat zutraue. Vielmehr müssen seine Argumente intersubjektiv, also objektiv nachprüfbar sein. Er wird sagen müssen, welche Umstände ein bestimmtes Geschehen beweisen und welche Umstände die Täterschaft des Angeklagten belegen; er wird auch begründen müssen, wieso etwas anderes nach der vorhandenen Beweislage ausgeschlossen ist. Er wird also alle Beweise kritisch überprüfen müssen. Im umgekehrten Fall reicht es dagegen, nur eine notwendige Voraussetzung für die Verurteilung als nicht hinreichend bewiesen zu erklären; weil dies dazu führt, dass der Richter keine Überzeugung von der Schuld des Angeklagten mehr gewinnen kann, hat er ihn freizusprechen.

**Einige Merksätze:**
- Das Ergebnis einer Beweisführung kann auf der materiellen oder auf der formellen Ebene in Zweifel gezogen werden. Materielle Fehler können allenfalls durch Erhebung weiterer Beweise korrigiert werden, prozessuale Fehler in der Regel nicht.
- Es gilt der Grundsatz der freien Beweiswürdigung, die Beweisführung soll aber über jeden vernünftigen Zweifel erhaben sein.
- Es gibt nur bei naturwissenschaftlichen Beweisen eindeutig feststellbare Wahrscheinlichkeiten der Schuld. In allen andern Fällen hilft die Frage weiter, ob ein anderer als der von der Anklage behauptete Sachverhalt möglich und zumindest minimal wahrscheinlich wäre.

## 3. Häufige Fehler beim kriminalistischen Arbeiten

Wenn abschließend von Fehlern bei der kriminalistischen Arbeit gesprochen werden soll, dann geht es nicht darum, neue Erkenntnisse zu liefern; das Meiste, was dazu gesagt werden muss, wurde schon früher in diesem Buch geschildert. Das Ziel dieses Kapitels ist, auf die praktisch wichtigsten Stolpersteine hinzuweisen. Interessant daran ist, dass die Fehler, die *Hans Walder* schon in der Erstauflage des Werkes im Jahr 1953 beschrieben hat, noch heute zu den häufigsten gehören – Kenntnis dieser Fehler schützt offenbar nicht davor, sie trotzdem immer wieder zu begehen.

### 3.1 Übersehen einer Straftat

Das größte Missgeschick unterläuft einem Kriminalisten wohl dann, wenn er einen Sachverhalt zwar prüft, aber trotzdem nicht als verdächtig erkennt. Das kann einerseits daran liegen, dass man bei einer Verdachtslage die Daten nicht ausreichend analysiert und mit vorhandenen Daten vergleicht. Anderseits kommt es bisweilen vor, dass Ermittler davon ausgehen, dass weitere Ermittlungen angesichts der bescheidenen Ausgangslage wohl wenig bringen würden. Wer die Untersuchung nicht eröffnet, kann im Nachhinein oft mit gutem Gewissen behaupten, das liege eben daran, dass der Ausgangsverdacht nicht genügend klar gewesen sei; meistens fällt das ohnehin niemandem auf.

Öffentlichkeit und Medien erklären in nachträglich aufgedeckten Fällen fast immer, es sei unverständlich, warum man keinen Verdacht geschöpft habe. Wäre in den Fall nur halb so viel Energie investiert worden wie in die Verteilung von Bussen an Falschparker, dann hätten die Umstände als verdächtig auffallen müssen. Oft geht es allerdings bei diesen Vorwürfen darum, dass einem einschlägig Vorbestraften ein weiteres Delikt nachgewiesen werden kann. Die Medien gehen in diesem Zusammenhang fälschlicherweise davon aus, dass man alle Verdächtigen beobachten müsse, um Straftaten zu verhindern. Dabei wird übersehen, dass das rechtsstaatlich wichtige Institut des Anfangsverdachtes nicht zur Disposition steht. Die Ermittlungen müssen von einer konkreten Straftat ausgehen und nicht von einem bestimmten Verdächtigen. Es können auch nicht je nach Art des Falles unterschiedliche Maßstäbe angelegt werden.

> Viele Hinweise aus der Bevölkerung betreffen den Kleinhandel mit Betäubungsmitteln in Städten. Für Nachbarn kann es rasch auffällig sein, wenn drogenkranke Menschen plötzlich in einer gewissen Wohnung ein und aus gehen; bei der heutigen Polizeidichte kann allerdings nicht erwartet werden, dass auch die Polizei sofort auf solche Umtriebe aufmerksam wird.

## 3.2 Unkenntnis über die kriminalistischen Mittel

Viele Kriminalisten (weniger Polizisten, dafür umso mehr Staatsanwälte) sind nicht im Bild, welche Mittel aktuell zur Lösung der Aufgabe zur Verfügung stehen. Kriminalistisches Denken setzt zunächst eine solide Allgemeinbildung voraus. Der Kriminalist ist nicht nur Polizeibeamter oder Jurist; er soll sich auch mit neuen Erkenntnissen der Physik, Chemie, Biologie, Medizin, Psychologie, Kriminologie, Informatik und so weiter beschäftigen, soweit sie für die Forensik von Belang sind. Er muss darin nicht Sachverständiger sein, zumindest aber eine Vorstellung davon haben, was ein Sachverständiger aus einem bestimmten Gebiet zur Lösung beitragen könnte.

> Der Mitverfasser dieser Arbeit hatte ein großes Betrugs- und Veruntreuungsverfahren zu untersuchen, in dem es unter anderem um die Frage ging, ob Drittunterschriften eines Unbeteiligten vom Täter gefälscht worden waren. Weil die fragliche Unterschrift auf den ersten Blick wenig individuell war (sie bestand lediglich aus sechs Auf- und Abstrichen), ging ich davon aus, dass eine Schriftanalyse nicht weiter helfen werde – zu Unrecht, wie sich nach Einsicht in das Gutachten ergab, denn dem Schriftexperten gelang es, eine ganze Reihe von Individualisierungsmerkmalen zu identifizieren, die mir nicht geläufig waren.

Die Kriminaltechnik macht große Fortschritte. Es wäre systematischer daran zu denken, dass bei schweren Fällen nach einer gewissen Frist überprüft wird, ob es neue Möglichkeiten der Beweisführung gibt, die zum Zeitpunkt der Beweiserhebung noch nicht zur Verfügung standen.

> Einen Quantensprung bedeutete die Entwicklung der DNA-Analyse, die auch zur Aufklärung weit zurück liegender Verbrechen beitrug: So wurde im Dezember 1984 am Ufer eines Teiches bei Hannover die Leiche von Brigitte K. aufgefunden. Spermaspuren am Opfer wurden damals tiefgekühlt und im Jahr 2000 wieder aufgetaut; die DNA-Analyse führte zur Festnahme und Verurteilung des Verursachers dieser Spuren.

## 3.3 Fehlende oder fehlerhafte Daten

In vielen Ermittlungen wird bei Weitem nicht allen Informationsquellen nachgegangen, aus denen vielleicht etwas zu holen gewesen wäre. Man muss zwar eine Ermittlung oder Untersuchung auch einmal abschließen, und das zwingt oft zu einer etwas summarischen Behandlung von Teilen der Sache, besonders wenn sie nicht allzu schwer wiegen. Doch auch bei Kapitalverbrechen gibt es immer wieder Fahndungslücken, und es darf behauptet werden, dass wahrscheinlich diese oder jene schwere Straftat hätte geklärt werden können, wenn man pedantisch allen, wirklich allen Informationsquellen nachgegangen wäre, die sich direkt oder indirekt aus bereits erhobenen Daten oder aus Dateien öffentlicher oder privater Dienste und Unternehmungen ergeben hätten.

Ein weiterer typischer Fehler besteht darin, am Anfang einer Untersuchung zu wenige Daten zu erheben, weil der Fall klar scheint, der Beschuldigte allenfalls sogar schon gestanden hat. Man sollte aber auch in klaren Fällen genügend Fakten sammeln, insbesondere solche, die später nicht mehr oder nicht mehr genau festgestellt werden können. Eine gründliche Spurensicherung ist also auch nötig, wenn der Täter in flagranti erwischt wird und sofort gesteht, denn in Geständnisfällen ist immer daran zu denken, dass der Beschuldigte sein Geständnis widerrufen könnte. Es ist aber auch bei vagem Tatverdacht ein schwerer Fehler, die Gelegenheit zu verpassen, etwas Relevantes festzustellen, wenn es noch feststellbar ist. Eine nicht angeordnete Blutentnahme des an einem Unfall Beteiligten, der unter Alkoholeinfluss gestanden haben kann, bleibt verpasst. Hinter einem außergewöhnlichen Todesfall steckt möglicherweise ein Verbrechen; kommt diese Erkenntnis nur fünf Tage zu spät, hat man den Verstorbenen allenfalls schon kremiert. Wenn nach einem Vorfall die Beteiligten nicht sofort getrennt und eingehend einvernommen wurden, geben sie vielleicht ein paar Tage später alle die gleiche harmlose Version zu Protokoll, die sich nicht widerlegen lässt.

Besonders wichtig ist die Sicherung von Daten, die sich nachträglich nicht mehr erheben lassen, weil sie entweder ihrer Natur nach flüchtig sind oder aus bestimmten Gründen nur während einer gewissen Zeit aufbewahrt werden. Es kommt leider immer wieder vor, dass man bei Ermittlungen gegen eine Gruppe von Drogenhändlern zwar von einzelnen Beteiligten die Übernamen und die Mobiltelefonnummer kennt, sie aber noch nicht identifizieren kann. Unterlässt man es bei dieser Konstellation, die Verkehrsdaten über den vergangenen Telefonverkehr der verdächtigen Nummern einzuholen, und identifiziert man einen Beteiligten acht Monate später, dann sind die Daten nicht mehr verfügbar (weil sie von den Fernmelde-Dienstanbietern nur während sechs Monaten aufbewahrt werden müssen).

### 3.4 Mangelnde Ordnung und Sichtung von Daten

Daten ungeordnet zu lassen und sie auch nicht kritisch zu sichten, ist fehlerhaft. Gerade wenn eine große Zahl von Daten vorliegt, wären Lösungen der kriminalistischen Aufgabe oft in den Akten enthalten, ohne dass man dies erkennt. Das liegt häufig daran, dass es in der ersten Phase der Untersuchung darum geht, möglichst rasch alle verfügbaren Beweise zu erheben. Man ist dann so mit dieser Aufgabe beschäftigt, dass man nicht dazu kommt, die Daten auch zu ordnen und kritisch zu überprüfen. Solche Fällen zeichnen sich dadurch aus, dass die Akten in großer Unordnung herumliegen, was besonders dann zu Fehlern führen kann, wenn mehrere Personen gleichzeitig im gleichen Fall ermitteln und der eine nicht weiß, zu welchen Ergebnissen der andere bereits gekommen ist.

Das Problem stellt sich aber nicht nur in der hektischen Phase der Untersuchung, sondern auch dann, wenn die Klärung einer Verdachtslage ins Stocken gerät und man den Fall einige Zeit liegen lassen muss, um bestimmte Ermittlungsergebnisse abzuwarten. Treffen diese Ergebnisse ein, wären sie nochmals mit allen bisher bekannten Fakten abzugleichen; tut man dies nicht sorgfältig, riskiert man, etwas zu übersehen, weil man sich nicht mehr daran erinnert und weil der fragliche Umstand vielleicht bisher nicht das gleiche Gewicht hatte, wie er es nun nach Vorliegen der neusten Ermittlungsergebnisse hat.

> In einem Entführungsfall war das Opfer von einem Bekannten per SMS an den Tatort gelockt und dort von ihm unbekannten Personen verschleppt worden. Das Opfer hatte zwar den Namen und die Telefonnummer dieses Bekannten genannt, dieser war aber mittlerweile ins Ausland verreist. Es gelang drei Monate später, die Entführer zu identifizieren und festzunehmen. Es stellte sich heraus, dass sie wohl einen direkten Kontakt mit dem verschwundenen Bekannten des Opfers hatten, was den Verdacht nahelegte, er sei an der Sache direkt beteiligt gewesen. Der Ermittler dachte aber nicht mehr daran, dass die Telefonnummer des Verschwundenen ja bekannt war.

Dritter Teil: Das Ergebnis

> Erst acht Monate nach der Entführung kam der verschwundene Bekannte wieder in die Schweiz. Er wurde gefragt, wieso er das Opfer zu einem Treffen aufgeboten habe, und es wurde ihm das betreffende SMS vorgelegt. Er erklärte, es handle sich nicht um seine Telefonnummer, das SMS sei nicht von ihm geschrieben worden. Weil versäumt worden war, die rückwirkenden Verkehrsdaten des Mobiltelefons einzuholen, konnte diese Behauptung nicht ohne Weiteres widerlegt werden.

Oft ergibt sich aus vorhandenen Daten nicht nur ein Verdacht gegen eine bestimmte Person, sondern dieser Verdacht ließe sich auch konkretisieren, wenn man die Daten wirklich bearbeiten würde:

> Es gehört zu den Standardmethoden der Polizei, die Kunden eines gefassten mutmaßlichen Drogenhändlers zu ermitteln, indem man die rückwirkenden Verbindungsdaten des bei ihm gefundenen Mobiltelefons einholt und die Gesprächspartner dann identifiziert. Leider gehört es nicht zu den Standardmethoden, diesen Gesprächspartnern dann bei der Befragung auch Anzahl, Zeitpunkte und Dauer der Gespräche vorzuhalten, obwohl sich daraus zumindest eine grobe Zahl der Treffen zwischen Drogenhändler und Abnehmer abschätzen ließe. Man liest in Befragungen immer wieder, dass solche Abnehmer behaupten, sie hätten z. B. innert drei Monaten lediglich fünfmal Heroin vom Händler bezogen, obwohl aufgrund der Verbindungsdaten feststeht, dass sie fast täglich zwei bis drei Mal in gleichen zeitlichen Abständen mit ihm telefoniert haben.

Von besonderer Bedeutung ist die rasche Erkenntnis, welche Daten falsch oder unerheblich sind. Erkennt man dies nicht, arbeitet man allenfalls in eine ganz falsche Richtung; deshalb wäre es günstig, heikle Daten durch weitere Beweiserhebungen zu verifizieren.

### 3.5 Unkenntnis über das anwendbare Recht

Einer der häufigsten Fehler besteht darin, dass sich der kriminalistisch Tätige über die zu lösende Aufgabe nicht ganz im Klaren ist. Er weiß nicht, worauf es ankommt, weil er sich weder die in Frage kommende Gesetzesbestimmung vergegenwärtigt noch die einzelnen Verbrechenselemente (z. B. bei einem fahrlässigen, unechten Unterlassungsdelikt) prüft.

> In der Schweiz, wo zur Verurteilung wegen Betruges nicht nur erforderlich ist, dass dem Täter nachgewiesen wird, er habe das Opfer getäuscht, sondern zusätzlich verlangt wird, dass diese Täuschung arglistig gewesen sein muss,

## 3. Häufige Fehler beim kriminalistischen Arbeiten

> kommt es leider oft vor, dass in größeren Betrugsverfahren die äußeren Umstände mit großem Aufwand bis in die Details ermittelt wurden, am Schluss aber die Arglist nicht nachgewiesen werden kann.
>
> In Geldwäschereiverfahren ist nicht nur nachzuweisen, wer wann welche Summen auf welche Weise verschoben hat, sondern es geht immer auch um den Nachweis der strafbaren Vortat, der meistens sehr viel schwieriger zu erbringen ist. Das gilt insbesondere dann, wenn (wie in der Schweiz häufig) zwar die Geldwäscherei-Handlungen in der Schweiz gesetzt wurden, der Tatort der Vortat allerdings im fernen Ausland liegt.

Fehler dieser Art vermeidet man, wenn man das materiellrechtliche Programm rechtzeitig festlegt.

### 3.6 Unzulängliche Vernehmungen

In der Praxis stellt man leider immer wieder fest, dass Vernehmungen im Bezug auf verschiedene relevante Umstände unvollständig sind. Es wurde weniger eingehend befragt, als dies eigentlich nötig gewesen wäre. Damit ist nicht gemeint, dass man mit mehr Druck, durch Tricks oder auf andere unanständige und unzulässige Weise vorgehen sollte. Wer aber aussagewillig ist, der sollte auch wirklich gründlich befragt werden.

Es steht zwar oft nicht viel Zeit zur Verfügung, um die Vernehmung seriös vorzubereiten und dann entsprechend gründlich zu befragen; es gibt aber Fälle, die für eine eingehende Befragung wichtig genug sind. Zeitnot ist in solchen Situationen keine Entschuldigung. Sie verhindert aber bisweilen, dass man ein sauberes Programm über die zu erbringenden und noch fehlenden Beweise aufstellt, sodass man dann die Möglichkeiten, die eine gute Vernehmung zur Lösung des Falles beitragen könnte, nicht ausschöpft.

Einen besonders krassen Kunstfehler begeht derjenige, der die Befragung eines plötzlich Geständigen aus Zeitdruck oder – noch dümmer – aus Erleichterung abbricht. Wer sich einmal zu einem Geständnis durchgerungen hat, wird alle Details der Tat bekannt geben, wenn man ihn sofort danach fragt, denn er selbst wird auch erleichtert sein, nicht weiter lügen zu müssen und damit zu riskieren, dass er dabei ertappt wird. Verzichtet man darauf, ein überraschendes Geständnis sofort möglichst gründlich präzisieren zu lassen, dann könnte der Befragte schon am nächsten Morgen darauf gekommen sein, dass ihm das Geständnis doch eher schadet, und er könnte die Tat wieder bestreiten.

Nicht nur der Verdächtige, sondern auch die übrigen Beteiligten sollten sorgfältig einvernommen werden. Besonders heikel sind Vernehmungen von kindlichen Opfern von Straftaten, insbesondere von Sexualdelikten, weil diese Vernehmungen nicht beliebig oft wiederholt werden können (um eine Traumatisierung des Opfers durch das Verfahren zu verhindern) und weil das Kind durch die Befragung selbst allenfalls beeinflusst wird und die Tendenz hat, dem Befrager das zu bestätigen, was er aus Sicht des Kindes hören will.

> Es gilt mittlerweile als Kunstfehler, wenn ein kindliches Opfer eines Sexualdeliktes am Ende der Befragung gelobt wird, weil es die unangenehmen Fragen so ausführlich beantwortet habe. Früher war dies gang und gäbe. Heute weiß man, dass Kinder durch solche Bemerkungen veranlasst werden, sich auch beim nächsten Mal wieder nach den Erwartungen der Erwachsenen zu verhalten. Das kann dazu führen, dass sie die Erlebnisse etwas ausschmücken, um dem Erwachsenen das zu bieten, was er offenbar gerne hört.

### 3.7 Fehlende Übersicht über die Beweislage

Nicht immer besteht Klarheit darüber, was bewiesen ist und was nicht. Einer der häufigsten Beweisfehler ist der Beweis aus der Lüge. Ein Beschuldigter bestreitet, zur kritischen Zeit am Tatort gewesen zu sein. Nun gelingt es zu belegen, dass er sich damals doch in unmittelbarer Nähe des Tatortes aufgehalten hat. Die Alibi-Behauptung ist widerlegt und der Beschuldigte als Lügner überführt. Das heißt aber noch nicht, dass man die Wahrheit kennt. Es muss ja nicht nur die Anwesenheit des Beschuldigten am Tatort, sondern dessen Täterschaft bewiesen werden.

Eine Lüge kann zwar auf die Täterschaft des Lügners hinweisen; sie ist aber noch lange nicht der Beweis dafür. Es wird aus den verschiedensten Gründen gelogen, nicht immer, weil man schuldig ist. Typisch ist die Überlegung des Unschuldigen, wenn er zugebe, sich in der kritischen Zeit in unmittelbarer Nähe des Tatortes aufgehalten zu haben, dann werde man glauben, er sei der Täter. Diese Befürchtung ist denn auch in vielen Fällen begründet und erklärt, wieso der Unschuldige in diesem Punkt lügt. Man könnte dies aus der Sicht des Strafverfolgers zwar als falsche Verteidigung bezeichnen; sie ist aber gar nicht so selten. Die Lüge des Beschuldigten über Tatumstände darf daher für sich allein nie zu einem Schuldspruch Anlass geben.

Auch Fehler dieser Art können vermieden werden, wenn man rechtzeitig das ausführliche materiellrechtliche Programm zusammenstellt.

### 3.8 Ermittlungsfehler

Bei Ermittlungen und Untersuchungen wird es immer wieder Fehler geben. Sie offen zuzugeben und aktenkundig zu machen, braucht manchmal Mut. Sie zu vertuschen, ist nicht nur unzulässig, sondern auch taktisch kurzsichtig und dumm, denn sie können später zur vernichtenden Bombe für das ganze Verfahren werden.

> Im bereits mehrfach erwähnten Mordfall Zwahlen in Kehrsatz (die Ehefrau des Verdächtigen war tot in der Tiefkühltruhe des Einfamilienhauses gefunden worden) untersuchte man den Mageninhalt der Verstorbenen und machte in diesem Zusammenhang auch Experimente mit Assistenten der Rechtsmedizin, welche die mutmaßlich letzte Mahlzeit der Verstorbenen essen und nach einer bestimmten Zeit erbrechen mussten, um die Konsistenz der betreffenden Nahrungsmittel nach einer bestimmten Dauer der Verdauung experimentell dokumentieren zu können. Offenbar war zu einem gewissen Zeitpunkt nicht mehr klar, bei welchem Asservat es sich wirklich um den Mageninhalt der Verstorbenen handelte.
>
> Im Mordfall Ferrari wurde in den 1980er Jahren bei einem mutmaßlichen Opfer ein Schamhaar gefunden, das man dem Täter zuordnete, aber vorerst asservierte, weil die DNA-Analyse noch nicht bekannt war. Später schickte man dieses Haar nach Amerika, als dort erste Labors in der Lage waren, DNA-Analysen durchzuführen. Während einiger Zeit war das Haar dann verschwunden, tauchte aber plötzlich wieder auf, wobei nicht mehr ganz klar war, ob es sich wirklich noch um das ursprünglich beim Opfer gesicherte Haar handelte.
>
> Nachdem der Zollbeamte in der Stoßstange eines Autos eingebaute Heroinpakete entdeckt hatte, demontierte man die Stoßstange und baute die Pakete sauber aus, um sie dann erkennungsdienstlich zu behandeln. Man fand keine Fingerabdrücke. Erst Monate später schaute sich der Staatsanwalt die Fotos an, welche die Zollbehörden vor der Demontage der Stoßstange erstellt hatten; auf dieser Stoßstange waren deutliche Fingerabdrücke zu erkennen, die der Kurier, als er den Stoff eingebaut hatte, mit seinen schmutzigen Fingern wohl auf der Stoßstange hinterlassen hatte. Mittlerweile war das fragliche Fahrzeug allerdings bereits nicht mehr für eine Nachanalyse verfügbar.

Dritter Teil: Das Ergebnis

## 3.9 Ratlosigkeit über das weitere Vorgehen

Nicht selten ist die Ratlosigkeit darüber, was man in einem bestimmten Ermittlungsverfahren noch tun könnte, wenn erst wenige, einfachste Feststellungen getroffen worden sind. Man sollte in dieser Situation zunächst die Akten nochmals genau lesen und sich überlegen, ob man den mutmaßlichen Tatablauf wirklich genau durchdacht hat und ob bei diesem Ablauf nicht doch noch ermittelbare Spuren vorhanden wären. Vielleicht hilft dann ein Kollege weiter, der als unbefangener Beobachter möglicherweise andere Überlegungen anstellen wird. Es geht also darum, neue Hypothesen in einem Fall aufzustellen, der in eine Sackgasse gelenkt wurde. Kommt man zu brauchbaren Hypothesen, dann stellt man oft ohne Weiteres fest, was noch zu beweisen ist und wie das geschehen könnte.

Hat man das materiellrechtliche Programm sauber zusammengestellt und festgelegt, mit welchen Mitteln welche Tatbestandsmerkmale bewiesen werden können, dann sollte sich diese Ratlosigkeit gar nicht einstellen:

- Entweder kann man dann mit den zur Verfügung stehenden Mitteln die Tatbestandsmerkmale beweisen, dann ist das Problem gelöst.
- Oder dieser Beweis gelingt nicht, und es stehen auch keine andern Beweismittel zur Verfügung. Dann muss man es mit der Feststellung bewenden lassen, dass die Straftat nicht beweisbar ist. Man hat dann alles getan, was man tun konnte, und kann den Fall deshalb guten Gewissens ad acta legen.

Die Frage der Ratlosigkeit fokussiert sich also auf die Frage, welche Beweismittel zur Verfügung stehen würden, um einen bestimmten Sachverhalt zu beweisen. Um die Frage beantworten zu können, muss man letztlich eine Übersicht über die aktuell zur Verfügung stehenden Mittel, insbesondere die Mittel der Rechtsmedizin und der Spurensicherung und -auswertung, haben.

Nachdenken verlangt Ruhe, die in der heutigen Kriminalpraxis meistens fehlt. Man sollte sich zumindest bei der Lösung schwieriger Kriminalfälle nicht drängen lassen, anderseits aber auch nicht wild drauflos ermitteln. Die Versuchung ist groß, eine einleuchtende Vermutung sofort nachzuprüfen. Es besteht allerdings die Gefahr, durch die Nachforschung den Täter zu warnen, sodass er rechtzeitig fliehen oder Beweisstücke beseitigen kann. Vor jeder Nachprüfung, insbesondere vor jeder Befragung, sollte man sich daher überlegen, was man dadurch über den Stand der Ermittlungen verraten wird und ob nicht vorher andere Beweiserhebungen günstig wären, die für den späteren Beweis notwendig sind, durch die geplante Beweiserhebung aber gefährdet werden könnten.

Man kann sich mit allzu wilden Annahmen, Kombinationen und Hypothesen nicht nur versteigen; man kann sich mit ihnen auch blamieren. In der Strafverfolgung sind Kolleginnen und Kollegen untereinander häufig gnadenlos. Immerhin sollte man sich immer wieder vor Augen führen, dass Überlegungen dazu, was der Täter vernünftigerweise getan haben könnte und was nicht, manchmal im Ansatz falsch sind, weil man es meistens gerade nicht mit vernünftigen Tätern zu tun hat. Hypothesen dürfen in diesem Sinn deshalb ohne Weiteres auch abwegig sein.

Wenn man zehn Möglichkeiten des Tatherganges oder der Täterschaft sieht, dann sollte man alle zehn, nicht nur die nahe liegendsten oder einfachsten prüfen. Es kann gerade die letzte, die hätte kontrolliert werden sollen, zur Lösung führen. Und wenn bei der siebenten der Eifer zu erlahmen droht, dann sollte man sich daran erinnern, dass in Blackburn (England) einmal 50 000 Personen daktyloskopiert werden mussten, um einen Kindesmörder zu finden – und man fand ihn auf diesem Weg.

Nichts ist gefährlicher als der Wunsch, die Lösung eines Kriminalfalles möchte doch in einer bestimmten Richtung ausfallen. Es liegt zum Beispiel auf der Hand, dass sich die Ermittler, die in vier Brandfällen den immer gleichen Verdächtigen überprüft haben, allerdings nicht genügend Beweise fanden, auch beim fünften Brandfall wünschen, die Beweislage sei nun endlich eindeutig. Vielleicht ist die Beweislage allerdings objektiv noch schlechter als in den ersten vier Fällen, was man gerne ausblendet, weil man den Erfolg sucht, oder vielleicht kam man bisher nicht zum Erfolg, weil man tatsächlich den Falschen im Visier hatte. Der gute Kriminalist sollte sich nur insofern affektiv beteiligen, als man innerlich wünscht, die richtige (nicht die erwünschte) Lösung zu finden.

Nicht alle Kriminalisten können an eigenen Lösungen zweifeln. Man sollte es aber tun, und letztlich ist es nur Übungssache. Als erfolgreicher Ermittler wird man sich zum Beispiel vorstellen, wie sich der skrupellose Angeklagte verteidigen oder welche prozessualen, beweistechnischen oder materiellrechtlichen Probleme der findige Anwalt an die Wand malen werde. Man kann dann genau diese Fluchtwege durch die Ermittlungen noch verbauen.

**Einige Merksätze:**
- Man kann eine Straftat übersehen, wenn man zu hohe Anforderungen an den Ausgangsverdacht stellt. Es ist aber immer zu fragen, ob dieser Ausgangsverdacht Beweiserhebungen rechtfertigt, die mit einem Grundrechtseingriff verbunden sind.
- Unkenntnis über die kriminalistischen Mittel kann dazu führen, dass man irrtümlich annimmt, ein Sachverhalt könne nicht bewiesen werden.
- Wer fehlerhafte Daten nicht erkennt, riskiert, dass das Beweisergebnis insgesamt nicht stimmt.
- Wer mit großen Datenmengen arbeitet, muss sicherstellen, dass die Informationen jederzeit zur Verfügung stehen und auch aufgefunden werden können. Eine laufende Verarbeitung der Informationen erleichtert es, diese Anforderung zu erfüllen.
- Wer sich nicht im Klaren über das materiellrechtliche Programm ist, riskiert, Beweise ins Blaue zu erheben und zu übersehen, dass nicht alle Tatbestandsmerkmale bewiesen sind.
- Vernehmungen sollen alle Punkte des materiellrechtlichen Programms abdecken. Wem nicht klar ist, was bewiesen werden muss, der kann auch nicht die richtigen Fragen stellen.
- Wer nicht jederzeit die Übersicht darüber hat, welche Punkte des materiellrechtlichen Programms bereits bewiesen sind, kann nicht zielgerichtet untersuchen.
- Ermittlungsfehler sind nur dann schlimm, wenn man sie zu verstecken sucht. Erkannte Ermittlungsfehler können in der Regel korrigiert werden, wenn man sich nicht im Bereich von Beweisverboten mit Fernwirkungen befindet.
- Ratlosigkeit über das weitere Vorgehen hängt oft damit zusammen, dass man keine klare Vorstellung davon hat, was noch zu beweisen ist, oder dass man die Mittel zum Beweis bestimmter Tatsachen nicht kennt. Wenn man alle zur Verfügung stehenden Mittel ausgeschöpft und den Beweis trotzdem nicht vollständig erbracht hat, dann ist das Delikt nicht beweisbar, und man kann den Fall ad acta legen.

## 4. ... und zum Schluss

Die grundsätzlichen Überlegungen zum kriminalistischen Denken, die *Hans Walder* 1955 in der Erstauflage dieses Werkes entwickelt hat, können größtenteils noch heute Geltung für sich beanspruchen. Wenn sich auch die technischen Möglichkeiten der Beweiserhebung auf der einen Seite und die Schwerpunkte der Delinquenz auf der andern Seite wesentlich verändert haben, geht es immer noch darum, durch intellektuell und prozessual saubere und ausdauernde Arbeit die nötigen Beweise zu beschaffen, um Straftaten beweisen und die Verantwortlichen zur Rechenschaft ziehen zu können. In der vorliegenden Auflage wurde der Aufbau des Werkes ein weiteres Mal gründlich überarbeitet, um die bei der heutigen Kriminalitätslage wichtigsten Grundsätze in die heute sinnvolle Reihenfolge zu bringen und sie anders zu gewichten als noch vor zwanzig Jahren. Der kriminalistische Zyklus fördert das systematische Vorgehen, das bei der Bekämpfung moderner Kriminalität immer wichtiger wird.

Vieles wurde in diesem Werk oberflächlich behandelt:

- Die gründliche Kenntnis der materiellen Strafbestimmungen ist Grundvoraussetzung dafür, erkennen zu können, welche Straftaten in einem konkreten Fall in Frage kommen.
- Auch die strafprozessualen Regeln sollte man unbedingt seriös studieren, damit man sich trotz taktisch guter Arbeit wegen Verfahrensfehlern nicht um die Früchte seiner Arbeit bringt.
- Umfangreiche Spezialliteratur befasst sich mit der Spurenkunde und mit den Aufgaben der forensisch-naturwissenschaftlichen Dienste (wie die Spurensicherung neuerdings heißt). Wichtig ist für jeden Kriminalisten, dass er in dieser Hinsicht am Ball bleibt und jederzeit weiß, was die neusten Methoden auf diesem Gebiet zu leisten vermögen.

Zwar ist im EDV-Zeitalter das Fachwissen über Spezialgebiete einfacher erschließbar, es ist aber wegen der raschen Entwicklung der kriminalistischen Spezialdisziplinen trotzdem nicht einfacher geworden, den Überblick zu behalten (und ein umfassendes Werk über kriminalistisches Denken vorlegen zu können). Man kann nie alles wissen, was man eigentlich wissen sollte, und selbst wer es könnte, wäre nicht in der Lage, sich alles vorzustellen, was man sich vorstellen kann.

## Dritter Teil: Das Ergebnis

In dieser Situation gibt es nur einen Erfolg versprechenden Tipp zur Aufklärung schwieriger Straffälle: Ein eingespieltes Team von Leuten mit unterschiedlichem Hintergrund – zusammengesetzt aus Frauen und Männern, aus Fachspezialisten der unterschiedlichen Richtungen und aus Generalisten, aus forschen Aktivisten und umsichtigen Schaffern, aus älteren Personen mit großer Erfahrung und aus Leuten frisch aus der Ausbildung, welche die neusten Trends kennen, aus Strafrechtsdogmatikern und praktischen Kriminalisten – wird allemal rascher zum Ziel kommen als ein Einzelkämpfer. Das Ziel des vorliegenden Werkes ist erreicht, wenn sich die Leser vermehrt zu dieser Arbeitsweise verleiten lassen.

# Literaturauswahl

*Ackermann Jürg-Beat:* Tatverdacht und Cicero – in dubio contra suspicionem maleficii, in: Hurtado Pozo, Niggli, Queloz: Festschrift für Franz Ricklin, Zürich 2007

*Ackermann Rolf, Clages Horst, Neidhardt Klaus:* Kriminalistische Fallanalyse, Hilden 2010

*Adler Frank, Hermanutz Max:* Strukturiert vernehmen mit Vernehmungskarten, Krim 2010 499 (Krim = Zeitschrift Kriminalistik, Heidelberg)

*Bättig Franz, Frey Corinne, Hofer Franziska:* ASPECT – Analysing Suspicious Persons and Cognitive Training, Krim 2011 641

*Bender Rolf, Nack Armin, Treuer Wolf-Dieter:* Tatsachenfeststellung vor Gericht, 3. Auflage München 2007

*Berthel Ralph:* Kriminalistisches Denken neu denken, Krim 2007, 732

*Brodbeck Silke:* Blutmusteranalyse, Krim 2011 754

*Burgheim Joachim, Friese Hermann:* Sexualdelinquenz und Falschbezichtigung, Frankfurt 2006

*Clages Horst:* Der rote Faden – Grundsätze der Kriminalpraxis, 12. Auflage Heidelberg 2012

*Crivelli Ignaz:* Analyseinstrumente, -techniken und -strategien, Krim 2010 480

*Crivelli Ignaz:* Analysepsychologie, Krim 2010 665 und 719

*Demko Daniela:* Das Fragerecht des Angeklagten nach Art. 6 Abs. 3 lit. d EMRK, ZStrR 2004 416

*Dowling Cornelia, Gundlach Thomas:* Der Verbal Overshadowing-Effekt beim Wiedererkennen von Gesichtern, Krim 2012 288

*Eco Umberto:* Einführung in die Semiotik, München 1994

*Füllgrabe Uwe:* Kriminalpsychologie, 2. Auflage Frankfurt 1997

*Gigerenzer Gerd:* Bauchentscheidungen. Die Intelligenz des Unbewussten und die Macht der Intuition. München 2007

*Gundlach Thomas:* Versionenbildung als Unterdrückungsinstrument der DDR-Diktatur? Krim 2008 187 ff.

*Haas Henriette:* Kriminalistischer Erkenntnisgewinn durch systematisches Beobachten, Krim 2003 93

*Habschick Klaus:* Erfolgreich vernehmen, 3. Auflage Heidelberg 2012

*Harbort Stefan:* Empirische Täterprofile, Krim1997 569

*Hermanutz Max, Adler Frank, Schröder Jochen:* Forschungs- und Anwendungsbereiche von Vernehmungsstrategien und Aussageanalyse in der polizeilichen Ermittlung, Krim 2011 43

*Heubrock Dietmar:* Gedächtnispsychologische Grundlagen der Zeugenvernehmung, Krim 2011 75

*Humbel Raphael:* Statistische Täterermittlung in der Kriminalistik, Bern 2009

*Hussels Martin:* Grundzüge der Irrtumsproblematik im Rahmen der Glaubhaftigkeitsbeurteilung, Krim 2011 114

*Jackowski Christian:* Bildgebung in der Rechtsmedizin, Krim 2011 781

*Killias Martin, Kuhn André, Aebi Marcelo:* Grundriss der Kriminologie, 2. Auflage Bern 2011

*Knecht Thomas:* Serienmörder, Krim 2011 261

*Köhnken Günter, Kraus Uta, von Schemm Katja:* Das Kognitive Interview, in Volbert, Streller (Hrsg.): Handpuch der Rechtspsychologie, Göttingen 2008, 232

*Krämer Sybille, Kogge Werner, Grube Gernot:* Spur, Spurenlesen als Orientierungstechnik und Wissenskunst, Frankfurt 2007

*Küffer Uwe:* Kriminalistisches Denken im Kontext systemisch-konstruktivistischer Theorie, Berlin 2004

*Larl Willi:* Mit Smartphone und iPad in die Zukunft, Krim 2011 765

*Lehner Marc, Wyler Daniel:* Selbstverletzungen, Krim 2007 191

*Lindenberg Andreas, Wagner Irmgard, Fejes Peter:* Statistik Macchiato, München 2007

*Ludewig Revital, Tavor Daphna, Baumer Sonja:* Wie können aussagepsychologische Erkenntnisse Richtern Staatsanwälten und Anwälten helfen? AJP 2011 1415

*Mätzler Armin:* Todesermittlung, 4. Auflage 2009

*Meyer Caroline:* Das Täterprofil aus interdisziplinärer Sicht, unter besonderer Berücksichtigung des Strafprozessrechts, in: Michelle Cottier/David Rüetschi/Konrad W. Sahlfeld (Hrsg.), Information und Recht, Basel 2002, S. 135

*Müller Johannes:* Grundlagen der systematischen Heuristik, Berlin 1970

*Niehaus Susanna:* Zur Anwendbarkeit inhaltlicher Glaubhaftigkeitsmerkmale bei Zeugenaussagen unterschiedlichen Wahrheitsgehaltes. Frankfurt am Main 2001

*Niehaus Susanna:* Merkmalsorientierte Inhaltsanalyse. In: Volbert, R.; Steller, M. (Hrsg.). Handbuch der Psychologie, Band 6: Handbuch der Rechtspsychologie. Göttingen 2008, 311

*Pfefferli Peter* (Hrsg): Die Spur, 6. Auflage Heidelberg 2012

*Polya George:* Mathematik und plausibles Schliessen, Basel 1988

*Polya George:* Schule des Denkens, 4. Auflage Tübingen 1995

*Reichertz Jo:* Die Abduktion in der qualitativen Sozialforschung, Opladen 2003

*Schütz Anika:* Stochastik und Kriminalitätsbekämpfung, Krim 2011 727

*Schulz von Thun Friedemann:* Miteinander reden, Bd. 1 bis 3, Reinbeck 1981–1998

*Schweizer Mark Daniel:* Kognitive Täuschungen vor Gericht, Diss. Zürich 2005

*Schwind Hans-Dieter:* Kriminologie, 21. Auflage Heidelberg 2011

*Simon Walter:* Gabals grosser Medienkoffer, Grundlagen der Kommunikation, Offenbach 2004

*Soiné Michael:* Kriminalistische Erfahrung als Rechtserkenntnisquelle, Krim 2010 275

*Steinberg Georg:* Verdacht als quantifizierbare Prognose? JZ 2006 1045

*Steller Max, Köhnken, Günter:* Criteria-Based Statement Analysis, Credibility Assessment of Children's Statements in Sexual Abuse Cases, in: D.C. Raskin (Hrsg): Psychological Methods für Investigation and Evidence, Dorndrecht 1989, 217

*Steller Max:* Recent development in statement analysis, in: J.C. Yuille (Hrsg.), Credibility assessment, Dorndrecht 1989

*Tatge Eleonore:* Das Drehbuch der Gewalt, Krim 2011 708

*Tversky Amos, Kahnemann Daniel:* Prospect Theory: An Analysis of Decision under Risk, in Econometrica, 1979 263

*Undeutsch Udo* (Hrsg.): Handbuch der Psychologie, Bd. 11: Forensische Psychologie, Göttingen 1967

*Vitek Ernst:* Die Kraft der Intuition, Krim 2011 252

*Wigger Ernst:* Kriminaltechnischer Leitfaden, Wiesbaden 1965

*Wirth Ingo:* Rechtsmedizin, 3. Auflage Heidelberg 2012

# Stichwortverzeichnis

4x4-System 264
Abduktion 91
Abwarten 255
Access 148
Ackermann, Jürg-Beat 95, 101, 105, 190
Ackermann, Jürg-Beat 10
Ackermann, Rolf 176
Adler, Frank 215
AFIS 130
Algorithmus 28
Alternativurteil 296
Analyse
– strukturelle 57
– strukturierte 175
Anfangsverdacht 108
Angriff
– erster 112
Anonymität 222
Anreichern von Daten 127
Anstiftung 19
Antennensuchlauf 121
Anthrax-Briefe 54
Anzeigenerstatter 222
apagogisches Verfahren 188
Arbeitsgruppe 174
Arbeitszeit-Daten 139
ASPECT 124
Astrologie 32
Aufgabe des Kriminalisten 8
Auge 203
Augenschein 170
Auskunftsperson 225
Auslandvorwahlen 139
Aussagen 199
Aussageverweigerungsrecht 241

Auswertungsangriff 112
Automobil-Daten 142
Autopsie 69
AZR 135

Bancomat-Bezug 137
Bankenlisten 136
Bankkonten 137
Bättig, Franz 124
Baubewilligungsbehörden 135
Baupläne 135
Befragung *s. a. Einvernahme*
– Spuren 210
Begehungsdelikt
– fahrlässiges 16
– versuchtes 15
– vorsätzliches 13
beidseitige Täterschaft 24
Belastungsindiz 287
Beobachten
– systematisches 53, 54
Berthel, Ralph 4
Betreibungsdaten 134
Betrug 123
Bewegungsprofil 148
Beweis 282
– indirekter 48
Beweis aus der Lüge 312
Beweiserhebungen
– reproduzierbare 45
– verdachtsbegruendende 119
Beweisführung 283
Beweismethodenverbot 41
Beweismittel 39
Beweismittelverbot 41
Beweisregeln 283

Beweisthemaverbot 41
Beweisverbot 41, 145
Bewusste Fahrlässigkeit und Eventualvorsatz 17
Bildbearbeitung
– elektronische 128, 162
Bilderdaten 128
Bildidentifikation 128
Biologie 64
biometrische Daten 129
Blutalkohol-Berechnung 141
Blutspurenbild 92
Bolzano, Bernhard 282
Brandstiftung 34
Bremswegberechnung 141
Burgheim/Friese 158

Champod, Christophe 75
Chat-Foren 119
Chemie 64
Combox 143
Computerdaten 143
Computertomographie 69
Crime Mapping 150

Daktyloskopie 129
Daten
– anreichern 127
– Arten 126
– biometrische 129
– fehlende 252
– irrelevante 159
– ordnen 146
– überflüssige 161
– unrichtige 152
– vorgetäuschte 155
– widersprüchliche 151

Datenerhebung
– Grenzen 145
Deduktion 90
Delikt
– opferloses 24
Depersonalisierung 26
Dershowitz, Alan 87
Descartes 253
Diebesfallen 276
DNA
– mitochondriale 66
DNA-Analyse 65
DNA-Daten 130
Dowling, Cornelia 209
Drogen
– Reinheitsgrad 132, 142
DRUIDE 132
Dufa-Index 135

Einvernahme 239
– Aufbau 227
– zur Person 239
Ennigkeit, Ortwin 42, 243
Entlastungsindiz 288
Entomologie 65
Ereignishypothesen 173
Ereignisversion 166
Erfahrung 173
Erinnerung 205
Ermittler
– verdeckter 268
Ermittlungsfehler 313
Ermittlungshypothesen 173
Ermittlungsplan 193
Ersteinvernahme 226
EURODAC 131
European Business Register 135
Excel 147

Facebook 139
Fahnder
– verdeckte 266
Fahndung
– öffentliche 256
Fahndungsdatei 131
Fahndungshypothesen 173
Fahrlässigkeit 16, 250
Fahrpläne 141
Fallanalyse
– geografische 178
– kriminalistische 176, 179
– operative 176
– vergleichende 178
Falschgeld-Datei 132
False Memory 206
fehlende Zeichen 58
Fernmeldedienstanbieter 136
Fernwirkung 299
Fingerabdruck 129, 290
Fischhoff, Baruch 174
Fisher, Rod 213
Fluchtroute 115
Form und Inhalt 56
Fotowahlkonfrontation 79, 128, 209
Frederick, Shane 169
Fruit of the poisonous tree 284
Füllgrabe, Uwe 224

Gedächtnis
– Halbwertszeit 205
Gefangenen-Datei 131
Gegenüberstellung 73
Gehilfenschaft 19
Gehör 203
Geiselman, Ed 213
Geografie 71

Geografische Daten 141
geografische Fallanalyse 178
geografische Informationssysteme 150
Geschossvergleich 73
Geständnis 234
– Voraussetzung 230
Gigerenzer, Gerd 88
GIS 150
Glaubhaftigkeit 23, 70, 217
Glaubhaftigkeitskriterien 217
Glaubwürdigkeit 23, 217
Good, Irving 88
Gordon, Hewart 7, 42
Government Software 262
GPS 143
GPS-Systeme 144
Graphologie 70
Grenzkontrolle 134
Grundrechtsbeeinträchtigung 106
Gundlach, Thomas 166, 209

Haas-Atlanten 132
Haas, Henriette 54, 122, 168, 171, 210
Halbwertszeit des Erinnerns 205
Handelsregister 135
Handflächenabdruck 129
Handschrift 132
Harbort, Stephan 202, 258
Hellseher 32
Herkunftsbestimmung 64
Hermanutz, Max 215
Heuristik 28
Hochrechnung 75
Hotelkontrollen 133
Humbel, Raphael 34

Hussels, Martin 203
Hypothese 165


I2 148
Ill, Christoph 232, 241
Indiz 48
– und Beweis 289
Indizienbeweis 285
in dubio pro reo 302
Induktion 91
Informant 263
Information
– Bewertung 263
Informationssysteme
– geografische 150
INPOL 128
Insekten 65
Intelligence Cycle 96
Internet 127
Internet-Adressen 141
Interview
– kognitives 213
Intuition 2, 168
Isotopenanalyse 64


Kahneman, Daniel 27, 169
Kamera 261
Kassin, Saul 219
Kinderpornografie 162
Knecht, Thomas 26, 35
kognitives Interview 213
Kombination 182
konfrontative Vernehmungs-
  methoden 243
Konsumkredite 138
Kontrollen
– systematische 118
kontrollierte Lieferung 272

Konzessionsdaten 136
kooperative Methoden 244
Kreativität 168
Kreditkarten 138
kriminalistische Fallanalyse 176
kriminalistischer Zyklus 97
kriminalistisches Denken 1
Kriminalprognose 4
Kriminaltaktik 1
Kriminaltechnik 307
kultureller Kontext 61
Kundenkarten 138
Kurzzeitgedächtnis 205


Langzeitgedächtnis 205
Laplace, Pierre-Simon 77
Lauschangriff 263
Lebenserfahrung 60
Lehner/Wyler 158
Lernvideos 140
Leuchtendatei 132
Lieferung
– kontrollierte 272
Liegezeit von Leichen 65
Likelihood-Quotient 84
Lindenberg, Andreas 85
Logik 88
Ludewig, Revital 208, 219
Lüge 232
Lügensignale 218
LUNA-Datei 132


Magnetresonanz 69
Maschinenschrift 132
materiellrechtliches Programm 191
Maut-Erfassungsgerät 134

MediAN 161
Medizin 69
Meteorologische Daten 141
Meyer, Caroline 180
Mikrofon 261
Mittäterschaft 19
Modell 55
– Vergleich mit 54
modus operandi 181
Motiv 35, 185
Motivkategorien 178
Müller, Johannes 28
Navigationssysteme 144

nicht offen ermittelnder Polizeibeamter 265
Niehaus, Susanne 206
noeP 265
Nutzungsdaten 137, 260
– Auswertung 148

Objektivität 298
Öffentlichkeitsfahndung 256
operative Fallanalyse 176
Opfer 116
opferloses Delikt 24
Ortspläne 141
Ortszeiten 141
Overshadowing 209

Parapsychologie 32
Pascal, Blaise 8
Passdaten 134
Passfoto 134
Patientendaten 135
PCR-Technik 66
PEACE-Modell 212

Peilsender 275
Pendler 32
PERKEO 162
Personalbeweise 43, 199
Personalien 128
Physik 63
Polya, George 28
Popper, Karl 168
Pornografie 162
Posing 26
PowerPoint 148
Privatsphäre 258
Privilegierung 191
Programm 10
– materiellrechtliches 191
– Reihenfolge 193
– Umfang 193
Provokation 276, 277
Psychologie 70

Qualifikation 191

Rahmendaten 137, 260
– Auswertung 148
Randdaten
– Auswertung 148
– rückwirkende 137, 260
Rasterfahndung 183, 279
Ratlosigkeit 314
Realkennzeichen 217
rechtliches Gehör 241
Rechtsanwalt 236
Rechtswidrigkeit 14
Registrieren
– systematisches 59
Reichertz, Jo 91, 110
Reid-Technik 243
Reihenuntersuchung 68

Reinheitsgrad von Drogen 132, 142
Reiserouten 141
Rekonstruktion 73
Risikoneigung 27
Rückschaufehler 174
rückwirkende Randdaten 137, 260

Sachbeweis 43, 199
Sachfahndungs-Datei 131
Satellitennavigationsgeräte 261
Schätzungen 50
Scheinkauf 267
Schleppnetzfahndung 278
Schlucker 69
Schneikert, H. 155
Schriften-Datei 132
Schriftpsychologie 70
Schusswaffen 130
Schusswaffen-Datenbank 130
Schweigen 221, 241
Schweigerecht 241
Schweizer, Mark Daniel 27, 83, 90, 188
Schwerverkehrsabgabe 134
Selbstverletzung 157
Sicherungsangriff 112
SIM-Karte 143
Simon, Walter 206
Simpson, O.J. 87
SIS 128
Skype 262
Smartphones 143
SPOT 124
Sprechererkennung 142
Sprecheridentifizierung 260
Spur 52

Spurenaufnahme 113
Spurensicherung 109
Spurenüberkreuzung 67, 114
Spuren von Befragungen 210
Spur-Spur-Hit 67
Stabil-Isotopenanalyse 64
Staging 26
Statistik 75
Steinberg, Georg 106
Steuerdaten 134
Stimmanalyse 260
Strafe 11
Strafregister 130
Straftat
– geplante 25
– spontane 25
– vorgetäuschte 155
Strafzumessungsfaktoren
– Beweis 20
Straßenverkehrsdaten 136
strukturelle Analyse 57
SWIFT-Code 142
Syllogistik 36
Systematisches Registrieren 59

Tatbestand
– subjektiver 44, 247
Täterhypothesen 173
Täter-Opfer-Delikt 21
Täterprofil 173, 180
Täterschaft
– beidseitige 24
– mittelbare 19
Tätersignalement 81
Tätertypen 33
Tathypothese 166
Tatort 111
– Umfeld 115

Tatortspuren-Datei 131
Tatsituation 29, 112
Tatumfeld 30
technische Überwachungsgeräte 261
Telefondaten 142
Telefongespräch 137
Temporary Internet Files 144
Todesermittlung 102
TollCollect 134
Tötungsdelikte 34
Tversky, Amos 27
Twitter 139

Übersehen einer Tat 306
Übersetzungen 142
Überwachung
– des Fernmeldeverkehrs 259
Überwachungsgeräte
– technische 261
Ultrakurzgedächtnis 205
Umgangssprachen
– regionale 142
Umrechnungstabellen 141
Undercover Agent 272
Undeutsch-Hypothese 23, 217
Undeutsch, Udo 217
Undoing 26
Unfallflucht 289
Unterlassungsdelikt
– unechtes 18

Validierung
– interne 228
Verbal Overshadowing 209
Verdacht 100
Verdachtsgrad 105
Verdachtsmeldung 119

Verdeckter Ermittler 268
Verfahren
– apagogisches 188
Verfahrenseröffnung 108
Vergewaltigung 35
vergleichende Fallanalyse 178
Vermissten-Datei 132
Vernehmung 203, 311
– Aufbau 227
– strukturierte 215
Vernehmungskarten 215
Versicherungsdaten 138
Version 166
Vertrauensperson 264
Viber 262
ViCLAS 131, 176, 224
Virtopsy 69
Vitek, Ernst 168
Vorermittlungen 121
Vorfeldermittlungen 120
Vorgeschichte 31
Vortäuschung 155

Wagner, Irmgard 85
Wahlfeststellung 296
Wahllichtbildvorlage 79, 128, 209
Wahrheit 221
Wahrnehmen
– systematisches 53
Wahrnehmung
– Grenzen 203
Wahrnehmungsgrenzen 49
Wahrscheinlichkeit 70, 80, 201
– unabhängige 80
Wahrscheinlichkeit der Verurteilung 106
Wahrscheinlichkeitsrechnung 77

Währungstabellen 141
Wanze 261
Warentransporte 134
Wetterdaten 141
WhatsApp 262
Widersprüche 57, 151
Wigger, Ernst 113
Wirtschaftsdaten 141
Wirtschaftskriminalität 71
Wohnraumüberwachung 263
Word 146

Youtube 140

ZAR 135
Zeichen
– fehlende 58
Zeittabelle 148
Zermürbungstaktik 245
Zeuge 225
Zielfahndung 278
Zinsrechnung 141
Zivilstandsdaten 134
Zufall 92
Zweifel
– vernünftige 302
Zyklus
– kriminalistischer 97

Walder/Hansjakob · Kriminalistisches Denken

**Grundlagen**
Die Schriftenreihe der „Kriminalistik"